隣地通行権の理論と裁判

岡本詔治

隣地通行権の理論と裁判

（増補版）

学術選書
11
民　法

信山社

増補版へのはしがき

旧版を刊行してからすでに一五年以上の歳月が経過した。随分と以前に信山社の袖山貴氏から改訂版の原稿を求められたこともあったが、その余裕がなかったところ、現在でも、とくに実務家の方々からの需要があるということから、改めて「ましずり」の話が浮上した。

旧版の公刊後も、通行権裁判にはダイナミックな動きがあり、重要な最高裁判例も登場している。わが国でも、ようやく裁判例を通して通行権理論の深化を経験しうる時代を迎えたことにほかならないが、本書が提唱した理論も検証を受けることとなろう。法定通行権や通行地役権の構造ないし機能をどのように考えるかは、時代と社会の土地所有制度のあり方と直接関連することについては、旧版で明らかにしたが、今日、わが国の裁判例を通して、かかる権利が土地所有制度に及ぼす作用の重要性を改めて教えられた。

旧版を刊行してから、学説も随分と通行権に関心を示すようになり、理論的にも注目すべき研究成果が公表されている。実務家諸賢の研究も少なくないが、定評のある実務書シリーズのなかで通行権に関する一連の研究が公表される例も散見されるようになり、旧版がこれらの研究に微力ながらも何がしかの参考となっていることは、望外の喜びとするところである。

本来ならば、今日までの判例・学説や外国の法状況をフォローして全面的に書き改めるべきではあったが、激務の身には、これは到底果たすことのできない難題であったので、明らかな誤字・誤謬に手を入れることに限定せざるを得なかった。その上で、この増刷の機会に、「巻末」に近時の裁判例（主として最高裁判決）の動向を掲記することとした。ご寛恕を乞う次第である。

なお、周知のように、今次のいわゆる新民法典は、囲繞地通行権のことを「公道に至るための他の土地の通行権」（民法二一〇条）と称しているが、技術用語としては「囲繞地通行権」の方がすぐれていると思われるので（他の通行権との区別が明確となることのほか、囲繞という用語が袋地のことも含意していることなど）、そのままにしている。ちなみに、「囲繞」という用語は他の専門領域でも使用されているし、また、国語として随分と古くから使われているようなので（たとえば、仏教典にも見られる）、本書ではこれを温存したいと思う。

平成二一年一月

岡本詔治

はしがき

通行権の歴史は相当に古く、少なくともローマ時代にまで遡ることができる。すでに十二表法(前五世紀)は約定の通行地役権と行政措置による通行利用の存在を伝えている。これらは他の(素朴な)相隣関係規制とともに土地の利用の調整を目的とし、いうまでもなく土地の私的所有を前提とする。しかし、「通行権の理論」が本格化したのはおそらく中世ではなかろうか。ことにイタリア中世の自治体・コムーネの都市化現象と関係があるらしい。

わが国では、通行紛争が民法学に問題を投げかけたのは戦後になってからである。宅地の需要とその細分化が主たる要因であり、都市の再開発がこれに拍車をかけたようである。地価の高騰が隣人間の善隣関係を崩すことも珍しくなくなる。昭和三〇年代後半以降に公表される裁判例が急に多くなっているのも決して偶然ではない。

本書はこのような通行裁判に刺激されたものである。今日、下級審判例では、一定の要件のもとで通行地役権という重たい負担が黙示的合意により、しかも無償で成立するというルールが確立している。一見、問題がありそうだが、判例を読んでみると、その疑問が氷解する。このような立場はいずれは最高裁によって追認されるであろう。しかし、隣人間の通行使用関係には道義に委ねるべき面も少なくない。ヨーロッパ諸法ではこれを「プレカリウム」と称して、その法的保護を否定している。何やら通行権問題にも根が深いものがありそうに思えた。もともと無償契約の法的拘束力に興味があったので（この問題については、拙著『無償利用契約の研究』（平成元年、法律文化社）を参照されたい）、みずからの専門とするイタリア法に拠りながらこの問題に本格的に取り組むことにした。本書に学問的寄与があるとすれば、通行権の基礎理論的な側面においてであろう。それにしても、わが国では通行権に関する研究著書はきわめて少ない。この空白部分を本書がどの程度まで埋められたかは、諸賢の御批判にゆだねるしかない。

＊　＊

本書の第一部、第二部はいずれも基本的にはイタリア法を視座にしつつ、わが国の判例・学説を分析・検討している。意外にもこの方面の研究ではイタリアがヨーロッパ諸国のうちでは先進国であるという確信を持つことができた。加えて、わが民法典が旧民法の立案者・ボアソナードおよび現行法の起草者（梅謙次郎ほか）を介してイタリア旧民法典（一八六五年）から多くの影響を受けているところ、隣地通行権についても同じ傾向のみられることがわかったのは、私にとっては大きな成果であった。それだけではない。現行の解釈論でも日本人の発想・思考方法と酷似するところが多々あったが、果たして偶然なのだろうか。

＊　＊

ここで本書が使用している用語について少し説明をしておきたい。まず本書のタイトルにある隣地通行権という用語はすでに沢井裕教授のご著書（『隣地通行権』叢書民法総合判例研究、昭和五三年、増補昭和六二年、一粒社）で使われており、本書はこの著書よりかずかずの学恩を与えられていることはいうまでもないが、本書にいう「隣地通行権」は特殊の概念・技術用語として使用していることをお断りしておかねばならない。この点は第一部・序論「本書の構成」を参照していただきたい。

次に「好意通行」（プレカリウム）とはなにか。この言葉自体もすでに個々的には使用されていたものである。本書ではとくにすでに一般化している「好意同乗」なる用語に力を得て、事実的な無償の通行使用を一般的に表現するために採用したが、それだけではなく、これを「制度」として構築しようとした。これに一章を当てがったのはそのような理由による。

さらに「通行使用借権」という用語もある。これは本書の造語であり、地役的な（共同利用の可能な）無償の債権的通行権を指している。「通行地役権」に倣ったものであり、ある無償通行権が地役権でないならば、原則として通行使用借権であるべきだとの趣旨を含意している（これに対して学説は一物の独占的な貸借を念頭におく傾向が強い）。

以上の用語（したがってまた理論）はどれもいまだ判例・学説において定着していない。しかし、これまでの判例の実相に即した概念・理論を提唱したつもりである。大方のご教示を仰ぎたい。

＊　＊

ところで、相隣関係・通行権問題は市街地の開発と密接に関連し、したがって、都市計画・建築規制との交錯は避けられない。本書にいう隣地通行権は私法上の権利ではあるが、私道に対する建築公法上の規制の結果、一般私人に公道に準ずる通行使用も認められている。判例はこれを「通行の自由権」（人格権）と称し、一定の要件のもとにその妨害排除権能を肯定している。私は、これを「自由通行権」という「特殊の通行権」として構成したことがある（島大法学三五巻四号一頁、平成四年）。現在は行政主体の「意思」と私人の「意思」とに注目しているものの、まだ考えは熟していない。相隣関係一般についていえることではあるが、通行権でもこのような行政法規との関連を考慮しながら、市街地の合理的・計画的な利用の形成を目指すことも必要であろう。その際、平面的な通行利用だけではなく、立体的な通行利用（当面は高層建物で、将来は空中・人工地盤との関係で）をも考慮する必要がある。本来は「隣地通行権」という制度・理論は単に紛争解決規範にとどまらず、公法上の規制をも取り込んだ私道管理規範をも含むものでなくてはならない。そのときには「隣地道路権」というタイトルがふさわしいかも知れない。本書はそのための一里塚である。

＊　＊

本書の内容は私がこれまでに島大法学に発表した論稿を中心とするが、その後の重要と思われる判例（昭和六一年以降）を加えたほか、著書としての体裁を整えるために、かなりの加筆・削除のほか目についた誤謬の補正をなした。ただし基本的な立場に変更はない。第二部第四章は新たに書き下ろしたものである。念のため旧稿を記しておく。

（1）「好意通行（プレカリウム）と通行使用借権について」島大法学三〇巻三号一頁、三一巻一号三九頁（昭和六二年）。

（2）「通行地役権について（上）（中）（下）」島大法学三一巻二号一頁（昭和六二年）、同三号一九五頁（昭和六三年）、三二巻一号七七頁（昭和六三年）。
（3）「通行地役権の時効取得とプレカリウム（上）（中）（下）――イタリア法を参酌して」　島大法学三二巻二号二九頁（昭和六三年）、同三・四号八七頁（平成元年）、同三三巻一号七三頁（平成元年）。
（4）「囲繞地通行権制度の史的展開（上）（中）（下）」島大法学三五巻一号一頁、同二号四三頁、同三号一二七頁（平成三年）。

＊　＊

通行権に興味をもって研究を始めたのは一〇年ほど前であるが、たまたまその当時、椿寿夫先生からある雑誌での判例研究のチャンスを与えられ、これがわたしの研究意欲を増幅した。そうでないと、他の仕事と同様に途中でノートのまま終わっていた可能性が大きい。元来、空想力だけは人一倍旺盛で、時として長時間にわたりわが身をその潮流にゆだねてしまうという性向もあり、事実、これまでも何度か迷走して「袋小路」に入り込み、立ち往生したことがある。

その後、なんとか研究を個別的に公表できるようになり、あわせて京都の民事法研究会でも発表の機会を与えられ（幹事の中川淳先生にはいつも便宜を計って頂いている）、加藤正男先生に司会をお願いして、石田喜久夫先生や本城武雄先生ほか会員の方々からいろいろとご教示を得たが、そこでの真剣な議論がいまでも脳裏に焼き付いている。

また、林良平先生、甲斐道太郎先生、沢井裕先生ほか多くの先生方からはかずかずの励ましのお言葉・貴重など教示を頂戴した。さらには、この方面では従来から一貫して研究を蓄積されている安藤一郎弁護士(『新版相隣関係・地役権』平成三年、ぎょうせい)は、私の拙い論稿にたびたび関心を示された。

これらの先生方のおかげで、ややもすれば怠惰になりがちな自らの生活を戒める機会を与えられただけではなく、孤独感からも免れることができた。しかし、果たして本書がどこまでその学恩にお応えすることができたのか、あまり自信がない。「道」は遠いが、今はただ一歩でも前に進めるようにこの仕事を続けるしかない。それが温情に恵まれた者の責務であると自覚している。

終わりになるが、信山社の袖山貴氏は本研究の出版を積極的に支援された。心から感謝したい。

平成四年七月八日

岡本詔治

目　次

はしがき

第一部　通行権の成立原因 …… 1

序　論 …… 3

1 隣地通行権（3）　2 本書の構成（5）

I　約定通行権の成立 …… 9

第一章　好意通行（プレカリウム） …… 11

一　無償通行の基本形態（11）

二　イタリア法における忍容行為（14）

三　長期間の好意通行（24）

四　好意通行の裁判例——紹介と分析（27）

1 約定通行権との関係（27）　2 地役権の時効取得との関係（39）

3 その他の関係（42）　4 小　括（45）

第二章　通行使用借権……49
一　通行使用借権の成立原因（49）
1　地役的使用借権と通行地役権（49）　2　通行使用借権の成否（51）
二　通行使用借権の裁判例（55）
1　具体例の紹介と分析（55）　2　小　括（67）
三　通行使用借権をめぐる諸問題（69）
四　結　語（75）
第三章　通行地役権……77
一　問題の所在（77）
二　通行地役権の成立原因（78）
1　地役権設定契約（78）　2　黙示的通行地役権の成立要件（81）
三　家父の用法（destinatione del padre di fomiglia）（86）
1　沿　革（87）　2　フランス法（88）　3　イタリア法（92）　4　日本民法（100）
5　小　括（102）
四　裁判例の紹介と分析（109）
1　「家父の用法」型通行地役権（110）　2　特定人留保型通行地役権（112）
3　相互的・交錯的通行地役権（122）　4　法定通行権型通行地役権（142）
5　地役権留保型通行権（150）　6　小　結（161）

五　いくつかの問題（163）
1　未登記通行地役権の対抗力（164）　2　囲繞地通行権との関係（174）
六　結　語（181）

II　通行地役権の時効取得……187

序　説……189

第四章　イタリア法の沿革と現行制度……192
一　イタリア法の沿革（192）
1　旧民法典（192）　2　予備草案（197）　3　現行法（一九四二年）（198）
4　小　括（199）
二　イタリア現行制度の特質（202）
1　地役権の「表現性」（202）　2　占有の継続と占有意思（204）
3　取得される権利の内容（206）　4　短期時効取得の要件と特質（207）
5　対抗力なき地役権と時効取得（210）　6　小　結（212）

第五章　日本法の沿革と現状……217
一　日本民法典の立場（217）
1　旧民法の成立（217）　2　現行法の成立（222）

二　学説の推移と現状（226）
I　学説の推移・展開（226）　1　明治・大正期（226）　2　昭和期（230）
II　学説の状況・分布（234）　1　通路開設と継続性（235）
2　通路開設・継続性の枠づけ（236）　3　小　結（243）
三　裁判例の紹介と分析（248）
1　判例の推移（249）　2　下級審判例の現状（260）
四　いくつかの問題（275）
1　取得される権利の範囲（275）　2　時効取得と登記（276）
五　結　語（278）

第二部　囲繞地通行権……281
序　論……283
1　問題の所在と視点（283）　2　「法定地役権」論と所有権の制限（286）
3　本研究の構成（288）
I　制度の沿革と理論……291
第一章　ローマ法と中世以降……293

一　ローマ法（293）
1　囲繞地通行権の欠落（293）　2　iter limitare と ambitus（296）
3　土地の一部譲渡・共有物の分割（298）
4　地役権の成立原因と必要通行（301）　5　「法定地役権」について（303）
二　中世以降（309）
1　囲繞地通行権の生成（309）　2　注釈・注解学派（312）　3　「法定通行権」論（315）
三　小　結（323）
第二章　近代ヨーロッパ諸国の法……325
一　フランス法（325）
1　民法典成立前史（325）　2　民法典の成立（330）　3　囲繞地通行権制度の改革（340）
4　現行制度の概観――まとめに代えて（353）
二　イタリア法（360）
1　サルデーニャ民法典（360）　2　一八六五年民法典（363）　3　予備草案（366）
4　一九四二年民法典（現行法）（369）
三　ドイツ法（377）
1　前史（377）　2　民法典の成立（383）
四　オーストリア法（394）
1　必要通行権特別法（394）　2　必要通行の要件・内容・手続（396）

第三章　日本法……401
一　民法典の立場（401）
1　旧民法（401）　2　現行法（407）
二　囲繞地通行権の規範構造（415）
1　囲繞地通行権（416）　2　無償囲繞地通行権（417）

II　解　釈　論……425

第四章　無償囲繞地通行権の構造……427
一　無償通行権の性質論（427）
1　無償囲繞地通行権の理論的根拠（427）　2　本書の立場（429）
二　「無償通行権の承継」論争（433）
1　学説の推移（433）　2　本書の立場・視点（435）
三　民法二一三条と第三者所有地の通行受忍義務（444）
1　理論上の問題点（444）　2　裁判例の分析（445）
四　課題と展望（452）

増　補

一　通行地役権について（459）
(1) 通行地役権と自動車通行（459）　(2) 未登記通行地役権の対抗力（461）
(3) 未登記通行地役権に基づく登記請求権（463）
(4) 通行地役権の黙示的合意による成立（464）
(5) 所有権の時効取得事例との関連（466）
二　通行地役権の時効取得について（469）
(1) 取得時効の要件論（469）　(2) 取得時効と対抗問題（471）
三　囲繞地通行権について（472）
(1) 囲繞地通行権に基づく妨害排除請求（472）　(2) 無償囲繞地通行権の特定承継（473）
(3) 囲繞地通行権と建築規制（475）　(4) 囲繞地通行権と自動車通行（477）

隣地通行権の理論と裁判

第一部　通行権の成立原因

序論

1 隣地通行権

(1) 通行のために他人とくに隣人の所有地を使用する場合に、通行利用者と通路敷所有者との間で特別な合意がなされることは必ずしも多くはない。大抵は通行利用者が既存の通路ないし空地状部分を必要に応じて使用し、所有者側もともと通路としての利用に供し、他の目的に使う必要もなかったり、あるいは空地状部分については当面利用する計画もないことから、隣人の通行を許容することが少なくない。つまり、そのような通行によって特別な損害を蒙むるわけではないので、積極的に承諾する意思がなくとも実際上、黙認するのが普通である。

かかる「通行の許容」は好意などさまざまな動機によるが、いずれにせよ隣人間の善隣関係が背景となっている。「他人には否定しても隣人には否定しない」というのが相隣地所有者相互間の道義でもある。ところが、所有者側が何らかの理由でこの通路を廃止したり、通行の妨害行為に出た場合、当事者間の善隣関係が崩れ、法的な紛争にまで発展するわけである。その際、通行利用者はさまざまな通行権限を主張して被通行地所有者側の妨害行為の排除を訴求することになる。最も重要な権利は法定通行権と約定通行権であり、本書にいう「隣地通行権」とはこれらを念頭においているが、その他に慣行による通行権や占有権に加えて、最近では道路位置指定処分（建築基準法四三条）の反射的利益としての「通行の自由権」も重要性を増しつつあり、さらには最後の手段として権利濫用論も登場する。いずれの主張についても、これを認めた具体例があるが、[1] 囲繞地通行権に関する裁判例が最も多いといえよう。

(2)　ところで、当事者間に約定通行権の明確な合意がなくとも、法定通行権の要件事実が存するならば、通行利用者はこれで救済されることになるが、そうでない場合、当事者間における「通行の許容」を法的にどのように構成するかは両当事者にとってきわめて重要な意味をもつ。これを法的意味における「合意」と解しうるならば、かかる合意つまり契約に基づく通行権を主張できるが、しかし、ひとくちに約定通行権といっても債権的利用権(使用借権など)もあれば、物権的利用権（通行地役権）もあり、さらに、債権的利用権についてはその権利の効力（とくに存続・消長）において多様性があるようなので、これらのいずれであるかによって当事者の法的地位が大きく変わることになる。加えて、法定通行権の要件事実がある場合でも、なお約定通行権を認める意義もある。実際、紛争当事者も約定通行権を第一次的に、法定通行権などを第二次的に主張するのが通常である。

他方、契約とはいえない場合も決して少なくない。つまり、社会的意味での単なる約束にすぎず、したがってまた、事実的な通行利用にとどまる場合もある。というのは、前述のように、「通行の許容」は好意に起因することが多く、とりわけ被通行地所有者に特別な損害が生じない場合には、通行の対価としての通行料の授受はまずなされていないといってよく、また、通常、「書面」（契約書）が作成されることもないので、それだけにかかる通行利用関係を法的な契約と認定することがきわめて困難となるからである。つまり、無償で物権的な利用権が設定されることは普通考えられないし、また、債権的利用権についても、使用貸借契約は要物契約であり、「単なる合意」では法的拘束力を生ぜず、目的物を相手方に引渡すことによってはじめて当事者がそのような拘束力ある契約をしたと考えるべきである、とされているので、「物の引渡」とは考えにくい通行利用という事実だけでは、そこに「合意」を見い出すことが非常に難しくなる。だから、たとえ「ここを自由に通行してもよろしい」との言明（明示の合意）によって通行していても、そのような通行承諾を直ちに法的意味のある合意・契約と解することはできないであろう。ましてや、所有者側が他人の通行に対して異議を述べないとか、黙認しているにすぎないような消極的な心理状態にとどまる場合には、なおさら「法的拘束力」を認めがたいわけである。ここに通行をめぐる紛争解決の困難さがある。

わが国の判例は当事者間の利害を調和するため多くの努力を積み重ねてきており、黙示による使用借権の成立を認めた例もあれば、さらに、近時、黙示による無償の地役権を認定した事例も相当の数に上り、ことに地役権の成立については一定の方向性がほぼ確立したといっても過言ではない(3)。同じく無償利用とされながら、ある場合には単なる事実的利用とされ、ある場合には権利による通行利用とされるのは、それなりの実質的ないし合理的根拠が存在するはずであり、その具体的な判断基準(通行権の成立原因)を明らかにすることが、今日、民法学に求められている緊要な課題といえよう(4)。本書の眼目はそこにあるが、さらにそれぞれの通行利用関係における個別的な問題を整理するとともに、各々の利用関係の相互的な関係をも明らかにしなければならない。これらの諸問題を、主として判例を素材にしつつ、同時にこの方面では先進国であるイタリア法を参酌しながら、若干の解釈論的な提案をしてみたいと考えた次第である。

2　本書の構成

本書は第一部と第二部とで構成されているが、両者の位置づけにはそれなりの理由があるので、ここで第二部をも含め全体の構成の趣旨について説明し、あわせて各部のアウトラインを示しておく。

(1)　全体の構成

本書の第一部は主として約定通行権に当てている。囲繞地通行権を後半部分に置いたのは、法定通行権なるものは当事者の合意が欠けるときに登場すべきものであるとの考慮に基づいている。ことに要役地が分割・分譲によって袋地化した場合には(袋地は主としてこれにより形成される)、特段の事情がないかぎり、約定通行権が存在しているはずであるので、可能な限り、これを探し求めるのが裁判官の責務であり、安易に法定通行権に頼るべきではないという趣旨を含意している。実際、土地の売買契約の当事者も法による最小限度の利用調節にゆだねるというのではなく、むしろ最も効率的・合理的な利用調節を意図しているものであろう。

他方、本書が私法上の通行権を「隣地通行権」と呼称し、かつ囲繞地通行権を約定通行権の後に位置づけたのは、前者が単に「所有権の制限」にとどまらず、約定通行権と同様の「独自の通行権」である旨を示すことをも意図している。同時にそれは物的な権利でもあるので、本来の意味での地役権（民二八〇条）と同じ構造を有する法定の地役権ということになるであろう。したがって、解釈論上も立法論上も可能な限り同様の処理が望ましい。後述のように、フランスやイタリアでは、そのような位置づけがなされている。

加えて、その他の無償・有償の通行使用はそれぞれ使用貸借契約や賃貸借契約によることになるが、このような債権的通行権についても、それが民法典のいう権利（一物を独占・占有するもの）ではなく、原則として地役的権利（共同利用権）であると構成している（ただし賃貸借については本書に収めていない。他日に期したい。）。このことによって相隣地相互間の利用調整を図りうる法的形式の数を増やすことができれば、より弾力的な法的処理が可能となろう。かかる趣旨をも含めて、本書は「隣地通行権」という概念を使用している。

(2)　各部の構成

本書第一部は「通行権の成立原因」を統一テーマにして、これを契約（ことに黙示的合意）と時効取得とに大別している。いずれも究極的にはプレカリウム（好意通行）を基底において論述しているが、それは両者がいわば不即不離の関係にあるからである。このような視点は制度の沿革と比較法から得られたが、これを合理的に整序するのは容易ではなく、第一部はこの難問に取り組んでいる。

ところで、通行権が特別法によって成立する場合は別にして、とくに興味があるのは「遺産分割の審判」である。審判により通行権の「創設」は可能かという理論的問題がなくはないが、すでに実務では、土地・建物の使用貸借・賃貸借を審判で成立させており、ほぼ定着した手法となっている。通行権を別異に扱う理由はなかろう。沿革的にはこの種の通行権は古くローマ法に遡る。本書はこの成立原因を収めることはできなかったが（将来、かかる審判例が増えることが予想され、そうなれば本書の第一部のIIIに位置づけられよう）、「隣地通行権」のいづれを選ぶべきかの指針は提示したつもりである。なお、遺産分割協議に起因する約定通行権については、最近、若干の具体例が公表されており、これについては言及している。

本書第二部のテーマは法定通行権であり、そのⅠを制度の沿革と若干の比較法に当てているが、従来この種の研究はわが国では皆無といってよく、そのためこれに相当の頁数を割いている。そのⅡの解釈論については本書が収録したもの以外にも幾つか重要な論点があるが、それは将来の課題としておきたい。(5)

(1)　この種の判例については、安藤一郎『新版・私道の法律問題』七頁以下（昭和五九年、三省堂）、同『新版相隣関係・地役権』一七頁以下（平成三年、ぎょうせい）に要領よく整理されている。

(2)　広中俊雄『債権法各論』（昭和四七年、有斐閣）一二一頁、一〇九頁。

(3)　この点については、沢井裕『隣地通行権』叢書民法総合判例研究⑩（昭和五三年、増補版昭和六二年、一粒社）一三九頁以下参照。

(4)　太田豊「通行をめぐる紛争の際の保全処分」中川・兼子監修『実務法律大系8』三七一頁以下（昭和四七年、青林書院）は、すでに、「使用貸借に基づく通行権に関し善隣者の厚誼による事実上の通行の容認との区別については、きわめて困難な問題がある」（三七六頁）という指摘をしていた。しかし、従来この種の問題に取り組んだ研究はないようである。

(5)　なお、通行権一般（公道をも含めて）をめぐる問題点を要領よく整理した簡便な最新の文献として、沢井裕＝東畠敏明＝宮崎裕二編著『道路・通路の裁判例』生活紛争裁判例シリーズ（平成三年、有斐閣）があり、本書ではいちいち引用していないが、参考にさせていただいたことを付言しておく。ちなみに、山野目章夫「物的義務の現代的再生」法学五三巻六号二一〇頁（平成二年）は、「物的義務」なる一般概念により相隣関係や地役権などを再構築しようと試みている。将来の展開を期待したい。

I

約定通行権の成立

第一章　好意通行（プレカリウム）

一　無償通行の基本形態

(1)　無 償 性

従来の具体例で問題となっている通行利用は、その多くが無償であり、また実際の社会生活で行われている通行利用も、特別の事情がなければ、無償であると推測される。しかし、法律的に「無償」といっても、無償利用という実質は必ずしも一義的ではなく、種々の態様があって単純ではない。したがって、無償通行の許容ないし承諾の法的意義・法的拘束力を考えるにあたっては、この問題を充分に考慮しておかねばならないであろう。つまり、文字通り純粋な無償もあれば、社会・経済的には有償的な意味あいをもつものもあり、後者はさらに実質的にみてきわめて有償契約に近いものもありうるからである。法的には、有償か無償かの二者択一的な処理にゆだねざるを得ないが、しかし、ある通行使用が権利によるものか否かを判断する場合、この無償性の濃淡・強弱にとくに配慮する必要がある。本書では、後述のように、かかる視点をも交錯させて判例を分析している。

ところで、最も単純な無償通行は、被通行地所有者側の「好意」に起因するものと考えて大過なく、前述したように、多くの通行利用はこの種のものに属するであろう。もっとも、他人との紛争を避けたいという配慮から、その通行を黙過することもあれば、あるいは、何らかの「お返し」を期待してそうすることもありうるが、いずれもその好意性を損うものではない。ここにいう「好意」とは、道徳的な意味での純粋な好意をいうのではなく、無償で通行使用利益を供与するという被通行地所有者側の態度を社会経済的に評価したものにほかならないからである。

このような好意に基づく無償給付（ここでは使用利益の供与）が法律関係、差し当たっては債権契約に高められるためのファクターは、合意と「物の引渡し」であるので（民法五九三条）、通路敷の支配を所有者が利用者に完全に委ねてしまうという特殊・例外的な場合は別として、通常、その通行利用関係は単なる事実関係にすぎないと考えるべきであろう。この点については、川村教授の指摘が参考となる。つまり、隣地を長期間通行しているだけでは、そのような通行は「少くともわが国では、土地の境を接している隣人相互の友誼的関係の平面で示される隣人の好意として許容されているのが実情であり、権利義務の平面とは次元を異にしているのみならず、特定の隣人相互のいわばface to face（ペルゼーンリッヒ）な間柄において許容されているものであって、地役権のように要役地対承役地の関係という即事象的な関係に還元することを許さない性質のものである」という。(1)

沢井教授も「ここを通って下さいというのは、まず恩恵とか、社会的な道義で通らせているので、そもそも特別な事情がなければ恩情に過ぎないというのが私の出発点です」とされる。(2)

判例も、後述のように、基本的には同じ立場にあるといえるが、なかでも、被通行地所有者が「私方もあなた方の土地を通行させて貰っているのであるから、あなた方も私方の土地を通行することは結構です」と述べた事実がたとえあったとしても、それは債権的通行権を認めたか、「単に社交的乃至情誼上通行することを容認したに過ぎないかも計り難い」と明確に説示した例もある。(3)

したがって、単なる無償通行の許容に対しては法的拘束力を容易には認めない、というのが現在までの学説・判例の到達点であるといえよう。私もかかる立場に従うが、しかし、そうだとすれば、かかる事実的通行利用を基礎・出発点にして、無償通行関係の構造・機能を明らかにする必要があり、それ故、本書は、好意に基づく無償通行を通行利用関係の原則的形態として措定し、これを基本的視座において種々の問題を分析している。

(2)　好意通行（プレカリウム）

ところで、右のような基本視角をもつかぎり、そもそも好意による通行とは何かが問題とされねばならないであろう。「好意による通行」とか「情誼による通行」などという表現がよく使われるが、その法的意義については必ずしも明らかではないからである。単に消極的に権利としての通行を否定する際に用いられているにとどまる。もっとも契約意思がないということだから、被通行地所有者がいつでも自由に通路を廃止できるということは論理的に演繹できるが（ただし一般法理による救済の途は残される）、それ以上の積極的な特徴はよく分らない。ことに、自由に撤回できる無償利用関係でも、使用貸借契約とされうる可能性もある。使用目的も使用期間も約定されていない無償利用契約がそれである（民五九七条三項）。また、事実的利用では常に考えねばならない問題である占有保護との関係も自明とはいいがたい。

したがって、本書ではまず契約ではない事実的利用（これを好意通行ないしプレカリウムと称する）の構造・機能を検討するが、ただ、この種の研究についてはわが国ではほとんど関心がもたれていないので、差し当たり、この方面では先進国であるイタリア法に注目したい。イタリアには、「忍容行為」という制度があり、それはとくに地役的な事実的無償利用を念頭においたものなので、かの地の学説・判例の論議が参考になると思われるからである。

（1）　川村泰啓「借地権と地役権」新民法演習・物権2（昭和四二年）一五九頁、一六三頁。

（2）　幾代通（代表）「不動産物権変動の法理」ジュリ増刊一九八三年一月号・通行権について（沢井裕報告）一四四頁以下。なお、同書は座談会形式をとっており、無償通行の合意が使用貸借か、それとも地役権かにつき、石田喜久夫教授、広中俊雄教授等の興味深い議論がある（とくに同書一四九頁～一五四頁）。しかし反面、この種の問題の困難さも、そこでの論争から窺知できるであろう。

（3）　鳥取地米子支判昭和二九・二・五判時二四号一一頁。

二　イタリア法における忍容行為

イタリア民法一一四四条は、「忍容によってなされる行為は、占有取得の基礎とすることはできない[1]」と定めているが、この忍容行為（atti di tolleranza）の構造については全く触れられていない。学説においても必ずしも意見が一致しているわけではない。ただ、地役権を念頭において議論されており、通行権についていえば、通行地役権に相当する事実的通行利用とはなりえない通行事実を意味するというかぎりでは問題はなく、また、友誼・善隣関係を背景にして好意・恩愛などの非物質的動機により所有者が他人の通行を黙過するような場合が、典型的な事例と考えられているといえよう。そして、このような場合には、その通行的事実支配は占有とはなりえず、地役権の時効取得も占有訴権も認められない、というのが右の規定の趣旨である[2]。

(1)　法律行為と忍容行為

それでは、どのような場合に「忍容行為」が成立するのであろうか。その概念上、所有者側の精神的容態を意味していることはわかるが、そうとすれば、法律行為論の体系上、どのような位置を与えられているのであろうか。この点については、イタリアでも必ずしも充分な検討がなされているわけではないようであるが、私が現在までに得た理解を示しておく。

所有者と利用者との間に明示の「合意」がない場合が問題となるのであるが、かかる場合、通行利用者の意思は通行しさえすれば明瞭になることから、結局は、所有者側の意思的行為・態度が問題の核心をなすといえよう。一般に通行を容認ないし許容する側の態度としては、①事前に通行してよろしいと承諾する場合、②すでになされた不法な通行利用を事後的に承諾する場合、③現になされている、もしくはすでになされた不法な通行利用を消極的かつ単純に忍容する場合とに大別できるが、①と②の場合には、一応、その「通行承諾」を意思表示とみることも充分可能である。これに対して、③については、通行利用に対して異議を申し出ないという意味での意思表示、換言すれば、忍容をうける者に対して何らかの権利を承認するという意思表示がなされているわけでは決してない。忍容を受ける側も自己が権利に基づいて通行しているという意識は通常ないであろう。その意味において、意思の合致、通行利用に関する合意は存在しないといわざるを得ない[3]。しかし、法律行為ではないということから、忍容行為が全く契約法的側面からみて意味のない行為なのかといえば、そうともいいきれないのであって、かかる通行利用によって生じた損失を通行者が負担すべきものとは考えられていないので、このような通行利用から、不法行為性、不当利得性を奪うところにその契約法的な意義があるといえよう。その反面、忍容行為は、忍容する側がいつでも自由に撤回しうることが、本質的特徴であり、ある意味では、一回ごとの通行に対する許容ともいえよう。

　このように、忍容行為は所有者側の心理状態を基準にした観念であるので、所有者が他人の通行行為を知悉していたことを要すると解されている。というのは、通行事実を知らないで「忍容」するということは決してありえないからである[4]。

　それでは、逆に、所有者が他人の通行を承諾していたが、なお、忍容と解する余地があるであろうか。イタリアでは、忍容という所有者の心理状態に基づいて「忍容行為」なる技術的用語が形成されているので、これと「承諾」とは概念上相容れないと考えられているようである。ただし、学説には他人の事実的支配の行使(通行利用)を承諾するが、所有者が自己の完全な事実支配の行使を制限されないことの留保を明示する場合も、なお「忍容」であり、これを通常の消極的な忍容に対して、積極的な忍容と解する見解もある[5]。

　この説は、当事者間の関係をより客観的にみようとするものといえるが、わが国では、さらに、単純な通行承諾でも、なお、忍容行為と同じ法的処理をするのが妥当と解しうる余地もあり、既述のごとく、本書ではこれらを含めて「好意通行」と称している。

(2)　占有と忍容行為

次に、忍容行為を占有法から検討してみよう。前述のように、その機能は占有の成立・占有保護を否定するところにあることは明記されているので、この点は問題ないが、占有の構成要素との関係で忍容行為がどのような意味をもつのかについては議論がある。わが国とは事情を異にするが、これを省略するわけにもいかないので、簡単にふれておく。

イタリアでは、占有とは物権の行使に相当する事実的支配をいうが(民法一一四〇条)、その成立要件として物権を行使する意思・占有意思(animus possidendi)を必要とするのが判例であり、多くの学説もこれを支持する。[6] そこで、被通行地所有者側の「忍容」が、通行利用者の「占有意思」を排斥すると考えるか、あるいは、そのような占有意思とは無関係に忍容行為それ自体が通行利用者側の占有取得を阻止すると解するか、理論的に見解が分かれることになる。前説であると、通行利用者の主観的立場が重要な意味をもち、利用者は所有者の忍容に依拠・信頼して行為しているが故に、通行地役権を行使する意思が欠如していると構成されることになり、判例はかかる立場にある。[7]

これに対して、通行利用者が所有者の忍容行為に信頼することなく行為するときでも、なお忍容行為として占有の成立が否定されうるのだから、忍容に対応する通行利用者側の主観的要素は不要である、と解する立場もある。[8] さらには、通行利用者が所有者側の忍容を自覚していなくとも、あるいは、たとえ占有意思が認められても、利用者の事実的通行が所有者の忍容により実現されているというその性格に影響を与えるものではない、とする批判もある。[9]

次に、忍容行為が占有取得だけではなく所持(detenzione)の成立をも排斥するかどうかという問題もある。いわゆる債権的権原による占有者はイタリアでは占有者ではなく所持人であるが、その所持人にも占有回収の訴を提起できる資格が与えられているし、また、所持は一定の要件のもとに占有に転換できる。[10] したがって、忍容による通行利用者が所持人であるかどうかについて議論の実益があるわけだが、[11] 判例はこれを否定している。さらに、学説も、忍容行為の契約法的性格からみて、それが債権的権原とはなりえないことを根拠に所持を否定する傾向が強い[12]といえるだろう。

(3) 忍容行為の特徴と若干の具体例

(イ) 忍容行為が、多くの場合、好意、友誼、善隣関係に起因することは前述した。破毀院も、「忍容行為は法の外の領域に原因をもち、経済的利益によって誘発されるのではなく、それを実現する者にとっては財産的損失を意味しない」という。[13] もっとも、何らかの経済的な「お返し」を期待してなされることもあるが、それによって忍容行為性が損なわれることはないとされる。[14] それ故、判例によれば、忍容行為は、一時性（transitorietà）と偶発性（saltuarietà）という特質をもち、控え目で、かつ、権利者側の権利行使に対して軽微な影響を与えるにすぎない利用の享有を本質とする。[15]

だから、通行の長期間にわたる平穏な行使は忍容行為とは考えられない。たとえば、所有者側から何らの異議なくして一〇年間にわたり占有していた場合[16]や、通行使用が所有者の異議なくして工作物の設置および利用によって実現されていた場合など。[17]

ただし、親族関係・友誼関係による謙譲の精神に基づき、明示・黙示の許容によって、他人の土地に対してなされる通行は、たとえ長期間にわたってなされていても、所有権ないし物権の内容に相当する物の事実的支配を実現する意思と調和するものではない、とする最近の判例[18]に注意する必要があろう。

(ロ) ここで忍容行為に関する最近の具体例をいくつか紹介しておこう。

①〔**事実**〕 XはY所有地（甲地）を小作人（mezzatro）として耕作し、この甲地に隣接するXの（共同）所有地（乙地）に至るため、甲地上に約八年から九年前に係争通路を開設して通行利用を継続していた。紛争の原因はわからないが、Xがこの通路に対して通行地役権を有すると主張したところ、忍容行為にすぎないとされた事例である。

〔**判旨**〕 Xは、耕作地（甲地）において、貸主で所有者でもあるYの寛容（condiscendenza）に信頼してのみ係争通路を開設できたことは明らかである。すなわち、Xは甲地の小作人であり、かつ隣接する乙地の（共同）所有者でもあるという地位から利益をえて、乙地のために甲地上に通路を開設したものであって、かつ、Yは、一般的には善隣関係に基づいて、特殊的にはXが当該の通行につき「忍容」による利用を享受できるにすぎないであろうところの小作関係に基づいて、かかる通路の開設に耐えたのである。このことは、係争通路に接続している丙地上の通路について、これを近隣の居住者が利用するので、丙地所有者がその借地人に毎年、通路の一部を耕作せしめて、第三者が通行権を取得するのを回避しようとしていたという事情からも確認できる。

通行行為が土地所有者の「忍容」によってなされるとき、それを通行地役権の占有の取得のための基礎として役立てることはできない。また本件のように、通行の継続を許容することが、その後の忍容行為の禁止を断念・放棄することを推定させるものでもない。というのは、たとえ過去において権利行使が忍容されても、何人も義務なくして自分の権利を他人が行使するのを強いられることはないからである。(19)

②〔事実〕　XとYの共同住宅は出入口の階段が共同通路となっているが、各々に木製の扉たきと錠が備わった門扉（ただし同じ壁に取り付けられている）があり、明確に区別された独立の不動産となっている。Y側の住宅の一番うしろの部屋に面したところにテラスへ通ずる係争階段の入口・扉があり、この入口は、Y住宅の他の二部屋のための共通の出入口とは分離している。それ故、Xがこの係争階段へ行くためには、Yの住宅の前を全部横切って通行しなければならない。

そこで、Xは、このテラスへ行くためにY住宅の前を横切って通行するための地役権があると主張したが、棄却されている。

〔判旨〕　係争階段はXの住宅に対して通行地役権に対応した事実状態を実現していない。係争階段とXの住宅との間には「構造的かつ機能的結合」が欠けている。この階段は、その位置から明らかなように、それが備えつけられているYの住宅のために役立てられるもので、Yの住宅とテラスとの連絡を目的とする特別の用法のために開設されている。したがって、Xの通行地役権の主張は認められない。かかる通行は、しばしばなされても、所有者の意思に反してなされていることから不法行為となるか、あるいは所有者の忍容（tolleranza）によってなされていることから法的に重要でない行為となるかのいずれかである。いずれにしても、通行地役権の占有行為とはなりえない。(20)

③　事案は不詳。

〔判旨〕　所有者が多数人に対して無差別に承認した通行の可能性を利用する者は、占有保護を主張できない。かかる通行は所有者の忍容によって行使されているので、その事実状態の性格を変えるような行為が当事者間でなされないかぎりは、占有者と考えることはできない。(21)

(4)　忍容行為と区別すべき概念

(イ)　プレカリウム　プレカリウムとはいつでも自由に撤回できる無償の利用関係を指し、これも他人の好意によるのが普通であるから、忍容行為との区別が問題となる。しかし、両者の区別は必ずしも明確ではなく、若干の学説によれば、忍容行為はプレカリウムの一種であると解されており、(22)判例も両者を区別しないで使用しているように思われる。たとえば、貸与者の自由な意思で何時でも自由に撤回できるプレカリウムによる場所の供与は、友誼・善隣関係にその原因をもつ恩愛（condiscendenza）に基づいており、供与を受けた者は、かかる供与によって、忍容された行為を阻止しようとする貸与者側に対して侵奪訴権（actio spolii）により保護される占有を付与されているのではない、と判示した事例がある。(23)

これに対して、忍容行為とプレカリウムを区別し、好意的な事実的物支配であっても、占有保護を享受できるものだけをプレカリウムと称する立場もある。(24)もっとも、この見解によれば、かかるプレカリウムは当事者間に「合意」がある場合の事実支配を指すようであり、したがって任意に撤回できる利用契約ないしそのような事実的利用の実質をもつ行為ということになり、同じくプレカリウムという表現を使用しても、そもそも想定している生活事実が異質である。このような使用貸借と類似の随時に撤回できる無償利用をプレカリウムと称することは他の学説でも認められているので、(25)要は、プレカリウム概念をそのような場合にのみ限定するのが妥当か否かの問題に帰着しよう。一般的には、このように限定せず、かなり広い意味で使われているようである。

本書では、契約関係にまで高められない事実上の通行利用を「好意通行」と称してきたが、プレカリウムという用語を使うこともあり、したがって、プレカリウムとは契約関係をも含めて、自由な撤回が可能な無償利用関係を意味するものと考えておく（ただし、とくに断わらないかぎり通行利用では事実的利用の意で使用している）。

(ロ)　権利の不行使（inerzia）　前述のごとく、忍容行為とは利用者側の行為ではなく、所有者側の行為であり、所有者が自己の土地を通行する他人に対して、このような通行利用をそのまま放置しておく行為に焦点を当てたものである。いわば、所有者が通行を禁止しないことの反射的効果として他人が通行できるわけである。そこで、イタリアでは、所有者側の権利不行使の状態（inerzia）を利用して行為する場合と「忍容行為」との区別が論じられる。いずれも所有者の放任行為の反射として利用者が通行できる結果になるからである。両者とも利用行為が不法行為とはならないという点では共通しているが、inerziaの場合には、所有者側の怠慢という側面に重点がおかれているようであり、その結果、利用者は占有を取得できると解されている。だから、占有継続による時効取得も可能となる。

つまり、忍容行為の場合には、所有者側において利用者の通行を「耐える」という行為が消極的にしろ認められるが、inerziaの場合は、かかる行為すら認められない全くの消極的態度（単に行為しないこと）が問題となっている。それ故に、前者では所有者の存在は明確であり、利用者もそのことを自覚しているので、そのかぎりでは両当事者の意思が調和しており、いわば通行利用者は所有者の意思の担い手ともいえるのに対して、後者では所有者は利用者とそのような関係にはなく、利用者は自己の利益のために、所有者の事実上ないし観念上の不在状態を利用することになる。この点において両者の本質的差異が一般に承認されている。(26)

(ハ)　許容（permesso）　許容と忍容との区別について論じられることがある。これは、忍容にはみられない所有者側の意思の表示（黙示でもよい）が要素になっており、将来なされるであろう行為に対する許容であるので、現になされている行為に対する忍容とは異なる行為であるが、「許容」も所有者に何ら債務を負担させないというのであるから、(27)両者を区別する実益はほとんどないといってもよいだろう。ただ、有償行為とは異なって無償行為については、とくに容認する側の主観的・心理的容態が重要な意味をもつので、厳格な「意思論」からみるならば、両者は区別さるべき概念であり、「許容」は意思表示に接近しうる資格をもった行為ということになるであろう。

(5) 小　括

以上のように、イタリアでは、[28] 事実的な無償利用についても、忍容行為を中心にしていくつかの類型に区別されていることが明らかになった。この種の区別の実際上の意義は、占有訴権保護と時効取得保護の有無にあるといえるが、ここでは、とくに契約理論との関係に注目した。かかる立場にたつと、忍容行為なる独自の制度が存在することや、これと似て非なるいくつかの型の事実利用行為について言及されていることから、無償行為では、有償行為とは異なり、とくに負担をうける側・所有者側の意思に対して特別な配慮がなされているという事情を理解しておかねばならないだろう。事実、本書が紹介したイタリアの若干の判例も実質的には所有者の意思を尊重したかたちで結論を出している。このような実質的考慮に対してはわが国でもおそらく異論はないはずであるので、次に参考となるであろう解釈論的視角を検討してみたいと思う。

前述のように、忍容行為を契約法から分析すれば、貸与するという積極的な心理状態になれない場合であるから、通常は黙示による通行承諾ということになろう。かかる黙認の動機は、経済的利害に触発されたものではなく、隣人間の好意・恩愛など倫理的衝動に起因することが多いが、事情によっては紛争を避けるために異議を申し出ないということもありうる。いずれにせよ、非物質的な動機によるものであることは否定しえず、貸与のための具体的な動機がない場合である。したがって、この種の黙示的な通行承諾は、わが国でも事実的利用と判断するのが妥当であろう。

さらに、「ここを自由に通行してよろしい」との承諾がなされる場合もある。これは通常、明示でなされるであろうが、その動機は忍容行為と同様である。しかし、忍容行為が既になされた行為ないし現になされている行為に対する容認であるのに対して、前者は将来の通行許容をも含むものであることから、概念的には異なる。イタリア法にいう「許容 (permesso)」に相当しよう。しかし、前述したように、法律効果の点から両者を区別する実益はほとんどないし、いずれであるかを識別することも実際上困難であるので、本書では、かかる区別の理論的意義を認めるものの、両者をともに好意通行と解している。明示による通行承諾でも容易には権利による通行利用にはならない、という趣旨をこの「許容」から学べば足りるであろう。

ところで、権利の不行使(inerzia)という事実利用は、通行利用の場で問題となることは通常ないはずである。忍容行為との概念的な区別ないし忍容行為の特質を明確にするためにこれに言及することは有益だが、実際上は時効取得の可能な占有・利用を意味しており、一方、通行地役権の時効取得については、イタリアでも、通常の所有権の時効取得とは異なり、特別な要件（通路の開設など）が必要とされるので、単純なる通行利用がinerziaによる事実利用（占有取得）になることはまずないであろうから、忍容行為とは異質の事実利用は考慮の外においてよいように思われる。おそらくこれは、所有権の時効取得の場合における所有者の事実支配を念頭においた概念であろう。

（1）Art. §1144. Atti di tolleranza. —Gli atti compiuti con l'altrui tolleranza non possono servire di fondamento all' acquisto del possesso. 風間鶴寿『全訳イタリア民法典〔追補版〕』一八五頁（昭和五二年、法律文化社）。

（2）Protetti, Le azioni possessorie, 1979, pp. 50 ss.; Montel, Il possesso, 1962, pp. 235 ss.; Levoni, La tuttela del possesso, 1979, pp. 225 ss.

（3）Protetti, op. cit., p. 52 s.

（4）Patti, Atti di passaggio sul fondo altrui e tolleranza del proprietario, in Giuris. it., 1978, 1.2. pp. 496 ss. 499 et 501.

（5）Bisegna, Tolleranza, Novissimo D. ita., XIX, pp. 401 ss. 402.

（6）この点については、拙稿「イタリア法における占有訴権(1)～(4)」島大法学二五号、二二巻1号、二三巻1号、二四巻二・三号を参照されたい。

（7）権利行使に対応する行為をなす意思をもって行為するのではなく、他人の恩愛・親切（condiscendenza）ないし善隣関係に信頼して行為する者は、animus possidendiを有しない。Cass. 27. agosto 1953, n. 2904, in Mass. Giur. ita., 1953, p. 633.

（8）Patti, op. cit., n°1 et 2.

（9）Bisegna, op. cit., p. 402.

（10）伊民一一六八条二項、一一四一条。

（11）しかし、所持を認めるにしても、好意による所持人には占有訴権保護が否定されている（一一六八条二項）ので、これとの権衡から考えて、忍容による所持人にも占有保護は否定されねばならないであろうから、問題は占有への転換可能性であるが、実際上容易ではないので、この点にもあまり実益がないように思われる（Patti, op. cit., n°3)。学説には、占有意思がないことから、その転換可能性を否定する見解もある（Bisegna, op. cit., p. 402)。

（12）Protetti, op. cit., p. 55; Levoni, op. cit., p. 231.（Levoniは、忍容する占有者は相手方に使用・処分権能を与える意思が部分的にもないので、占有も所持も認められず、その点で好意による所持と区別される、という。）

（13）Cass. 16 luglio, 1960, n. 1060, in Mass. Giur. it., 1960, p. 489など。

（14）Protetti, op. cit., p. 56〜57.

（15）Cass. 3 dicembre 1959, in Mass. Giur. it., 1959, p. 1183. ほか。

（16）Cass. 3 gennaio 1966,. n. 6, Giur. Agr. it., 1966, 546 (Protetti, op. cit., p. 58 et not. 37)

（17）Cass. 17 maggio 1927, n. 1945, in Mass. Giur. it., 1927, p. 564.

（18）Cass, 7 novembre 1977, n. 4751, in Mass. Giur. it., 1977, p. 1026.

（19）Pret. Taranto, 1 marzo 1977, in Giur. it., 1978 Parte. 1,2, p. 496.

（20）Pret. Galatina, 31 ottobre 1977, in Giur. it., 1978 1.2. 496 (504 ss.).

（21）Pret. Genova, 16 novembre 1961, Temi Genova, 1962, p. 375 (Protetti, op. cit., p. 52, note 22).

（22）Montel, op. cit., p. 237. not. 4; Bisegna, op. cit., p. 401 not. (5).

（23）Cass. 6 febbraio 1954, n. 286 in Mass. Giur. it., 1954, voce Possesso, n. 286; Cass. 7 marzo 1958, n. 780. in Mass. Giur. it., 1958, ibi., n. 780も、善隣関係に基づくプレカリウムが所持意思を排斥する旨を説示している。

(24) Protetti, op. cit., p. 59.

(25) Montel, op. cit., p. 407; Fragali, Comodato, in commentario del codice civile (Scialoja e Branca), Dell Obligatione (Art. 1754-1812), 4 libro, 1970, pp. 320 ss.

(26) Patti, op. cit., p. 500; Bisegna, op. cit., p. 402. not (3). ただし、最近では忍容行為とinerziaとを区別しない（いずれも占有を排斥する原因であるとする）異論もある。Ruffolo, Tutela possessoria delle servitù non apparenti ed atti di tolleranza nel quadro delle teoriche del possesso, Rivista di diritto civile, 1974, parte II, pp. 351 ss, 370 ss.

(27) Patti, op. cit., p. 501.

(28) なお、フランスでも、忍容行為（act de tolérance）という制度があり、その機能はイタリア法と同様であり（仏民二二三二条）、とくに地役権との関係で言及されている。しばしば問題となるのは通行利用の場合であり、所有者の明示・黙示の許容によってなされるが、その背景には、やはり隣人間での好意・親切がある。これによって、通行利用者はいかなる権利をも取得せず、したがって所有者側は自由に撤回できる。だから、本質的に一時的な（précaire）利用であるともいわれている。忍容名義か否かの具体的判断では、要役地に課される不便と、要役地所有者がこれに反対することによってもちうる利益とが考慮される、という。Weill, Droit civil, Les biens. 1974, p. 388; Mazeaud-Juglart, Leçons de Droit civil, biens, 1971, p. 381; Planiol-Picard, Droit civil français, biens, 1952, p. 939.

三　長期間の好意通行

(1)　イタリアでの「忍容行為」は一時的・偶発的な利用を特徴としていたが、それだけに長期間継続した通行利用をどのように取り扱えばよいかという問題も残されていた。わが国でも、地役権の時効取得と絡んで同様の問題が提起されている。

かつて、末川博士は、「長年月の間同一の地点を通行していたという事実がありそれが容易に認識されうる状態で行なわれているならば、たとひ当初は善隣の厚誼に出たのにせよ、またたとえ夜間は通行せぬというような断続があるにせよ、そして通路の開設という如きはないにせよ、そこに慣行上一種の通行権ともいうべきものが成立すると観るべきではあるまいか」と主張し、多年通行を許容してきたものを突如としてこれを阻止するのは、公序良俗という観点からも妥当でない、と述べ、これを地役権でないとしても、「一種の物権的な権利」である、と解していた。(1)

周知のごとく、地役権の時効取得の要件が厳格なことから、(2)約定通行権との間隙を埋めるものとして提案されているものと思われ、一つの見識ではある。しかし、その成立要件はきわめて漠然としており、いかなる場合にかかる通行権を認めればよいのか、その判断に苦慮するであろう。物権的権利であるならば、当該通行利用が物権的事実行使・物支配に対応していなければならないので、通行利用者と通路との密接な関係、通行に対する強度の必要性でもなければ、この種の通行権を認めることが困難であるが、しかし、かかる場合には、通常、何らかの約定ないし法定の通行権が認められるはずである。だから、単に好意通行が公然と長期間にわたり継続したという事実だけでは、物権的通行権の内実がそもそも存在せず、むしろ、かかる長期間の好意を黙認されてきたこと自体に満足(感謝)すべきものであろう。通路の廃止が不当ならば一般法理（権利濫用など）による救済にまつべきである。

(2)　しかし、山口教授は、末川説を支持して、慣習上の通行権にいっそうの理論的根拠を与えている。慣習上の通行権は、教授によれば、「現実の慣習からして、極めて排他性の強い地役権的なものと弱い人役権的なものとがあり、……一応その内容については、右権利が時効による通行地役権取得の前段階の事実保護にあるから、その性質は一般的にいって恩恵的色彩が濃く、排他性を認める点で物権的効力があるとはいえるが、完全な独占性は認めるべきではなかろう」とされ、通行権者は第三者との関係では妨害排除請求、不法行為による保護をうけ、通路敷所有者との関係では、所有者が他に通路を使用する客観的な正当事由があり、かつ、所有者と通行権者との当該通路に対する利益を比較検討して、通路所有者の保護の必要が認められる場合は、利用者の保護が否定される、という。(3)山口説は末川説を理論的に一歩進めたものと評価できるが、「恩恵的色彩の濃」い時効取得の前段階における事実利用が、何故に、いかなる要件のもとで、権利関係に昇格できるのか、説明不足といわざるを得ない。かえって、かかる事実通行を保護するならば、地役権の時効取得に厳格な枠をはめている現行法ないしその解釈論と調和しなくなるであろう。(4) また好意通行は、理論的には一回的な通行許容であるので、そもそも継続的な利用という観念とは相容れないものである。判例も、これを認めた例もなくはないが、(5) 一般には否定する傾向が強い。(6)

（1）末川博「他人の土地を通行する権利」民商五巻一号一〇八頁以下（昭和一二年）。

（2）当時の判例によれば、「継続」であるためには「通路の開設」が必要とされていた（大判昭和二・九・一九民集六巻五一〇頁ほか）。さらに、今日の最高裁では、要役地所有者みずから通路を開設する必要があると解されている（最判昭和三〇・一二・二六民集九巻一四号二〇九七頁）。

（3）山口和男「隣地を通行しうる権利―その種類及び内容、特に囲繞地通行権に基く通路の幅員―について」日本法学三二巻三号一四六頁以下（昭和四二年）。円山潔「慣行による通行権について」自由と正義一九巻五号三八頁以下（昭和四三年）も末川説を支持するが、とくに分譲宅地における私道通行権について慣習上の物権的な通行権の成立を強調している。河野弘矩「通行権について」『民法学2』二四九頁（昭和五〇年、有斐閣）もほぼ同旨。

（4）藤原弘道「通行妨害禁止の仮処分」新・実務民事訴訟講座14・保全訴訟三〇九頁（昭和五七年、日本評論社）、那須彰「私道の通行権をめぐる諸問題」判タ五九〇号九頁（昭和六一年）。

（5）東京地判昭和三〇・九・一二下民集六巻九号一九六七頁、岡山地倉敷支判昭和五〇・二・二八判時七九四号九九頁。

（6）ただし、長期間の通行利用が何らかの通行権の存在を推定させる事実として評価されてよい場合もあろう。

四　好意通行の裁判例——紹介と分析

以上の考察により好意通行という事実的利用関係の特徴がいくつか明らかにされたが、さらに、かような通行利用が現実にいかなる状況のもとで許容されているのかを、判例の分析を通して検討してみよう。このことによって、より一層、好意通行の具体的な像が見えてくるはずである。

ここでは、従来の具体例を、約定通行権との関係、地役権の時効取得との関係、およびその他の関係という三つの部分に大別しているが、いうまでもなく、中心は約定通行権と好意通行との区別にあるので、これについてはとくに詳細に検討している。

1　約定通行権との関係

(1)　通行が黙認・黙過された場合

約定通行権の成立が認められるためには、その旨の合意、結局は被通行地所有者側の通行権設定意思がなければならないが、かかる意思の認定に判例は厳格である。通行利用に対して所有者が単に異議を述べない、もしくは黙認しているというだけでは、通行権の成立は認められにくいようである。

(イ)　まず次の事例が参照されるべきであろう。判旨は、通行利用者が五〇年以上にわたって係争通路を使用していたにも拘らず、なお好意通行である旨を説示している。

①　東京高判昭和四九・一・二三東高民時報二五巻一号七頁

〔**事実**〕　事案は必ずしも明らかではないが、大正一二年初頭、二筆の土地上に公営住宅二棟（各棟二戸）が建築された際に、その二棟の中間に幅一間の空地が残されたところ、そこに垣根が設置され、住宅部分と通路部分とが区別されることとなり、この係争通路は白山通（公道）に通ずる幅一メートルの私道に接続している。Xら二二名は附近住民でその当時、係争通路と私道との接続部分に石段を設置し、長年にわたり公道から公道へ至る近道として利用してきたが、白山通へ至る通路としては他に幅一メートルほどの私道がある。Yは、係争通路敷を含む土地を更地として買いうけ、建築のためにブロック塀を設置してXらの通行を阻止したので、Xらは、通行地役権（契約・時効取得）、慣行による通行権、占有権等を理由にその妨害排除を請求したが、いずれも棄却。

〔判旨〕　「おもうに、黙示の契約を認めるためには前示のような通行の事実があり通行地の所有者がこれを黙認しているだけでは足りず、さらに、右所有者が通行地役権または通行権を設定し法律上の義務を負担することが客観的にみても合理性があると考えられるような特別の事情があることが必要であると解する（例えば、一筆の土地を分譲する際、通路を利用する譲受人に対しその通路敷所有権を分割帰属させるとか、通路敷所有権をもとの分譲者に留保した場合の如し）。ただし、他人が法律上の権限なく通路として土地を通行しているに拘らず土地所有者がこれに対し異議を述べないで黙認しているだけの場合は、単に好意的黙認にすぎないか、または、通行地役権時効取得の要件である事実状態の一つをみたすだけだと考えないと、これら二つの場合と通行権設定の暗黙の合意とを区別できなくなるし、所有者が異議をいわないだけのことで通行権を設定するという不利益を負担させることは妥当でないからである。」

この事例では、通行利用の主体が一団の附近住民であり、しかもおそらく、係争通路に直接的につながる土地所有者＝通行利用者ではないようであるので、要役地と承役地との結合関係が稀薄であったように思われる。通行利用者側の人的範囲が広ければ広いほど要役地と承役地との関係が漠然としてくるのが普通である。だから、好意通行といっても、「忍容行為」とは少し性格が異なる。忍容行為は所有者側の消極的な行為ではあるが、相手方を意識したうえでの心理的容態であるので、忍容をうける側もおのずから一定の、具体的な範囲に限定されざるを得ないからである。本件の場合には、何人が通行しようとも所有者はこれを阻止しなかったはずであり、広く一般の通行のためにこれを開放した場合に近い。その意味で、通行利用者の当該通路に対する物的な地位はよりいっそう認められにくくなろう[1]。いわば、公道に対する私人の「自由使用」に類するものである。

したがって、五〇年以上に及ぶ通行利用の事実があっても、権利にまで高められず、また所有者側の妨害行為が権利濫用にもならないと判示されたのであろう。判旨に対して異論はあるまい。

② 札幌高判昭和五八・六・一四　判タ五〇八号一一四頁

〔事実〕　もとA所有地が昭和二八年一一月に甲地、乙地、丙地、丁地などに分割され、X_1が乙地をZが丙地を、Y（転得者）が甲地をそれぞれ買い受けたが、甲・丙・丁地にはいずれも東側の河川敷地に至るための共同通路用の帯状地が附属していた。昭和三二年六月ごろからX_1とZはY所有地の甲地の一部（本件土地）と他の私道などを通じて公道へ出入りしていたが、Yの前主もYも格別異議を述べることなくこれを黙認しており、その後、他の私道が閉鎖されたため、Yら近隣所有者が互いに出捐して新設道路を開設したが、X_1、Zも係争地を通行することにより新設道路を利用できると考えてこの計画に加わり、Yもこのことに異をとなえなかった。ところが、昭和四五年から四七年にかけて札幌市が、右の甲地などの帯状地の一部、その他の土地を購入し、河川敷に幅三メートルの道路を築造したので、乙地、丙地はこの道路を介して公道への出入りが可能となった。Yは係争地の通行を昭和四五年五月ごろまでは黙認していたが、右の道路が出来たことによって、X_1らと紛争が生じたようである。（控訴審で丙地がZからX_2に譲渡され、X_2が参加引受人となる。）

〔判旨〕　「Yの前主やYが単にX_1やZによる本件土地の通行を事実上黙認していたことをもって、法的に通行受忍義務（あるいは通行のため目的物を使用させる義務）を負担することになる通行地役権の設定契約や通行のための使用貸借契約が黙示に締結されたと認めることは困難であり…。」

この事例では、係争通路は通行利用者の要役地に接続しており、おそらく利用者が日常的に使用していたものと思われるが、好意通行とされている。しかも、単に所有者Yが通行を黙認していたというだけではなく、係争地に接続する私道の開設事業に際して、通行利用者X_1、Zが係争地の通行を期待しつつこの事業に参画したことを、みずからもこれに加入していたYが知っており、かつ、そのことに異を唱えなかった、という事情があったにも拘らず、これを「契約」とは捉えていない。かなり厳しい事実認定をしているが、無償の通行利用に対して、これをXが承諾すべき具体的な動機が欠けているので、その意味では判旨は是認できる。もっとも、少くとも通行使用借権が成立しているが、事情に変更が生じたので、Yとしては契約を解約できると構成することも可能であったろう。

なお、最近でも、ほぼ四〇年近く隣地を自己の土地とともに（外観上は一本の通路状をなしている）通行していたという事案で、通行地役権の成立を否定した具体例（浦和地判昭和六三・九・九判タ六九五号二一一頁）がある。相互に土地を提供して一本の通路を築造した（その旨の合意がある）というならば、交錯型の通行地役権が認められる可能性もあったが、そのような事情がなかった事例である。

(ロ)　次の例は単なる隣人間の通行利用ではなく、借地人が借地からの出入のために貸地人の所有地を通路として利用していたものであるが、なお好意通行とされている。

③　東京地判昭和四一・七・二九判時四六一号四六頁

〔事実〕　Y所有の係争地は戦前からYおよびY先代がその所有家屋の裏口から公道に至る通路として利用し、近隣の者数名もここを通行していたが、Yらはこれを黙認していた。戦後は、この係争通路に接続する宅地をYから賃借したX_1、X_2会社が賃借当時から通路として利用していたが、Yは自分が係争地を通路として利用していた関係もあり、X_1らが係争地を通行するのを戦前同様、事実上黙認し、X_1らもYと係争地については別段何の取りきめをするでもなくそのまま利用していた。ところが、昭和三九年五月二八日にYがここに工作物を建築してX_1らの通行を不可能にしたことから、X_1らは使用貸借契約ないし占有権に基づいてその妨害排除を訴求した。

〔判旨〕　係争地はX_2会社が宅地を賃借した当時、数百万円の価値があったのに、それを対価もとらないで貸すようなことは異例であり、かつYの黙認をとらえてYとの間に法的権利関係の生ずる使用貸借契約が成立したものとみるわけにはいかない。

占有権の存否についてもX_1らの通行は「いわばYの利用に便乗したYの黙認と言う事実関係でなされている」し、また他に係争地を利用している者もいたので、X_1らの排他的支配は認められない。

借地人が貸地人の所有する別の土地を通行している場合、他に通路がなければ賃貸借契約の効力として通行が認められるとするのが最高裁の立場であり（最判昭和四四・一一・一三判時五八二号六五頁）、また、他に通路がある場合でも、その通路に対する必要度などの事情から使用借権が認められることが少なくないが（後述参照）、本件では単なる好意通行とされている。貸地人の通行に便乗していたという事情と通行利用が無償であったという事情が判決の基礎になっているが、無償性については、当事者が借地契約の主体であり単なる隣人間の好意的な通行許容ではなかったことをとくに考慮すべきであったと思う。つまり、通行利用の「対価」を授受しないことが直ちに単純なる「好意」であると帰結するのは早計に失するのであり、通行許容が借地契約にとってどのような意味をもっているのかより具体的に検討する必要がある。後述のように、実質的には有償行為であったり、それに近い事情があることが少なくないからである。さらに、当該借地（要役地）と通路との客観的機能的関係にも注意すべきであったろう。その意味で判旨の立論・結論には再考の余地が残されている。

なお、借家人が家主＝敷地所有者の提供した土地を通行する場合には、通常、貸主は権利としての通行利用を承諾するものではないであろう。

(ハ)　次の事例も、もとの地主が借地人のために築造した道路に関する紛争であり、その後、権利の譲渡など複雑な事情が絡んでいるが、結局、好意通行とされたものである。

④　東京地判昭和三〇・九・一二下民集六巻九号二〇四〇頁

〔**事実**〕　係争通路はもともと周辺の借地人のために地主が提供したものだが、これら一団の土地が国に譲渡され、XやYなどの借地人がその借地とこれに接続する係争通路の一部をそれぞれ国から払い下げをうけたが、係争地の通行については何ら取り極めがなされなかった。Yが譲受けた係争通路敷に工作物を設置したので、Xが通行地役権に基づいて妨害排除を訴求。

〔**判旨**〕　払い下げの間もその後においても係争地について通行に関する合意の成立した事実はないので、明示、黙示の合意による地役権の成立は認められない。「未だ甲地（係争地）を利用する必要もないのに、いろいろ通行に対して異議を述べることは、近隣の情誼に反することでもあるから、右の一事をもってYに黙示の同意があったとするのは妥当でない。」

一般論としては、本件判旨の説示するように、黙示の合意を認定することには慎重でなければならず、単に異議がなかったということから契約の成立を認めるべきではなく、そのかぎりで、判旨は正しい。ただ、具体的な事情のもとで当事者間の意思を確認する必要があり、本件の場合、宅地（要役地）と通路部分（承役地）との機能的関連及び客観的な従属関係が明確に看取できる場所的状況があった。これを見落したため、控訴審では取り消されている。すなわち、東京高判昭和三二・六・一七（下民集八巻六号一一〇一頁）は、黙示による相互的・交錯的地役権の成立を認めており、その説得力ある立論は、後の下級審判例に対して指導的な意義をもったように思われるが、この点は第一部第三章に譲りたい。

㈡　次の例では、もと同一所有者に属する隣接地の借地人相互間で通行地役権の成立が問題となったが、通路の開設がなく無償であり、また、要役地にとって必ずしも必須のものではなかったことなどの理由から、好意通行と判示されている。

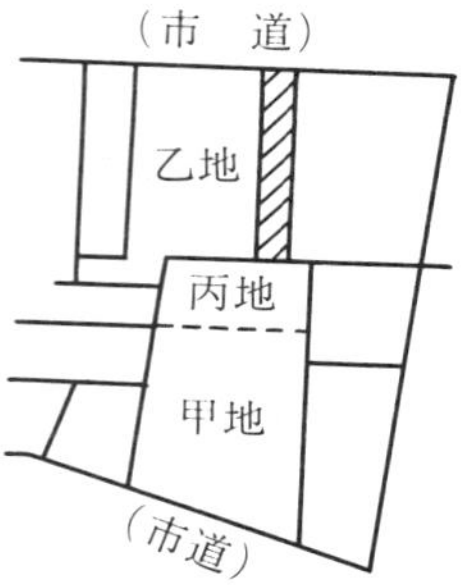

⑤　札幌地判昭和五〇・一二・二三判タ三三六号三〇三頁

〔事実〕　図一帯の土地はもとAらの共有で、Aらは甲地、乙地、丙地などに区画して賃貸し、Y寺は乙地を賃借していたが、その当時、丙地賃借人は甲地を通って南側公道へ通ずる幅約八〇センチ米の通路を利用するほか、乙地上の係争地の一部（幅約二米）（斜線部分）をも通って北側公道へ出入していた。昭和二五年にAらは乙地などを各々の賃借人Yらに売却し、甲・丙（一筆）地のほか二筆を自己の所有に留めたが、その売渡にあたり、AらはYとの間で特に現状のままでこれを売却する旨特約した。その後昭和四四年三月にXはAらから丙地を賃借し地上に建物（未登記）を所有したが、Xが丙・甲地の境界部分に塀を設置したので、現在では南側公道へ至ることは事実上不可能であるところ、Yが係争地上に板塀付木柵などを設置して通行を妨害したので、Xが地役権（約定、時効取得）、囲繞地通行権などに基づいてその妨害排除を訴求した。

〔判旨〕　Aらは「現状のまま」という特約で売却したが、それは右売渡に当たり公簿上の面積と実測面積との差から生じうる紛争を防ぐ必要性があったためであり、また係争地の西側部分は当時Y方の畑として利用され、また東側には隣地所有者の物置きが一・三〇メートルはみ出して建築され、昭和四四年にいたり収去されていることが認められるので、「前示丙地賃借人が北側公道に出るため通っていた本件土地の一部分は通路として施設されていたものではなく、空地状の部分を便宜上通行していたに過ぎなかったものであることが明らかである。そのうえ本件につき通行地役権設定契約書を作成したことも、償金を定めたことも認める証拠のないこと、ならびに、前示の如く丙地にとり公道に出るためには本件土地部分の通行は必ずしも必須のものではなかったことを併せ考えると」、本件土地について地役権が設定されたとは解しえない。

時効取得については、「単に空地部分を便宜上通行していたにすぎない」ので肯認しえず、また囲繞地通行権についても、土地賃借権に対抗力がないことのほか、そもそもXと甲地賃借人との相互間で同一の所有者を通じて土地利用の調整が可能であるので（従来はそのような調整がなされていた）、袋地とはいえない。

現在の丙地賃借人であるXは、乙地（被通行地）所有者Yとの間で約定の通行地役権が存在するとは主張していない。おそらくYとの間ではそのような事実がなかったのであろう。だから、Xは、従前の丙地賃借人がYも乙地賃借人であった当時、貸地人が同一の所有者Aであったので、丙地賃借人が係争地（乙地の一部）を通行することについてAを含めた当事者間で何らかの合意があったと考え、これを地役権と構成して、かかる既存の地役権に基づいて通行できる、と主張したものと思われる。

たしかに、地主Aを介して右のような通行利用に関する合意が借地人間で形成されたことは推測に難くない。しかし、それが物権たる地役権の約定であるためには、その旨の合意を推認させる事実が必要である。判旨は、通路の開設がないこと、約定書・通行料の合意もないこと、さらに要役地に対する通路の必要度が高くないことから、「空地状の部分を便宜上通行していたに過ぎなかったものであることが明らかである」として、これを好意通行と捉えたわけである。

さて、この場合の好意通行の相手方は当時の賃借人Yであり、Yが所有者となってもこの関係は変わらず、また通行利用者側も丙地賃借人からXへ変わったが、依然として好意通行自体は許容されていたと解されることになる。ところが、Xが他の通路をみずから閉鎖し、現在は係争地だけしか通路がないところ、Yがこれを閉鎖したことから紛争が生じたが、Xの通行利用が好意通行であるかぎり、この好意通行が、他に通路がなくなったからといって当然に囲繞地通行権に変わるものではない。とくに本件では、他の通路への通行可能性があり、しかも、X自身がその通路を閉鎖してしまったのであるから、なおさらY所有地の負担において囲繞地通行権を認めることは困難であったろう。その意味で判旨は妥当であった。ただ、他の通路が客観的にみてXの借地利用にとり相当な通路であるかどうかその点に疑問が残される。しかし、その通路幅についても、Xの借地と甲地借地はAの所有なので、AとXら借地人間で処理すべき問題と解しえよう。

(2) 通行が容認された場合

(イ) 単に消極的に他人の通行を黙認するだけにとどまらず、所有者がこれを容認したり、あるいは明示で通行利用を合意した場合ですら、なお好意通行とされた例がある。

⑥ 東京高判昭和四一・一〇・一四東高民時報一七巻一〇号二二九頁

〔事実〕 X所有の宅地に隣接するY所有地の一部分（係争地）はもと映画館の通路であったが、Xがこれをそのまま通路として利用し、一方、Y先代とYは昭和二四年頃から当該所有地をドラム罐置場に使用していたところ、当事者間に紛争が生じ、Xが係争地について地役権（約定・時効取得）および囲繞地通行権の確認を求めた。

〔判旨〕 「係争通路部分につきたびたびXに対し、Yらが必要とするときはいつでも明けてくれと申し入れ、Xがこれをそのまま通行等に使用するのを事実上認容していたにすぎないことが認められる」と判示して、通行権の存在をいずれも否定。

本件の通路は利用者のために開設されたものではなく、もと映画館の通路がたまたま残存していたものにすぎず、所有者側もそこを当面利用する予定がなかったので、通行を承諾したのであった。だから、所有者側には通行を許容する具体的な動機はなく、このこととは、たびたび「必要なときはいつでも明けてほしい」と申し出ていたことからも明らかである。だから、判旨のように、「契約意思」がなかったと考えるのが穏当なところかも知れない。

ところで、本件の通行承諾の特徴は右のように「自由な撤回可能性」を留保している点であり、したがって、イタリア法にいう「忍容行為」とはやや異なる。合意はあるが契約とはならない事実的な利用関係であり、狭い意味でのプレカリウムである。ここでは、積極的に権利関係の設定を避けるという意思表示が看取できるであろう。このような場合の通行利用は単なる好意通行にとどまらず、通行権の内容に相当する事実的利用であることも考えられる。本件の所有者側も、既存のものではあるが通路が存在し、しかも利用者が従来からこれを利用していたので、そのままでは既成の事実を容認せざるを得なくなるおそれが生ずることを懸念していたふしがみられ、そこで常々これに釘をさす言明（随時の撤回可能性）をしていたともうけとれよう。したがって、判旨の立場をさらに一歩進めて、本件の通行利用を随時に撤回しうる通行使用借権と構成することも可能であったろう。いずれにせよ、判旨の結論には問題ない。

なお、東京地判昭和五六・四・二〇（判時一〇二一号一一四頁）も、借地人が隣地の庭先を隣人（借地人）の承諾を得て約二〇年にわたり通行していたという事案で、「隣合わせに居住する借地人同志の好意」による通行承諾であることを理由に、使用貸借契約の成立を否定している。

(ロ) 次は、被通行地所有者が建築指定処分に際して、その旨の承諾書を作成していた事例である。

⑦ 東京地判昭和五五・二・一八判時九七七号八〇頁

〔事実〕 事案は複雑だが関係する部分を取り出せば大略次のようになる。X所有地は幅二・六メートルの係争通路（Y_1と

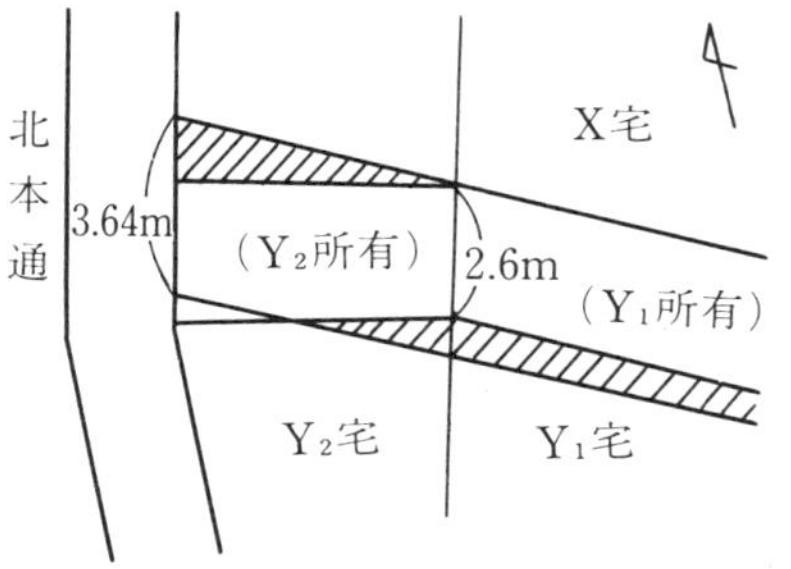

Y_2の所有)を経て北本通りに至り、東側にも公路に通ずる私道がある。Xは、先代が昭和九年頃から経営していた銭湯を戦後廃業してタクシー業を営むようになり、傍らXの長男も同所で自動車修理業を営んでいたが、係争通路を自動車で出入りする際、時折、通路上の物置きに横積みされた鉄パイプに車体を接触させて損傷をうけることがあったところ、昭和四年および一七年に当時の所有者らが幅員三・六四メートルとする建築線の指定を受けていることを建築線指定台帳などから知り、これを根拠に係争通路の同幅部分などに対して通行地役権または囲繞地通行権などを主張して、同部分上（図の斜線部分）にあるY_1Y_2ら所有の建物の一部分、板塀、物置の収去などを訴求した。

〔判旨〕　Y_1所有地内の通路について地役権が設定されるべき事情はないとともに、Y_2所有地内の通路についても「土地の所有者ないし借地人にとって不利益となり、〔X所有地などの〕土地になんらの負担がないにもかかわらず、……本件係争部分に関する土地所有者間で、地役権設定に伴い通常出捐が予定される対価の授受がなされたことを認めることができず、かつ、右対価を不要とする特段の事情もうかがわれないのであって、これらの事実に鑑みると、本件係争部分については、X主張の時期に関係者で一般的に通行を情誼上容認する旨の合意をしたものにすぎない。」

建築線の指定とは、今日にいう道路位置指定（建基法四三条）に相当するもので、指定をうける土地の所有者が自己の土地を建築法規上必要な道路として提供する意思をもっていることが前提となる。本件では、係争部分をかかる行政法上の道路とすることについて、これに接続する土地の所有者が協議（合意）しており、Xはこの合意をとらえて地役権の成立を主張したが、判旨はこれを「一般的に通行を情誼上容認する旨の合意をしたものにすぎない」と判示して、その権利性を排斥した。主たる根拠は、無償であり、かつ無償であることに特別の事情がない、というにある。だから、建築線指定についての所有者の承諾書等も所轄官庁が道路行政上保管する書面にすぎないとしてXの主張を一蹴している。たしかに、判旨のいうように、かかる承諾を直ちに契約行為と解することは許されない。無償利用のための具体的な動機が別になければならないだろう。その意味で判決の説示は是認できる。しかし、本件の場合、かなり長期間にわたり通行使用がなされており、しかも、東側の公路へ至る通路が別にあるものの、Xの宅地（要役地）と本件私道との機能的関連は客観的にみても密接であったように思われる。Xの主張自体は、既存の建物等の工作物の撤去を求めている点で、排斥されてもやむを得なかったかも知れないが、現状の私道についての通行利用まで、単なる好意通行と判示したのは、問題を将来に残したように思われる。(2) 地役権は無理としても通行使用借権の成立余地はあるであろう。

ともあれ、判旨がかなりきびしい判断を示したのは、無償通行利用であり、しかも当事者が単なる隣人同志であったという事情によるものと思われ、後述するように、権利による通行が認められる場合の状況とは異なるというかぎりにおいて、本判決の説示を積極的に評価したいと思う。

(ハ)　次の事例は借地権の譲渡人とその一部の譲受人との紛争であり、譲受人が譲渡人の借地上の係争部分に対し囲繞地通行権を有していたところ、他に公道が築造されたため係争地の囲繞地通行権が消滅したが、その後も係争地の通行を容認されていたという事案で、かような通行利用を好意通行と判示したものである。

⑧　大阪地決昭和五八・五・二六判タ五〇三号一〇〇頁

〔事実〕　Aの所有する甲地、乙地の借地人Y先代は、昭和二三年にX先代に対し乙地借地権と地上建物を譲渡したところ、乙地の北側は甲地に、南側は川に面し、東西も第三者の所有地に囲まれ袋地となったことから、X先代は甲地の一部である係争地(丙地)を公路への出入のため無償で通行していたが、これをA、Y先代およびその家族は容認していた。丙地は空地状で甲地、乙地居住者の出入口(木戸)へ至る通路として利用されるとともに、Y先代の洗い張りの仕事場としても利用されていた。一方、昭和三九年ごろ乙地の南側の川が埋立てられ公道となっている。Yが丙地に建物を建築しようとしたことから、Xが地役権ないし賃借権に基づいて仮処分を申請したのが本件である。

〔判旨〕　「民法二一〇条ないし二一三条の規定は……不動産賃借権者間にも類推すべきであるところ、前記のとおり、本件譲渡〔X先代への借地権と地上建物の譲渡〕により乙地が袋地となったことは当事者間に争いがなく、従って、X先代は、本件譲渡により丙地内に囲繞地通行権を取得したことは明らかである。……なお、本件譲渡の際、乙地が袋地となることはX先代、Y先代両名に明らかであった以上、丙地内の通行に関し両者間で何らかの取極めがなされたことは推測できなくないが、その内容は、他に疎明資料がない以上囲繞地通行権の確認的なものでしかないと解すべきである。

ところで、……昭和三九年ころ、乙地の南側に存した川が埋めたてられ、乙地は、南側が公道に接し、袋地でなくなったのであるから、前示法条の趣旨に照らし、右時点で前認定の丙地内の囲繞地通行権は消滅したと解するのが相当である。なお、昭和三九年以降もX先代、Xらは、丙地内を通行していたようであるが、新たに丙地内の通行についての合意がなされたとの疎明がない以上、それは社交的、恩恵的に許された通行であると解すべきである。」

借地権の一部譲渡によって、譲受人の借地部分が袋地になる場合には、土地（所有権）の一部譲渡による袋地の場合と同様であるので、民法二一三条が類推適用されてよい。ただ、判旨の指摘のように、かかる場合、譲渡によって袋地になるのだから、当事者間で通行に関する何らかの合意があるのが普通である。本件でのXも、Yと通行に関する何らかの取極めをしたようであるが、特別な内容をもった合意ではなく、単に囲繞地通行権の確認的なものでしかなかった、との事実認定がなされている。借地権を譲受ける側でもあり、独自の通行権を約定できる事情がなかったのかも知れない。だから、Xの借地が袋地でなくなれば、係争地に対する囲繞地通行権も必然的に消滅し、結局、単なる好意通行に転化せざるを得ないであろう。その意味で判旨は是認できるし、好意通行が原則的な利用形態であるとする本書の立場とも符合する。ただ、事実認定の問題に帰着するが、通行関係の当事者は単純な隣人ではなく、取引行為の主体であったので、通行使用借権の成立余地もあったように思う。だから、当該通路とXの借地（要役地）との機能的関係についても検討されるべきであったろう。

㈡　なお、通行使用料の請求の当否のみが争われた具体例であるが、仙台高判昭和六一・一〇・二九（判時一二一四号七五頁）は、隣接する甲団地と乙団地（両団地はもと同一所有者の土地であったが、別々に宅地造成・分譲されている）

とのほぼ中央を走る一本の生活道路について、甲団地の住民による乙団地内の私道に対する通行使用を「相互的な無償通行の容認」（単なる事実利用）と解したが、この判断には疑問がある。(3)

2　地役権の時効取得との関係

(1)　地役権の時効取得が争われる場合にも好意通行が問題となる。周知のごとく、その時効取得には厳格な要件が課され（民二八三条）、さらに今日の判例では、要役地所有者みずからが通路を開設すること、といういっそう厳しい要件が必要とされているが、その眼目は、隣人の好意による通行を時の経過だけで権利に高めることの反道義性にあるといってよいだろう。だから、地役権の時効取得が否定される事例では、通行利用の好意性が応々にして指摘される。もっとも、合意・約定による通行権を念頭においたものではないので、それとの関連での好意通行の特徴が問題となることはなく、したがって、本書の課題にとってあまり有益な素材は提供してくれないが、好意通行がどのような当事者間で行なわれ、裁判所が無償通行に対していかなる基本的な姿勢をもっているかを知るうえで、いくつかの裁判例を紹介しておきたい。

⑨　大正元年九月二五日新聞八二四号二四頁

〔判旨〕　「非継続地役権ニ在リテハ間断ナク行使セラルルモノニ非サルカ故ニ其行使ニ因リ承役地ノ被ル損害モ敢テ多大ナラサルノミナラス隣保ノ交誼上之ヲ寛容ス場合モ多カルヘキヲ以テ承役地ノ所有者カ之ヲ黙過シタル一事ニ因リ直ニ其権利ノ防護ヲ怠リタルモノト云フヲ得ス……」と説示して、一〇年以上も自己の宅地から公道へ出入するためYの賃借地（官有地）を通行していたXの時効取得の主張に対して、通路の設備がないことを理由に、「畢境Yハ隣保ノ交誼上自己ノ賃借地ノ一部ヲ通スルコトヲ寛容シタルニ過キサルモノト認ムルヲ相当トス」と判示。

⑩　新潟地判昭和二八年(ワ)第二三号事件判時二四号五八頁

〔事実〕　XYの所有地は互いに隣接しており、Y所有地の一部にY自身が開設し維持管理している係争通路があって、稲架場への出入りに利用しているが、Xも公道への出入りのために通行していたところ、Yがこの通路に築造物を設置したため一部の通行が不能となった。そこで、Xは、係争通路が明治初年来設置され、先代から何十年となく通行してきたので地役権を時効取得した、と訴求。

〔判旨〕　Xは係争通路に接続する訴外A所有の通路をも通行して公道に出入しているがAに賃料を支払っておらず、昭和一五年一月頃、賃料まで払って通らなくともよいとYにいったことがあるが、Yの方はAに賃料を支払っており、また、XはYにも通行料を支払っていない。さらに、本件通路はXが開設・管理している。「そうすればXが本件通路を通行して来たのはXY居住の南方東西に通じている公道に出入するためYが開設した本件通路をXが通行することをYは隣同志の間柄の好意上之を看過したにすぎないと解するのが相当である。[4]」

⑪　東京地判昭和五八・六・二九判時一〇一九号八五頁

〔事実〕　係争通路は現在の所有者Xの宅地の一部であってY所有地と隣接し、XY所有地上にある建物の間の路地となっている。Yの前主Aが昭和二二、三年ごろから係争通路を通行していたがXが所有権確認の訴を提起したため、YはAによる地役権の時効取得などを根拠に反訴を提起した。

〔判旨〕　通行地役権が、「継続、かつ表現のものであるためには、他人の土地を通行して利用する状態が通路の開設により客観化されることが何よりもまず必要であるとしなければならないところ、本件のように、単に隣接する建物相互間の路地を両土地の所有者ないし借地権者各自が公道に出るための自然の通路として相互に事実上使用し公道への出口に木戸を設置したにすぎない程度の利用状態である場合には、〔前主A〕ないしその承継人たるYにおいて、通路を開設して、継続して地役権を行使したとするに足りないものといわなければならず……。」

最近の事例である⑪判決の場合もかなり長期間の通行利用があり、かつ所有者側が通行利用を承諾していたにも拘らず、「事実上の使用」と判断されている。通路の開設がないので、判例の立場からすれば地役権の時効取得は否定されざるを得ず、そのため好意通行という結果になったのであろうが、通行以外の利用（物を置くなど）にはその都度異議を述べていたということから、少くとも通行だけは容認していたわけであり、したがって、債権的通行権の存在を検討してみる余地はあったであろう。しかし、右のような異議が通行利用それ自体にも影響を与え、権利への昇格を妨げる事由ともなりうる。通路と要役地との機能的関係が明らかにされるならば、通行権の成立余地もあるが、本件では時効取得との関連で通行利用が問題とされているにすぎないので、かかる議論を判旨に求めるのは的はずれであり、その結論は穏当なところであろう。

(2)　ところで、地役権の時効取得との関係で好意通行を問題とする場合、利用者側の行動（判例によれば、利用者みずからが通路を開設すること）に重点がおかれざるを得ない。私は、そこに通行権の行使意思（民一六三条）をみたいと考えているが、この問題は後述する（**第五章**を参照のこと）。これに対して、合意による通行権については被通行地所有者側の態度に重点がおかれ、通行権設定意思が問題とされねばならない。だから、同じく好意通行といってもその趣旨がやや異なることに注意する必要がある。

しかし、それにも拘らず両者は重なってくるのであり、とくに単なる隣人間での通行許容で、かつ通路の開設がない場合には、所有者としてはいつでも随時に通行を拒絶できるという態度を留保しており、したがって権利まで与える趣旨での通行許容ではない、と考えるのが当事者の通常の意思であろう。ただ、理論的には、地役権の時効取得の否定が即ち好意通行ではなく、その間に債権的な通行権を介在させる必要があるので、時効取得が排斥されても、当該の通行利用が通行使用借権に該当するかどうかの問題が残され、その点はすでに指摘した通りである。けれども、判例は、後述のように、通行使用借権の認定にはかなり厳格であり、単なる隣人間では容易にはその成立を認めない傾向にある。だから、判例においては、地役権の時効取得が否定されているケースは単なる隣人間の通行許容の場合なので、時効取得の場合にいわれる「好意通行」も、約定通行権ではないという意味での「好意通行」も実質的には同視してよく、したがって、それなりに判例の立場は一貫していると評しえよう。実際上もそれで不都合はあまりないと思うが、本書の立場では、単なる隣人間の通行許容でも、客観的地理的状況などから通行使用借権となることもあるので、その点に留意しておく必要がある。この種の場合には、たとえ一時的な利用権であれ、仮処分で暫定的な地位を保全しうるとともに、本案訴訟で、通行使用利益を主張できる保護が与えられるわけである。

3　その他の関係

(1)　囲繞地通行権の成立と好意通行

囲繞地通行権の成立との関係で好意通行が問題とされた事例がいくつかある。つまり、囲繞地通行権の成否が争われている係争通路のほかに、別の通路があり、本来、二本の通路があるならば当該要役地は袋地でないことになるのだが、別の通路の利用が単なる事実上の利用にすぎない場合には、その通路はいつ廃止されるかも知れず、したがって、かかる好意通行の存在によって囲繞地通行権の成立は妨げられない、というかたちで問題となっている。具体例を紹介しておく。

⑫　東京地判昭和三〇・九・一二下民集六巻九号一九六七頁

〔**事実**〕　AがX寺の境内地の一部を競落したため、その土地が袋地になったところ、Yがこれを承継したが、X寺とYとの間で通行紛争が生じ、結局、Yが通行料を支払うことで示談が成立した。ところが、Yの夫がこの袋地と公道との間に介在する他の土地を取得したため、Yの囲繞地通行権の消長が問題となった。

〔**判旨**〕　夫が介在地の所有権を取得しても妻の所有する袋地のための囲繞地通行権は、その権利の帰属を異にする以上、何ら影響を受けない。「Yの夫の介在地上に通行のための地役権、賃借権等を取得した場合は別であるが本件にあってはかかる権利の設定ありとは認められず、夫婦の一方が他方の所有地を自由に通行することありとするも、右は夫婦関係に基く事実上の自由であって、法律上の権利と目するを得ない。」

一般に夫婦間の無償の土地賃借は原則として情誼によるか、せいぜい債権的利用権にとどまり、地上権のような強い権利を設定する趣旨ではないと解される傾向が強く（最判昭和四七・七・一八判時六七八号三七頁参照）、その意味でこの判旨は従来の判例にそったものである。もっとも、夫婦間でも要役地と承役地とが地形上、囲繞地通行権が認められるような状況にある場合に通行地役権の設定を認めた事例（福島地判昭和四〇・一・二八下民集一六巻一号一四七頁）もあることに注意すべきであろう。

他に、東京高判昭和四八・一〇・三〇（東高民時報二四巻一〇号一八七頁）も、囲繞地通行権の成立と消滅に関して好意通行に言及しており、所有者の恩恵により通行許容されているにすぎない場合、「所有者の態度いかんによってはいつなんどき失われるかも知れない」と説示している。

逆に、他の通路での通行利用が好意通行のようにみえるが、実は囲繞地通行権の成立を認定しえなくもない場合には、係争通路に対して法定通行権は認められないとした事例もある。

⑬　東京地判昭和三二・一二・二〇下民集八巻一二号二三八六頁

〔事実〕　XらはY所有の係争宅地に接続するA所有地の一部（幅三尺から四尺）を自由に通行することによって公路に出入し、Aもこれを認容し、Aらの通行をにわかに閉鎖するおそれもない。もともとこの通路はAの前主がXらに附近の土地を売却したことによってXらの土地が袋地となったことから開設されたものであったが、Xらは通路幅を拡張するため、この通路に平行して接続するY所有地に囲繞地通行権を主張。

〔判旨〕　XらによるA所有地の通行利用は、「必ずしも寛容なる訴外Aの与える恩恵とのみいいきることはできないのであって場合によってはこれを袋地通行権の行使であるというように妨げないのである。……果してしからば、このような現状の存続するかぎり、Xらは、公路に出るのに敢えてY所有地を通行する必要はない……。」

この事例では、Xらはより広い幅の通路を得るため、既存の通路に平行して接続するY所有地に囲繞地通行権を主張しているが、そのためには、既存の通路の利用が権利による利用であることが逆に障害となるため、この部分の通行利用は好意通行である旨を立証しようとしたが、もともとXらの土地は、土地の譲渡分割によって袋地となったものであるから、単なる好意通行とはいい難く、一方、このような譲渡による袋地化に関与しないYに対して囲繞地通行権の負担を強いるのは公平に失することにもなる。判旨はそのような考慮に基づいて結論を導いたのであろう。

ところで、この事例から、一見、好意通行とみられる通行利用でも、それがかつて土地の分筆で生じたものであって、したがって、純粋な好意による通行ではないものも現実にはありうることを示唆される。とくに、分筆が記憶にない古い時代に属したり、複雑な分筆が繰り返されたりして、囲繞地通行権の成立を立証しえない場合、現在の当事者にとっては好意通行としかいいようがないが、なお問題を含んでいるように思う。

(2) 占有訴権保護との関係

通路に対する占有権に基づいて通行妨害に対する救済が求められることもあるが、かかる場合、通行利用が好意通行であるということなどから占有の成立を否定した具体例がある。

⑭ 東京高判昭和三〇・一一・二五東高民時報六巻一二号二八二頁

〔事実〕 戦災跡地である空地の一部を賃借したYは地上に建物を建てて居住していたが、借地に接続する空地の一部・係争地を数ケ年にわたって所有者に無断で便所の汲取などのため通行利用していたところ、係争地の所有者Xとの間で紛争が生じ、Yが係争地について占有権を取得しているかどうかが問題となった。

〔判旨〕 Yの建物の間口約五間は公道に面し、また借地の南側にも公道へ至る通路があり、Yはこれらの通路を利用して公道に出入していたものと推測しうるので、係争地をどの程度通行していたか疑問であるのみならず、便所の汲取りのための通行利用についても一ケ月に数回を出でないのが普通であるから、結局Yが係争地に対して継続的な支配力をもったとは考えられない。「あるいはYが汲取のためにこの土地を通行することを禁止されなかったとしても、それは不表現、不継続のきわめて短い時間の土地使用であり、かつ空地となっている土地であるから土地所有者においてこれを寛容し、しいて空地の立入を禁止しなかったものと解するのが相当であり、かかる通行によりYが係争地に排他的な実力を確立したものとは肯認しがたい。」

判旨は「所持」の成立それ自体を否定しているが、その具体的な事実関係は好意通行の判断要素と基本的には一致しており(傍点部分を参照)、好意通行であるということ自体から占有の成立を排斥したものではないとしても、占有保護を否定した実質的な根拠として好意による無償の通行であるという考慮が重要な意味をもっていたと考えて間違いなかろう。

このように、好意による無償利用が占有の成否と密接に関連することは、(5) すでにイタリア法から学んだところであるが、ほかにも、通行権に関するものではないが、いくつかの事例がある。

たとえば、大判昭和一〇・二・一六（新聞三八一二号七頁）は、X会社の土地をYらが水田として耕作し秋に収穫までしたが、Xが耕作を禁じなかったのはYらに地表の占有を許容したのではなく、Yらとの間に紛議を生ずるのを好まなかったので、同年度の耕作のみを黙過したるにすぎない、と判示しており、また、東京地判昭和三〇・一〇・二七（下民集六巻一〇号二二四六頁）では、マーケット経営者Yの所有するマーケット正面の広場（係争地）を、マーケット内の店舗賃借人Xらが街燈や排水路などを設置して利用したり、駐車場その他に利用しても、それは「一般に企業としてのマーケットの繁栄のためYによってYの必要時迄一般的に開放されている土地と認めるべきであるから」、その土地の占有はYにある、と説示されている。(6)

4　小　括

(1)　これまでかなり詳しく具体例を紹介してきたが、いずれも権利による通行使用との関連で、つまり、それを排斥するために好意通行が問題とされているので、その積極的な内容は必ずしも明らかでない。しかし判決の性質上それも止むを得ないことであり、理論的な意義づけは学説にゆだねられている。ただ、それにも拘らず、好意通行の特徴なり、その認定に斟酌される諸事情がかなり具体的に浮かび上がっているといえよう。

まず第一に、実質的にも無償であるという基本的な性格が明らかにされたであろう。次に、多くの例では当事者は単なる隣人である（①、⑤、⑥、⑦、⑨、⑩、⑪判決）。したがってまた、通行許容の動機には経済的な利害は含まれていないか、あってもほとんど無視できる。賃貸借当事者間での通行許容を好意通行とした事例もあるが、むしろ問題があることはすでに指摘したとおりである（③判決。⑧判決も参照のこと）。

通行許容の態様は、黙認・黙過か事実上の容認がほとんどで、承諾する場合でも随時に撤回できることが前提ない し条件となっている（⑥判決）。

被通行地は空地状のものが多く（①、⑤、⑧、⑪、⑭判決ほか）、通路が開設されている場合でも、所有者の利用に便乗しているようなときには、好意通行とされやすい（③判決）。逆に、道路であることが客観的に明瞭であるのに、これを好意通行と判断した④判決は控訴審で取り消されている。また、他にも代替通路があり、要役地と通路との関係が、地理的状況からみても、利用者の必要度からみても、それほど密接な従属関係にない場合が多い。

なお、わが国で問題となっている好意通行はかなり長期間継続しているものが多いが（例えば、①⑦判決では約五〇年、②判決では約二〇年、③判決では戦前から）、判例はかかる場合でも容易には権利による通行を認めようとしていないことを、再度、判例を介して確認しておく。ただし、慣習上の通行権を認めた事例もあるが、一つは公道の通行に関するもので（東京地判昭和三〇・九・一二下民集六巻九号一九六七頁）、他は分譲宅地における私道に対する仮処分事件であり（岡山地倉敷支判昭和五〇・二・二八判時七九四号九九頁）、単純なる好意通行の例ではない。(7)

他方、好意通行には占有保護も与えられていないことが明らかになった（③⑭判決）。逆にいえば、占有保護を与える必要もない通行利用が好意通行であるともいえよう。

以上要するに、本書にいう好意通行なるものが、具体例のなかでも一つの通行利用形態としてかなりはっきりしたかたちで定着していることが確認しえたように思われ、かかる利用形態がイタリア法にいう「忍容行為」と基本的には一致していることをも検証しえたであろう。フランスにも同じ制度（本章注(28)参照）が存在することをも勘案すれば、わが国でも、一つの制度としてこれを財産法体系のなかに取り込む必要性があることをとくに強調しておきたい。(8)

(2)　ところで、これまでの具体例はほとんどすべて好意通行と認定された事例であり、それに関する具体的な判断要素・諸事情に限定して検討したが、逆に、好意通行が否定されるような通行利用関係の特徴が明らかになれば、なお一層、好意通行の具体的判断基準がはっきりするはずである。しかし、被通行地所有者側が好意通行を主張する場合は、通行利用者が権利による通行を主張する場合でもあるので、結局、この問題は後述する約定通行権の成立原因に関する問題に帰着することになろう。とくに、通行のための使用借権の成立事情と対比することによって好意通行の特質が明らかになるはずである。かくして、「序論」で述べたように、好意通行と約定通行権の成立原因は統一して検討されねばならないわけである。

(3)　おわりに、囲繞地通行権との関係に言及しておく。通行利用者と所有者との間で紛争が生じるまでに、通行利用者が当該私道をすでに相当長期間にわたって通行している場合が多いが、後に判決によって囲繞地通行権（民法二一〇条）の存在が確定されたとき、紛争前における好意による通行は、かかる法定通行権による通行利用と考えるべきであろうか。これを肯定すると、法定通行権は有償が原則であるので、通行料支払義務の問題が生じ、少くとも時効消滅にかからない過去の使用料を支払う義務が生ずることになる。

だから、このような場合には通行紛争が生ずるまで（実際上は訴の提起まで）は好意通行として処理する解釈も可能であろう。つまり、通行紛争によって、法的レベルの問題として扱われるべきことを当事者が意欲したわけであるから、ここで道義に基づく善隣関係が崩れたことになり、したがって、この時に法定通行権が成立すると解しうるようにも思われるが、将来の課題としておきたい。(9)

（1）　ちなみにProtetti, op. cit., p. 371. は、通行利用者の人的範囲に限定がない場合を「放任」(acquiescènza) と称し、「忍容」と区別している。事実類型としては区別する意味があろう。

（2）　本件の判例批評、林豊・昭和五五年度重要判例解説、判タ四三九号三四頁も、対価の授受の有無が地役権設定契約の成否に対する決め手にならないとしている。

（3）　この判例については、拙稿「通行使用料の請求と権利濫用」（判批）法時五九巻一一号一二五頁（昭和六二年）、大谷種臣「判例批評」（昭和六二年度主要民事判例解説）判タ六七七号三二頁（昭和六三年）。

(4) 本件の第二審(東京高裁)は、Xが係争地の一部を一般通路であると信じて通行し、かつ何人からもその通行に異議を述べられたことがないことなどを理由に、時効取得を肯定したが、最高裁はこれを破棄し、原審に差し戻している(最判昭和三三・二・一四民集一二巻二号二六八頁)。

(5) 川村「借地権と地役権」新民法演習・物権(2)一六三頁も、本書とほぼ同趣旨のことを述べている。

(6) 通行と占有との関連については、田中整爾『占有論の研究』(昭和五〇年、有斐閣)二八四頁以下を参照のこと。

(7) とくに岡山地判は、わずか五年の通行利用に関するもので、しかも、慣行通行権であると説示するだけで、何ら根拠をしめしていないことから、先例的価値もないように思われる。

(8) 藤原・前掲「通行妨害禁止の仮処分」三〇四頁は、実質的には本書に近いが、裁判例では使用貸借を肯定するものが多く、好意通行の例が「割合に少な」いとするが、これは事実に反する。

(9) この問題は、法定通行権(民法二一〇条)の成立時期の問題であるが、従来の紛争例では、法定通行権の存否・位置に関するものが主流であり、通行料の支払いを求めた事例はこの種の通行権ではあまりないようなので、判例の立場は明らかでない。従来無償であったのだから、判決によって通行権が確定されても、その無償性は維持されるべきだとの見解もありえようが、それでは被通行地所有者にいささか酷に失しよう。私は、法定通行権の成立時期に関して、抽象的には法律を根拠に成立するのだけれども、具体的には、当事者の合意または判決により発生すると構成できないかどうかを将来検討してみたいと考えている。なお、学説については、安藤『相隣関係・地役権』六九頁参照。

第二章　通行使用借権

一　通行使用借権の成立原因

1　地役的使用借権と通行地役権

単なる好意通行ではなく、何らかの通行権が存在することを前提にした場合、いかなる種類・内容の通行権を認めるのがよいかは、当該の具体的事情によって異なるが、基本的視角をどこにおくかについて意見が分れているので、まずこの問題を検討してみよう。

(1)　無償の通行権としては地役権と使用借権とが考えられる。地役権は当該通路敷に対する独占的な利用を権利者にゆだねる必要のない場合に設定され、所有者との共同利用関係をその本質的特徴とするものであるが、これに対して、使用借権が設定されると、通行目的のためとはいえ、使用借人に通路敷の独占的利用・占有が委譲されるので、そのかぎりでは物権たる地役権よりも強い通行権となる。そこで、地役権と同様の内容をもつ、地役目的のための使用借権を設定できないかどうかの問題が生ずる。民法典上の使用貸借は要物契約であるので(民五九三条)、「物の引渡」のなされない通行利用については使用借権とみるべきではないとする見解がある一方で、[1] 契約自由の原則から地役的使用借権（本書では「通行使用借権」という概念を使用している）も不可能ではないとする説もある。[2]

しかし、問題の核心は、通行目的のための使用貸借である場合に（賃貸借についても同様）、その原則的形態を果たして民法典の予定している使用貸借と考えるべきかどうかにある。そのように考える傾向が強いようであるが、この立場では、地役目的である旨を特に約定しなければならないことになろう(3)。

しかしながら、賃貸借の場合は賃料の額など諸般の事情を併せ考える必要があるので、しばらくこれを措くとしても、使用貸借については、「ここを通行のために通ってもよい」との所有者側の言明があっても、これを直ちに有名使用貸借であると解するのは、明らかに当事者の意思に反するであろう。そのことは、実際の具体例でもすべて通行使用借権が問題となっているという事実からも確認できるはずである。だから、むしろ逆に、地役目的のための無名使用貸借（通行使用借権）が原則であり、余程の事情がないかぎり有名使用貸借にはならないと解すべきである。このような把握は、無償利用の基本形態を「好意通行」に求める本書の立場とも整合する。つまり、かかる事実的利用が同じ内容をもって権利関係に高められることになるので、通路に対する独占的支配のための権能を理論上観念できないからである(4)。

(2)　それでは、具体的な通行利用関係について、いずれの通行権の成立を認めればよいであろうか。結局は当事者の意思解釈の問題に帰着するが、ほとんどの場合(5)、それは明らかでないので、地上権と使用借権との識別基準と同様に、一般的には債権契約とみるしかないであろう。

石田喜久夫教授も「一般的にいえば、民二八三条の存在が示すように、たんに通行を黙認したり、『通行してもよろしい』などということばが発せられていたというだけでは、承役地所有者において地役権設定の意思あり、というのはいささか強引な意思解釈であろう(6)」とし、他方で、当事者に合意がある場合には、原則として使用借権（ただし自由に撤回できる）と解するのがよい、とされる(7)。

これに対して、篠塚教授はやや異なった立場にあるように思われる。教授は、通行権の内容からみて通行権者の居住権や営業権の一部として定着しているような場合には、地役権とみるべきだとして、賃借権では所有者の比較的自由な解約のもとにさらされるので危険である、という。これは有償通行権の場合だが、無償通行権については、「好意的、恩恵的に、空地や庭先を通行させてもらうばあいは、使用借権であることも考えられる」とするが、「たとえば、建築許可申請のとき、通路地所有者の通路使用承諾書をそえているばあいには、たとえ好意的な承諾であったとしても、地役権とみなすほうがよい」という。さらに、はじめは使用借権であったが長期間にわたり通行権者が変わっても通行が禁止されずに来ているならば、時の経過で地役権に変更したとみることもできると述べ、これを「失効の原則」に対して「発効の原則」と称している。(8)

右の教授の説明では、使用借権が原則的な通行権であるとするようにみえるが、しかし、使用借権では法的保護が不十分であるので、地役権の成立に多分に好意的な立場にあるといえよう。その基本的姿勢は別として、教授の立論にはいずれも問題があるように思われる。まず、無償通行が「好意的、恩恵的な承諾」であるならば使用貸借である、とする立場には賛成しがたい。この場合には、「好意通行」が原則であろう。また、「発効の原則」についても、なぜそうなるのかが明らかにされないかぎり、にわかに賛成しがたい。さらに、建築確認の際になされる被通行地所有者側の通行承諾が地役権設定契約になるという見解も疑問である。所有者はそのような趣旨で通行承諾書に署名・捺印するのでは決してない。問題は、そのほかに当事者が具体的・実質的にどのような協議をしたかであり、たとえば、通行料を約定するなどの行為があれば、それをどのように評価するかであろう。有償行為が認められるならば事情によっては地役権を認定することもできなくはなかろうが、無償の場合には、まず無理といわざるを得ないだろう。

2　通行使用借権の成否

(1)　好意通行とプレカリウム契約

右に述べたことからも窺知しうるが、いまだ学説は無償通行権の識別基準について十分な究明をしていないといっても大過なかろう。それはともあれ、本書のように好意通行を無償通行利用の原則的形態と捉える立場では、使用借権と地役権との区別よりも、その前にまず好意通行と使用借権との識別基準を明らかにしなければならない。すなわち、好意通行を基礎としつつ、そこにはない新たなファクターが付加されることによって、無償通行が債権的通行権となるのであり、さらに債権的通行権を基礎として通行地役権の具体的な要件が論究されねばならないであろう。

もっとも、通行使用借権の成立要件を求めることは容易ではない。通常の（有名）使用貸借では物の引渡があれば契約の成立を認めうるが（要物構成）、通行使用借権については「物の引渡」は問題とならない。だから、無償の債権契約の法的拘束力を引渡と厳格に結合させるならば、無償の通行承諾には債権契約としての拘束力を認めがたいという帰結になろうが、物の引渡も、成立要件とはされながらも、実際上は、貸主側の「貸与意思」を明確にするための外部的徴表に近いものと思われるので、[9] 要は、この「貸与意思」をどのように具体的に表現するからである。しかし、通行承諾に基づく通行使用だけでは、好意通行の場合にも同様の行為・事実が認められるので、これをもって貸与意思があるとは解しえないであろう。

もっとも、理論的には、好意通行（プレカリウム）と同様の通行利用を使用貸借契約と構成することが可能である。具体的な使用目的も使用期間も約定されていない使用貸借（プレカリウム契約と略称する）がそれであり、この場合には貸主はいつでも自由に通行利用を廃棄できることになっているが（民五九七条三項）、単に通行のために使用させるという場合には、目的も期間も定めのない使用貸借になると考えうるからである。[10] しかし、かかるプレカリウムとプレカリウム契約との識別は、理論的には明確であっても、実際上はきわめて困難となるであろう。というのは、この種のプレカリウム契約の成立原因は、プレカリウムと同様に、単純なる好意に尽きるものと考えられるので当事者の意思による区別はいうまでもなく、その動機つまり所有者側の貸与の具体的な動機によっても両者を一般的には区別しがたいからである。また、仮りに両者を原則的に区別したとしても、果たしていかなる実益があるのかどうかについてもにわかに断定しがたい。[11]

それ故、識別論の場では、通行承諾の法的拘束力の特異性（希薄性）をも併せ考慮すると、自由に撤回させてもよい通行利用であると判断するならば、原則としてそれは好意通行になると解しておけば足りるであろう。後述のように、この種の通行使用借権が具体例のなかにまだ現われていないという事情も右のような解釈を補強する。

(2)　通行使用借権の成立要件

したがって、問題の焦点は、自由に撤回しうる好意通行（プレカリウム）と自由に撤回しえない通行使用借権との対比・区別に絞られることになろう。すでに、好意通行の一般的性質、具体的なメルクマールは検出しえたので、次に、それとの関係で通行使用借権の成立要件を明らかにする必要があるが、ここでもまず負担をうける被通行地所有者側の態度ないし意思に重点を置いた構成にならざるを得ないであろう。理論的には、好意通行ないし「忍容行為」においてみられた消極的な心理状態では不十分であるので、それを越えた所有者側の積極的な姿勢つまり「貸与意思」が必要となるはずである。本書は、かかる貸与意思を所有者側が通行使用のために通路敷を提供したという態度・行為のうちに見い出したいと考えている。

このような要件は、有名使用貸借における「物の引渡」を、物の使用価値を対象とする通行使用借権の場で、その法的拘束力の根拠を引き直したものであるが、これによって所有者側に、好意通行の場合とは異なり、少くとも通行使用に対する「忍容義務」が課せられることになろう。

ともあれ、かかる通路敷提供の行為・意思という判断基準が具体例のうちに潜在しているか否かが検討されねばならない。それ故、次に右の視角から裁判例を分析し、同時により具体的な判断要素をも抽出したいと思う。

（1）　山中康雄『新版注釈民法⒂・債権⑹』八二頁（平成元年、有斐閣）。
（2）　沢井『隣地通行権』一八一頁。山口・前掲論文一五〇頁はこれを「特殊の債権契約」と称している。
（3）　広中俊雄『物権法（第二版・増補）』四七七―四七八頁（昭和六二年、青林書院新社）。
（4）　むろん私は土地を通常の使用貸借（有名使用貸借）で借りうけ、これを通行目的で使用する場合のあることを否定するわけではない。しかし、そもそも無償利用契約については当事者間で明確な合意がなされないのが通常であり、したがって、当該通路敷自体の貸借があることを前提にして、その使用貸借の「使用目的」が通行使用である、と構成するのは事実にそわないと思われる。

(5) 太田豊「通行をめぐる紛争の際の保全処分」『実務法律大系8』三七九頁（昭和四七年、青林書院新社）、藤原弘道「通行妨害禁止の仮処分」『新実務民事訴訟講座14・保全訴訟』三〇七頁（昭和五七年、日本評論社）、市村陽典「通行妨害禁止の仮処分」『裁判実務大系4・保全訴訟法』二九〇頁（昭和五九年、青林書院新社）。

(6) 石田喜久夫「承役地取得者と未登記地役権の対抗力（ほか）」（判例批評）判タ三一四号一二九頁（昭和五〇年）。

(7) 幾代通編「不動産物権変動の法理—8通行権について」ジュリ増刊（一九八三年一月）一五二頁（座談会）における石田教授の発言を参照せよ。

(8) 篠塚昭次『不動産法の常識(上)』五九頁以下（昭和四五年、日本評論社）。

(9) この点は、貸与の約束も書面が作成されると強い拘束力が生ずると解されている（広中俊雄『債権各論講義』一二一頁）ことからも窺知できよう。

(10) 幾代・前掲「物権変動の法理」（座談会）一五三頁、幾代教授等の発言を参照のこと。

(11) 個別的には通行妨害に対して占有権ないし使用借権を被保全権利とする仮処分により、本案訴訟で決着をみるまでの間、現状を維持できるというメリットが指摘できるが、果たして実際上、一般的に自由に撤回できる通行使用借権なるものを念頭において（とくに柵などの妨害物件が妨害する側の所有地内に存在することもあり）、右のような仮処分を容易に宣告できるものかどうか、はなはだ疑問である。

二　通行使用借権の裁判例

1　具体例の紹介と分析

通行使用借権に関する具体例はごくわずかしかないようであり、現在までに私が探しえたのは左の若干例だけである。これらをやや詳細に紹介するとともに、各々について簡単なコメントを付し、最後に、わずかな事例からの分析ではあるが、今日までの判例の状況にも言及したいと思う。いうまでもなく、好意通行との比較を常に念頭においている。

(1)　借地利用のための通行権

借地権者が借地から公路に出入するため借地に接続する被通行地に対して通行使用借権を有するとされる場合が少なくない。

(イ)　次の判決は、被通行地が賃貸人の所有地であり、したがって借地契約の当事者間で通行使用借権の成立が争われたところ、他に代替通路があったが、これを肯定している。

⑮　東京地判昭和四五・一・二〇　判時五九七号一〇四頁

〔事実〕　Xは昭和二七年一月にYから宅地を賃借し、そこに従業員の社宅を建て、その当時からY所有の係争地を北側公道に至るため道路として使用し、右社宅の玄関・門もこの道路にあわせて設置されていた。Yはこのような X側の通行を従来から黙認してきたところ、昭和四二年の春頃、係争通路に杭を立て、トタン板を張るなどしてYの通行を遮断した。右社宅から最寄りの駅へ行くために、玄関を経て非常口を通り南側区道に出る方法もあるが、非常口に至るまで物干場、植樹があって必ずしも通行に容易ではなく、時間的にも三、四分余計にかかる。しかも、Xの通行のみを妨害している。そこで、

Xは Yに対して約定通行地役権または通行使用借権に基づいての妨害の排除を訴求した。

〔判旨〕「Xの本件私道使用関係は、Xが開設しないしは維持、管理している通路というわけでもないから、継続、表現のものというを得ず、これを通行地役権の設定とみることはできない。

けれども、YはXとの賃貸借契約当初より本件私道の通行を容認する黙示の契約をしたものと認められ、それは使用貸借と解されるところ、前記認定の事情のもとではX借地から本件私道への入口である別紙添付図面部分を杭、トタン板、有刺鉄線等で閉鎖して通行遮断することは、Yにとって全くその必要も利益もないのに拘らず、いたずらにXに対し、生活上の不便、困惑等の不利益を与えることのみを意図したものであって、権利の濫用という他はない。」

本件の場合は、借地人Xが借地と地上建物の便益のため貸地人の隣接地の一部を通行利用していたが、貸地人がそれを黙認してきたことから、当事者間に使用貸借契約が存在すると判示されている。黙示による通行承諾だが、それを許容したYの動機は単純なる好意ではなく、通行利用者が賃貸借という取引の相手方であるので、Xも、かかる通行を覚悟のうえで、取引したといえるだろう。だから、X側の通行利用も単なる通行ではなく、地上建物の玄関・門が係争通路にあわせて建築されており、そこにY側に通路を提供する行為があったと認めうるであろう。本件では賃貸借当初より係争地がいわゆる私道としての形態をもっていたようなので、なおさらそのようにいえるはずである。

(ロ)　⑮判決とほぼ同様の事案であるのが次の⑯判決であり、ここでも借地契約の当事者間で通行使用借権の存在が肯定されている。なお、通行権の存続についても説示しているところが目新しい。

⑯　大阪高判昭和五五・三・一九　判タ四二一号八六頁

〔事実〕　X先代およびXは、Aより宅地を賃借して以来、A所有の本件通路とほぼ同位置にあった旧通路を通行してきたが、同宅地および通路がY先代の所有となり、貸主の地位を承継したところ、昭和三二年にYが自己の居宅を建替えた際も、従来通り右居宅の玄関を旧通路に面して設置するとともに、右通路に板石を並べるなど整備して本件通路となし、その維持・管理につとめ使用していたが、その後も従前同様にXの通行を黙認していた。ところが、昭和四五年にXが建替工事をしたときに紛争が生じ、YがXの通行を妨害する行為に出た。Xは Y所有の他の私道を通じて公道に出ることもできるが、本件通路に対して、約定ないし時効取得による通行地役権、または通行使用借権の存在を主張したところ、地役権は排斥されたが、使用借権については認容された。

〔判旨〕　Yは本件紛争に至るまでXの通行を黙認してきたので、「おそくとも本件紛争が発生する以前にXY間に、本件通路をXが歩行により無償で通行使用することを承認する黙示の使用貸借に準ずる合意が成立していたというべきである」。ただし、この通行権の効力については、「右合意成立に至る経緯、並びにXが自宅より公道に出るためには、本件通路によるほか、〔Y所有の代替通路を〕通ることもできる事実を考慮すると、右合意に基づきYとしては、本件通路をXが歩行により通行することを禁止しまたは妨害することは、Xにおいて通行を必要としない事情が発生しない限り許されない反面、Yにおいて本件通路を閉鎖して使用する必要が生ずるなど特段の事情があるときは、これを理由として右黙示による合意を解除することができるというべきである。」

詳しい事実関係は不明だが、本件通路はY方の玄関のみならず、X方の正門前にも通じており、単にYの通行利用に便乗したかたちでXが使用していたのではなさそうである。だから、元来は前所有者Aが賃借人Xのためにも開設した通路か、あるいは少くともXが通路として利用することを承諾していたものと推測され、Yは通路についてもかかる貸主としての地位をそのまま承継（黙認）したのであろう。だから、黙示であっても所有者側に通路を提供する意思があったといわざるを得ず、単なる好意通行でないと解すべきである。

逆に、通行地役権を認めなかった判旨の立場も正当である。その理由は必ずしも明らかではないが、通路の開設、維持・管理はYがしており、Xの通行使用はYの通路に対する現実的な支配を前提としたものであるから、物的な通行支配権の実質がなかったというべきであろう。

(ハ)　次の例も、借地人が貸地人所有の係争地を従来から通行利用していたが、通行の使用貸借契約自体は借地人と係争地譲受人との間で締結されたと判示している。借地が袋地であり、また、紛争が係争地の転得者との間で生じている点も、右の⑮⑯の事例とは異なる。

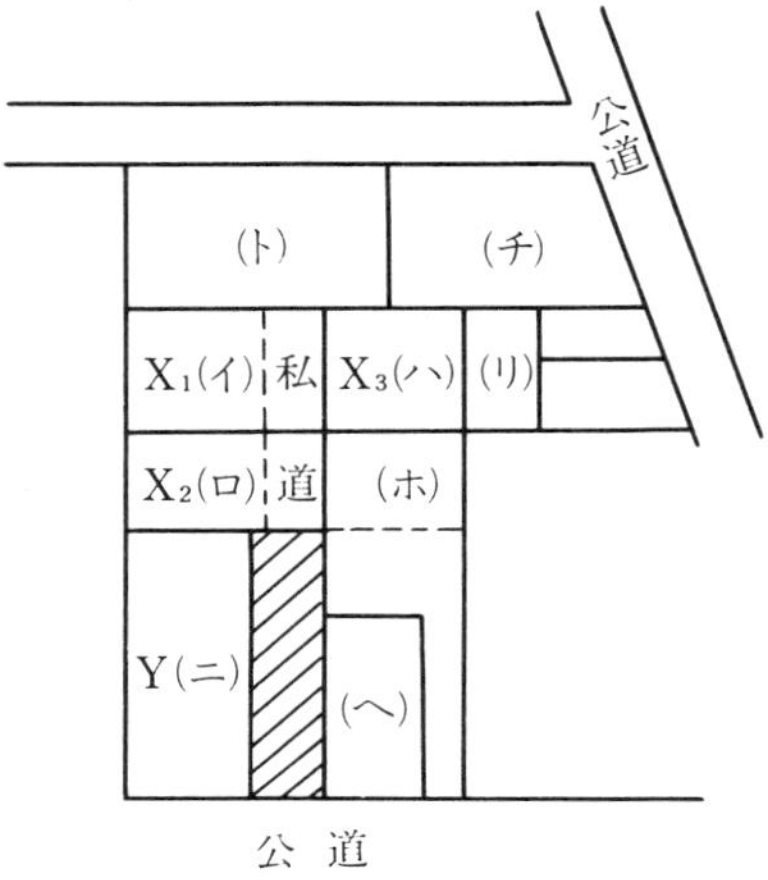

⑰　東京地判昭和四四・三・二九　下民集二〇巻三・四号一六〇頁

〔事実〕　図の(イ)〜(リ)の各土地はもとA所有で(ニ)の土地以外の土地には借地権が設定され、後に(イ)(ロ)(ハ)(ホ)(リ)以外の土地は当該借地権者がそれぞれ所有権を譲り受けたが、(イ)土地については、X_1が昭和二七年一月ごろAから借地権の設定をうけており、その当時から係争通路(図の斜線部分)とこれに接続している私道部分を公道に至る唯一の通路として、(ロ)(ハ)の土地の借地人CおよびD、その承継人X_2X_3とともに、利用してきた。昭和三〇年八月一五日にBが(ニ)土地を取得したが、右のような事情を了知しており、係争地については坪当り三分の一の価格で購入したところ、昭和三五年四月一五日YがBから(ニ)土地を買い受けて、係争地に板戸、コンクリート塀を設置してX_1らの通行を妨害した。そこで、X_1らが使用貸借契約に基づく通行権と、予備的に囲繞地通行権を主張して、その妨害排除を訴求した。

〔判旨〕　「C、DおよびX_1が本件係争地の使用貸借契約を締結するについて明示的にAに代理権を与えた事実はないが、なお、同人らは本件係争地に関し、Aを代理人として、通行することを内容とする使用貸借契約を〔Bと〕黙示的に締結したものと解することができる」。X_2X_3も前主CDと同様に通行していたがBはこれに対し何らの異議も申立てなかったので、借地権とともに通行権もX_2X_3に譲渡され、Bはこれを黙示的に承諾したものと解される。

しかし、YがBから(ニ)土地を譲り受けるとき、係争地が「私道でも通路でも何でもない」という趣旨のことを言われ、かつ、Bからは、係争地と私道との境界部分に三本の杭が打たれ、そこに板を張って通行が遮断された状態で(ニ)土地の引渡をうけ、また、他にも通路らしきものがあったことなどから、(ニ)土地の譲受に際しては、Yは、係争地を通行する者がいることは知っていたが、X_1らが係争地に使用貸借契約に基づく通行権を有することまで知らず、従って、X_1らの通行権を承認する意思はなかったものと認められる。ただし、他に通路がないので、係争地に対する囲繞地通行権は認められる。

この事例を単純化すれば、借地人Xが貸地人Aの所有する隣接地の一部（係争地）を通路として利用していたところ、この隣接地を買い受けたBとの間で通行のための使用借権が黙示の契約で係争地に設定されたが、このような使用借権は、その存在を知らないでBから当該土地を買いうけたYには対抗できない、ということになる。

ところで、本判決が合意による通行権を使用借権と認定したのは、おそらくその主体が土地賃借人であり、また明確な通路の開設（工作物の設置）もなかったことから、地役権まで認めるわけにはいかなかったからであろう。もっとも、AがBに土地を売却したときに、Aの土地が袋地になってしまうのだから、AB間では通行の約定がなくとも、Aにはいわゆる無償の囲繞地通行権（民法二一三条）が認められるわけであるが、これを合意による通行権として構成できる事実関係があるならば、地役権としたほうがよかったようにも思われる。かかる場合、当事者とくにAにとっては、強い通行権（地役権）を留保するかたちで土地を売却するというのが、その通常の意思であるはずだからである。[1]

それはともかく、本件の通行利用の場合、好意通行にはみられない要素が含まれている。Bに売却される前では、貸地人たるAは借地人たるX_1らに対して借地契約の効力として自己の土地を通行させる義務を負担していたものといえよう。[2] 他に、通常の通行を可能にする通路がないのだから、貸地人がかような通行受忍義務を負担しないでは、そもそも借地契約自体が成り立ちがたいことになろう。したがって、被通行地の所有権を他に売却するときには、貸地人たるAはかかる通行利用を借地人（ひいては自己）のために当然確保しておかねばならず、現にAは実質的にそのような配慮をしている（係争地の売却価格を他の部分より安くしている）。その意味で、この通路は、たとえ空地であるとしても、当該借地利用のために用意された通路であって、決して単なる好意通行の対象ではない。したがって、かかる場合には、所有者が通行利用者のために通路を事実上開設する行為をしたといえるであろう。そこに拘束力ある合意の成立を認めることができるわけである。判旨は、右のような事情を考慮して、所有者Aが借地人Xの代理人として通行地の譲受人Bと通行契約を黙示的に締結したというやや擬制的な法的構成を採用している。むしろ、AX間にすでに成立している通行権がBに承継されたと解したほうが素直であったろう。XB間にその成立時期をずらすのがよいとするならば、「第三者のためにする契約」という構成も考えられよう。

なお、本判決は、同一の通路に対して存在する通行使用借権と囲繞地通行権との関係について次のような興味深い指摘をしている。

「X_1らはBに対しては、本件係争地につき、囲繞地通行権と使用貸借契約に基づく通行権とを有していたが、後者のために前者は顕在化しない状態にあったものというべきところ、前述したように、㈡の土地がBからYらに譲渡され、Xらの使用借権がYに対抗できなくなったために、この段階において右潜在的に存したXらの囲繞地通行権は顕在化したものというべきである。」

合意による通行権と法定通行権とが競合する場合、前者が優先するというかぎりで、右の論旨に賛成したいと思う。両者の関係については後述する。

㈡　次の裁判例も要役地が袋地であるが、借地権の一部譲渡が原因で通行紛争が生じている。紛争の焦点は使用借権の存否それ自体ではないが、右の⑰判決と共通するものがあるので参考のために紹介しておく。

⑱　東京地判昭和三七・一〇・三　判タ一四一号六一頁

〔事実・判旨〕　借地人Yが借地権の一部をAに分割譲渡したことにより、譲渡賃借地が袋地となったため、YがAに対し公道へ至る幅一尺五寸の通路の無償通行を認め、さらにこの袋地の譲受人Bと転得者Xの通行をも拒ばなかったという事案で、AはYとの契約によって係争通路を通行しており、この使用貸借権がBおよびYに承継されないとしても、民法二一三条の趣旨から通行権が認められる、と判示している。

本件では通行使用借権の成立事情がよくわからないが、この種の事案で他に代替通路がない場合には無償通行権が認定されやすいこと、および袋地の場合でも分割当事者間（XとA）では法定通行権よりも約定通行権を優先させるべきことを示唆する事例と評価しておきたい。

(2)　譲渡地のための通行権

土地の売買に際して、譲渡された土地の便益のために、これと接続する売主の所有地に対して通行使用借権の成立が認められた事例もある。

(イ)　次の裁判例は被通行地の譲受人と通行利用者との紛争であるが、通行使用借権がもとの所有者との間で成立した事情が明らかにされている。

⑲　札幌地判昭和四四・八・二八　判時五八二号八八頁

〔**事実**〕　X_1はA所有の土地と地上建物の買受人、X_2はA所有建物（借地権附）の転得者で、いずれもA所有の甲地の一部・係争地を公路に至る通路として常時利用している。係争地は塀によって甲地の他の部分と区分され、通路としての外観を呈しており、Xらが右公路に至るためには他にも通路があったが、そこは積雪時には著しく通行が困難となり、距離、位置関係からみて係争地のほうがはるかに便利であったので、X_1らはAから係争地を無償で期限の定めなく借り受けたものであった。ところが、Y_1がAより甲地を買いうけ、後に、Y_1が代表取締役であったY_2会社のために甲地上に社屋を新築するに際し、X_1らは近隣の通行利用者に対し、係争地をガード式にして通行に支障をもたらさない旨の了解をとりつけたが、建築工事完了後、係争地の入口にシャッターを設け夜間は車庫代わりとし、昼間もX_1らの通行を拒絶してその通行を妨害したので、X_1らは使用貸借契約もしくは囲繞地通行権に基づいて妨害排除・予防などを訴求した。

〔**判旨**〕　X_1らが土地ないし建物を購入するとき、係争地についてAとの間に通行のための使用貸借契約が締結され、かつ、Y_1は、係争地の通路としての外観、その近隣の地形および建物の状況、Xら近隣者の利用状況等を認識し、紛争になるまでその通行に異を唱えたこともなく、かえってガード式通路にすることについてその了承を求めている程であるから、Y_1は係争地の貸主たる地位を承継し、Y_2はこの契約の当事者ではないが、Yらは一体関係にあるので、X_1らはY_2会社に対しても、通行権の確認、妨害排除を求めうる。

本件では、通行利用について明示の合意があったようであり、かつ、そのような合意が法的契約(通行権の設定意思)であることの事情も明らかにされている。つまり、被通行地の所有者からこれに接続する宅地ないし地上建物を買い受けた者が、買受け当時にその宅地ないし建物の利用の便益のために、係争通路を無償で借りうけたというのだから、所有者側に通路を提供する意思があったといえる。また、通路の形態も単なる空地ではなく、「通路としての外観」があった。このような無償の通行利用を承諾した動機は、取引の相手方であったからであり、買主側の係争通路に対する必要度から考えて、通行権の存在は宅地・建物を売却する行為の前提か、あるいは少なくともそれとセットになっていたであろう。だから好意通行でないとするのが正しい。

ただ、当事者が地役権を主張しなかったのは、無償のためであろうか。そのあたりの事情は不明である。通行使用借権の場合には、被通行地の新所有者に対抗しうる手段が与えられていないので、通行使用関係はきわめて不安定となる。本件の場合は、所有者が貸主たる地位を承継したとされ、それに対応する事実が認定されているが、その判断には異論あるまい。なお、対抗問題については別に検討する。

(ロ)　親族間の通行紛争で使用借権が認定された事例もある。

⑳　東京高判昭和五一・一一・二五　判タ三四八号二二六頁

〔事実〕　XはYの娘婿であるが、Y所有地(甲地)の隣接地(乙地)をYから買い受け、乙地上に建物を建てたところ、その正玄関は乙地の南側の公路に接続し、他方、内玄関は東側にその土台とひさしが甲地にはみ出て建築されていることから、YはXが甲地を通行することになることを知りえたが、義理の親子関係でもあったのでこれを黙認し、現にXは甲地を通行利用している。XY間に甲地の利用をめぐり紛争が生じ、Xが甲地上に地役権が存在することの確認を訴求。第一審はこれを認容したが、本判決は使用借権を認めるにとどめた。

〔判旨〕　「右の事実によると、YがXに対し甲地を通行するために使用を承認していることが認められるけれども、これをもって乙地を要役地とし、甲地を承役地として地役権設定契約を締結したものと認定ないし推認するには十分でない。すなわち、地役権は原則として要役地全部の物質的利用のために承役地全部を物質的に利用する権利であって、要役地の上に建物を建築し、その建物の構造上公路に接する出入口と公路に接しない出入口を作り、前者の出入口につき地役権を設定する必要が全くなく、後者の出入りにつき他人の土地の通行を必要とする場合においてこの後者の便益のために地役権を設定するということは、土地の直接の便益のためでなく、土地上に建築した建物の用方にしたがった利用権の設定の問題であって、土地すなわち要役地の全部のために地役権を設定する必要のない利用権につき当事者間に明示の地役権設定契約がなされていない以上、たやすくその存在を推認すべきではないからである。したがって、Xが甲地の土地を通行する権利は義理の親子関係に基づいてXが乙地上に建築した建物の前記内玄関を出入口として利用し公路に達するため、甲地を通行のため使用することができる使用貸借上の権利にすぎないものと認むべきである。」

本判決は、通行使用借権を認定した積極的な根拠を明らかにしておらず、地役権の存否に重点をおいている。原審で地役権が肯定されていたので、やむを得ないことだが、ただ、権利としての通行が認められた理由として、要役地(の便益)と通路との機能的関係が客観的に明らかであったという事情が重要な意味をもっていたように思われる。つまり、建物の出入口がこの通路を予定して設置されており、かつ、所有者が建築当初よりこれを了知していた。所有者の黙示による通行承諾が義理の親子関係を背景にもち、その動機においては「忍容行為」的な側面を有しているにもかかわらず、好意通行とされなかったのは、右のような考慮によるものと推測される。だから、本件の場合も、所有者側に通路を提供する意思があったといえるだろう。

なお、本判決を黙示による地役権設定契約の成否に関する例としてみれば、すでに要役地が他の公路(通路)に接続している場合、係争通路と要役地との間に余程密接な従属関係がないと認められないことを示す事例といえよう。ただ、この件ではともかくとして、一般に土地の便益と地上建物の便益とを区別して論じる態度には疑問である。宅地の場合は地上建物の便益がひいては土地自体の便益にほかならず、要は当該通路の要役地に対する従属度と必要度とによって、合意を認定していくべきだろう。

(ハ)　次の事例は右の(イ)(ロ)とは事案を異にし、本来ならば地役権が認められてよい事実関係があったが、通行地所有者の意思が尊重されて使用借権を限度に通行権が認められている。

㉑　東京地判昭和六一・七・二九　判タ六五八号一二〇頁

〔事実〕　A所有の一団の土地が分譲される際に分譲地のために明確な私道が築造され、その私道敷をXら分譲地の買受人・転買人とAとが分割（六筆）所有していたが、Aが最後まで手元に残した甲地がそのままでは建基法の接道要件を満たさないため、甲地に接続する私道敷の一分割地（係争地）を路地状敷地として使用する必要があることから、AはXらの通行を承認していたものの、その旨をXらに明確に説明していた。Yが甲地と係争地等を買い受けた後も、Xらの通行をAと同様に黙認していたが、その後、XYとの感情的対立から通行紛争が発生。

〔判旨〕　Aは係争地を甲地の敷地延長として利用する必要があると考え、係争地につき道路位置指定を受けることを拒み、また係争地の地下に無断でマンホールを設置した市に対して善処方を申し入れているので、黙示的にも物権的通行権を設定したものとはいえない。しかし、Aは係争地の通行を黙認し、Yも同様の態度をとっていたので、AがXらに通行または自動車の出入りのための期間の定めのない使用借権を設定し、Yもまたこれを承継した。したがって、Xの妨害排除は理由がある。

本件では、宅地分譲に際して元の所有者が一本の道路（アスファルト舗装、幅四米・奥行き二二米）を築造し、しかも、その道路敷を分割所有しているので、このような私道については相互的・交錯的地役権が認められるはずであった。判旨もこの点には留意しているようだが、結局、地役権を排斥した。その主たる理由は係争地が甲地の「敷地延長」に予定されており、所有者Aがその旨の注意をXら住民に喚起していたことにある。しかし、係争地を含む本件私道は一本の道路であり、分譲にあたり、どの分譲地も袋地にならないように配慮されていたことのほか、明確に私道として確保する意図のもとに築造された道路である（そのため住民は自己の敷地には接続しない道路の一部分を相互に分割所有している）ことを思えば、地役権を肯定できたはずである。敷地延長とはいえ、所詮は通路の機能を果たすものでしかなく、この敷地に通行権を認めても、建基法がもとめている接道要件（同法四三条）の趣旨に矛盾するとはいえないであろう。通行地役権は物権ではあるが、対象地を独占的に支配するものではなく、あくまでも通行という使用価値に限定され、かつ共同利用も可能とする弾力的な権利であるからである。

通行使用借権ではその権利は安定性を欠き、無用な紛争を後日に残すことになる。また、他の私道部分については相互的な通行地役権を肯定せざるをえないであろうから、Yは自己の私道敷には使用借権を負担しXらの所有する私道部分に対しては地役権を行使できるというアンバランスな通路使用関係が一本の道路のなかで形成されることにもなりかねない。通行地所有者の意思を重視しすぎたといえよう。

(3) 隣人間での通行権

次の事例は、隣人間での通行承諾を通行使用借権と認定しただけではなく、その通行権が「事情の変更」による解除に服するとした珍しい事例である。

㉒ 東京地判平三・六・二四 判時一三九七号二一頁

〔事実〕 Yら共有の宅地（昭和五一年購入）は西側の公道に出入りできるが、東側にあるX所有の係争私道の通行（車両通行を含む）をY家に申し入れたところ（昭和五四年）、当時、係争私道を通行していたのは主として一軒（袋地の所有者）だけであったほか、Yの父に対する好意からY家族の通行を承諾した。Y家は昭和五七年に建物を新築したがその後、東京に定住し、Yはその間一時、同建物を学習塾の経営に使用したことがあるが、現在ふだんは無人である。他方、係争私道は、現在、X所有の賃貸建物（五棟）のための事業用通路となっており、荷物の積み卸し等に利用されているほか、車両・人の出入りも多い。

Yの父の死亡後、Yが無断で塾講師らを通行させるなど、私道をめぐるトラブルが何度か生じたほか、Yが「民法上、無償通行権がある」と主張したため、両者間の信頼関係が崩壊した。Xから通行権不存在確認請求。

〔判旨〕 昭和五四年にX及びYの父とYとの間に、本件通路につき、自動車の通行による通行を含む、期間の定めのない

「通行のための使用を許す使用貸借類似の合意」が成立した。しかし、かかる合意の成立の基礎となった当時の付近土地の使用状況、当事者間における緊密な信頼関係に変更を生じた結果、当初の当事者間の利害の均衡が失われ、さらにXに従前同様の便宜を無償で続けさせることが著しく重い負担となり、他方、Yらにとっては日常生活に深刻な影響を受けるとまでいい得ない状況のもとにおいては、双務契約の公平の原則に照らし、事情変更を理由として解除できる。

Yの所有地はもとX所有で、XはYの前主に対して係争私道の有償の通行権を設定していたが、すでに前主のもとで消滅している。したがって、Yが自家のもと所有地の譲受人であったとしても、X側がYに対して通行を承諾したのは、あくまでも「好意」であって、かかる事情は好意を根拠づける一要素になりえても、好意性を排斥するものではない。その意味ではX側が通行を許容した積極的・具体的な動機が乏しいといわねばならない。好意通行として処理しても決して不当ではなかったであろう。ただし、認定された事実から通行権の成立に有利に作用したと思われるファクターを拾い上げてみると、通行承諾の申し入れに際して、Yが係争私道側に東門を開設する旨を言明し、現に築造して自動車の出入りに使用していること、西側の門に面する公道がさほど広くはなく、現状では自動車の出入りが不自由であること、さらに係争私道は当初より私道としての形態を備え、私道としてのみ使用されてきたこと、ほかにも利用者がいたこと、が指摘できるであろう。したがって、単なる便宜使用ではなく、要役地の用途と係争私道との機能的関連がみられる。この点を捉えて判旨は債権的通行権を肯定したようにも思われるが、しかし、「当初から緊密な信頼関係に根ざした権利性の弱いもの」という指摘も忘れていない。微妙な事例であったと言えよう。

そこで、かかる無償通行権が、当事者の私道に対する必要度の変化、信頼関係の破壊等の「事情の変更」により解約できるとしたが、その結論には異論あるまい。ただし、「事情の変更」（契約時に当事者の予見できない事情）がないと解約できないというのであれば、問題が残される。本件では、そのような論法に頼らなくとも、無償の単なる「好意契約」が問題になっているに過ぎないのであるから、貸主側に通路を必要とする「相当な理由」があれば解約できる、と解すれば足りよう。また使用貸借を双務契約と言うのも正しくない。

2 小括

(1) 好意通行との差異

好意通行の場合には係争通路の他にも通路があり、かつ通行許容の態様が黙示であるというケースが多かった。右に検討した通行使用借権の具体例でも、そのかぎりでは同じ事情にあるものがいくつかみられる(⑮⑯⑳判決)。ところが、通行使用借権が肯定された事例では、被通行地所有者側の通行を許容する動機と意思が客観的事実によって明確にされており、それ故、好意通行の特徴(判断要素)とは顕著な差異が認められる。

まず第一に、当該の通行利用が土地取引(賃貸借と売買)に起因して許容されているので、単なる隣人間の通行承諾ではないことに注意する必要がある(ただし、㉒判決をも参照のこと)。場合によっては、当該通路の存在が取引行為の前提となっていることもあろう。ことに、要役地に別の代替通路がなかったり(⑰⑱判決)、他の通路が十分な機能を果たしえていない場合には(⑲判決)、そのようにいえるだろう。

次に、通路の形状も単なる空地状のものではなく、一応、「通路としての外観」を呈している場合が多い(⑮⑯⑲⑳判決)。とりわけ、通行利用者の住宅の出入口が当該通路にあわせて建築されている場合には(⑮⑳判決)、当事者間の契約意思はかなり明確に浮かび上ってくるといえよう。だから、その利用行為も断続的、偶然的な利用ではなく、恒常的な通行使用がなされている。

右のような観点から判断するならば賃貸借当事者間での通行利用を好意通行と判示した前掲③判決には問題が残されている。

要するに、好意通行の場合には、「通行行為」それ自体の許容が問題とされたにすぎないが、通行使用借権については、そのほかに通路と要役地(ないしその地上建物)との利用上の機能的関連が強く意識されているように思われる。したがって、被通行地所有者側に要役地の使用価値・便益を高めるような通路を提供する意思があるといってもよいであろう。

なお、かかる「通路提供意思」は通常単に倫理的衝動によってなされるものではなく、経済的利害に触発されるものであることをも付言しておきたい。前述のように、この種の通行承諾は賃貸借、売買などの取引行為において暗黙の前提とされたり、それとセットになっている場合が多いが、このような通行負担は被通行地所有者にとっても、当該取引行為を有利にするための一つの要素となっているのであって、そのかぎりでは、全くの無償ともいいがたい側面もみられるのである。[3] 逆にいえば、このような意味での「有償的色彩」がない通行利用関係では、なかなか容易には権利関係に高められにくいとも評しえよう（ただし、㉒判決を参照のこと）。このことは通常の使用貸借（一物の貸借）とかなり異なるところであり、そこでは隣人、知人、友人、親族など特殊な人的信頼関係を背景にしている場合が普通である。かかる貸借では物の引渡によって契約の拘束力の問題は解決できるが、通行権の場合はその問題が核心をなすことは前述の通りであり、したがって、通行契約の法的拘束力の存否を判断する場合には、本書が指摘した「有償的色彩」という判断資料にも注目する必要があるように思う。

(2)　通行権の成立経緯

おわりに通行使用借権の成立経緯についても注意しておきたい。すでに検討した事例から明らかなように、もともと要役地も通路敷も同一の所有者ないし主体の所有・支配に属していたところ、その一方が売却されたり賃貸されることによって、両土地に対する現実的な占有権限が法的に分離した（別々の主体に帰属した）場合に、通行権の成立が肯定されている。このような占有権限の法的分離は好意通行の場合にもありうるので、これを重要な識別材料となすことはできないが、かかる占有権限の分離に起因しないで許容された通行使用は好意通行とされやすいし、また通行使用借権とはなりにくいといえるだろう。

類似の現象は地役権の場合にも生じており、そこでは土地所有権が複数の主体に分属したときに、他の要件（通路の要役地への強度の従属性など）を前提にして、通行地役権の成立が認められている。もともとかかる場合には注意深い当事者であるならば、通行権を確保する意思を表示しているはずであり、また、民法二一三条の規定の趣旨も、この種の場合を念頭においたものであるので、右に指摘した成立経緯に関する事情は、判例が通行権を認定する際にそれなりのウェイトをもっていると判断して大過ないであろう。

(1) そうすれば、かかる既存の地役権は賃借人も利用できるので(民法二八一条後段参照)、無用の迂路を経由しなくて済んだはずである。

(2) 借地契約に付随して借地人の土地を借地人が通行できる場合、借地が袋地であるならば、その通行使用は借地契約つまり賃貸人の義務の一内容となる(最判昭和四四・一一・一三判時五八二号六五頁)。最近でも、福岡高判昭和五八・一二・二二判タ五二〇号一四五頁は、「賃貸借契約の一部又はその付帯の契約による通路使用関係にほかならない」ので、民法二一〇条の適用はない、としている。

(3) 借地人が貸地人の土地を通行する場合、その通行使用料が実質的には借地料の中に組み込まれていることもある。このことは、東高判昭和三二・六・一七下民集八巻六号一一〇一頁(本書一一三頁参照)での事案からも窺知できよう。

三 通行使用借権をめぐる諸問題

通行使用借権に関する主要な問題は、前述した成立原因にあり、したがって本書の目的もほぼ達成しえたことになるが、このほかに若干の問題点が残されているので、いくつか興味のある点に言及しておきたい。

(1) 通行使用借権の対抗力

いうまでもなく、土地使用借権を登記する方法は現行法上認められていないので、使用借権の対抗力も問題とならない。前記⑰判決もその点を述べており、また、最高裁判決にも、使用借権それ自体ではないが、黙示的にその通行を認める合意がなされていたとしても、右合意は、第三者である被上告人に対抗しえないとの原審の判断も正当として是認できる」としたものがある（最判昭和四四・一一・一三　判時五八二号六五頁）。しかし、新所有者が既存の通行使用借権の存在を承認すれば、[1] 彼は貸主としてかかる使用借権をそのまま承継することになるので、このかぎりで通行権者が自己の権利を新所有者にも主張できることになる。これは「対抗問題」ではなく、新所有者と通行利用者との合意の効力の問題であるが、これによって、対抗力の欠如をある程度は補完できるであろう。つまり、新所有者の承認(合意)を黙示的に構成しうる事実があるならば、通行権の存続を確保できるわけである。⑲判決は、通路としての外観があったこと、当該通路の他に代替通路があったが当該通路が非常に便利であったこと、従来通行に異議を唱えたことがないことなどの諸事情から、新所有者が貸主の地位を承継した、と判示している。この事例では明示による承諾を認めてもよい場合と思われるが、一般に、黙示による承認を認定しやすいであろうから、これによって、通行利用者の保護を拡張できるものと思われる。しかし、⑰判決のように、諸般の事情から、通行利用者の存在は知っていたが、使用借権の存在まで知らず、したがって通行権を承認する意思なし、とされることもある。

ところで、使用借権の存在についての悪意と、その存在の承認とは、全く別のことであるが、通行権の場合は、両者を同視できることが多く、とくに通行地役権の場合にはそういえるだろう。ただ、使用借権については、好意通行との区別が微妙な場合もあるので、通行利用者がいる、ということから、通行権についての悪意、したがってまた、通行権の存在の承認、という結論を抽き出すことができないことも少なくないと思う。だから「黙示による通行権の承認」という手法にもおのずから限界があることを知らねばならない。けれども、被通行地の所有者と買主(新所有者)との売買契約のなかで、通行権の存在を前提にした約定がある場合（通路敷の譲渡価格が低廉であるときなど―⑰判決参照）には、新所有者との関係でも通行権の存続を認めるのがよいように思われる。このような場合には、新所有者は原則としてかかる通行権の負担を承継すると解すべきであろう。さらに「通路の開設」など外部的徴表によって明瞭に「表現」されているときも同様に解される。[2]

(2) 通行使用借権の存続・消長

通行使用借権の消長が問題となった事例は、後掲のやや特殊なものは別として、他には見当らない。既述のように、通行権の成立の存否がこの種の事例に特徴的であることによるが、しかし、検討しておく必要があろう。

前述のように、使用借権にも好意通行と同様にいつでも随時に撤回できるものがある(民法五九七条三項)。期間も使用目的も約定されていない場合である。この原則を通行使用借権に適用すると、通常は、とくに黙示による合意の場合には、期間も使用目的も約定されていないので、いつでも通行権を廃棄できそうである。しかし、従来の具体例では、かかる通行権であるという前提で議論されていない。むしろ、かなり長期間存続することが予定されている。本書のように、貸主に通路提供の意思を認める立場では、原則として、当該要役地の利用が従来通り存続し、また地理的環境に変化がないかぎり、その土地の利用の便宜のために認められた通行権であるので、それとともに存続すると考えざるを得ないであろう。つまり、かような趣旨での通行利用が、この種の使用貸借の具体的な「使用目的」になるといってもよい(3)。だから、利用者側で当該通路を必要としない事情が生ずるのでなければ、通行使用借権が消滅しない、と判示した⑯判決の結論は、右のような意味において支持できる。

しかし、所有者側に契約を告知できる権利を認めることも必要である。貸主の貸与意思は地役権の場合ほど強い被拘束性を課せられていないはずである。当該通路敷に対する支配を所有者は決して断念していない。自己の支配の上に通行利用を、いわば重畳して承認しているにすぎないともいえる。だから、所有者側に通路を閉鎖して使用する必要が生ずるなど特別の事情(相当な理由)がある場合には、これを理由に解約できると解すべきである(⑯判決参照)。また、当事者間における「信頼関係」の破壊を理由にして、通常の使用貸借の場合と同様に、解約を要求できると考えられよう(4)。なお、㉒判決は「事情の変更」を理由とするが、好意的な使用貸借の場合には通常かかる論法は無用である。

(3)　囲繞地通行権との関係

当該通路が要役地にとって唯一の通路である場合、この通路について当事者間に通行利用の合意(契約)が存在するとき、かかる合意による通行権と囲繞地通行権との関係をどのような法的構成によって処理すべきであろうか。沢井教授によれば、袋地の場合には法定通行権一本で処理され、当事者間の合意はこの法定通行権を認定するための重要なファクターになると解されているので、(5) おそらく使用借権の成立する余地はないであろう。しかし、前述のように、⑰判決は、袋地の場合にも通行使用借権を認めており、この通行権が被通行地の新所有者に対抗できなくなったところ、この段階で従来潜在的に存在していた法定通行権が顕在化した、と判示している(⑱判決も同旨)。

その潜在的存在という構成はやや擬制的であるが、私も、当事者間に通行利用の合意があるならば、可能なかぎり通行権の成立についての合意と解し、約定通行権をまず認めるのが妥当と考える。法定通行権は合意がない場における最小限度の利用調節と解すべきであり、その通路の位置・幅、有償・無償、通行方法などにつき合意があるならば、それが優先すべきものであろう。むろん、合意があっても囲繞地通行権の単なる確認にすぎない場合もありうる。約定された通路の位置、通行利用の内容が、本来あるべき囲繞地通行権とほぼ一致するならば、それは法定通行権というほうがベターである。具体的には、従来から通行権の存否につき当事者間で争いがあったが、所有者が譲歩(和解)して、そのまま通行を容認したような場合に、多いであろう。

もっとも、右のような構成は、債権的通行権に対抗力が賦与されていない現行法の下では、大きな欠陥をもつ、との批判もありうる。しかし、かかる場合には、通行利用者と第三者との通行利用関係を客観的な地理的状況(袋地)を考慮しつつ法定通行権の問題として処理すればよく、そのときにこそ従来の通行利用の事実(当事者間の合意)を重要なファクターとして権利の内容を決めるべきであろう。

ところで、右の場合は、債権的通行権が存在する通路に、囲繞地通行権も認められうる要件が具備しているケース(通行権が重畳する場合)であるが、これに対して、図のような地理的状況のもとで、B所有の袋地のために元来Cの

土地に潜在的・観念的な囲繞地通行権が認められるべきところ（公路に至る最短距離）、その土地所有者Cと折り合いがつかず、より不便なAの土地をAとの合意で通行させてもらっていたが、のちにA地を通行できなくなった、というケース（通行権が併存しうる場合）をも一応は想定できる。(6) この場合、沢井教授は、BがAの土地に囲繞地通行権をもち、Aの土地を通行できなくなればCの土地に囲繞地通行権を認める、として法定通行権の弾力的性格を強調する。(7) これに対して、五十嵐教授は、A地の通行権について、「変更するなら使用貸借のほうが説明しやすいと思うのですけれども」と指摘し、沢井教授も「なるほど」と一応は応答している。

しかし、私の立場では、この種の問題については、いくつかの補足が必要となる。まず、BのA所有地に対する通行使用が権利による通行か、それとも単なる事実通行かである。権利による通行、少くとも通行使用借権が認められるためには、従来の判例からみるならば、AB間に特別な関係が必要であり、単に好意で空地を通行させてもらう合意は原則として「好意通行」にすぎない。そして、好意通行であるならば、そもそも法定通行権はC地にしか存在しえないことになる。この点は前述した好意通行の箇所を参照されたい。また、仮りに約定通行権であるとするならば、Bの土地には通路があることになり、既述のごとく、もはやB地は袋地ではありえない。

いずれにせよ、一つの要役地のために二つの法定通行権を認めることは、たとえ一方が潜在的であっても、(8) 論理的に矛盾しているといわざるを得ない。したがって、右のような場合には、A地での通行使用が権利によるものと認められる関係があるならば、それは通行使用借権と考えるのが妥当であり、かかる通行使用借権がいったん成立したかぎりは、Aは当然にはBの通行を阻止しえず、前述のように、そのための「相当な事由」が必要とされ、相当事由が(9)ある場合に、そこで約定通行権が消滅し、しかる後にC地に対する囲繞地通行権を主張できることになるわけである。(10)

以上、通行使用借権と囲繞地通行権とが重畳するときも、また、両者が併存しうる可能性のあるときも、いずれの場合でも、まずもって当事者間の合意・契約意思に即した理論構成がなされるべきものであろう。

（1）　このほかに、旧所有者（貸主）と新所有者が合意で使用借権の存続を約定することも考えられるが、通常はかかる負担を好んで新所有者が承継することはなく、また、黙示による合意を擬制するにしても、それに見合った事実の認定はかなり厳格になされざるを得ないであろう。

（2）　これを私は「負担の承継論」と称したいと考えているが、かかる原則は未登記地役権についても妥当する。この問題は、本書第一部第三章一六九頁以下を参照。

（3）　たとえば、「建物所有のため」の使用貸借では、建物所有という一般的・抽象的な目的が、民五九七条二項のいう「使用目的」ではなく、貸与の動機・経緯などの事情から推測されるより具体的・個別的目的が問題とされねばならない、と判示するいくつかの下級審判決（東京地判昭和三一・一〇・二二下民集七巻一〇号二九四七頁など）が参照されるべきである。

（4）　ちなみに、やや特殊な事案として、東京高判昭和五六・七・一六判タ四五三号九〇頁がある。Yが二つの土地(イ)(ロ)をXから転借りし、(ロ)土地を(イ)土地の通路として使用していたが、後に(ロ)土地の賃貸借が使用貸借に更改されたところ、(イ)土地について賃借人であるXに無断で所有者から直接賃借りしたという事案において、第一審は、(イ)土地の賃貸借を事実上解消させた行為（背信行為）は、(ロ)土地の使用貸借の信頼関係をも破壊する、と判示したのに対して、YがXの賃借権を奪取する目的をもっていたなどの特段の事情がないかぎり、右の行為だけでは(ロ)土地の使用貸借における信頼関係が破壊されたとはいえない、と破棄（差戻）している。この場合の通路敷の使用貸借は右のような特別の事情から、通常の・物の貸借であるが、一般論として、通行使用借権の場合でも、それが土地賃貸借契約に付随して認められている場合、本件判旨の考え方が妥当するであろう。ただ、ここで問題としている通行使用借権の消長は、賃貸借と切り離されたそれ自体の独自の存続・消長問題である。

（5）　幾代・前掲「物権変動の法理」（座談会）一五一頁。

（6）　幾代・前掲「物権変動の法理」（座談会）一五〇頁。五十嵐発言参照。

（7）　幾代・前掲「物権変動の法理」（座談会）一五一頁。

（8）　潜在的通行権なるものも少なくとも成立しており、おそらく発効していないという意味であろう。

（9）　ただし、単なる好意による通行使用借権が存在すると仮定するならば、それは、いわゆるプレカリウム契約であり通常いつでも自由に解約できるので（五九七条三項場合に相当する）、ここでの問題については「好意通行」（単なるプレカリウム＝事実利用）と同視してよいだろう。

（10）　なお、本文のようなケースで、袋地が土地の一部譲渡・分割により形成されたとき（B地とC地とがもと一筆地であったとき）には、別の考慮が必要である。この問題については本書第二部四章を参照されたい。

四　結　語

本書は、好意通行と通行使用借権の成立事情、その法的内容、および両者の識別基準、さらには各々に関わる若干の問題点を具体的に論究した。その中心課題は「通行権の成立原因」にあり、両制度を区別するための判断基準と判断要素を明らかにしたつもりである。

両者は、抽象的には、通行使用のために通路を提供する意思があるか否かによって区別されるが、具体的には、通行使用借権が、好意通行の場合とは異なり、通常は賃貸借・売買という土地取引に伴なって発生していることから、かかる特異な成立経緯に起因して、同じく無償利用関係であるにも拘らず、いくつかの点で両者が顕著な対立を示していることは前述した通りである。

このような差異の実質的な根拠を、私見は「有償的色彩」と表現したが、無論これは通行使用借権の成立原因のなかに潜在しているにとどまり、通行使用の「対価」として法技術的には構成できないものである。それにも拘らず、否、そうであるが故に、これを法的にどのようにして評価するかという問題が残され、本書は、そのような評価を通行権の成立にかかわる法的拘束力の場で一つの視点を展開したわけである。すなわち、経済的利害に触発されたものではない単純なる好意による無償利用は、好意通行（プレカリウム）として法的拘束力を否定される（自由に撤回されうる）のに対して、有償的色彩をもつ無償利用では権利としての通行が認められるのである。

なるほど、通常の・物の使用貸借の場合でも、有償的な性格をもった利用権が認定されている。(1) しかし、有名使用貸借の場合では、その有償的性格は契約の成立ではなく存続や効力において重要な意味をもっている。換言すれば、裁判例で認められた通行使用借権が有償的色彩を帯有しているとの事実は、無償通行使用においては、有名使用貸借とは異なり、契約成立時の法的拘束力が容易には認定しがたいという事情と、いわば楯の両面をなしているともいえるのである。(2)

それ故、好意通行を基礎にして通行使用借権の成立要件を段階的に構成するという本書の基本的姿勢は、実務的処理の場でも有効な一つの視座を提供しえたことになるであろう。かかる成果を踏まえて、近時の下級審判例で認められている通行地役権（これも黙示・無償のものが多い）の成立原因を明らかにすることが次の課題となる。

(1)　たとえば、和歌山地判昭和四九・二・六判時七五〇号八四頁、神戸地尼崎支判昭和四九・一〇・三〇判時七八八号八六頁を参照せよ。この問題については、拙稿「使用貸借契約における使用目的」法時五一巻八号（昭和五四年）一二一頁以下に言及している。

(2)　したがって、有名使用貸借では重要な意味をもつ撤回可能なプレカリウム契約が単純なる好意利用であるかぎり、ここではそれとプレカリウム（事実利用）との区別に言及する必要がないことについては、前述（本章**一**の**2**(1)）の通りである。

第三章　通行地役権

一　問題の所在

通行使用関係が明示の契約で設定されることは稀である。多くは、善隣関係を背景に被通行地所有者側の黙認ないし容認によって通行利用が許容されており、それ故、通行料の約定もなされていないので無償通行が少なくないが、それだけに、善隣関係が崩れて当事者間に紛争が生じた場合に、かかる通行の許容を法的にどのように評価するかについては当事者にとって重要な利害に関わることになる。

第一章および第二章で、無償利用の原則的形態は好意通行（プレカリウム）であり、所有者に「通路提供意思」がある場合にのみ、債権的通行権（通行使用借権）になる旨を論究したが、さらに、いかなる要件のもとに物権的利用権（通行地役権）の成立を認めるのがよいのかを検討する課題が残されていた。本章の眼目はかかる問題を解明することにあるが、後述のごとく、地役権に関連するいくつかの重要な問題にも言及している。

ところで、地役権についての研究は従来からもあまり見当たらず、近時の研究も大抵は判例の分析に終始しているといっても差し支えないように思われる。(1) このことは、逆にいえば、わが国ではこの方面での理論的な研究（とくに地役権の成立論）が、今日においてもまだまだ不十分であるという事情を物語るものであろう。むろん判例を度外視してこの種の問題を扱いえないことはいうまでもなく、本書も判例や既存の判例研究から多くの恩恵をうけながら解釈論上の提案をしており、現にここでの仕事も判例の分析がその半ばを占めている。しかし、本研究の主たる目的は無償通行権の構造把握そのものにあり、判例の分析はあくまでもそのための従たる作業にすぎない。したがってまた、基礎理論的な側面に重点を置いていることを予じめお断りしておかねばならない。本研究の意義をあえて探すならばそこにあるともいえよう。また、後述のごとく、この方面では先進国であるイタリアの法状態を随所で援用したのも、そのことと関連するわけである。

二　通行地役権の成立原因

1　地役権設定契約

(1)　明示の合意

実際の生活で当事者が明示の合意により地役権を設定することはきわめて稀れであり、事実、地役権の設定登記もほとんど見当たらない。しかし、たとえば土地所有者が土地の一部を分割譲渡する場合に、自己が留保した土地の便益のために他方の土地に対して通行地役権を設定し、かつ買主に対してかかる登記の協力を求めることは別段困難なことではなく、売買契約時にかような合意がなされてもよいはずである。売主としてはこの場合、最も強い通行権の設定を求めうる立場にあるからである。イタリアでは、実務上、右のような事情にある場合、土地売買契約書に地役権に関する特別の約款を挿入することが少なくないという。これを「地役権の留保」と称している。(2)

また、相隣接する二つの土地の同一所有者が同一の行為によって双方の土地を異なった主体に売却する場合でも、一つの同じ売買契約書に挿入される約款で、同じく一方の土地の便益のために他方の土地の負担において地役権を設定できることが、判例によって認められている。さらに、分譲宅地の計画において、分譲者自身が分譲地相互のために地役権を設定・留保できないかどうかも議論されている。[3]他方、譲渡地の便益のために譲渡人に残された土地の負担において地役権が設定・留保されることもある。[4]

これらの場合、イタリアでは地役権の設定に書面が必要とされていることから(伊民一三五〇条)、その書面主義については別にしても、土地の譲渡行為時に、いわゆる「地役権の留保 (deductio servitutis)」として、通常ならば容易ではない物権的負担の設定も、それを要求しうる客観的な条件が具備されているときには、決して困難ではないという事情を示唆されるであろう。

ところが、わが国では、売主が自己に留保した土地の便益のために、売却した土地に対して地役権を留保することはあまりないように思われる。おそらく、売主は道路敷所有権を留保して残余の土地を売却するという方法をとるからであろう。実際上、紛争が生じることも少ない。これに対して、買主側が買受地の便益のために売主の土地に通行権を確保しておく必要性は大きい。とくに、買受地が袋地ならば、売主としても、買主が道路敷所有権を取得しないかぎり、公道への通行権を買受人のために当然確保しなければならず(売主の担保責任に含まれる)、そのための最も確実な方法は通行地役権の設定であるといえるであろうし、[5]袋地でなくとも当該通路が宅地利用にとって生活上必須のものとなっているならば、同じことが妥当するはずである。しかし、このような場合に、たとえ通行利用に関する何らかの協議が当事者間でなされたとしても、通行地役権設定条項が売買契約書に挿入されることは、むしろ珍しいぐらいである。通行利用について何らの取極めもなされないという場合が少なくない。一般にわが国ではこの種の権利に不慣れであるという事情を窺知できるだろう。それだけに当事者間に通行紛争が生じた場合、より一層問題の解決が困難となるわけである。

(2)　黙示の合意

右のような事情により、多くの裁判例では黙示的合意による地役権の成立が問題となっている。ところが、物権である地役権は登記もできるし、通常、永続性もあって、被通行地に対する負担はとくに重たいので、たとえ通行料の授受があるときでも、容易にはその成立を肯認しがたいように思われるが、黙示・無償となるとなお一層、地役権の肯定に消極的にならざるを得ないであろう。従来、地役権を設定した事例がほとんどなかったのもこのような事情によるわけである。

したがって、黙示による通行地役権の設定が認められるためには、被通行地所有者に法律上の義務を負担させてもよいような客観的・合理的な特別の事情が必要とされ、具体的には「例えば、一筆の土地を分譲する際、通路を利用する譲受人に対しその通路敷所有権を分割帰属させるとか、通路敷所有権をもとの分譲者に留保した場合」がこれにあたると解されており（東京高判昭和四九・一・二三東高民時報二五巻一号七一頁）、このような捉え方は現在の下級審判例における共通の認識といってもよいだろう。換言すれば、近時、一団の分譲宅地内に築造された道路（いわゆる私道）の通行使用について、それが一見して道路とわかり、かつ道路としての使用価値しかないという事情もあって、道路敷所有権について右のような処置がなされている場合には、分譲地買受人に通行地役権が帰属すると判示した裁判例が多数にのぼり、それ故、今日では、地役権の成立事情に関する判例の方向性がほぼ定着したといっても差し支えないように思われる。

学説にも、このような判例の状況に依拠しつつ、地役権の成立を広く認めようとする傾向がみられるが、さらに、従来の裁判例を分析して、黙示による通行地役権を特定人留保型地役権、交錯型地役権、および法定通行権型地役権の三つの類型に区別する見解もある。(6)

本書も、かかる類型化が有効であると考えるので、後述のように、この分類に従って判例を検討している。しかし、ここでの問題の核心は、右のような場合、何故に黙示の合意により通行地役権なるものが成立し、しかもなおそのうえ無償とされるのか、その理論的な根拠を明らかにすることにあるといわねばならない。右の三つの類型は事実類型といってもよく、これらに共通の判断基準を求めるために横断的な視座が必要とされよう。現にこの類型から外れる通行利用でも通行地役権が肯定された事例もあるので、より一般的な視点から地役権の成立要件が明らかにされねばならないわけである。このことは結局、かかる通行権設定の実質的根拠（当事者の経済的目的など）をも解明することにつながっていくことになるだろう。ともあれ、この問題の考察にあたっては、前述した明示の通行権である「地役権の留保」による通行権（「地役権留保型通行権」と略称する）の成立事情を常に念頭におくことが有益である。けだし、この種の地役権でもわが国では黙示により成立することが多いので、かかる場合には明示か黙示かはそれほど重要な意味をもたないからである。(7)

2 黙示的通行地役権の成立要件

(1) 前述のごとく、通行承諾ないし通行使用関係はきわめて漠然としている場合が普通であるので、通行権の成否については被通行地所有者側の態度・行為に重点をおいて、つまり所有者側の意思を尊重するかたちで、その要件を考えざるを得ず、したがって、好意通行や通行使用借権の成立原因の考察にあたりそのような視点を基礎にしたが、ここでもかかる立場を維持しなければならないであろう。

同時に地役権の成否を究明するためには、好意通行ないし通行使用借権の成立事情に留意しつつ、これら三つの通行利用形態を段階的に構成するなかで、その成立要件をより限定して（厳格に）解釈するという視角が必要となる。すでに、債権的通行権たる通行使用借権が単なる好意によるものではなく財産権としての性質を濃厚に帯有していることとの関連で、その成立が「通路提供意思」に依拠するものであることを詳説したが、(8)このような理論的検討を踏まえて、ここではさらに被通行地所有者側の「通路開設意思」なるものが通行地役権設定意思の実質的な中味になると解している。かかる意思は、結局、客観的な諸事情から推認されざるを得ないので、具体的には次のような事実が重要な要素となる。

まず、要役地と承役地（道路敷）との間に、「客観的支配従属関係」が必要とされる。つまり、工作物により開設された道路とこれに隣接ないし近接した要役地との間に一見して明瞭な経済的一体関係が認められねばならないだろう。

敷衍すれば、かかる経済的効用からみて両土地が無関係なものとして取引されることがきわめて不合理と考えられ、むしろ道路の利用・所有関係が要役地の取引行為（売買等）の一部分になっていると考えるのが当事者の合理的意思でもあり、また外部からみても「永続性」があると判断しやすいので、そこに重たい負担たる地役権の成立を認めてよい根拠が求められよう。「地役権ハ要役地ノ所有権ノ従トシテ之ト共ニ移転」するとの規定（民二八一条）は成立後における地役権と要役地所有権との従属関係を表明したものであるが、このような存続における両者の法的・経済的一体性は、黙示による通行地役権の成立論において参考にされてもよいように思われる。

次に、右の客観的支配従属関係の形成は、被通行地所有者側の意思（自然意思で足りる）に基づくことが最小限必要となる。けだし、前述のように通行権を負担する側の意思（契約意思）が可能なかぎり尊重されねばならないからである。つまり、道路開設行為によって、所有者は当該道路敷を道路としての利用におき、所有権的利用を断念したと見られてもやむを得ないので、そこに物的支配権の成立根拠を求めることができるわけである。

(2)　ところで、このような「通路開設意思」は近時の地役権肯定裁判例の説示のうちに潜在しているように思うが、それは後述に譲るとして、ここではかかる構成が地役権の時効取得論（要件論）とも整合していること、否むしろ、両者を統一して考察しなければならないことにも言及しておく必要があろう。それはこうである。

民法二八三条によれば、地役権は継続かつ表現のものでなければ時効によって取得できないが、そこにいう「継続」とは、わが国では「通路の開設」による通行利用と解されている。[9]もっとも、今日の判例はさらに通行利用者（要役地所有者）みずからが承役地上に通路を開設しなければならないと説示しているが、[10]かかる厳格な判例の立場に対して、学説には通行利用者自身が通路を開設しなくとも、それを維持・管理しておれば足りるとする反論などがある[11]ことは周知の事実である。[12]しかし、いずれの立場にあるにせよ、地役権に「継続性」が必要とされるのは、隣人間での通行利用が善隣関係による「好意」に起因することが多く、それ故、このような事実上の好意通行が単に長期間継続しただけで、それを通行地役権という権利に昇格させることは他人の好意・親切に対して害をもって報いることになり、法が反道義的行為をかえって奨励することにもなりかねない、という理由によると解して大過なかろう。換言すれば、判例・学説のいう通路開設ないし維持・管理行為は当該通行利用の好意性を排斥する意味を有していることになり、この点の理解についてはおそらく異論はあるまい。(13)

一方、黙示的合意による通行利用も、それが原則として好意通行であるので、かかる合意が単なる社会的意味での約束の域を超えた積極的な意味内容をもつ場合に、権利としての通行使用に昇格させられることになるが、その好意通行が債権的通行権に高められるための要件が「通路提供意思」であるのに加えて、通行地役権のためにはさらに「通路開設意思」が必要とされるわけである。

時効取得の場合は当事者の合意によるのではなく、占有・利用の継続性に基づく権利取得であるので、利用者側の態度・行為に重点を置いた要件事実が必要となり、それ故、通路開設・維持管理行為は要役地所有者によってなされねばならないが、後者の場合は承役地所有者側の態度に重点が置かれるべきことは前述のとおりである。つまり、前者の行為は、事実的ではあるが地役権行使意思(14)(民一六三条参照)の表明であり、後者の行為はすでに明らかにしたところの地役権設定・負担意思の表明ということになろう。

かくして、この種の行為ないし意思が必要とされるのは、(時効取得であれ合意構成であれ)事実的通行利用を権利関係に昇格させるためであるところ、かかる事実的通行使用の原則的形態が「好意通行」であるため、結局、好意通行を起点・軸にした要件事実を想定せざるを得ず、したがってまた両者の成立要件が共通性を帯びることになるわけである。しかも、前述のように、判例・学説のいずれにおいても、時効取得の要件として少なくとも「通路の存在」が必要とされ、このような要件論はわが国では定着しており、かつ合理性もあるように思われるので、(15)黙示的合意による通行地役権の成立論においても通路の存在を中心にして、その成立要件に絞りをかける必要性・妥当性がとくに強調されねばならないであろう。

なお、本書が右のような問題を指摘したのは、実はイタリア法から示唆を受けたものであることを付言しておかねばならない。イタリアでは、地役権の成立原因として契約等の法律行為と時効取得があることはわが国と同様であるが[16]、そのほかに「家父の用法」という特殊な成立原因があり、時効取得と同じ「節」のなかで規定されている[17]。その規定の表現自体からは両者の関連性は必ずしも明らかではないが、学説はその要件事実を共通に捉えており、しかも、この「家父の用法による地役権」がわが国で問題となっている「黙示的合意による地役権」と非常に酷似しているのである。

そこで、私見を比較法的観点からより深めるために、かかる「家父の用法」なる制度に言及せざるを得ないことになるが、同時に、わが民法典の成立史からみて興味深い事情もあるので、しばらくこれに頁を割いてみたいと思う。

（1）　この方面での代表的な文献として、沢井裕『隣地通行権』（叢書民法総合判例研⑩）一二九頁以下（昭和五三年、増補昭和六二年、一粒社）、安藤一郎『新版相隣関係・地役権』二三三頁以下（平成三年、ぎょうせい）、個別的な論文として、仁平正夫「通行地役権設定契約の成否をめぐって」判タ五一六号五一頁以下（昭和五九年）などを参照のこと。

（2）　G. Tamburrino, Le servitù, Giurisprudenza sistematica civile e commerciale diretta da W. Bigiavi, p. 245.

（3）　イタリアでも、とくに分譲地において二つの土地の間で相互に地役権が成立できることを判例が認めており、学説もこれを支持している。Tamburrino, op. cit., p. 32ss.

（4）　Tamburrino, op. cit., p. 247.

（5）　東京高判昭和五九・五・三〇判タ五三三号一五九頁はこのことをとくに強調している。

（6）　沢井・前掲『隣地通行権』三九頁以下。「特定人留保型地役権」とは分譲者が道路敷所有権を留保するが、分譲地買受人にその道路の通行利用を承諾する場合に認められる通行権であり、また、道路敷を分譲地買受人が分割所有する場合には、買受人相互間に「交錯的通行地役権」が成立する。さらに要役地が袋地であり法定通行権が認められうる場合でも、通行に関する黙示的合意に基づいて地役権が認定されることもあり、これを「法定通行権型通行地役権」という。

（7）　ちなみに、イタリアには、この留保（riserva）による地役権の成立を特別な成立原因として位置づけ、同一所有者に属する二つの土地の一方の譲渡行為に重点をおいて、かかる「留保」の適用を考える学説もある。Biondi, Le servitù,

Trattato di diritto civile e commerciale diretto da Cuci e Messineo, 1967, p. 294ss.

(8) 第一部第二章五三頁、六八頁を参照されたい。

(9) すでに、梅謙次郎『民法要義・物権編巻之二』二五二頁（明治四一・二六版）。判例では、大判昭和二・九・一九民集六巻一〇号五一〇頁。ただし、「継続」の本来の法的意味は権利の行使に人の行為を必要としないものを指すので、通路の開設は、「表現」にのみ関わることに注意すべきである。

(10) 最判昭和三〇・一二・二六民集九巻一四号二〇九七頁、最判昭和三三・二・一四民集一二巻二号二六八頁。

(11) つとに末川博『物権法』三五六頁（昭和三一年、日本評論社）。

(12) 学説の状況については、沢井『隣地通行権』一五七頁以下、安藤『相隣関係・地役権』二七九頁以下。

(13) とくに、林良平・民商三四巻四号一二八頁（昭和三〇年最高裁判決の判批）、甲斐道太郎・民商三八巻三号一一九頁（昭和三三年最高裁判決の判批）、最近でも、沢井『隣地通行権』一五九頁、広中俊雄『物権法（第二版・増補）』四八六頁（昭和六二年、青林書院新社）。

(14) 従来、学説は民法二八三条の要件にややとらわれすぎていたように思われ、民法一六三条についてはほとんど言及していないが、それでは事実が権利にまで高まることの理論的根拠が不明瞭となり、また両条を調和的に解するためにも、本書のような視角が再検討されるべきであろう。

(15) イタリア民法一〇六一条も工作物による通行使用事実を時効取得の要件と定めている。Tamburrino, op. cit., p. 274ss.

(16) ただし、法定通行権は相隣関係規定から外され、独自の他物権（地役権）つまり強制地役権（servitù coattivo）として、約定地役権と同列におかれている。伊民一〇三二条以下参照。風間鶴寿『全訳イタリア民法典〔追補版〕』一六七頁以下（昭和五二年、法律文化社）参照のこと。

(17) 伊民第三編「所有権」第六章「地役権」第四節「取得時効および家父の用法によって取得された地役権」第一〇六一条、一〇六二条。風間訳一七二頁参照のこと。

三　家父の用法 (destinatione del padre di famiglia)

要役地と承役地とが客観的にみて地役権が成立しうるような事実状態にあるとしても、両土地が同一所有者に属するならば、「何人も自分の土地に対して役権を取得することはできない」(Nemini sua res servit) とのローマ法以来の原則によって、このままでは地役権の成立する余地は理論的にはないし、実際上も不必要である。しかし、これら二つの土地所有権が売買などによって別々の主体に帰属する場合には、従来通りの通行利用を確保する必要が生ずるであろうが、そのためには何らかの通行権、とくに強い効力をもつ地役権が当事者間で設定されるはずである。

この種の合意が明示でなされるならば問題がないわけであるが、そうでないことが往々にしてあることから、かかる明示の特約がなされていないときでも、なお地役権の成立を認めるべきである、という原則が、ここにいう「家父の用法による地役権の成立」である。

もっとも、地役権設定の「明示の合意」がなくとも地役権が成立するというためには、それなりの客観的な事実関係(地役権的事実行使)がなければならないのであって、その意味で黙示的合意による成立要件を考える場合に、かかる原則から多くの示唆が期待できるはずである。

ところで、前記のように、本節ではこの原則について精緻な理論を構築しているイタリア法を中心にして検討するが、ただ、この原則はフランス法を経由してイタリア旧民法から現行法へと承継されているという沿革的事情もあるので、この制度の発展史およびフランス法にも簡単に言及しておきたい。イタリア法の伝統と現行法の特徴がより一層明瞭に理解できるであろう。

1 沿　革

家父の用法はローマ法には知られていなかったようであり、ローマの地役権の成立は遺言・契約（古典法）、時効取得（ユスティニアヌス帝法）のいずれかによったと解されている。(1) しかし、ユ帝法時代にここでの制度と類似した法文（D. 33, 3.1）が存在する。(2) つまり、家長（pater familias）が遺言により家子に財産（土地）を分割帰属せしめる場合（divisio in liberos)、その分割行為において、ローマでは遺言処分の際に慣行となっていたある条項、つまり「土地については使用することが現になされているのと同様に今後もそのようになされなければならない（uti nunc sunt ita sint)」との指図が含まれていた。このような指示によって、家長は、二つの土地が地役状態にあるとき、自己の死亡後、双方の土地が別々の主体に帰属しても、かかる地役的事実状態をそのまま存続させようとしたものと推測できる。

ところが、ユ帝法後、この種の条項の利用が普及・拡張して家族以外の当事者間でも利用されるようになり、また、死後処分だけにも制限されることがなくなって、一般に土地所有権の移転には常に問題とされるような慣行が生成した。しかし、その後、かかる傾向が異常な進展をみせ、地役状態に対応したすべての事実状態が地役権になるとの考えが出てきたため、これに制約を加える必要に迫まられたという。

そこで、中世の代表的な法学者、Bartolusによって次のような原則が創設される。

「土地の所有者が継続かつ永続の原因をもつ地役権的行為を実現し、かつ、土地が分割して譲渡されるならば、地役権が設定されたと考えられる」。(3)

Bartolusは、前記ローマの法文（D. 33, 3.1.）を基礎にして右のような命題を採用したが、要するに、二つの土地（ないし建物）の所有者が一方の土地を移転し他方を留保した場合、双方の土地が地役状態にあるならば、当事者間に黙示的合意による地役権の設定行為が存在する、と解し、死後処分だけではなく生前行為（売買）においても同様の原則が確立されたが、この場合、譲渡地の利益のために売主・相続人に留保された土地に地役権が課されたものと思われる。(4) ただしその地役状態が「継続」(その行使に人の行為を必要とする地役)かつ永続のものでなければならない(したがって、通行権は除かれる)とされている点に注意する必要があり、かかる制限は、同じくBartolusが創設した「地役権の時効取得」の要件論と共通している。このことは、彼が要役地に承役地が従属する(奉仕する)外観から黙示的合意を推測しようとしていたことの証左である。(5) 近代法が「家父の用法」と時効取得とをパラレルに構成し、位置づけているのは、このBartolusの影響によるものであろう。

その後、この「家父の用法」はフランスの慣習法地方のなかで生き延びたが、ここでは地役権の成立について権原名義(法律行為)が必要とされたので、「家父の用法」も権原名義によって置き換えられたところ、ナポレオン民法典もその影響をうけて「家父の用法」は「権原名義(titre)に値する」との規定を採用した(仏民六九二条)。(6) 次に、フランス法の立場を検討してみよう。

2　フランス法

フランス民法は「家父の用法」(destination du pere de famille)について次の三ヶ条を用意している。

六九二条　「家父の用法は継続かつ表現の地役権については権原(titre)に値する。」

六九三条　「現に二個に分割されている土地が同一の所有者に属し、かつ、これらの土地が当該所有者によって地役権を生ずべき状態におかれていたことが立証される場合には、そこに家父の用法が存在する。」

六九四条　「二個の土地の所有者が、一方の土地を処分した場合に、その契約が地役権に関する何らの約定を含まなくとも、二個の土地の間に表現地役権の徴表が存在するときには、地役権は譲渡した土地の便益または負担において、積極的または消極的に存続する。(7)」

六九二条は一般原則を述べ、他の二ヶ条はそれをより具体化した規範であるが、六九三条が具体的にどのような場合を想定しているのかは必ずしも明確でない。これに対して、六九四条は、いわゆる「留保による取得」の場合に関わる原則であることは明らかである。つまり、所有者が土地を分割譲渡する際に、分割されるべき二つの土地が地役状態にあるならば、その当事者間で一方の土地の便益のために地役権を留保する旨の特約がなされるのが通常であるが、そのような明示の合意がなくともなお地役権の成立が認められるわけである。

この種の黙示型の「留保による取得」は、わが国でいう「特定人留保型地役権」の取得と基本的には変わるところがないといえよう。したがって、その成立要件にとくに注目する必要がある。

前述のように、「留保による地役権の成立」は諸般の事情（土地の分割・譲渡行為等）から認定しやすく、法律もとくにこれを独立して規定したものと考えられるが、それ以外の場合でも、客観的諸事情に基づいて地役権の成立を認めてよい場合が当然ある。六九三条は、このような場合を想定したものと思われるが、この原則が、わが国における相互的・交錯的地役権の成立論と交錯するのかどうかは容易に判断しがたい。しかし、無関係でもなさそうである。ともあれ、右のような問題を念頭におきつつフランス法を検討してみよう。

(1)　成立要件

家父の用法の具体例としては、例えば、所有者が上水道などの引水施設、下水道、通路を設置し、その後にかかる工作物をそのままにして土地を分割譲渡した場合や、所有者が自己の家に隣接する土地を売却する際に、売却する土地に向って開かれている自己の家の窓をそのまま存続させた場合（日照・眺望地役権）などがよく挙げられる。その成立要件は、次のように解されている。

(イ)　現に分割された二つの土地が同一所有者に属すること。土地は一つの土地の二つの部分でもよい。また、土地の相隣性は不可欠の要件ではない。

(ロ)　地役権の事実状態を作出する主体は所有者であり、賃借人や用益権者（usufruitier）はその適格を欠く。

(ハ)　地役権の行使意思をそなえ、永続的な工作物により表示される要役地の用法は、土地が分割されるときに存在し、かつ存続しなければならない。分割の原因は、売買、贈与、遺贈、競売など問わない。共同所有者が土地を分割する場合にも適用がある。また、一方の土地所有権を他人の時効取得によって喪失した場合にも家父の用法が成立する。

㈡　表現地役権であること。地役権の行使が外部から見える場合でないと家父の用法による取得の適用はないと解されている。地役権が表現されていないと承役地の譲受人に不測の損失を生ぜしめることになるし、また、土地が法的に分離するときに、かかる外部的徴表（工作物）が地役権の存在・特徴を示すことが必要とされるからである。(8)

㈭　以上の要件が具備していても、当事者が反対の意思を表示したときには、地役権の成立は排斥される。例えば、土地所有者が家族と同居している二つの相隣接する家屋間に連絡用の通路を設置し、その後にこの二つの建物を別々に売却した場合には、通路が存在したという事実に基づいて両建物間に通行地役権が成立することはない、とされる。というのは、かかる連絡用の通路の利用は、二つの建物が利用上結合しているときにのみ意味を有するからである。(9)

(2)　「家父の用法」の法的意義

家父の用法による地役権の取得を法的にどのように評価するかであるが、フランスの判例・学説は、これを合意や時効取得とは異なる特別の成立原因であるとは考えていない。すなわち、地役権的事実状態をそのまま存置させるという当事者の態度のうちに、地役権設定の黙示的合意をみようとする。だから、六九二条の語法からはやや外ずれることになるが、判例・学説によれば、同条は家父の用法が独自の法律上の権原名義（titre）になることを規定しているのではなく、地役権設定契約の存在を確認するための一つの方法を定めていることになり、したがってまた、家父の用法は地役権の承継取得のための証拠方法（procédé de preuve）にすぎない。(10)このような解釈は、当事者が地役権の成立を排斥する意思表示をなしうることと整合する、と説かれるのを常とする。

(3)　非継続地役権をめぐる論争

六九二条は、家父の用法が成立する要件として、地役権が表現かつ継続であることを要求しているが、六九四条は継続性を問題にしていないので、両法条をどのように調和するかについて、学説では議論がある。

継続地役権とは、地役権の行使について人の具体的な行為を必要としないものを指し、不継続地役権とは、かかる人の行為が必要なものをいう。前者の典型例は日照・眺望地役権であり、窓が存在すれば地役的利益を享有できるが、通行地役権の場合には、人が通行という行為をなすことによってはじめて権利内容が実現されるので、かかる通行権は非継続地役権と解されている（仏民六八八条参照）。このような継続・非継続という伝統的な区別に従えば、実際上よく問題となる通行地役権については、そもそも当初から「家父の用法」による成立が適用されないことになる。

そこで、この法条における矛盾を次のように解決する立場もある。すなわち、六九四条は、かつて何人かによって築造された工作物を外部的徴表として地役関係にあった二つの土地が同一人の所有に帰し、いったん地役権が消滅したが、再びその土地所有権が分離した場合を予定している。同条は、このことを地役権が「存在することを継続する」(continue d'exister) との語法を介して明らかにしている。これに対して、六九二条は、六九三条において所有者自身が工作物を築造する場合を前提としており、新規の地役権が成立する場合に関係する、と。右の見解は立法者の意思に近いようであるが、判例・通説は、そのような区別をしないで、これを立証上の問題に置きかえている。前述のように、「家父の用法」による地役権の成立は当事者の意思解釈の問題とされる。だから、客観的な地役的事実状態を存続させたまま法的に土地を分離する行為がなされた場合には、たとえこの分離行為(titre)において地役権に関し何ら言及されていなくとも、その外部的徴表（表現）だけで地役権の成立が推定されることになる。これが「表現」のみを要件とする六九四条の趣旨である。これに対して、かかる分離行為(titre)を主張できないこともある。分離行為があるならば、承役地所有者の意思・同意の証拠となしうるが、それがないならば単なる「忍容行為」(tolérance) であることもある。また、titreが主張・立証されないときには、地役権に基づいて工作物を存続・維持させるのかどうかも不明である。だから、かかる場合には要件が重くなり、表現のみならず、「継続」をも必要とされたわけである。[11]

要するに、判例・通説によれば、titreがある場合には地役権の成立を否定する当事者がその挙証責任を負担し（六九四条の場合）、titreがない場合には地役権の成立を主張する者がその挙証責任を負担する（六九二条・六九三条の場合）、という帰結になるであろう。[12]

3　イタリア法

続いて右のようなフランス型の「家父の用法」がイタリアにおいていかなるかたちで承継され、かつ変容させられたかを検討してみよう。

(1)　一八六五年民法典

旧法典は次のような規定を用意していた。

六二九条「継続かつ表現の地役権は権原名義により、または三〇年の時効取得により、または家父の用法によって設定される。」

六三二条「家父の用法は、現に分割されている二つの土地が同一所有者によって占有され、かつ、この所有者が地役権の生ずるような状態に物をおき、もしくは放置していることが何らかの種類の証拠によって立証されたときに成立する。」

六三三条「二つの土地が、地役権に関する何らの約定もなくして同一所有者に属することが止んだとき、地役権は分離された各土地の利益のためにまたはその負担において積極的または消極的に設定されたものとみなされる。[13]」

イタリア旧民法典はフランス民法の強い影響下にあったので、その条文の語法も一般にフランス語をそのままイタリア語に翻訳したものが少なくないが、「家父の用法」については両者にかなり大きな偏差がみられる。前述のように、フランス法は家父の用法による取得がtitreによる取得の一態様であると考えていたが、イタリア旧法はこれを権原名義とは別の、独立の取得原因として捉えているので（六二九条参照）、家父の用法は地役権を直接に生み出す法律行為ではないことになろう。すなわち、家父の用法とは、地役権の取得という法律効果を発生させる法定の事実（fatto）として位置づけられているといえよう。[14]この点がフランス法との重要な違いである（ただし、判例はフランス法と同じ趣旨を説いていたが）。さらに、地役権の成立を阻止する当事者の合意が有効である旨を明文で定めている。「何らかの地役権に関する定めがないかぎりは」という留保条項がそれである。フランス法では、家父の用法が権原名義であると考えられているので、逆に、地役権の成立を肯定する合意がなくとも、という趣旨の文言が採用されている。もっとも、それと反対の約定が有効であることは前述した。

これに対して、家父の用法によって成立する地役権が継続・表現の地役権でなければならないかどうかについては六二九条の規定および非継続地役権は表現の有無を問わず権原名義によってしか成立しない旨の規定[15]（六三〇条）を根拠にして、これを肯定する立場が法文に忠実で素直な解釈であったと思われる。しかし、非継続でも表現の地役権であるならば（通行地役権の場合）、家父の用法が成立するとの見解も少なくなかったようであり[16]、それ故、右の明文の規定にも拘らず、学説では意見が分かれていたことが推知できるであろう。ちなみに、同様の議論は地役権の時効取得についてもなされていた[17]。

(2)　予備草案

第一次世界大戦後、民法典の改革運動が起こり、その後約二〇年を経て予備草案が理由書とともに公表されている[18]。しかし、「草案」（第二編「財産と物権」）は、家父の用法については、実質的には旧法を何ら変更しておらず、旧法典の二条を一本にまとめたにとどまっている[19]。

二三一条（家父の用法が成立するとき）　「現に分割されている二つの土地の所有者が、目にみえる工作物ないしその他の徴表によって、両土地が異なる所有者に帰属するならば地役権の存在を表示するような従属関係を作出した場合には、地役権の成立のために家父の用法が認められる。かかる場合、従属状態が変更されることなく、二つの土地の一方ないし双方が異なる所有者の手中に移行すると、何らかの反対の明示の意思表示がないかぎり、その物の従属状態に応じて、分離した各土地の利益のためにまたはその負担において積極的または消極的に地役権が設定されたものとみなされる。

家父の用法はいかなる証拠方法によっても立証することができる[20]。」

しかし、「草案」は旧法時代での継続・非継続の論争を意識しており、右の法文でも地役状態の「表現性」についてのみ言及し、かつ、旧法六二九条、六三〇条に相当する規定を設けなかった。時効取得についても継続占有の要件のみを指摘し、地役権自体の継続性（権利の実現につき人の行為を要しないもの）には触れていない（Art. 229）。したがって、「草案」は、「家父の用法」の成立要件としては表現性のみを要求したと考えて大過なかろう。その意味では、重要な改正があったといえるが、おそらくこの当時ではすでにかかる見解が主流を占めていたものと推測される。「理由書」が実質的に旧法と変わるところがないと報告したのは、そのような趣旨なのであろう。

ところで、「草案」は、「家父の用法」の節の下に、次のような規定を新設した。

二三二条（土地の再結合―新たな分離による地役権の再生）　「二つの土地が順次同一の所有者のもとで結合し、その後に分離された場合に、最後の所有者が事実状態を変更しないままに放置したとき、これらの土地が新たに分離された時点で地役権が再度発生する。[21]」

右の法文の語法は必ずしも明瞭ではないが、要するに既存の地役権が、要役地と承役地とが同一所有者に属することによっていったん消滅（混同）したが、要役地と承役地との客観的従属関係がそのままの状態で継続している間に、再度二つの土地が分離した場合、そこに地役権が再生するという趣旨を定めていると考えて間違いなかろう。フランス民法六九四条について一部の学説が同様の場合を想定していたことは前述したが、「草案」はかかる見解の明文化を企図したものと思われる。たしかに、このような場合には、「家父の用法」の場合よりもより一層、地役権の成立を肯定しやすいが、ただ、法文の語法が明確さを欠くため、その要件が必ずしも明らかでなく、とくに不表現の地役権についても認められるのかどうかはよく分からない。報告書では、「場所の状態をそのままに放置した」ときとあるので、不表現の場合でもよいという趣旨であろう。

ともあれ、かかる制度を採用した理由については報告書は沈黙している。ただ、地役権再生のために明示の行為を要求したローマ法とは異なる、と述べるだけである。[22]

(3)　現行民法典

現行法は、予備草案をほぼそのまま再現した（一〇六二条）[23]。同時に、不表現地役権は家父の用法（および時効取得）に基づいて取得できない旨を明記し、これによって旧法時代の不継続地役権に関する論争を立法的に解決した。つまり、家父の用法のためには表現地役権だけで足りると定め、継続という要件を削り取ったわけである。

これに対して、不表現地役権には家父の用法を認めないという立場と関連するのであろうか、予備草案が採用した「地役権再生の原則」は排斥されている。おそらく、この原則の適用が表現地役権にのみ限定されるならば、かかる場合には一〇六二条の規定だけで十分対処できると考えられたからであろう。

なお、フランス法はいわゆる「留保による地役権の取得」の場合をとくに明文化していたが（仏民六九四条）、イタリア法は、留保による場合とそれ以外の場合とを区別せず、これらを一本にまとめて、その要件をより明確にしている。制度の趣旨は基本的にはフランス法と変わるところがないが、ただ後述のように、家父の用法を単なる証拠方法とはしないで、実体法上の制度として位置づけている点に特徴があるといえよう。

(4)　「家父の用法」の成立要件

家父の用法により地役権が成立するためには、二つの土地の所有者・占有者が両土地を地役権が生ずるような状態におくこと、またはかような既存の状態をそのままにしておいたことが必要とされる。以下、その成立要件を個別的・具体的に検討する。

(イ)　まず行為の主体的要件について。規定の文言によれば、現に分割されている二つの土地を占有していた同一の所有者であることが必要であるが、判例はこの文言に忠実に従って二つの土地の所有者であると同時に占有者であることをも要求している[24]。

そこで、一方の土地の単独所有者であり、同時に他方の土地の共同所有者である者は、ここにいう所有者から除かれる。しかし、二つの土地が同一の共有者によって所有されているときは、家父の用法による取得が可能とされる[25]。

かかる場合、二つの土地を事実上の従属関係におく行為について、すべての共有者の同意を必要とするかどうかという問題がある。判例はこれを肯定しているようであり、共同相続人の一人が相続財産全部の管理人であるとしても、単独で共有地につき「家父の用法」による地役権を設定することはできないと判示している[26]。学説では、これを共有物の改良行為と解して共有者の過半数の同意で足りる（民一一〇八条）とする見解もあるが、法律行為による地役権の設定と同様に全員の同意が必要である（民一〇五九条）とする見解が有力である[27]。

占有者については他人による占有者（間接占有者）でもよく、また、所有者＝占有者みずからがこのような従属関係を作出する必要もないが、ただ、第三者が所有者・占有者のために占有し、かつ所有者が工作物の存在を知って、その実現に反対しなかったことが必要とされる[28]。

なお、ここにいう「家父」とは所有者であり、かつ所有者でなければならないので、賃借人のような債権的利用者は適格を欠く。しかし、用益権（usufrutto）、使用権（uso）、住居権（abitazione）を有する物権名義人や、地上物所有権の名義人たる地上権者については適格ありと解されている[29]。

(ロ)　次に、二つの土地を従属関係におく行為、またはそのままこれを放置する行為について。従属状態に物を置く（porre）とは、家父がこのような従属状態を作出することを意味し、放置する（lassiare）とは、家父がすでに存在する従属状態を維持することを指すが、いずれにせよ、重要なのは土地の用法が客観的な従属関係を表示していることである。換言すれば、二つの土地が同一所有者に帰属するため地役権が成立しえないという障害があるにとどまり、そうでなければ地役権が成立しうるような従属関係の存在が必要とされるので、その地役権は表現地役権でなければならない。したがって、土地所有者が、二つの土地の一方には利益に、他方には負担となるところの地役権的事実行使に用いられる可視的・永続的な工作物を承役地上に設置し、またはかかる状態を容認することが必要とされる[30]。

このような可視的・永続的な工作物は現存し、かつ完全なものでなければならず、所有者・占有者が現にこれを利用しているかどうかは別として、彼が利用しようと意欲したときに、その行使に適合した設備でなければならない[31]。

(ハ)　従属の永続性。　二つの土地の従属関係は二つの土地が分離するときまで永続しなければならない。永続(permanenza) とは永久 (perpetuità) とは異なり、一時的・暫定的でないという意味であり、したがってまた、要役地のための便益が固定的・継続的なものでなければならないことになる。そして、このような従属関係が二つの土地の分離時、つまり事実状態が権利関係に変わる時まで、そのまま存続することが必要である。(32) だから、かかる従属関係がいつ生じたか、あるいは従属関係においた家父の地位につき承継があったか否かは重要でない。

(ニ)　同一所有者への帰属の解消。　二つの土地所有権が別々の主体に帰属したとき、家父の用法による地役権が成立する。このような法的分離は有償・無償を問わず、死亡を原因とする移転でもよく、共同所有の解消によることもあれば、さらに強制収用の場合でも可能である。

問題となるのは、家父による一方の土地所有権取得が解除等により遡及的に解消した場合、その家父の二つの所有権はたしかに別々の主体に帰属することになるが、これをもここにいう法的分離といえるかどうかである。学説では意見が分かれており、肯定する説も少なくないが、これに対して、家父が従属関係に物をおいたときに、適法に二つの土地の所有者でなければならないことを理由に、反対する見解もある。(33) ただし、一方の土地が第三者に譲渡された後に、家父に残された他方の土地所有権取得が遡及的に解消した場合には、第三者への所有権譲渡行為によってすでに家父の用法による地役権の成立が実現されているので、前の例とは異なる。したがって、この種の事例では右の反対説でも家父の用法の適用は肯定されている。(34)

(ホ)　地役権の成立と矛盾する取極め (disposizione) がないこと。　法文にいう「地役権に関する何らかの定め」とは何かについて学説ではいろいろと問題にされているが、判例は次のように解している。つまり、かかる協議とは「二つの土地の分離を実現する法律行為のうちに含まれているところの地役権設定に矛盾する意思表示」をいう。このような地役権を排斥する意思は明示で当該法律行為の条項に含まれることもあるであろうし、また、明示で地役権に言及しなくとも、二つの土地について一時的に存在する既存の従属的な事実状態をそのまま変更しないで放置する意思と矛盾することが明白であるような相隣関係の規律に関する約款でもよいとされる(35)。ただし、ひな型条項、一般条項では不十分と解されている。たとえば、一般的に地役権とともに問題となっている通行地役権を排斥する約定がなされていたり、一般的に地役権の負担を免除する約款が挿入されている場合がそれである。「反対の意思表示」は、たとえ黙示的であっても明瞭でなければならず、この種の一般条項はそのような明瞭さを含むものではないからである(36)。「反対の意思表示」があるとされた具体例を挙げておく。

同一所有者に帰属する二つの敷地が地下で相互に通行できるようになっている場合に、各土地が別人に分離譲渡され、そのときの約款によっていずれの取得者も取得した各土地の敷地を独立させる旨を約定していたときは、この約款は「反対の約定」となる(37)。

ある建物とその建物の各部屋が面している庭との所有権が同一人に帰属し、かつ各部屋のために一定の眺望・採光の地役権が存在するような状況がある場合に、所有者が各部屋を売却する際、その中庭の所有権を留保し、その庭に屋根と土台を取りつける権能を保持する旨の条項を各々の売却行為の内容としたときには、眺望・採光地役権の発生に矛盾する約定がなされたとみなされる(38)。

(5)　いくつかの問題点

(イ)　「家父の用法」の法的性質　旧法時代の判例は、二つの土地が法的に分離する時に、その両土地の所有者であり、かつ地役権的事実状態を作出した者と、いずれかの土地の譲受人との間に黙示的ないし推定的合意が存在すると考えていた(39)。フランス法の影響によるものであろう。しかし、法文は意思的要素に何ら言及していないので、フランス法流に解釈する必然性は必ずしもなかった。そのような事情によるのであろう、今日、破毀院は従来の態度を改めている。すなわち、家父の用法が成立するためには、もとの所有者が客観的に一方の土地を他方の土地に従属させる状態に物をおいたということだけが必要であって、そのような従属の目的、意思が何んであったかは問わない、と判示するに至った(40)。したがって、明示・黙示の合意がなくともよく、単にかかる事実状態を作出するという意思（自然意思）だけで足りることになろう。

学説も、現行法が「家父の用法」を体系上明確に約定地役権と分離していること、法文の語法、さらには、二つの土地の法的分離が強制収用、時効取得のような意思的行為によらない原因によっても生ずることから、判例と同様に、法律上の要件が存在するならば法上当然に（ope legis）に地役権が成立すると解釈している。(41)

(ロ)　地役権の成立する時期は二つの土地が法的に分離する時であることに問題はないが、この用法による取得が原始取得か承継取得かについては争いがあり、判例は当初から原始取得説を採っている。(42)

(ハ)　家父の用法による地役権取得も物権変動になるので、これを第三者に対抗するためには登記が必要かどうかが問題となる。イタリアでは、フランスやわが国と同様、不動産物権の変動についてはその旨の登記（trascrizione, iscrione—抵当権）が第三者への対抗要件となる（民二六四三条四号、二六四四条）。(43) しかし、学説・判例ともに、この場合には登記がなくとも第三者に対抗できると考えている。(44) 実際上もかかる場合に、当事者に登記を要求することは酷な結果となるであろう。(45)

(6)　小　括

以上簡略ではあるが、ヨーロッパでは家父の用法による取得が日常生活の実際から長い経験を経て形成され、今日、独自の法的制度として定着していることが明らかにされたように思うが、このことは同時に、イタリアやフランスですら通行使用関係などの地役権関係が黙示的行為によってなされることが少なくないという事情をも物語っているのであって、かかる制度がヨーロッパ諸法のなかで育くまれてきたという事実をはっきりと銘記しておかねばならない。とくに、イタリア法がこの関係でフランス法を制度的にも理論的にもなお一層発展させたという事情は重要である。そこにかの地の法律学の伝統を認識させられるであろう。

しかし、どうしたわけか、日本民法典はこの制度を承継しなかった。否むしろ、これを意識的に排斥しているのである。したがって、その経緯に言及しないわけにはいかないであろう。

4　日本民法

(1)　旧民法　実はボアソナードがフランス法と（旧）イタリア法とを参酌して、「家父（土地所有者）の用法」による地役権の取得を制度化していた。彼は次のような規定を立案している。

　財産編二七七条「初メ一人ノ所有ニ属シタル二箇ノ土地カ不分ノ時既ニ継続且表見ノ地役ノ成立ス可キ位置ヲ成シ其分離ノ時此形状ヲ変更セス又之ヲ変更スルコトヲ要約セサリシトキハ所有者ノ用方ニ因リ此種ノ地役ヲ設定シタルモノト看做ス。」

いうまでもなくボアソナードはこの「土地所有者の用法」に関わる原則を、フランス民法を土台にして立案したわけであるから、その制度の趣旨もフランスの「家父の用法」と異なるところがないといわねばならない。当初、彼は地役権が「所有者の用法」により黙示で（tacitement）設定せられる（ボアソナード草案財産編第二九七条）、としていたことからも(46)、そのように考えて大過なかろう(47)。けれども、前述のように、フランス民法六九二条と六九四条との間に規定の文言上の矛盾があったので、ボアソナードはフランス民法をそのまま採用することを避けて、当時のイタリア民法（一八六五年民法典）の語法に倣ったという。

　そこで継続かつ表現の地役権にのみ「土地所有者の用法」を限定しているが、このことによって、ボアソナードは通行地役権（非継続地役権）をこの関係から外すことを企図したようである。彼は、かかる用法の例として眺望地役権を指摘し、他方で、仏民六九四条については「表現」のみが要件となっているので、通行地役権にも適用ありとする見解もある、と述べている(48)。当時では、フランスでもイタリアでも旧民法と同様の立場が支配的であったのかも知れない。

(2)　現　行　法

(イ)　立法者の意思　現行法は右の旧民法の規定を採用しなかった。起草者は、所有者の意思が不明瞭な場合に一方の土地が他方の土地の便益のため利用されていたということから、そこに地役権の設定を認めるのは「事実ニ反シタ推定ニナルカ知ラヌ寧ロ是レハ事実問題トシテ当事者ノ意思ニ任セタ方カ宜イ」と判断して旧民法の規定を廃棄したわけである。(49)

また、梅謙次郎は、個人的見解であるとしながらも、継続かつ表現の地役権は誰の目にも見えて直ぐ気が付くので、登記がなくともよいとし（この発言には注目する必要がある）、こうなるとますます「所有者の用法」という制度は不必要になるとも断言している。(50)さらに、既存の地役権が要役地と承役地との同一所有者への帰属によって消滅したのち、現状のままで再び両土地が法的に分離した場合に、当事者間で地役権に関する合意がなされないとき、どう処理すべきかという質問に対して、この場合にも用法による地役権の設定を認めず、「黙示の合意」があるとみれば差し支えなく、登記もいらない、と答えている。(51)

要するに、起草者によれば、家父の用法による地役権の成立は当事者の意思解釈の問題とされ、当事者に地役権設定の事実があれば明文をまたずとも地役権の設定があるし、もしそうでなければ、強いて地役権の設定があるとする理由はない、と考えられた。(52)

しかし、この解釈は、「家父の用法」という制度の存在意義を正しく認識していないといわねばならない。地役関係が往々にして黙示的に形成され、したがって地役権設定意思の解釈がきわめて困難になることが少なくないので、イタリアなどでは長い歴史的推移のもとにかかる制度が生成・発展してきたのであって、そもそも立法者の言うような前提が存在しないのである。したがって、立法者が地役権の成立を契約一般の成立問題と同次元に位置づけたのは、特別な制度がイタリアやフランスに存在する根拠を十分に見極めていなかったことの帰結であり、そこに一つの問題を残したと評しえよう。

(ロ)　その後の状況　それでも立法当時の学説はまだ家父の用法に言及していたが、まもなくかかる制度の存在すら忘れられてしまったようである。(53)もっとも、「土地所有者が広大な土地を住宅地として分割分譲する場合に、予め各分割地のために引水地役権なり、通行地役権なりを設定しておくことは、売主にとっても買主にとっても便利である」として、自己の土地に地役権の設定を認める学説もあり[54]、当時としては注目すべき見解であったが、黙示的合意に言及するところがないので、家父の用法を意識した問題提起ではなかろう。

しかし、最近の学説は、前述した下級審判例の動向に影響をうけて、分譲宅地における道路使用関係では黙示的合意による通行地役権の設定を認定できる場合が多いと、とくに理由を示すことはなく、主張する傾向が強い[55]。土地の希少価値性・土地価格の著しい高騰、土地の細分化という都市化現象を背景にした通行紛争の実情が、通行地役権の黙示的設定なる法的テクニックを誘引したといえるが、事ここに至るまでに、家父の用法なる制度が承継され、かつわが国独自の展開を遂げていたならば、今日の判例・学説にとってどれほど有益な財産となりえていたかは今更いうまでもなかろう。

5　小　括

家父の用法が、地役権設定の意思を推測するものか(フランス法)、法定の取得方法かは(イタリア法)、実際上の適用の結果においてあまり差異はないだろう。というのは、客観的地役状態が存在するならば、通行紛争の焦点は地役権の成立と矛盾する約定の存否に絞られることになるが、法定取得説を採るイタリア法でも、かかる約定が可能とされているからである。いずれにしても、わが国では、明文の規定がないのだから意思の問題として処理せざるを得ない。ただ、わが国の解釈論としては、当事者の合意なるものをこの種の事案では強調する必要がなく、また事実認定に際してもあまり神経質にならずかなり容易にその旨の合意を認めてもよい、ということに注意する必要があろう。

したがって、とくに比較法的に興味があるのは、客観的地役状態についての捉え方である。そこから、黙示的合意の存在が推知できるからである。前述のように、地役権行使に適合した目に見える工作物の存在と、かかる工作物を設置しまたは存続させる意思があれば、要役地と承役地との法的分離によって地役権が成立するという(なお、このような二つの土地の法的分離という要件が前述した明示による「地役権の留保」の成立事情と共通することをも看過してはならない)。それ故、わが国で問題となっている分譲宅地の道路の場合には、そこに築造された道路とこれに接続する宅地との客観的な通行地役状態は誰れの目にも明らかであるので、右の原則をそのまま適用できることになる。

しかも、イタリアやフランスでの「家父の用法」は、元来は分譲宅地の場合を想定したものではなく、もとの所有者が自己の土地利用のために作出した客観的地役状態を前提にしているが、分譲宅地の場合には、分譲者が被分譲者(他人)の利用のために(宅地の使用価値を増大するために)築造するものであるから、いっそう地役権の成立を認めやすいことになろう。地役権設定意思・合意が宅地分譲契約に明示されていなくとも、客観的にその旨の合意が明瞭であるからであって、それ故、かかる場合には家父の用法において認められている「反対の特約」(地役権の成立と矛盾する合意)が存在しない場合と考えられよう。

ともあれ、右のような比較法的視点を考慮した解釈論上の視角が前述した「通路開設意思論」であり、わが国の下級審判例のうちにもかかる把握が内在しているように思われるので、判例の紹介と分析が次の課題となる。

(1) G. Tamburrino, Le servitù, Giurisprudenza sistematica civile e commerciale diretta da Walter Bigiavi, 1977, p. 315s.

(2) なお、Kaser, Das Römische Privatrecht, II. Abs, 1959, S. 218も、地役権的事実状態に基づく黙示的合意による地役権の成立については、ユスティニアヌス帝時代でもその前兆が認められるにすぎないと説いている。

(3) Si domus una sustineat actum servitutis habentis causam continuam et permanentem, et alienentur in dubio servitus videtur imposita. comm. D. 33.3.1, in Opere, 1596, 4, 69ss.（この正文はBiondi後掲書によるが、遺言の場合の原則で、売買についても同趣旨の説示があるらしい。Crifòの後掲書参照。）

(4) 以上は、P.S. Leicht, Storia del diritto italiano, il diritto privato, II, 1960, p. 150; Biondi, Le servitù, Trattato di Diritto civile e commerciale, 1967, p. 351ss.; G. Crifò, Destinazione del padre di famiglia (diritto romano e

intermedio), Enciclopedia del diritto, Vol. 12, 308ss, 311による。なお、Crifòは、通行権などの不継続地役権は遺贈・相続されたものに「必要」であるときに限って課されることができたであろう、という（op. cit., p. 311)。

（5） Barassi, Diritti reali limitati, 1947, n°130.

（6） Biondi, op. cit., p. 353s.なお、ドイツ普通法の学者にも、黙示による地役権の設定に言及するものがある。Windscheid-Kipp, Pandekten, 9 Aulf, Bdl. S. 1085 und 1086 Anm. 13.しかし、この制度の特殊性には触れていない。

（7） Art. 692. La destination du père de famille vaut titre à l'ègard des servitudes continues et apparentes.

Art. 693. Il n'y a destination du père de famille que lorsqu'il est prouvé que les deux fonds actuellement divisés ont appartenu au même propriétaire, et que c'est par lui que les choses ont été mises dans l'état duquel résulte la servitude.

Art. 694. Si le propriétaire de deux héritages entre lesquels il existe un signe apparent de servitude, dispose de l'un des héritages sans que le contrat contienne aucune convention relative à la servitude, elle continue d'exister activement ou passivement en faveur du fonds aliéné ou sur le fonds aliéné.

法文訳については、『現代外国法典叢書仏蘭西民法II』一五一〜一五二頁（昭和三一年、有斐閣）をも参照。

（8） Planiol-Ripert, Traité pratique de droit civil français, Tom III, Les biens par M. Picard, 1952, n°970; Aubry-Rau, Droit civil français, 7ed. par P. Esmein, Tom. III. n°252.

（9） Weill, Droit civil, Les biens, 1974, p. 557.

（10） Ripert-Picard, op. cit., n°966; Weill, op. cit., n°653.

（11） Ripert-Picard, op. cit., n°974; Weill, op. cit., n°655, Marty-Raynand, Droit civil, Les biens, 1980, p. 212; Mazeud-Juglart, Leçons de droit civil, 1989, Biens, n°1721;.

（12） Marty-Raynaud, op. cit., p. 212; Mazeud-Juglart-Chabas, op. cit., p. 410.

(13) Art. 629. Le servitù continue ed apparenti si stabiliscono in forza di un titolo, o colla prescrizione di trent' anni, o per la destinazione del padre di famiglia.

Art. 632. La destinazione del padre di famiglia ha luogo quando consta per qualunque genere di prova, che due fondi, attualmente divisi, sono stati posseduti dallo stesso proprietario, e che questi pose o lascio le cose nello stato dal quale risulta la servitù.

Art. 633. Cessando i due fondi di appartenere allo stesso proprietario, senza alcuna disposizione relativa alla servitù, questa s'intende stabillita attivamente e passivamente a favore e sopra ciascuno dei fondi separati.

(14) L. Borsari, Commentario del codice civile italiano, vol. II, 1872, p. 853ss.

(15) Art. 630. Le servitù continue non apparenti e le servitù discontinue, sieno o non sieno apparenti, non possono stabilirsi che mediante un titolo.

I1 possesso, benchè immemorabile, non basta a stabilirle.

(16) 学説の状況については、Borsari, op. cit., p. 860.

(17) Barassi, op. cit., p. 194ss.

(18) Commissione Reale per la riforma del codice, sotto commissione per il codice civile, secondo libro. Cose e diritto reali. Progetto e Relazione, Poligrafico dell Statto, Roma, 1938.

(19) Relazione al progetto, p. 93.

(20) Progetto. Art. 231 (Art. 632 e 633 Cod. civ). (*Quando si ha destinazione del padre di famiglia*). Ai fini della costituzione della servitù, si ha destinatione del padre di famiglia nel caso che il proprietario di due fondi, attualmente divisi, abbia stabilito tra essi, mediante opere o altri segni visibili, un tal rapporto di subordinazione, che se essi appartenessero a proprietari diversi, denunzierebbe l'esistenza di una servitù. In tal caso, passaudo uno dei due fondi o entrambi nelle mani di diversi proprietari senza che lo stato di essi sia modificato, nè vi sia stata

alcuna esplicita dichiarazione in contrario, s'intende attivamente e passivamente costituita la servitù, in corrispondenza a quello stato di cose, a favore e sopra ciascuno dei fondi separati.

La destinazione del padre di famiglia può accertarsi con qualsiasi mezzo di prova.

(21)　Progetto. Art. 232. (*Riunione di fondi-Rinascita della servitù per nuova separazione*). Nel caso che i due fondi successivamente si riuniscano nelle mani di un solo proprietario e poi tornino a separarsi, se l'ultimo proprietario ha lasciato immutato lo stato di fatto, la servitù risorge al monento in cui i fondi vengono nuovamente a separarsi.

(22)　Relazione al progetto, p. 93.

(23)　Art. 1062. Destinazione del padre di famiglia.—La destinazione del padre di famiglia ha luogo quando consta, mediante qualunque genere di prova, che due fondi, attualmente divisi, sono stati posseduti dallo stesso proprietario, e che questi ha posto o la sciato le cose nello stato dal quale risulta la servitù.

Se i due fondi cessarono di appartenere allo stesso proprietario, senza alcuna disposizione relativa alla servitù, questa s'intende stabilita attivamente e passivamente a favore e sopra ciascuno dei fondi separati.

第一〇六二条（家父の用法）　「家父の用法は、何らかの種類の証拠により、二つの土地が、現に分割されてはいるが、同一の所有者によって占有されていたこと、そしてこの者が地役権の生ずるような状態に物を置きまたは放置していたことが立証されたときに生ずる。

二個の土地が、地役権に関して何らの定めなく、同一の所有者にぞくすることが止んだ場合には、地役権はその分離された各土地のためにおよび各土地の上に積極的および消極的に設定されたものと推定される」。風間訳一七二頁。

(24)　Cass., 28 dicembre 1942, n. 2750, in Rep. Foro it., 1942, voce Servitù, n. 58.最近でもCass., 29 aprile 1981, n. 2626 (Nicolo-Richter, Rassegna di giurisprudenza sul c. civile, anni 1979～1983, Tom 1, 1984, p. 1073)。学説もこれを支持している。Tamburrino, op. cit., p. 321; Comporti, Le servitù prediali, Trattato di diritto privato diretto da P. Rescigno, Lib. 8, Proprietà, Tom. 2, 1982, p. 186.

(25) Cass., 2 agosto 1956, n. 3046, in Mass. Giur. it., 1956, 640. Tamburrino, op. cit., p. 321; G. Branca, servitù prediali, Art. 1027-1099, Commentario del codice civile a cura Scialoja e G. Branca, 1979, p. 324.
(26) Cass., 29 luglio 1955, n. 2457, in Mass. Foro it., 1955, 584; Cass., 23 febbraio 1949, n. 355, Rep. Foro it., 1949, voce Servitù, n. 86も、「すべての共有者の同意」について言及している。
(27) Biondi, Le servitù, Trattato di diritto civile e commerciale diretto da Cuci e Messineo, 1967, p. 367～368; Tamburrino, op. cit., p. 321.
(28) Cass., 4 giugno 1958, n. 2032, in Giust. civ. 1958, 1, 2142.
(29) Biondi, op. cit., p. 365; Tamburrino, op. cit., p. 322.
(30) Tamburrino, op. cit., p. 325～362; Biondi, op. cit., p. 368～369; Branca, op. cit., p. 323.
(31) Cass., 8 maggio 1957, n. 1591, in Giur, arg., 1958, 296 (Tamburrino, op. cit, p. 327).
(32) Cass., 17 marzo 1965, n. 945, Foro it., 1965, 1, 1182. u.a; Tamburrino, op. cit., p. 328～329; Biondi, op. cit., p. 368～369.
(33) Tamburrino, op. cit., p. 329～330.
(34) Tamburrino, op. cit., p. 300.
(35) Cass., 3 ottobre 1964, n. 2491, in Mass. Giur. it., 1964, 838;最近でもCass., 14 dicembre 1982, n. 6864, Giust civ., Rep. 1982, Voce Servitù, n. 13 (Nicolo, Rass. giurs. p. 1074). u.a.
(36) Cass., 20 dicembre 1946, in Giur. it., 1947, 1, 1, 334. u.a.
(37) Cass., 15 ottobre 1956, n. 2878, in Giur. it., 1959, 1, 2077.
(38) Cass., 19 aprile 1956, n. 1181, in Giur. it., 1956, 1, 651.
(39) Cass., 21 dicembre 1939, in Foro it., 1940, 1, 411. は、「可見にして永続的な事実状態が存在するとき、法律が法律上かつ法律の規定により考慮しているところの当事者の合意」が家父の用法の基礎にある、としていた。

(40)　例えば、Cass., 4 marzo 1961, n. 469, in Mass. Giur. it., 1961, 138. 最近でもCass., 15 mai 1975, n. 1880, in Mass. Giur. it., 1975, 519は、「家父の用法による地役権の取得の要件はその成立を目的とする法律行為的意思表示ではなく、その外観つまり地役権の行使に必要な永続的工作物において具現されている外部的徴表の存在とかかる存在の顕現である」と説示している。

(41)　Biondi, op. cit., p. 356〜361; Tamburrino, op. cit. n°165; Branca, op. cit., p. 326ss; Comporti, op. cit., p. 186.

(42)　Cass., 2 aprile 1964, n. 709, in Giust. civ., 1961, 1, 1117 (Tamburrino, op. cit., p. 335). 学説では承継取得説もある。

(43)　Gentile, La trascrizione immobiliare, 1959, p. 43ss. Ferri, Tutela dei diritti (Art. 2643-2696), Trascrizione immobiliare, 1971, p. 11ss.

(44)　Cass., 26 gennaio 1956, n. 218, in Mass. Giur. it., 1956, 46. Biondi, op. cit., p. 382; Tamburrino, op. cit., p. 174.

(45)　わが国での黙示的通行地役権については、登記をもってその対抗要件とせざるを得ないように思うが、しかし実際上、登記の可能性・チャンスはないであろう。それ故、判例も、未登記地役権を新所有者の請求から救済するため、種々の工夫をしていることは後述の通りである。

(46)　Boissonade, Projet de code civil pour l'empire du japon, Tom 1, 1882, p. 542.

(47)　このことは、旧民法財産編第二八〇条二項で「所有者ノ用方ニ因リテ生シタル地役ニ付テハ設定者ノ意思ヲ推定シテ其権利ノ広狭ヲ定ム」とあることからも推知できるだろう。

(48)　Boissonade, op. cit., p. 550, not. (b).

(49)　法典調査会民法議事速記録四、第二十九回―第三十七回（法務図書館史料四）二〇五頁

(50)　前掲「速記録」二〇六頁。ただし、この当時ではまだ登記制度が具体化されていなかったので、本文に引用した梅発

言にもおのずと限界があることに注意しておく必要があろう。

(51) 前掲「速記録」二〇六～二〇七頁。この場合は、前述した「地役権再生の原則」に関連し、イタリア民法の予備草案では立法化されていたことは前述した。

(52) 梅謙次郎『民法要義・物権編巻之二』二四七～二四八頁（明治四一年・二六版、有斐閣）、岡松参太郎『注釈民法理由上巻』三〇一頁（明治三八年、有斐閣）。

(53) たとえば、末弘厳太郎『物権法』六一五頁以下（大正一二年、一粒社）、近藤英吉『物権法』一六八頁以下（昭和一二年、弘文堂）、我妻栄『物権法』二七七頁以下（昭和二七年、岩波書店）参照。

(54) 石田文次郎『物権法論』五九六頁註二（昭和一六年・九版、有斐閣）。

(55) 船橋諄一『物権法』四三一頁（昭和三五年、有斐閣）、川井健『設例民法学2物権法』二一四頁（昭和五三年、一粒社）、鈴木禄弥『物権法講義』一一頁（昭和五四年・第二版、創文社）、稲本洋之助『民法II（物権）』現代法律講座10三七七頁（昭和五六年、青林書院）。

四　裁判例の紹介と分析

続いて通行地役権を肯定した裁判例を検討するが、従来、黙示的通行地役権が肯定された事例は、特定人留保型、交錯型、および法定通行権型の三つの類型に区別されているので[1]、一応、この類型化に従って判例を分析することにした。ただし、これら三類型は、「家父の用法」（黙示構成）が予定している事実類型それ自体（「家父の用法」型と略称する）ではなく、いわばその変形型といってもよい。したがって、黙示型の通行地役権は少なくとも四類型になるであろう。一方、本書は、「地役権の留保」（明示構成）を念頭において、「地役権留保型通行権」という別の分析視角をも付け加えている。この通行権は右の四類型とはやや次元の異なる範ちゅうであり、それらと必ずしも相排斥し合うものではないが右の四類型では捕捉しえない領域でも機能するし、また、右の四類型を横断できる視角をも提供してくれるはずであることから、これを独立して取りあげることにした。ともあれ、すでに明らかにした本書の「地役権成立論」によってどこまで具体例を分析することができるであろうか。これを検証するのが本節での課題である。

1　「家父の用法」型通行地役権

最近、従来の黙示的通行権とは異なったタイプの通行権が肯定されている。遺産分割に起因する通行権であり、典型的な「家父の用法」による地役権といってもよいので、これに関する事例をまず紹介しておこう。

①　横浜地判昭和六二・一一・一二　判時一二七三号九〇頁

〔事実〕　X、Y_1、Y_2は兄弟で、相続土地を三筆に分割し（昭和四〇年）、西側から東側に順次位置する甲地（X）、乙地（Y_2）、丙地（Y_1）をそれぞれ取得した。遺産分割前には、地上に一棟の建物があり、XYら家族が居住していたが、その当時より北よりの崖下を東西に走る一、七メートル幅の通路が開設され、東北部（丙地内）にある開口部から公道へ出入りしていた（公道と敷地とでは落差があり、甲地へ行くほど漸増し甲地では四メートルになるところもある）。分割に際しては通路の使用について協議されなかったが、分割後もXYらが依然としてこれを利用し、現在は各土地上に住宅がある。Xが右通路に通行地役権等を主張。

〔判旨〕　係争通路はXYらによって長期間現実に利用されてきたし、遺産分割時に禁止されることもなかった。かえって、係争通路を使用できないとすると、三者の分割による不公平が増大し、その使用を前提とすると優劣差が減少する。したがって、遺産分割時にXYらはXのために通行地役権を黙示的に合意した。ただし、その範囲は、過去の利用の仕方が車両通行ではなく徒歩通行に主眼があったので、幅員一メートルに限定される。

XYら兄弟の各土地はXらの父の生前中は一棟の建物の敷地として利用され、この敷地に接続する公道が上り坂になっていたので、敷地が公道の崖下に位置し、そのため従来からこの公道に出入りするため崖下の敷地部分に公道に沿うかたちで帯状の通路（敷石）が開設され、XYら家族が常時ここを通行していた。ところが、父の死亡後にXら兄弟が右敷地を遺産分割として三筆に分割し、昭和四四年に長男であるY_1が旧宅の一部に代えて住宅を新築したが、その後一九年間にわたり旧宅に同居していたXとY_2とは依然として係争通路の使用を継続し、このような状態のまま昭和五九年と同六一年にそれぞれ自己の住宅を各自の土地上に新築した。

当事者間には通路の利用についての協議がなかったとされているが、遺産分割時にこの通路を廃止するという合意がなされない限り、X所有の甲地は係争通路の存在を前提として分割されたものと考えるが自然である。実際、新築した三棟の建物の位置（通路に面する側）が旧建物と同一であるということも、各所有者が係争通路を尊重したうえで敷地の利用を計画していたと推知して大過ない。

このように同一所有者に属する土地（共有地）上に存した既存通路が、要役地と承役地との複数の土地に分離しても、なお永続を予定されて存置せしめられているという事情があるならば、たとえ明示の合意がなくとも、これと矛盾する事実がないかぎり、その所有権の分離時（遺産分割時）に黙示による地役権の設定があったと推定してよいであろう[2]。このようなケースがまさしくフランス法やイタリア法にいう「家父の用法」による地役権であることはすでに検討したところである。

なお、この種の場合、土地の分譲とは異なり、わざわざ分譲地のために道路を築造するというのではなく、既存通路がたまたま土地の分割により要役地の所有者とは別の主体に帰属するという結果になっているので、袋地でもないかぎり、当事者間で分割の条件として既存通路の廃止が意図されることも少なくない。したがって、判旨も「Yらから積極的にこれを禁止したい旨の意思の表明は全くなかった」と付言している。妥当な指摘である。

（1）沢井『隣地通行権』一三九頁。このような区別は一般に支持されている。安藤『相隣関係・地役権』二七一頁、仁平正夫「通行地役権設定契約の成否をめぐって」判タ五一六号五一頁以下（昭和五九年）。

（2）同じく遺産分割に起因する通行紛争で通行地役権の成立を否定した最近の判例（東京地判平二・一一・九判時一三九

三号一〇五頁）と対比してみると興味深い。すなわち、乙地は二箇所において幅員一・三メートルの路地状通路を介し公道に通じているが、これでは建築基準法所定の要件（法四三条）を充足しないため、乙地と甲地とが遺産分割により分割・分筆されたときに当事者間で乙地の利益のために甲地の負担となる通行地役権が黙示的に成立したかどうかが争われた事案で、判旨は、甲地の面積が甲地所有者の法定相続分に一致していること、右二本の路地状通路を乙地に残すのが地上建物との関係でも地形上最も自然であったことなどを理由に、その成立を否定している。

2　特定人留保型通行地役権

(1)　いくつかの裁判例

次に、「家父の用法」による地役権と最も親近性のある特定人留保型の通行権を検討してみよう。これは、もと一団の土地所有者が土地を分譲する際、分譲地内に築造された道路敷の所有権を自己に留保して分譲地を売却し、分譲地買受人がこの道路をいわば「生活道路」として通行利用している場合に認められる通行権である。この種の分譲宅地内の通行紛争が顕著になったのは戦後とくに昭和三〇年代以降であるが、もとの所有者が道路敷所有権を留保してそれに接続・近接する他の土地を売却する場合、売買契約の当事者間で通行地役権等の通行権が合意で設定されることの可能性については、すでに戦前の判例（朝高院民判昭和一二・一一・一二法律評論二七巻民一一二頁）が指摘するところであり、また、いわゆる「地役権留保型通行権」としてイタリアの実務でも定着した手法であることは前述した。ここでは、当事者間の合意が黙示・無償とされるところに特徴がある(1)。

(イ)　次の例は「家父の用法による地役権」と同趣旨に基づいて通行権を肯定した裁判例である。

②　東京地判昭和四一・六・二五　判タ一九四号一五五頁

〔**事実**〕　係争私道を含む周辺一帯の土地はもとA所有でAがこの土地を分譲した際（大正七年ごろ）、すでに分譲前から道路となっていた係争道路敷所有権がAに留保された。ところが、分譲地の所有者Yがこの道路上に工作物を設置したので、他の分譲地所有者Xが地役権などに基づいてその妨害排除を訴求。

〔判旨〕　「地形上、XやYなど本件私道に接する土地を所有する者にとって、公道に出るためには、本件私道の利用が必要不可欠のものであることは一見して明らかであるが、このような地形において前記分譲にあたって本件私道のみが分譲されずにそのまま残された事実に徴すれば、特段の事情が認められない以上、本件私道について分譲地の便益のための通行地役権が暗黙のうちに設定されたものと推認するのが相当である。」

詳しい事案は分からないが、一団の土地がまだA所有のものであったときから係争通路は「すでに道路となっていた」ようであり、このままの状態で宅地（要役地）と道路（承役地）とが法的に分離（分譲）され、分譲地買受人に利用されていたのみならず、その道路が分譲宅地の利用にとって地形上、不可欠のものであることが客観的に明白である、という。それにも拘らず、通行利用について特段の合意がなされていなかったので、宅地所有者間で紛争が生じたが、判旨は、要役宅地と承役道路との客観的支配従属関係から、黙示的通行地役権の成立を肯定したわけである。家父の用法による地役権と全く同様の要件事実が指摘されていることに気付くであろう。ただし、通行地役権の成立時期ないしその旨の合意をどこに求めているのかは必ずしも明らかではない。つまり、要役宅地と承役道路との法的分離時に注目しているのか、その後の通行利用事実を重視しているのか、それともいずれの事情をも考慮して判断したのかは、容易には断定しがたい。

次の事例は、通行地役権の成立時期をも明言している。

③　大阪高判昭和四九・三・二八　判時七六二号三二頁

〔事実〕　事案は複雑であるが地役権の成否に関する部分に限定すれば大略次のようになる。上図（略図）の係争道路（幅五・五米、長さ三六米）を含む一帯の土地はもとA_1所有の田畑であったが、昭和四年ごろからA_1およびその借地人が南北両側部分に建物を順次建築し、係争道路は居住者の通路として利用され、昭和八年には建築線の指定を受けている。昭和二二年にA_1の相続人A_2が北側土地の一部をX_{10}に、その残余の土地を私道部分とともにBに、それぞれ譲渡し、Bはさらにこの土

（略図）

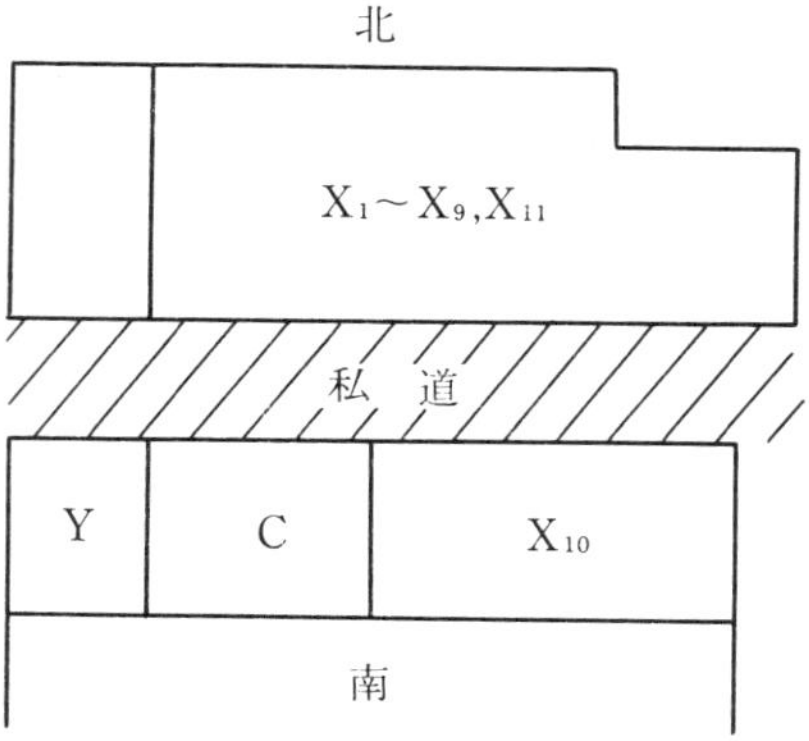

地をCおよびY（昭和三七年）に譲渡し、Yは同時に係争道路部分をも譲受けた。一方、北側の土地は昭和二三年にA_2から国へ物納されX_1〜X_9が国から払い下げをうけて現在に至っている。X_{11}は国からの借地人である。Yは私道の西端に建物を建てたが市から撤去命令をうけてこれを除却した後に、私道上のいたるところに廃材・岩石等を多数山積みにしたため、Xらが地役権などに基づいて妨害排除などを訴求。

第一審（大阪地判昭和四八・一・三〇判時七二一号七〇頁）は、「黙示的地役権設定契約が成立したとみるべき余地もないではなく……」とするが、Xらが地役権を有するとしてもその旨の登記がないので（Yが背信的悪意者に該当しないので）、対抗できないと判示。

〔判旨〕　A_2がX_{10}に分割譲渡したとき、A_2が国に北側土地を譲渡したとき、さらにBがCに分割譲渡したとき、それぞれ係争私道を承役地とする通行地役権設定契約が成立した。「すなわち、右各時期において本件私道と右各土地の所有者が異るに至ったが、従前どおり、右所有者、家屋居住者が本件道路を通行していたものであって、これにつき何人からも異議が出た形跡がないのである」。だから、X_1〜X_9は国の地役権を承継し、X_{11}は国の地役権を代位行使できる。Xらの地役権は未登記ではあるが、Yはその対抗力を否定しうる正当な利益を有する第三者ではない。

本判決では、Xらが何故に通行地役権を取得できるのかについて十分な説明がなされていない。しかし、判旨が、地役権の対抗力を説示する部分で、「本件道路附近を一見するならばXらが道路として使用していること…を了知し得べきものである」と述べていることなどから推知できるように、係争私道は道路としての形態と機能とを備え、かつ、道路としての使用価値しかなかったものであり、かつ、周辺の居住者によって長期間にわたり利用されてきたというのであるから、要役宅地と承役道路との客観的支配従属関係が明瞭であったといえるだろう。かかる地役権的事実状態がすでにもとの所有者A_1ないしA_2のもとで形成されていたので、判旨は、要役宅地と承役道路とが法的に分離した時に、通行地役権が黙示的合意によって成立したと判示したものと思われる。したがって、この事例も「家父の用法」に相当すると考えて大過ないわけである。(2)

(ロ)　右の二つの事例はいずれも要役地と承役道路とがもとの所有者に帰属している間にすでに早くから客観的な従属関係を形成していた場合に関係するが、次の例では、もとの所有者が一団の土地を分割分譲する必要から、そのために道路を築造したという事情が重要な意味をもっている。

④　仙台高判昭和五五・一〇・一四　下民集三一巻九～一二号九一一頁(3)

（略図）

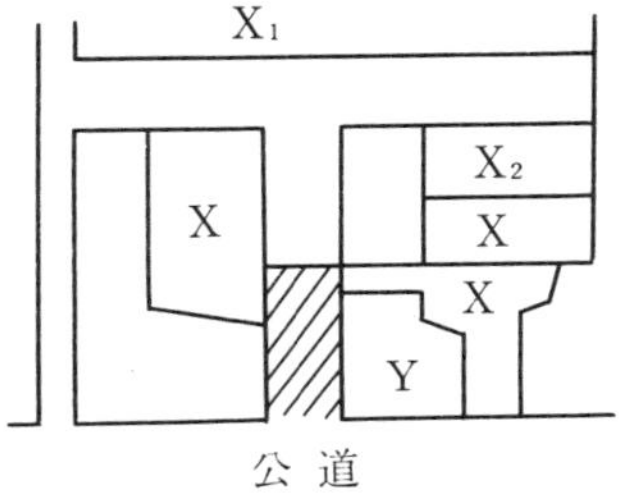

【事実】　係争通路（斜線部分）を含む一帯の土地はもとA所有であり、昭和四年頃、Aは借金の弁済資金を得るため、この土地を多数に細分し、これを有利に分譲する目的で係争地を含むT字型の道路（幅三米）を開設した。係争部分以外の道路敷はAが留保したが、係争部分はこれに接続する宅地（現Y所有地）などとともにB銀行が競落したところ、昭和九年にAから分譲地を最初に買い受けたX_1の前主は、Aから当該道路を全部自由に通行できる旨の明確な意思表示をうけ、X_2の先代ら他の被分譲者ないし転得者（X）も当然のこととしてこの道路を通行利用していた。BやBからの譲受人DもXらの通行を妨害することがなかったが、昭和四二年にDから係争地と宅地を買い受けたYが、係争地上に不使用の自動車を放置するなどの妨害行為に出たので、Xらが地役権などに基づいて訴求。YはDから地役権設定の事実を聞かされておらず、道路部分を宅地より低い価格で購入したという事実もなかった。

【判旨】　「Aは、これを処分・分譲する必要上昭和四年四月本件〔道路〕の土地を分筆のうえ通路として開設し、この部分は自己の所有として留保し、その余の土地を分譲する都度その相手方または転得者のために右分譲土地を要役地とし、〔道路〕の土地を承役地とする通行地役権を明示ないし黙示的に設定していたものであり、昭和六年五月に〔係争道路〕を競落により取得したB銀行も、当初からAと意思を通じ、同様に地役権を設定し、B銀行から（係争道路）を取得したDにおいても右通行地役権を承認していたものと認めるのが相当である。」

しかし、Yがこの地役権を承認して土地を取得したとは認められないところ、Yが買受当時、その位置、形状から、道路用地として分筆設定されたものであることが客観的に明白であったので、Yが地役権の存在を知っていたものと推認できるし、他の通路が十分機能していない事情をも総合判断するならば、Yは通行地役権につき登記の欠缺を主張しうる第三者に該らないというべきである。

本件判旨も地役権の成立事情を必ずしも十全には明らかにしていない。しかし、要役宅地と承役道路との客観的地役状態が明瞭であったという事実（傍点部分参照）が重要な意味をもっていたであろう。その意味で、従来の事例と基本的には変わらない。しかし、判旨は、そのほかに、もと所有者Aが分譲のために道路を築造したという事実に、とくに注目しているので、Aの地役権設定意思それ自体を重視したと考えることが可能であろう。B銀行の地役権の設定についても、B銀行がAの債権者・抵当権者であって、AがB銀行の示唆をうけて土地の分譲を計画したことから、このような事情を考慮しつつ、「当初からAと意思を通じ」て地役権を設定したと判示しているが、この判断も同じくBの契約意思を根底においている。このような立場を徹底させるならば、もはや黙示的合意というテクニックを使う必要がないであろうが、しかし、判旨は、おそらく、通行承諾の明確な意思表示をうけていないX_2らについて黙示的合意を推定したものと思われる。ただ、地役権設定意思それ自体を認定しうる事実があるならば、特定人留保型地役権というよりも、本書が後にとりあげる「地役権留保型通行権」に相当することになるが、その点はしばらく措くとしても、本件は「家父の用法」とはやや事案・趣旨を異にする地役権を取扱っていることに注意する必要がある。要するに、承役地所有者側の地役権負担意思がより強く浮き出ているので、地役権の成立をそれだけ容易に認定してよいことになるであろう。

なお、判旨の後半部分は未登記地役権の対抗力について説示しているが、この問題は通行地役権一般に共通する問題であるので、後に独立して論究する。

次の事例も、分譲地の売却のために分譲者が私道を開設したことに注目している。

⑤　名古屋地判昭和五七・八・二五　判時一〇六五号一六一頁

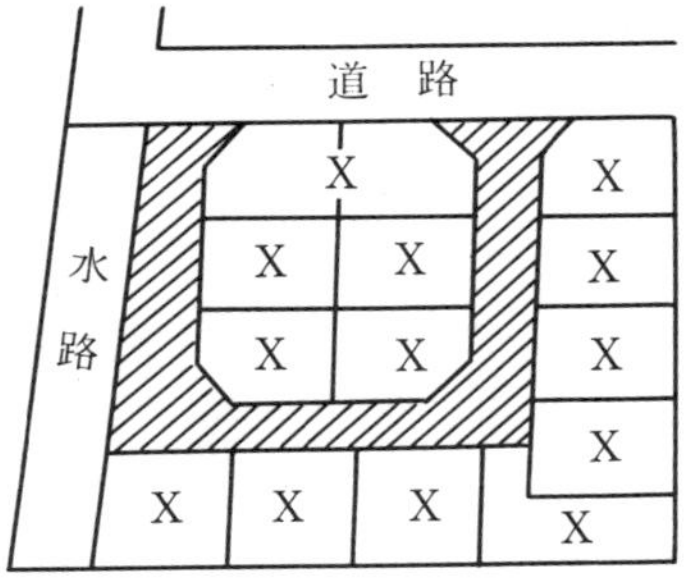

〔事実〕　係争道路（斜線部分）を含む一団の住宅地はもとA所有で、昭和三七年にAが一四区画の分譲地を販売したときに、各宅地から公道への出入、各宅地相互間の通行のため、自己に所有権を留保した係争道路（幅三・六米、全長一一〇米）を開設したところ、分譲地買受人Xら（一三名）は、買受当時、仲介者から係争道路が将来公道になるので自由に通行してもよい旨の説明をうけ、その後の買受人Xらもここを自由に通行し、誰からも異議を受けなかった。その後、係争道路は転々譲渡され、昭和四五年ごろYが前所有者から係争道路の地形などを充分調査しないまま代物弁済によりこれを取得し、居住者に買い取るように求めたが拒絶されたため、結局、道路の一部に店舗を建築するため建築確認をうけた。そこでXらが地役権に基づいてその妨害排除を訴求。

〔判旨〕「一定区域の土地所有者がこれを区画割りしたうえ各区画を分譲し、併せて分譲地から公道へ出るため、あるいは、分譲地相互間の往来のための道路をもうけ、その部分の所有権を自らに留保した場合には、格別の事情のない限り、各分譲地のために所有権を留保した道路部分に通行地役権を設定したものとみるのが相当であり、本件においては、本件土地を前記通行の用に充てるために所有者Aが所有権を留保したうえ、期間を本件土地が公道になる迄として、本件土地につき第二土地〔分譲地〕のための通行地役権を設定したものである。」しかし、YはXらの通行を妨害しようとの意図で係争道路を取得したものではないので、背信的悪意者とはいえない。けれども、Xらは分譲当時から善意・無過失で通行の用に供してきたので、地役権を時効取得したということができる。

本件でも、要役宅地と承役道路との客観的な支配従属関係は明白である。とくに、三区画を除いて他の分譲宅地は係争道路を通らねば公道への出入りが不可能であるとの事実も認定されている。したがって、右の判旨では、分譲宅地の利用のために道路が設けられたことがとくに強調されている。さらに、判旨は、地役権の時効取得に関する説示のなかで、Aが「単に情誼や人情から」Xらの通行を容認したのではなく、「本件土地を道路用地に充てることによって初めて〔分譲宅地〕の分譲ができた……」と述べているが、この部分は、合意による地役権の成立にとってもきわめて重要な指摘である。すなわち、Xらの通行利用が単なる「好意通行」ではなく、また、私道所有者側の態度が単に通路を提供するという行為（通行使用借権）にとどまるのでもなく、むしろ逆に、所有者みずからが積極的に私道を開設しており、かつ、そうしなければ分譲それ自体が著しく困難になるという事情もあったというのだから、本件でも、前掲③判決での評価がそのまま妥当し、否むしろ、より一層、「家父の用法」から離れて、「地役権留保型通行権」へ接近することになろう。

なお、本件でも、地役権者と私道所有権の譲受人との紛争であるので、未登記地役権の対抗力が問題となっているが、その対抗力の欠缺を時効取得で治癒している点が目新しい。しかし、疑問もあるので、後述する。

その後も同趣旨の判例が続いている（東京地八王寺支判平元・一二・一九判時一三五四号一〇七頁）。ごく最近では、東京地判平二・一一・二七（判時一三九七号二八頁）は、宅地分譲（三区画）に際して分譲者が宅地とは明確に区別された私道を築造し、各買受人には自由・永久に通行できる旨を説明していたところ、私道の一部分（係争地）を含む一区画の宅地の転買人（Y）が、他の区画地の買受人の相続人・転買人（Xら）による係争地の通行を妨害したという事案で、分譲者と各買受人との間で通行地役権が設定され、Xらにそれが承継されるとともに、未登記でも対抗力がある、と判示している[4]。

(ハ)　次の事例は、要役地が袋地であることを重要な事実として通行地役権を肯定している。

⑥　中野簡判昭和三九・二・二四　判時三七〇号四一頁

〔事実〕　係争通路を含む一帯の土地はもとA所有で、終戦後これを逐次分筆・分譲したところ、その結果、七区画のうち四区画の土地が袋地となるので、中央に幅四メートル、全長一九メートルの係争道路が残された。X_1は昭和二四年にAより一区画（甲地）を譲受け、YはAの相続人より係争通路と一区画（乙地）を買い受けて、昭和三四年に乙地のみをX_2に転売した。甲地、乙地から公道に至るには係争通路しかないので、Xらはここを通行していたが、Yがそこに工作物の設置を計画しているため、Xらは地役権の確認、設定登記手続、および妨害予防を訴求。

〔判旨〕　「およそ土地の所有者が公道に面する一帯の土地を分割して宅地として分譲し、被分譲地のため公道にいたる通路を設けた場合には、右通路以外に公道にいたるべき通路がなく、他に特別の事情のない限り、分譲者は分譲の際被分譲者との間に分譲地を要役地とし通路地を承役地とする通行地役権設定契約を黙示的に締結したものと解すべく、さらにその後被分譲者の一人が通路を買い受けたが、被分譲地の一部を他に宅地として転売した場合には、右と同様特段の事情のない限り、その際転得者との間に転売地を要役地とし通路地を承役地とする通行地役権設定契約を黙示的に締結したものと解するのが相当である」。だから、本件では、X_1A間、およびYX_2間で、それぞれ期間および地代の定めなく、黙示的通行地役権設定契約がなされたものといえる。

本件では詳しい事情が分からないので、道路の整備状況については必ずしも明らかではない。しかし、道路敷だけの分筆登記があり、また、その幅と長さから判断しても、さらには、地形上も袋地となる区画地が大半であったのだから、おそらく要役宅地と承役道路との客観的地役状態が外部から認識しえたものと推測できる。そうでなれば分譲地の売買それ自体が著しく困難となろう。同時に、分譲者がかかる通路を開設しないでは、そもそも分譲計画すら成り立ち難いことになるので、分譲者の通路開設意思は明白であり、その意味で、本件は前記(ロ)の事例群と共通している。ただ、地役権の黙示的合意の認定に際して、Xらの宅地が袋地であるという事実をほとんど唯一の決め手にしている点が特徴的である。だから、後掲の「法定通行権型地役権」に接近することになる。また、このことは同時に、囲繞地通行権との関係はどうなるのかという問題を提起するが、この点は後述する。(5)

(2)　小　括

以上、かなり詳細に「特定人留保型地役権」の裁判例を検討したが、いずれも私道が開設され、かつその私道（承役地）と要役宅地との支配従属関係が地形的にみて客観的に明白な事案であり、判例みずからもこのような事情をとくに強調ないし指摘していることは、すでに分析した通りである。また、判例は、必ずしも明確には認識していないようだが、地役権の成立時を分譲行為時とみていることから推知しうるように、もと同一の所有者に帰属していた要役宅地と承役道路とが、その所有の主体を異にしたという事実の重要性にも気付いているようである。それにも拘らず、この種の事例で、何故に地役権が成立するのか、ないしは地役権でなければならないのか、という理論的問題およびその実質的・経済的根拠に対しては、必ずしも十全に応答しているとはいえず、やや法的直観に頼りすぎた傾向が強いといえよう。本書は、理論的にはイタリアやフランスの「家父の用法」論を分析指標として、通行地役権の成立事情を明らかにすることに努めてきたが、ここでそれを補足ないし敷衍し、併せて、その実質的根拠についても言及しておきたい。

まず、要役宅地と承役道路の所有者であった分譲者が、道路敷所有権（観念的タイトル）だけを自己に留保しつつ道路をそのまま存置して要役宅地を売却・分譲するという行為において、つまりかかる取引行為全体のうちに、少なくとも買受人に対する「通行承諾」が含まれていることは、何人もこれを認めざるを得ないであろう。けだし、たとえ明示の合意がなくとも、分譲計画から分譲行為に至るまでの推移を全体的に観察すれば、分譲者の意思が客観的に明瞭であるからである。しかも、かかる通行承諾は、単なる人的なものではなく、要役宅地と私道との永続的な客観的支配従属関係の存在を前提にしているので、物的な通行利用がその内実となっていると考えることが最も事態に即した構成といえるわけである。したがって、要役地と承役地を法的に分離する取引行為と客観的な地役状態との二つの事実を軸にして、分譲者の地役権負担意思が推知・確認できることになるが、現在の下級審判例も、種々の事実を認定しているものの、結局は、右の二つの事情に依拠して結論を導き出している、と評価できるであろう。前述したように、私見はこれを「通路開設意思」と称してきた。

ところで、本書は特定人留保型地役権にも大別すれば二態様があることに注目した。とくに④⑤⑥判決では、分譲者が単に漫然と私道を開設ないし存置したというだけではなく、宅地分譲のために、まさしくかかる目的のための手段として、わざわざ私道を開設・築造しているという事情が強調されている旨を指摘した。このような場合には、とくに「家父の用法」の成立を阻止する「反対の特約」などそもそも考慮に入れる余地がないという意味では、特別な意味をもっているが（①判決を参照されたい）、しかし、②③判決と④⑤⑥判決とで、異質の地役権が問題となっていると考えるのは妥当ではないだろう。②③判決では、そのような分譲者の私道開設ないし存置の「目的」が指摘されてはいないが、少なくとも分譲者には同趣旨の動機が潜在していたはずである。その意味では、両者は質的な差をもたず、単なる程度の区別ともいえよう。もっとも、かかる「程度の微妙な区別」に注目すべき重要性・意義については前述した通りであり、また、一般に、分譲者の私道開設の動機または目的に注視することによって、他の類型の地役権との接点ないし横断的な分析指標が得られることになるが、この問題は後述する。

一方、この種の地役権が成立する実質的根拠も問われねばならない。分譲者がみずから好んで地役権の負担を承諾するとは通常考えられないからである。判例の多くはとくに無償だとは明言しないものの、有償であるとは述べていないので、当然、「無償」の通行権であることが前提にされているはずだが、それならばなおさら、その経済的な出捐の根拠を明らかにしておく必要があろう。ここでも、この地役権が取引行為に起因して成立しているという事情が重要な意味をもつ。すでに、通行使用借権が賃貸借や売買という取引行為に起因して成立し、そのことと関連して、通行料の約定がなくとも、実質的には要役宅地の売買価格または借地料の中にそれが組み込まれていることを指摘したが（「有償的色彩」と称した）[6]、同じ事情は通行地役権の場合にも当てはまる。分譲者は私道を提供することによって蒙むる経済的損失を宅地分譲価格に転嫁しているはずであり、しかも、ここでは工作物による道路を築造しているので、その経費は客観的には明確に算出できるであろうから、実質的、経済的にみて、買受人の当該道路に対する通行利用は無償とはいい難く、むしろ有償といい切った方が的を得ているように思われる。少くとも、通行使用借権の場合よりも「有償性」は濃厚であり、「実質的有償」という用語をそのまま使用できるであろう。このことによって、分譲者が私道を開設する理由、ひいては非常に重たい負担である地役権の成立が裏から根拠づけられることになるわけである。しかしながら、買受人が地役権の分を経済的に償っているということを、法的に地役権の「対価」として構成することは非常に難しいので、地役権それ自体はやはり「無償」と考えるのが穏当なところであろう。

（1）この種の判例については、沢井『隣地通行権』一三九頁以下、二二二頁をも参照のこと。
（2）ちなみに、本件判旨は、地役権の代位行使を認められなかった原告（一部の借家人）に、「通行の自由権」を根拠にして不法行為法上の救済を認めたことでも著名な事例である。その判例評釈として、石田喜久夫・判タ三一四号一三二頁、沢井『隣地通行権』一七〇頁以下を参照。
（3）本件の判例評釈として、江渕武彦・西南学院法学論集一六巻二号五九頁（昭和五八年）がある。
（4）その他、やや特殊な例としては、分譲マンションの玄関から公道へ通じる幅一二メートルの通路のうち幅六メートル部分の所有権を分譲業者が留保し、この部分を白線で区画して専用駐車場として使用しているが、マンション売却用のパンフレット・説明書には通路となっていたという事案で、買受人・住民のためにその留保した残余地部分に通行地役権を肯定した具体例がある（大阪高判平二・六・二六判タ七三六号一八三頁）。判批・石塚章夫「平成二年度主要民事判例解説」判タ七六二号三二頁（平成三年）。
（5）なお、本件の控訴審判決（東京地判昭和四一・五・二三判時四五〇号三〇頁）は地役権の成立を否定し、当事者間の交渉は法定通行権の確認にすぎないと判示している。沢井『隣地通行権』四九頁を参照のこと。
（6）本書第一部第二章六八頁、七五頁参照。

3　相互的・交錯的通行地役権

相互的地役権とは、一団の土地の分譲に際して、分譲地買受人が当該分譲宅地内に築造された道路の敷地部分を相互に一部分づつ分割所有する場合に認められる通行権であり、通行地役権を肯定した裁判例の主流はこの類型に属する。特定人留保型とは異なり、買受人ないしその承継人相互間で通行紛争が生じているので、その意味でも、両者は事実類型を異にする。(1)

果たして、この種の地役権についても、本書が先に提示した具体的な判断基準が妥当するであろうか。以下、重要と思われる判例をいくつかの観点から分類して検討を加えてみよう。

(1) いくつかの裁判例

(イ) リーディング・ケース　まず、黙示的地役権の最初の具体例であるだけでなく、この種の地役権の代表的・典型的先例ともいえる次の判例をやや詳しく紹介・分析することから始めよう。その説得力ある立論は、他の類型の地役権に関する判例に対しても指導的意味をもっている。のみならず、「家父の用法」論を支えとする私見にとっても実に強力な味方であり、貴重な判例である。しかし、何故か、現在までのところ、これに対する独立の判例評釈は存在しないようである。それ故、本書はこれに敬意を表してとくに多くのページを割きたいと思う。

⑦ 東京高判昭和三二・六・一七　下民集八巻六号一一〇一頁

〔事実〕 図一帯の土地は㈤土地と丙地とを除いてA所有であったが、Aは昭和七、八年ごろ貸地とするため、㈠・㈡土地、㈢土地、㈣土地と事実上三つに区画し、その中に図のような私道を設けた。その後、A所有地はBを経由して大蔵省へ物納され、昭和二四年に各借地人は各々の借地と、これに接続する私道敷の一部分（甲、乙、丙、戊地）の払下げを受けたが、Xは㈡土地と乙地を、Yは㈢土地と甲地を取得した。ところが、Yが昭和二八年に甲地内に工作物を築造してXの通行を妨害したので、Xは地役権（約定・時効取得）などを根拠に妨害排除を訴求。第一審ではX敗訴。

〔判旨〕 明示の意思表示をもって相互に通行地役権を設定した形跡はないが、「当時国有地払下は合理的になすべきものとの方針をとっており、本件において合理的分譲ということは、すでに事実上分割されて各借地人の使用にまかされていた現地を、それぞれの使用状況に変更を加えることなく各借地人に分譲するとともに、その各地のために存する(1)私道は私道とし

（略図）

（北）

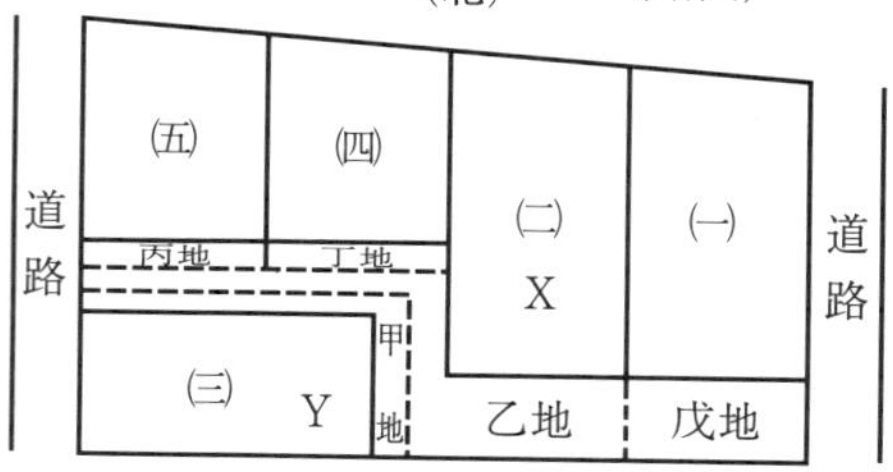

てそのまま各自の利用に供せられるよう現状を維持すべく処置することをこそいうことは現地を一見すれば容易に理解すべきことであり、現に……事に当った各人には従前どおり道路敷としてそのまま存置さるべきものとして了解され、その了解の上に右私道敷は甲乙丙丁戊に分割され……、これら各人に分属せしめられた各私道敷はそれ自体各所有者の自由な排他的使用収益にまかされたものではなくて、従前のまま道路敷としての負担を負うたまま、ただ各地の所有者にその負担の公平を期するためになされたものであったというべきである……。

……ひとたび発生した地役権は人と人との関係をはなれて土地そのものに従属する。ただ少くとも[2]同一人がその所有に属する二個の土地のうち一個の土地（要役地）の便益のため他の土地（承役地）の上に地役権を設定するということは現行法のたてまえ上考え得ないから、本件土地につき私道を開設したAが右私道敷の上に他の土地のための地役権を設定したとみることは法律的に不可能であるが、[3]その後これら私道敷が現状のまま分割されて各所有者に分属するにいたったときは、その間に通行地役権の設定を考えることは少しも不合理ではない。かように考えれば、前認定の事情の下に本件私道敷が私道敷として現状のまま分割されて各所有者に分属せしめられたことは、[4]反対の特約その他別段の事情の見られない本件においては、そのころ当事者間に互いに甲乙丙丁戊の各土地につき一号ないし五号地の便益のためこれを通行しうべき旨の相互的かつ交錯的な通行地役権が暗黙に設定せられたことを意味するものと認めるのを相当とする。」

この事例でも、私道は単なる通路ではなく、工作物により築造された道路であったとみてよいだろう。しかも、Aは築造当時、永続的に存続させるつもりでいたのであり、そのため借地の地代も割高であったという事実が認定されている。当時の借地人の通行利用が単なる無償利用ではなく、実質的には有償であったという趣旨であろう。かかる道路として長期間にわたり維持・管理されてきたが、そのこととも関連して、判旨は、さらに要役宅地と承役道路とが不可分一体の関係にあることが現地を見れば、つまり地形上明らかである、ともいう。したがって、要役宅地と承役道路との客観的支配従属関係はもはや否定しがたい。そして、このような状態にある一団の土地を取得した大蔵省が、各居住者・借地人に当該宅地を分筆譲渡し、同時に道路敷をも分筆譲渡したことによって、ここで各分譲地買受人の通行利用が、従来の貸地人（Aおよび大蔵省）を軸にした関係ではなく、文字通り他人（法的には路傍の人）の所有する土地での利用という問題を発生させる。したがって、かかる宅地と道路との所有権の法的分離時に（つまり払下げ・所有権譲渡行為の時に）、分譲地譲受人相互間で同時に地役権設定意思が明示されておれば格別問題がないのだが、たとえ明示の合意がなくとも、もとの所有者も分譲地買受人も係争道路を道路としてそのまま存置すべきことを了解していたというのだから、そこに地役権設定意思を認めることができるであろう。この交錯型通行権は特定人留保型通行権とその事実類型を異にするが、右のように解釈すると、「家父の用法」による地役権と構成しても何ら支障がないように思う。

実際、本件判旨も「家父の用法」の理論的根拠と全く同趣旨のことを説示している。すなわち、要役地と承役地との客観的地役状態が地形上、明白であること（判旨の傍点(1)参照）、しかし、承役地と要役地とが同一所有者に帰属するかぎり地役権の設定は法律上不可能であること、つまり《Nemini sua res servit》の原則の表明（傍点(2)）、要役地と承役地とが別々の主体に帰属したこと（傍点(3)）、さらに、地役権の成立と矛盾する約定がないこと（傍点(4)）が明確に説示されている。おそらく、本件判旨を起案した裁判官には「家父の用法」論は知られていなかったはずであるから、一見、偶然に同様の理論構成がなされたともいえようが、わが民法の母法がフランス法であり、地役権についてもフランス法の影響が強いことを想起すれば、同じ生活事実に対して同じ法的評価がなされたことも別段驚くにあたらないのであって、むしろ自然の成行きであったともいえよう。このことがまた本件判旨の正当性をより一層強く我々に訴える力をもっているわけである。かくして、このような説得力ある立論が本件判決に指導的地位を約束したと考えて大過なかろう。

なお、本判決が、「地役権設定を考えることは少しも不合理ではない」とする部分に対して、なぜ「少しも不合理ではないのか曖昧である」との批判を浴びせる論者もいるが、(2)右に述べた判旨の論理ひいては「家父の用法」論を理解したうえでの論評ではないので、問題とするにはあたるまい。とりわけ、要役地と承役地との法的分離行為の重要性を決して見落してはならないであろう。

ところで、本書のように、「好意通行―通行使用借権―通行地役権」という段階的構成論を基本視角とする立場からは、本件判決は非常に興味深い事例となる。というのは、もとの所有者A（貸地人）が当時の借地人Xらに係争通路を借地利用の便益のために提供しているので、その間のXら借地人による通行利用が単なる好意通行か、それとも権利に基づく通行かという理論的な問題が生ずるが、仮りに借地人・賃借人は地役権者たりえないという立場を採ると、(3)本件のような場合、好意通行とはいえないので、(4)通行使用借権と解されることになろう。けだし、借地人の通行利用は借地契約（土地取引）に起因して成立しており、かつ、実質的には「有償的色彩」があった（通行料が借地料の中に含まれていた）からである。そうすると、要役地の借地人が所有権者に昇格することによって、同時に承役地の通行使用借権が物権たる通行地役権に昇格したことになる。おそらく、本件判旨も、この問題には言及していないが、通行地役権がXらが所有者に昇格した時に成立し、それ以前では地役権を有したとは解釈していないので、残される利用は好意通行か通行使用借権かのいずれかであるところ、これを「通行の負担」と称していることから推測して、後者であると解していたはずである。そのように構成できるならば、地役権の成立も非常に容易に肯定できるわけである。なお、本件の原審判決（東京地判昭和三〇・九・二一下民集六巻九号二〇四〇頁）は右のような事情を見誤ったため、好意通行と判示したことについては、すでに述べた。

(ロ)　買受人相互を契約の主体としたケース　特定人留保型の場合では地役権設定契約の当事者について特に問題は生じないが、相互型地役権の場合には、分譲地買受人が多数おり、しかも分譲が順次、進行することも少なくないので、とくに、相互に交渉のない買受人相互間では地役権の合意を認定することが困難となろう。前掲⑥判決では、買受人全員がまえの所有者のもとで借地人としてすでに当該道路を利用しており、そのままの状態でほぼ同時期に分譲地の払下げがなされているので、このような場合には買受人相互間に地役権の合意があったと認定しやすいであろう。判旨も、その前半部分（前掲参照）で、このことを意識して判示しているように思われる。

ところが、このような事実関係にない場合には、分譲者の立場がどうしても前面にあらわれてこざるを得ない。この問題を考慮して判示した例が次の裁判例である。

⑧　東京高判昭和四八・六・二八　判時七一四号一九一頁

〔事実〕　図一帯の土地はもとA会社所有で、Aは昭和二五年に(い)(ろ)(は)(に)など多数に分筆分譲する際、それぞれ分譲地の一部を私道敷として提供せしめることにしたところ、(ろ)土地と(は)(に)土地との間の本件私道部分についても買受人らが折半して負担を負うことになった。ところが、(ろ)土地の所有者Zは昭和三九年九月ごろに係争私道部分にコンクリート製万年塀・鉄柵・門扉をつくり道幅を狭めて(い)土地の現在の所有者Xの通行を妨害した。従来は自動車による通行も可能な道幅（約一間半）があったので、XはZないしY（Zの承継人）に地役権に基づいて妨害排除を訴求。

（略図）

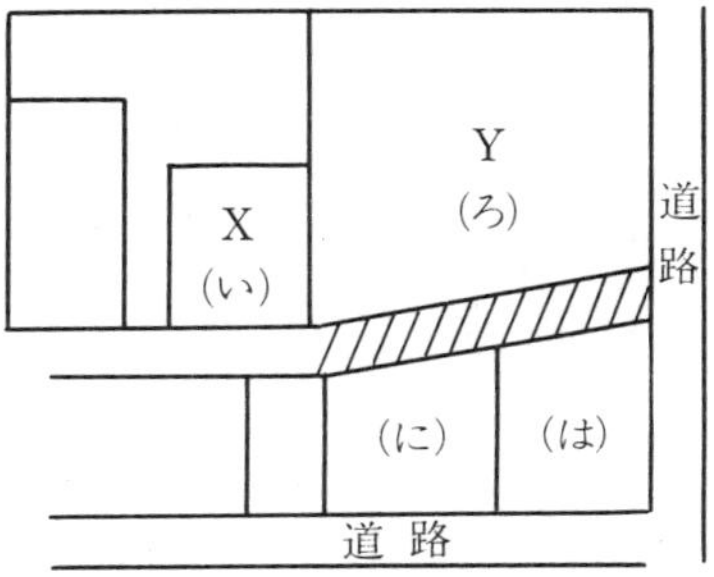

〔判旨〕　「A会社が分筆にあたり開設した私道敷は公道との連絡に通行するためのものであって、分譲地が各人に取得されて各別の所有者に属するにいたったときは右私道に接する各土地のため互いにこれを私道として通行する通行地役権が設定されるべきものとされていたものであって、右土地が同一の所有者に属する間はこの関係は各別の利用権として顕現せず、いわば休眠しているが、分譲により各土地を取得した各所有者は右の関係を承認して取得したものというべきであるから、その各土地取得の都度、自己の土地の私道敷に当る部分は右私道に接する承役地として、また自己の土地は他の土地の私道敷分につき通行地役権を有する要役地として、その間相互に交錯する通行地役権を設定したものと認めるのが相当であり、反対の証拠

のない本件では右地役権は期間の定めがなく、かつ、無償のものである」。だから、Zは自己の土地上に通行地役権の設定を承認し、Xの前主がこの地役権を取得して、その後Xが(い)土地とともにこれを取得し（昭和三一年）、Zもこの地役権の存在を承認していた。しかして、Xの地役権は未登記ではあるが、Yが背信的悪意者であると推認できるので、Xの請求には理由がある。

本件では、ほぼ同時期に分割分譲されているので、買主相互間では地役権の設定についておそらく何らの交渉（ないしそれに相当する事実的行為）もなかったのであろう。それ故、買主相互間でその旨の合意があったと解するのはいかにも不自然であり、本件判旨はこの問題にも留意して相互的・交錯的地役権の成立を説いている（傍点部分）。このような説示について、沢井教授は、「まだ統一的に分譲者の所有に属する段階ですでに通行地役権が設定されているのであり（但し同一所有者に属する間は「休眠」中という）、これが譲渡される都度、取引はたしかに売主と買主との間だけだが、その意思内容として買主は他の分譲者との関係において通路を共用する権利・義務を承認することを含むと解している」と評価し、「いわば分譲者は分譲をうけた者同士の地役権設定の仲介者たる地位を占めるということになろう。あるいは第三者のためにする契約といってもよい」と述べ、判旨を支持している。(5)

分譲者が地役権設定契約の外にある第三者であり、契約当事者ではないとする立場は是認できる。しかし、要役地と承役地とが同一所有者に帰属している状態で、すでに地役権が成立していると解するのが妥当かどうかは慎重に検討しなければならないだろう。とくに、本件判決がそのように解しているのかどうかはにわかに断定できないように思う。たしかに、判旨の「休眠」という表現は、同一所有者のもとで地役権の成立は不可能である旨を説示した前掲⑥判決とは理論的にかなり趣きを異にするが、しかし、逆に、かかる場合に地役権が成立するという構成を採るならば、その理論的根拠が明らかにされねばならないはずであり、そうでなければ、ローマ法・近代法以来の大原則に矛盾するし、わが国の従来の判例の立場とも整合しないことになろう。したがって、本件判旨が、かかる大胆な見解を採用したと解するよりも、むしろ、要役地と承役地とが同一所有者に帰属する間に、両土地が客観的支配従属関係にある場合、このような地役権的事実関係のうちに将来の地役権が休眠（潜在）していると構成したほうが妥当であろう。換言すれば、分譲時つまり要役地と承役地との所有権の分離時に、かかる法的分離行為に付随して（その行為全体の中に含まれる合意によって）、従前の事実的地役状態が地役権という権利として顕在化するとも解釈できるはずである。このように考えると当事者間の合意をも容易に見い出すことができよう。

次の裁判例は、右の⑦判決後の事例であるが、もとの所有者が分譲前に居住していた住民に対して宅地と私道敷を分割分譲したという事情と関係するのであろうか、地役権設定当事者は買受人相互である旨を説示するだけで、分譲者との関係についてはとくに理論的な説明をしていない。あるいは「休眠」という曖昧な表現・理論構成を避けたのかも知れない。

⑨　東京地判昭和五六・三・一九　判タ四五三号一一〇頁

〔事実〕　係争通路を含む周辺の土地はもとA所有で、昭和二三年頃、都営住宅の敷地となったが、係争通路を含む土地部分は宅地とは明確に区別され道路として住宅の住民の利用に供されていた。昭和三一年ごろこの住宅の分譲にともない、Aはその敷地を各住民に分譲し、その際、宅地部分と道路部分とを分け、道路部分の分譲単価を宅地のそれの半額以下とし、係争通路を譲り受けたBをも含めて被分譲者はすべてこれを了承し、分譲後も道路部分は従来どおり住宅居住者や附近住民によって自由に通行利用されていた。ところが、昭和四八年八月にこの係争通路をBから取得したYが、それまでは通行を黙認していたのに、昭和五二年四月にここに門扉を築造してXら団地居住者の通行を妨害した。Xらは地役権などに基づいてその妨害排除を訴求。

〔判旨〕　「右認定の事実を総合すれば、Aから都営住宅居住者への分譲に際し、譲受人相互間に、互に道路部分として分譲を受けた土地（承役地）は各宅地部分として分譲を受けた土地（要役地）の利用上これを自由に通行し得べき旨の相互的かつ交錯的な通行地役権が黙示に設定されたものと認めるのが相当である」。また、係争地を取得する際、通行権の負担のあることを認識していたので、「その対抗力を否定し得る正当な利益を有する第三者であると解することはできない。」

本件でも、係争通路は要役宅地とは明確に区別された道路としての外観をもっており、かつ、すでに居住者（借家人）によって利用されていたところ、もとの所有者Aが居住者に宅地を分譲する際、道路敷をも買受人に分割分譲をしたことによって、買受人相互に通行地役権の黙示的合意があったと判示している。本件でも、同時期に分譲がなされているし、また、買受人自身がすでに長期間にわたり当該私道を通行利用していたので、分譲者の仲介者的・第三者的立場は否定しがたいであろう。いわば、分譲者が分譲地買受人間の契約の御膳立てをしたということになろう。現に、分譲者はそのような事実的行動をとっている。しかし、判旨は、買受人相互間では地役権に関する現実の交渉がなかったので、黙示的合意という構成に従ったものと思われる。分譲地買受人が多数の場合には、そのような場合が多いであろう。

次の例は、買受人が二人であったという事情や、地形上の問題から、買受人相互間に通行権に関する交渉ないし協議らしいものがあった事案を取り扱っている。

⑩　東京地判昭和五一・四・二七　判時八三八号六二頁

〔事実〕　図一帯の土地はもとA所有で、Aが図のようにXらに分筆分譲する前に、すでに幅四米の私道が開設され、これに接続する甲・乙地（係争地）も通路敷であって、分譲後も通路として存置すべきことが予定されていた。また、Xが買受ける際に、仲介業者がY方より私道および係争通路の相互的な通行承諾を得ていたが、Y夫婦は、係争通路部分（甲、乙地）に常時オートバイ、洗濯機などの雑物をおき、場所によってはその通路部分の幅（一・八二米）の半分以上にも及ぶことがあった。そこで、Xは地役権・所有権に基づいてその雑物などの収去を請求するとともに、地役権の設定登記手続をも訴求。

〔判旨〕　「全体の土地が分譲され、甲、乙地が…通路となった場合、甲・乙地の所有

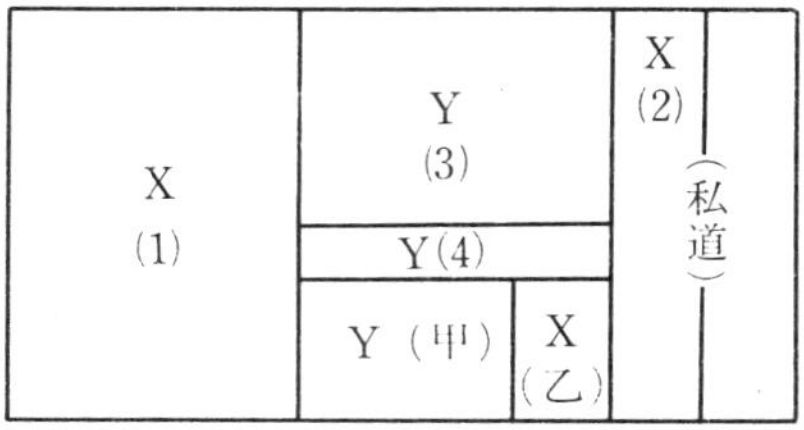

（略図は沢井・前掲書132頁による）

者と(1)(3)(4)地の所有者のいずれかが異なれば、甲・乙地はその所有者を異にした土地の価値を高めることになると共に、甲・乙地と同一の所有者は他の所有者の通行を妨げない限り甲・乙地を利用することは差支えない関係にあるものということができる。そしてこのような関係は各土地所有者に変更があってもそのまま継続されるものというべきである」。Yは、通行利用について業者から説明をうけなかったというが、業者がそのような説明を落すことは考えられないし、「少くとも、甲地が(1)土地の通行の用に供せられるべき土地であることはあらためて説明をうけるまでもなく、その地形自体から明らかなところである」。したがって「XYらは…XYら所有地の位置関係、…分筆の経過、…分筆後の各土地の通路としての利用関係を承知した上で甲地につき、…通行に関する合意をした」が、かかる合意は地役権設定契約の趣旨と解するのが相当である。

本件では、承役地所有者Yが通行を承諾した覚えがないと反論したため、当事者間に通行の合意があったか否かが重要な論争点になっており、判決もこの点について詳細な事実認定をしている。そこでは、X側が甲地の通行承諾がなければ(1)土地を購入する意思がないことを仲介業者に告げたため、業者がY宅に赴き、その旨の承諾を取り付けたことが明らかにされているので、XY当事者間で通行の合意があったと考えてよい事案であろう。しかし、それにも拘らず、かような合意と判決の結論とは直結しておらず、むしろ、分譲時における通路開設の経緯、要役宅地(1)土地）と承役通路（甲地）との地形が通行承諾の認定のための重要な資料となっている（判旨傍点部分参照）。通路であることが「地形上明らかである」ということは、要役地と承役地との地役状態が客観的に明瞭であるという意味であろう。かかる事実状態から逆に通行の合意が確認できると説示されているように思われる。しかも、その通行承諾が単なる債権的合意にとどまらず、物権的合意であるとされているが、その決め手となった事実が、両土地の客観的支配従属関係と、両土地の法的分離（分譲行為）であると考えても大過ないであろう。換言すれば、かかる客観的地役状態にある土地の取引に入ることによって、事実状態が権利状態に昇格することになるわけであり、本件判旨が、客観的事実関係を説示したあとで、当事者間の通行の合意を地役権設定契約の趣旨と判示したのも、右と同じ考慮によるものと思われる。したがって、通行の合意なるものも、通行利用それ自体の（法的）合意でなくとも、客観的な地役権的事実状態を認識しておれば足りるということになる。その意味で、本判決も「通路開設意思」論に従って結論を導いたものと評価できるであろう。

このように考えれば、買受人相互に事実として交渉があったかどうかという問題にはあまり重要性がないことになろう。当事者間の地役権に関する合意を、さまざまな事実を前提にして、どのようにこれを法的に評価するかに関心を集中させる必要がある。この課題についてはあらためて詳論する。

なお、最近でも、札幌高判昭和五八・六・一四判タ五〇八号一一四頁は、囲繞地通行権の主張に対して、要役地に相互的通行地役権が存在することを根拠に、その主張を排斥した事例であるが、同様に「買受人間に……相互的かつ交錯的地役権設定契約が黙示的に締結されたものとみることができる」と判示している。この判決は、むしろ、地役権と囲繞地通行権との関係に関する事例として興味深いものがあるので、後に取りあげてより詳細に検討する。

(ハ)　分譲者と買受人が設定当事者であるとしたケース　　(ロ)で紹介した⑦⑧判決では、多数人への宅地分譲は各買受人にほぼ同時期になされており、判旨も法的には同時と解したものと思われる。しかし、買受人の購入時期に大きなづれがある場合には、最初の買主と、まだ売却されていない残部の土地所有者である分譲者とが、実際上、地役権設定当事者として前面に浮き出てこざるを得ず、とくにかかる事実をみずから認定する裁判官自身にとっては、このような外見上の事情をそのまま法的に構成する傾向がどうしても強くなりがちである。次の裁判例がその典型的な事例である。すなわち、分譲者と最初の被分譲者との間で相互的な地役権設定契約が成立し、後の買受人は分譲者からその地役権関係を承継すると構成している。

⑪　東京地判昭和五一・一・二八　下民集二七巻一号～四号七頁

〔事実〕　図の甲、乙、丙地を含む一帯の土地はもとA所有で、Aは建売住宅の分譲をするため、その土地の中央部に私道（幅四米、奥行二一米）を開設し、その両側東西を三区画づつに分け、同時に私道敷も南北に六等分して住宅購入者に各一部分を取得・負担させる計画を立てた。この私道の最奥部の東西に各々甲地と乙地とが位置しているが、甲地（地上建物）は私道部分とともに昭和三六年八月にAからBが買いうけ、C、Dを経て現在Xが所有し（昭和四三年）、乙地（地上建物）は昭和四一年八月にEがAから購入し、F、Gを経て現在Yが所有している（昭和四七年）。私道の一部たる丙地は他の居住者の所有である。従来、乙地と丙地とは図の点線上にある鉄扉・石塀で区画されていたが、Yがこれを取り除き、ほぼ公図上の境界線にそうようなかたちで新たに鉄扉などの工作物を設置したので、X所有の甲地の門扉からは、人の出入は可能なものの、自動車の出入りなどが困難ないし不可能となった。

（略図）

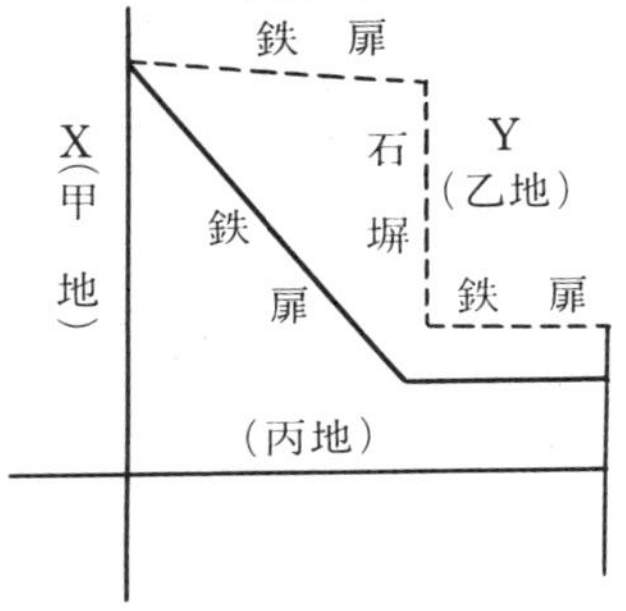

〔判旨〕　「建売分譲に際し分譲者によって当初から私道たる通路が開設され、かつ私道敷が私道を必要とする分譲地買受人に分割帰属せしめられた本件の如き場合にあっては、分譲の進行につれて分譲地取得者相互間に交錯的に通行地役権が成立したものというべく（分譲者たるAと各分譲地買受人との間では通路の開設維持即ち通行地役権の相互的承認が明示に合意されていることは明らかであり、のちに分譲を受ける者はAから土地所有権を取得することにより先に買受けた者に対する関係での通行地役権関係―要役地所有者としての通行地役権と承役地所有者としての通行地役権負担関係―をAから承継取得すると考えられる。）、その地役権の目的となる土地の範囲は、私道敷としての了解のもとに各買主の所有に帰した土地のみに限られず、黙示の合意によって現に通路として開設された土地のすべてに及ぶものというべきである。」

しかし、Xの取得した地役権は未登記のためYに対抗できないところ、かかる相互的地役権関係にある当事者間では、信義則上、原則的に登記なくして対抗が可能であると解すべきである。もっとも本件では、Yは仲介者から私道負担付との説明は受けていなかったので、Xには登記が必要となるが、一〇年の時効取得の要件が充足されているので、これによってXの妨害排除請求は認められる。

本判決は、分譲宅地内の私道がすでに開設され、かつ、分譲の進行中に私道敷が順次それぞれの宅地買受人に分割帰属する場合には、まず最初に分譲地を譲り受けた買主と分譲者との間では通行地役権の相互的承認は明らかである、という。したがって、分譲者自身も相互的・交錯的通行権の主体となり、後に分譲者から宅地と私道敷の一部を買いうける者は、分譲者の有する通行地役権と通行地役権の負担とを承継する、と構成している。なるほど、このように解すると、相互に交渉のない分譲地買受人間でも地役権関係が肯定できるし、また、自己の土地の上に地役権を認めることの不都合も回避できる。学説にもこの見解を支持する立場がある。[6] しかし、果たして分譲者に通行地役権を取得する意思があるであろうか。仮りにあると解しても、分譲者の取得する地役権は買受人のそれとは明らかに異なる。分譲者にとって当該通路を現実に使用する必要はないので、使用価値ではなく、せいぜい交換価値のために(つまり通行権付の宅地を売却するために)地役権を取得する必要性が認められるにすぎないが、そうだとすれば、相互的・交錯的通行権という、この種の地役権の特質・類型から分譲者の取得する地役権は大きく外れてしまうことになるであろう。地役権なるものは元来、使用価値に重点が置かれるべき権利であって、とくに判例が交錯型の地役権を創設したのは現実の利用者を保護するためであったことを決して忘れてはならない。前掲⑦判決が、分譲者のもとでは地役関係が「休眠」しており、分譲者自身を地役権の主体と捉えなかったのも、右のような考慮によるものと思われる。

したがって、本判決の理論構成には直ちに従いえないが、ただ、地役権の成立それ自体については、本件でも、私道の開設（意思）と、分譲（法律行為）とが決め手になっていることに注意すべきである。なお、本判決は未登記地役権の対抗力の欠缺を時効取得で治癒しているが、問題のある構成であるので、この点は後述する。

さて、分譲者自身が地役権の設定当事者であるとする判決はその後も跡を絶たない。次の事例も同じ立場にある。

⑫　東京地判昭和五二・四・二八　判時八七七号七九頁

〔事実〕　AはB所有地の一部を買い受け、図のように四区画に分筆分譲したところ、昭和三九年から四〇年にかけて、順次C、Y、X_1、X_2が甲から丁の一区画と、これに接続する私道部分(a)～(f)を買い受け、X_3はCから宅地と私道部分を転

（略図）

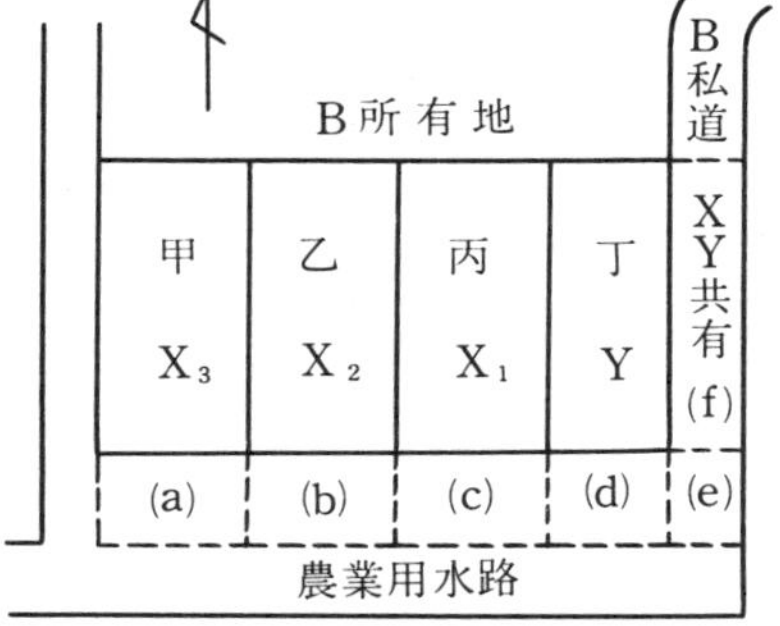

得した。Aは各分譲にあたり、係争の私道部分（幅三・二〜四米）が買主相互間において通行権の負担付きとなること、およびBの私道とも相互に通行権の負担となるほか、図の水路が道路化すれば、各私道部分は各買主の敷地として利用できる旨を説明していた。係争私道は当初、唯一の通路であったが、後に西側にも通路が造られ、さらに、右水路が暗渠となり人の通行可能な事実上の道路（アスファルト舗装）となったところ、Yがその所有する(d)と(e)地上にブロック塀を建造したため、Xらとの間に通行紛争が発生。

〔判旨〕「本件(d)地及び(e)地については、まずCとAとの間で甲地のための地役権設定契約が締結され、次いでAとYとの間の建物売買契約に付帯して乙地及び丙地のための通行地役権設定契約が締結されたものというべきであり、X_3はCから甲地を買い受けることによってこれに従たる権利である右通行地役権を承継取得し、X_2及びX_1はAがYに対して有した通行地役権を、乙地、丙地を買い受けることによって従たる権利として承継取得したものといえる」。さらに、Yはかかる通行地役権の負担を承知のうえ係争地の売買契約を結んだものであるから、「本件通行地役権の登記欠缺を主張する正当の利益を有する第三者にはあたらない。」

本件判決は、地役権成立論についても対抗問題についても、従来の例に従っているだけで、とくに目新しい理論を提示していない。ただ、本件でも、私道部分が、大谷石と金属フェンスを組み合せた塀により宅地と截然と区別され、私道の存在が客観的に明白であった。判旨は、これを対抗問題の場で説示しているが、地役権成立論においても当然意識されていたはずである。また、本件事案のように、分譲者が各買受人に通行権の相互的な負担を説明していた場合には、たとえ同時分譲でなくとも、分譲者を地役権設定契約の当事者から外し、「地役権の承継」という無用な迂路（対抗問題）を回避できたはずである。

なお、最近でも、次の例は分譲者と買受人との間で地役権設定の合意があったとしている。

⑬　京都地判昭和六〇・九・二四　判時一一七三号一〇六頁

〔事実〕　一団の土地所有者Aが宅地分譲のため、これを多数に分筆し、各分筆・分譲地の一部分を区分して私道（幅四米）を開設したところ、私道部分を含む分譲地の買受人（転得者）$X_1Y_1Y_2$は、この私道を改修するため、私道をへだてた分譲地買受人以外の所有者X_2らと協定し、既設私道を西方へ二米移動した。その後、既設私道の東側半分が道路敷として不用になったためYらがこれを敷地内に取り込んだことから、X_1は地役権に基づき、X_2らは私道改修の協定が幅六米とする約定であったことなどに基づいて、妨害排除を訴求。X_2らの主張は排斥されたが、X_1の地役権（前主からの承継）の主張は認容された。

〔判旨〕「各私道部分を含む分筆後の土地が原所有者Aから売却される都度、Aと買受人との間で右の各私道につき相互に通行地役権を設定する旨の少くとも黙示の合意が成立し、後に分筆後の土地を買受けた者は右の通行地役関係を前者から承継し、その結果、分筆後の各土地取得者相互間に交錯的に通行地役権が成立したものと認めるのが相当である。」

理論的にはとくに目新しい点はみられない。ただ本件もまた既設の私道をめぐる通行紛争であったので、要役地と承役地との客観的支配従属関係が明白な事案であったということだけを確認しておけば足りるであろう。

(2)　小　括

(イ)　判例の分析　相互的・交錯的地役権の裁判例も、「家父の用法」による地役権の要件事実とほぼ同様の事実に重点をおいて結論を導き出している事情が明らかになったといえるであろう。なるほど、判例は様々な事実に言及しているが、しかし結局は、もとの同一所有者にあった要役宅地と承役道路とが客観的支配従属関係にあること、およびかかる両土地所有権が別々の法主体に帰属したこと、この二つの事情がほとんど決め手となっている。(7)このことは、リーディング・ケースともいえる⑦判決の論評で検証した通りである。むろん、このような客観的事実の背後に当事者の合意がなければならないことはいうまでもなく、決してこれを過少評価してはならないであろう。より正確にいうならば、当事者間に地役権設定意思があるからこそ、かかる客観的事情が生み出されると解すべきである。判例も、すでにみたごとく、地役権設定の合意の認定にとくに配慮している。

ところで、相互的地役権の場合には、その合意の認定は特定人留保型地役権の場合よりも、ずっと明確に看取できるはずである。たしかに、ここでも、分譲者が分譲目的のために道路を築造したのか、それとも既存の私道をそのまま存置して分筆分譲したのか（⑦⑨判決）という事情も無視できないが、むしろ、それよりも、この種の地役権では、分譲地買受人相互が私道敷の一部分を分割所有しているので、互いに通行地役権関係に積極的に参画しており、そこに地役権を負担（ないし取得）する意思が明瞭に見い出されるからである。しかも、相互に土地を提供し合うことは、少くとも実質的にみて「有償」であり[8]、自己の土地に対する地役権の負担・経済的損失が、他の買受人の所有地に対する地役権の取得・経済的利益によって償われているので、単なる「無償通行権」とはいい切れない側面をもっていることを看過してはならないであろう。したがって、重たい地役権の負担意思は、ここでも理論的および実質的理由によって、十全に説明できるはずである。

問題なのは、分譲者自身を地役権設定契約の当事者と考えるのが妥当かどうかである。下級審判例は、現在のところ二つの潮流に分れ、学説でも意見が一致していない。本書は、すでに個々の判例の分析に際して、簡単ではあるが、現実的な通行使用利益を享受しない分譲者自身は、あくまでも第三者的・仲介者的立場にあるべきことを指摘したが、右に述べた地役権の実質的・経済的根拠もかかる立場を補強することになろう。さらに、ここで理論的に詳説する課題を果たさねばならないが、その前に、類似の問題ですでに議論を経験しているイタリア法の立場を参考にするのが有益であろう。

(ロ)　イタリア法の「相互的地役権」　イタリアでも、分譲地ないし建築空間の一部分の買受人相互間で地役権が設定されることが認められており、また、その理論上の説明の仕方についてもわが国と同様の問題があるようである。

もともと、破毀院は、同一の土地が要役地となり、同時に承役地となることはできない、との原則に固持して、相互に地役権を取得することは不可能である旨を説示していたが、[9] 学説はこれを批判していたところ、まもなく建築空間の細分化という現実(都市化現象)を眼前にして、個々の分譲空間の間で、相互的な地役権を肯定せざるを得なくなったようである。[10] つまり、分譲地の売買時に個々の所有者（買受人）に課される建築上の種々の拘束のために、たとえば、一定の高さ以上の建物を建築しないこととか、あるいは境界線より一定の距離を離して建築することなどのために、認められている。[11] そこで、今日では、イタリアでも「相互的地役権」(servitù reciproca)という用語が定着しているという。[12] ただし、判例によれば、その本質は、二つの土地の相互性・対価性にあるのではなく、「各々の土地について、一方の土地が承役地、他方の土地が要役地と考えられるところの同一内容の完全に独立した二つの地役権の存在」にある、[13] とされている。わが国の下級審判例では、相互的とはいうものの、各々の地役権の関係について説示したものはないが、無償の地役権と考えていることから推知できるように、基本的には右の破毀院と同じ立場にあると評価できよう。

次に、かかる相互的地役権の成立を理論的にどのように説明するかであるが、とりわけ分譲が順次に進行する場合、買受人相互間で地役権設定の合意があるのかどうかが、イタリアでも議論されている。そこで、分譲者を契約の主体と考えるが、分譲者が通行利益を享受するわけではないので、これを「第三者のためにする契約」と捉える立場もある。しかし、ここでは、第三者に利益を与えるだけではなく、地役権の負担という不利益をも与えるので、このような構成を使えないとする批判があり、傾聴に値する。[14]

むしろ、注目すべきは、この方面で造詣の深いBiondiの見解であろう。次のようにいう。分譲計画の段階での土地の区画は、分譲地相互間に一定の制限を予定してなされるものではあるが、分譲者の一方的行為であるので、これを地役権設定契約とみることはできない。ここでは何人も自己の土地に役権を取得できないとの伝統的原則が妥当する。しかし、地役権の負担を留保した分譲地の区画は、すべての買受人に妥当するところのかかる負担付売買の申込みにほかならないので、買受人は区画行為において予定された状態で、個々の分譲地を取得する。この取得の時に、買受地の利益・負担で地役権が成立するが、この場合、買受人は区画行為から結果する状態で個々の分譲地を取得するので、買受人相互間で地役権の設定的合意が欠けているという事情は重要でない、と。[15]

イタリアでは、分譲地の売買の場合、分譲者が、地役権の負担・利益の具体的な内容を明示しないで売却することは実際上きわめて稀れであるということなので、[16]分譲者が予じめ地役権の設定について配慮しているようであるが、そうとすれば、わが国とやや事情を異にしよう。わが国では、そもそも地役権設定の合意があるのかどうか（合意の存否に係わる事実認定）が問題となっているのに対し、イタリアでは、そのような合意があることを前提にして、これを理論上どのように説明するかに関心があるわけである。しかし、わが国でも実際上は、相互的・交錯的地役権と呼称されるごとく、今日では、その合意の認定はほとんど画一化しており、理論上の説明に問題が残されているといっても大過ないので、その意味では、右のBiondiの見解が非常に参考となろう。注意すべきは、イタリアの相互的地役権は、地役権の合意それ自体を問題としない「家父の用法」と交錯することがほとんどないのに対して、逆に、わが国では分譲者が地役権について契約書に明示することは稀れであるので、むしろ、「家父の用法」論を重ね合せて、理論構成しなければならないことであろう。その際、分譲者自身が地役権の設定当事者としては前面に現われてこない、つまりあくまでも第三者、仲介者的立場にとどまるという実質的価値判断は重要であり、とくにBiondiが、この種の場合には買受人相互間で具体的な合意があったか否かを問題としなくてもよいと述べているのは注目に値しよう。わが国でも、沢井教授の見解は、法的構成には差異があるものの、右の実質的価値判断においては帰を一にしよう。

(ハ)　私　見　そこで、右の見解に依拠しながら、本書にいう「通路開設意思論」を交錯させて、次のような構成を提唱しておきたい。

ここでも重要なのは、被通行地所有者の地役権負担意思であろう。特定人留保型の場合では、この意思は分譲者自身の意思として客観的に明瞭であったが、交錯型の場合には、この負担は単純なる負担ではなく、反面、地役権の取得という利益によって償われており、かつ、かかる地役権の利益は、現実の通行利用を本体とするが故に、現実的利用の主体ではない分譲者は、この地役権の主体たりえないことは前述の通りである。しかし、分譲者が分譲時に私道を開設し、あるいは既存の私道をそのまま存置して、かかる私道の負担と利益とを買受人相互間で処置する計画を立てるとともに、このような内容の分譲宅地売買契約を介して、各買受人が宅地とともに私道敷の一部分を取得するのであるから、各買受人に通行権（したがってまた地役権）の負担意思があることは明白であるといわねばならない。多くは、その旨の説明が分譲者によって事実上なされるはずだが、たとえそうでなくとも、私道であることが現地をみれば一見して容易に認識できるのであるから、ここでは具体的な通行権の負担意思（つまり誰れが契約の相手方になるのかどうか）が重要なのではなく、すでに開設された私道敷の一部分を分割所有するという意思があれば、それで足りるであろう。換言すれば、開設された私道の存在を了知して、各買受人がその私道敷の所有権を取得する行為は、分譲者の事実上の「通路開設意思」を、そのまま法的な権利関係に昇格させることになるのである。各買受人の道路所有権の取得は、かかる分譲者の「通路開設意思」に規制され、これを軸にしているが故に、分譲の進行につれて各買受人が私道敷所有権の取得と同時に、地役権の負担と利益を取得できるわけである。このように、分譲者の事実上の分譲行為（通路開設意思）という触媒を使えば、買受人相互で通行に関する協議がないのに、何故に地役権設定の合意をみとめることができるのかという疑問も、おのずと氷解するであろう。

なお、最近の判例で右と同趣旨を述べるものがある（浦和地判平元・三・二〇判時一三二八号九二頁）。本件では、分譲地所有者が道路敷を分割所有し公道へ至る唯一の道路として通行していたが、分譲地と私道部分の転買人が妨害行為に出たため、他の住民が通行地役権の確認等を訴求したところ、判旨は、道路と宅地部分とが日常生活上区別できる程度に客観的に明確であり、コンクリート造りの階段という通行のための永続的な施設まで設けられていたという事情をことのほか強調して、分譲地所有者は「互いに通路部分となっている自己及び他の者の所有地を通行のために提供し合う意思」（契約意思）を有していると解すべきであるとするとともに、「この意思は、将来分譲地の所有権の帰属が変化する場合も、その新たに所有者として参入した者と、以前から所有者であった者との間でも同様に解せられる。

そして、この意思は、かかる状態の分譲地の所有権を有している、又は所有権を取得するということ自体によって表示されていると考えられる」と説示する。地役権の「当事者」に関する判示部分も興味深いが、私道であることが客観的に明瞭である場合には、その私道敷を分割所有するという意思がとりもなおさず地役権設定の意思でもあると構成している点に注目すべきであろう。

おわりに、相互的地役権が「地役権の留保」と関係があるのかどうかという問題が残されているが、ここでの契約の主体を買受人相互と解する私見の立場では、地役権の留保は生じえないことになる。[17] だから一見、両者は無関係のように見えるが、前述のように、分譲者の分譲企画行為が軸となっているので、分譲者による私道敷所有権の事実上の「留保」という観点を看過すべきではなかろう。そうとすれば、相互的地役権も「地役権の留保」と接続することになり、また、それ故に、重たい地役権の負担・成立が肯定できるわけである。

（1）　個々の判例については、沢井『隣地通行権』一四二頁以下、同「増補版」（六二年）二三三頁をも参照のこと。

（2）　仁平・前掲論文五八頁。

（3）　判例は、時効取得の関係ではあるが、賃借人は地役権の主体たりえないとしている。大判昭和二・四・二二民集六巻五号一九八頁。最近の下級審判例にも同趣旨を説くものがある。東京高判昭和六二・三・一八判時一二二八号八七頁。

（4）　好意通行については、とくに本書第一部第一章四五頁以下参照。

（5）　沢井『隣地通行権』一四五頁。

（6）　仁平・前掲論文五八頁。

（7）　したがって、土地取引に起因しない通行利用は、外形上同じような道路があっても、地役権設定契約の存在が否定されやすい。浦和地判昭和六三・九・九判タ六九五号二一一頁では、Xら所有地の一部とY所有地の一部とが係争私道（幅三・四メートル）の左右を二分し、外形上一本の通路を形成しているほか、X先代時代より約四〇年にわたり係争地を通行使用してきたところ、Yがここに駐車場を建設する計画をたてたため、Xらは、相互に相手方所有地部分に通行地役権の設定契約をなしたと主張したが、判旨はこれを排斥し、ことにY先代所有地の借地人が自己の便益のために通行していただけで、Y先代自身がX先代所有地を通行する意思はなく、また逆にX先代の通行のためにY先代所有地に地役権を設定する意思もなかった、と説示している点が参照されるべきである。

(8) ちなみに、当事者双方が無償で相互に土地を貸付けた場合に、双方の土地使用は対価関係にあるとした事例（大判昭和一〇・三・二八裁判例（九）民八四頁）があり、参照さるべきである。

(9) Cass., 6 febbraio 1946, in Rep. Foro ita., 1946 v. Servitù, n. 7-8ほか。

(10) Cass., 1 agosto 1958 in Rep. Giust. civil., 1958 v. Servitù, n. 98ほか (in Tamburrino, op. cit., p. 34)。

(11) Tamburrino, op. cit., p. 34; Biondi, Le servitù, 1968, p. 116; M. Camporti, Le servitù prediali, Trattato di diritto privato, 8 vol, proprietà II, 1982, p. 151ss, p. 164～165.

(12) Tamburrino, op. cit., p. 34.

(13) Cass., 15 giugno 1963, n. 1602, in Rep. Giur. ita., 1963, v. Servitù n. 13.

(14) Biondi, op. cit., p. 304. ただし、前述のように、この場合の地役権の負担は利益と相関しているので、「第三者のための契約」構成が無理であるとまではいえないであろう。

(15) Biondi, op. cit., p. 117, 302～303. 最近ではCampormtiもBiondiの見解を支持している (op. cit., p. 165)。

(16) Tamburrino, op. cit., p. 256.

(17) Biondiは、ほぼ同趣旨から、ここでは「留保」は生じない、と断言する (op. cit., p. 303)。しかし、単に法形式的に判断すべきではなく、私見のような捉え方も可能であるはずである（本文参照）。

4　法定通行権型通行地役権

「通行に関する黙示の合意が、法定通行権の確認に相当する場合、通行地役権の設定が認められ」ることが少なくないが、この種の通行権が法定通行権確認型と称されている。[1] しかし、右の「法定通行権の確認に相当する」という表現は、本書の基本的立場と一致しないだけではなく、この類型に入るとされている裁判例の傾向とも整合しないように思うので、むしろ、通行地役権が認められるための一つの（しかし重要な）理由として、当該通路に法定通行権も成立しうる可能性のあることを明確に指摘している裁判例が、ここで検討されるべき事例であると解しておきたい。このような定義づけのづれは、後述する「地役権と法定通行権の競合」問題に関して、いずれの権利を優先させるのが妥当か、という基本的な立場の相違とリンクすることに注意されたい。ともあれ、代表的な若干例の検討に進もう。

(1)　いくつかの裁判例

(イ)　次の裁判例はもと一団の土地所有者（法人）が宅地造成した結果、宅地部分が袋地となり、そのままでは分割分譲できないし建築許可も下りないことから、通路部分を除いて宅地のみを売却したケースである。

⑭　東京地判昭和三八・六・二五　下民集一四巻六号一二〇九頁

（略図）

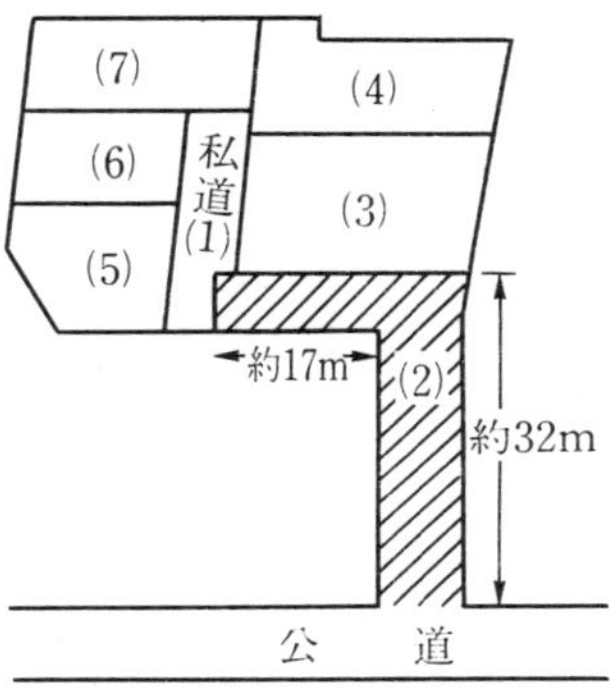

〔事実〕　図一帯の土地はもとA会社所有でXら五名が(3)～(7)の土地の分譲をうけ、その際(1)の通路敷をXらが買えば、係争の(2)土地を各買主に無償で分割分譲することが約されたところ、そのままA名義に放置され、昭和三六年に五筆に分筆されたが、YがBを経由してこれを購入し、地上に建物を建築しようとした。そこでXらは地役権などに基づいて妨害排除を訴求。

〔判旨〕　Aは係争地をXらに譲渡しなければならなかったので、「譲渡の手続ができるまで本件土地を道路として無償で使用することを、個別に、遅くとも各土地売渡登記の際に許諾したものと認めるのが相当である。そこでこのような当事者間の合意（許諾）に基づいてX等が本件土地につき取得した権利の性質を考えるに右合意には『使用収益の終了後は土地を返還する』旨の約束は包含される余地がないから民法第五九三条に照らせばこれを使用貸借と解すべきではなく、むしろAは土地の分譲者として民法二一三条二項によりX等の通行権（欺る通行権は所有権の拡張として物権的性質を有する）を容認すべき立場にあったことを考慮すれば、法律的には一種の地役権設定の合意と解して妨げない……」。また、係争地は道路位置指定の負担をうけているので、YはXらの地役権につき対抗要件の欠缺を主張する正当な利益を有しない。

控訴審（東京高判昭和四〇・五・三一下民集一六巻五号九五六頁）は、地役権設定契約の成立については右原審判断を支持したが、未登記ゆえに対抗力を否定し、結局、法定通行権を肯定。

本件の場合、係争地が当初から（つまり地役権成立当時）工作物によって築造されていた道路であったのかどうかについては必ずしも明らかではない。控訴審での検証では四メートル幅で「道路の形状をなしている」土地であるとされているが、宅地と道路との客観的支配従属関係が一見して明瞭であったのかどうか（本件ではとくに道路の「幅」についての明確性）はなお詳らかでない。しかし、分譲者には係争地を通路として開設・提供する意思があったことは認定されており、事実、係争地とこれに接続する私道部分は、はじめから分譲地とは別扱いにされていた。そこで、判旨は、このような事実関係に基づいて宅地分譲行為に付随して「無償通行権」が合意されたと述べている。つまり、土地取引に起因した通行承諾であるので、単なる「事実上の通行の容認」・「好意通行」ではない旨を判示していると考えて大過ない。

このように、通行権の存在を確認したうえで、次にかかる通行権の性質について論じているが、その際、ここでの通行権が単なる人的な権利ではないことの根拠として、民法二一三条が援用されている点に注意する必要があろう。つまり、物的権利たる地役権を肯定する根拠として法定通行権の成立可能性が指摘されているわけである。たしかに、かかる四メートル幅全部の、しかも全長ほぼ五〇メートルにも及ぶ道路について、相隣地関係の最小限の調節たる法定通行権を優先させるのは妥当でない。ともあれ、判旨がここでの通行の合意を土地取引の経緯から単なる「法定通行権の確認」とはみなさず、約定通行地役権として構成したことに注目しておきたいと思う。

(ロ)　次の裁判例でも同様に通行権が人的権利ではないことの根拠として法定通行権が援用されている。もっとも、分譲宅地内に開設された道路ではなく、要役宅地（袋地）が妻所有で、承役通路敷が夫所有というやや特殊な事案であり、二つの隣接する土地が夫婦で所有されていた間は、あたかも一つの土地として考えうるところ、両土地が別々の主体に分属したため、通行権の存否が問題となった事例である。

⑮ 福島地判昭和四〇・一・二八　下民集一六巻一号一四七頁

〔事実〕 図の甲地はA（父）所有、乙地はB（母）所有で、昭和九年にBが乙地上に建物を建てた際、甲地内に係争通路が開設された。甲乙両地は機能的にはもともと一体として利用される地理的関係にあり、乙地にとっては甲地内の通路がなければその効用を全うしえず、現に乙地上の建物の玄関は、当初から係争通路及び甲地上にある門を利用しうるように設計されていた。X（姉）は乙地を母から承継し、Y（妹）はAの家督相続人から甲地を買いうけたところ、Yが係争通路にトタン塀を設置してXの通行を妨害したので、Xが訴求。

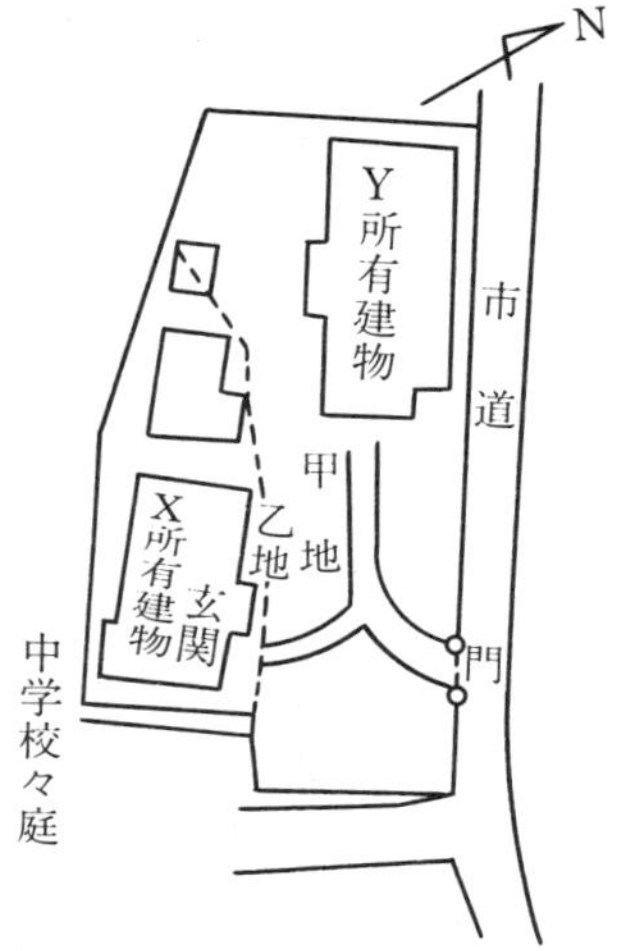

〔判旨〕 「この事実〔X所有建物の玄関口と甲地上の門との関係〕と前記認定の本件甲乙両地の地形とを総合すると、AはBの本件建物新築当時、甲地上の本件通路の開設を当然許容していたものと認めるのが相当である。しかして、右のような合意に基づきBが本件通路について取得した権利の性質を考えると、Aにとっては乙地のために相隣関係に基づく囲繞地通行権を容認すべき立場にあったといわざるをえないから、Bの取得した権利を単なる債権的な使用権と解する余地はなく、物権たる地役権と解するのが相当である。また、Yはかかる甲地上の負担を熟知のうえ甲地を取得しているので、Xの通行権を否認するのは信義則に反するし、ましてや、甲乙地の相隣関係からYの否認権行使は権利の濫用となる。」

本来、夫婦間での土地貸借は情誼によるか、せいぜい使用貸借にすぎず、物権的利用関係ではないと考えられている[2]。しかし、本件の場合は、右の原則が念頭においているような単純なる情愛に基づく土地の貸借ではないといえよう。係争通路は、工作物により築造された客観的に明瞭な通路であったのかどうかは必ずしも明らかにされていないが、少くとも通路としての外観・形状があり、かかる通路が機能的には要役地とその地上建物の利用に従属し、かつ、もとの所有者ABもそのような趣旨で通路を開設したことが認められている。したがって、ここでの「通行承諾」も、当事者がたとえ夫婦であれ、単なる好意約束ではなく、法的な合意と解すべきものであろう。

判旨も、まず、通路開設の経緯等から当事者間における通行の容認を契約と捉らえたうえで、続けてその権利の性質を判断する際に、係争通路が法定通路でもあることを重要なる根拠として、物的な権利である地役権の成立を結論づけている。したがって、この判決も当事者間の「通行の合意」なるものを単なる「法定通行権の確認」とは解していないと考えるべきであろう。

(ハ)　次の例は宅地分譲の当事者間における通行紛争であるところ、前記二例とはその理論構成においてやや趣旨を異にし、係争通路が法定通路である旨を明言しながら約定通行地役権を肯定している。立論の仕方においてもやや問題・曖昧さのある事例といえよう。事案は複雑であるが、大略は次のようになる。

⑯　神戸簡判昭和五〇・九・二五　判時八〇九号八三頁

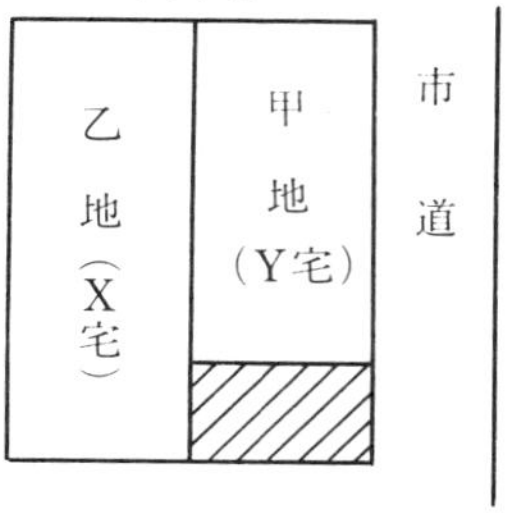

(略図)

〔事実〕　甲地と乙地とはもとY所有で、Yは乙地をAに分筆分譲し、Bを経由して現在Xがこれを所有している。YはAに分譲するとき、係争地(斜線部分)を乙地のための通路(幅一・八米、長さ八・八米)として開設し、Y宅地との境界に花だんを作るなどして通路は明認できる状態にあった。Aから乙地を取得したBはY側から明示でその通行権の承継を認められ、Xもこれをそのまま承継して係争地を通行し、一方、係争地上に排水管を設置した際、承諾料(五万円)を支払ったこともあったが、のちにXが係争地に排水・上水などの設備を埋設しようとしたことから紛争が発生。Xは、無償・無期限の通行地役権のほか、排水設備等を目的とする有償・無期限の地役権などに基づいて妨害排除を訴求。

〔判旨〕　「およそ、土地の所有者が一方面のみ公道に関する一筆の土地を二筆に分割して、公道に面する土地を手許に残し、袋地となった土地を宅地として分譲し、分譲地のため公道に至る通路を設けた場合には、他に特別の事情のない限り分譲者は分譲の際、被分譲者との間に分譲地を要役地として、通路地を承役地とする無償・無期限の通行地役権設定契約を黙示的に締結したものと解する」。また、「分譲者が転売を承認した場合には、特別の事情のない限り承認の際、分譲者は被分譲者との間に設定した通行地役権設定契約を転得者が承継することを承認したものと解するのが相当である」。したがって、AはYから無償・無期限の地役権の設定をうけ、Bがこれを承継し、Xへの転売についてもYが了承しているので、その承認の時点で、Bの通行地役権をXが承継することを承認したものと考えられる。同時に、下水排水管の設置を目的とする有償・無期限の地役権をもXは取得しており、これには上水道・ガス導入設備を目的とする地役権が含まれる。

本判決に対しては沢井教授の手厳しい批判がある。このケースは民法二一三条二項が予定しているものであり、幅員わずか一・八メートルであって法定通路として当然認められるものであるから、当事者が法定通路として明認したものを地役権設定契約とまでみる必要はなかった[3]、と。たしかに、本件判決は、係争通路が法定通路である旨を明言するものの、何故に地役権でなければならないのかについてはほとんど説明していないし、その論旨にもやや不透明な部分もあるので、右のような批判にもそれなりの理由があるといえそうである。もっとも、判旨は、「承役地は囲繞地の一部に該当するのである。只、当事者に合意をもって通行路を明確にすべく、通行地役権を設定した」と述べているので、これを好意的に解釈すれば、法定通路とさるべき部分よりも幅の広い通行権つまり通行地役権が合意されたと考えたようにも思われる。現に、当初の通路幅は一・八メートルであったが（もっともこれも地役権についての通路幅であるが）、Xが取得した段階では、車輛も通行できる通路幅であるべきこと、建基法の接道義務を考慮する必要があることのほかに、Yも分譲時に通行の負担を当然予期できたことなどから、二メートル幅の地役権を認定している。とくにYが「故意」に袋地をつくったことを強調している点をも併せ考えると、X側に法定通行権（囲繞地にとって最小限の負担）以上の内容をもった権利を肯定するのが妥当であると判断したのかも知れない。そうとすれば、判旨にも一理あるといえようが、しかし要は、かかる好意的評価にも拘らず、客観的にみてこの程度の通行権が法定通行権よりもより広汎な内容をもった通行権であるかどうかであり、その点にまだ疑問が残される。

いずれにせよ、理論的には当事者間での通行権に関する合意を優先させ、法定通行権の成立を可能な限り抑制しようとする姿勢それ自体は、従来からの下級審判例の一般的傾向と一致するし、私見も同じ立場にあることは後述の通りである。

(2)　小　括

(イ)　判例の分析　右に掲記した裁判例は法定通行権型の典型例ともいえるが、ここでも地役権が土地取引に起因して成立していることが明らかとなった(とくに⑭判例参照)。⑮判決はやや特殊な事案であるので、地役権の成立経緯の問題にあたってはこれを除外しても不都合はないだろう。

もっとも、ここでの裁判例は「特定人留保型」や「交錯型」とは異なり、要役宅地と承役道路との客観的支配従属関係が必ずしも明瞭ではない。そうとすれば、本書の立場からいえば、かかる場合の通行権は地役権というよりも通行使用借権に接近するので、何故に地役権でなければならないのかが問われねばならないはずである。しかし、要役地が袋地であるという事情のほかに、要役地と承役地との機能的・経済的一体性が客観的に明白であるので、係争通路が十分に整備された道路ではなくとも、このような地理的環境が地役権肯定のプラス要因となっていることは疑いえない。⑭⑮判決も権利の性質について、つまり通行使用借権との区別についてとくに配慮しつつ地役権を肯定しており、そのような立論の仕方は本書の立場とよく整合するが、これも決して偶然ではなかろう。

ところで、右の客観的支配従属関係が明瞭である類型では、かかる客観的事情が地役権設定の契約意思をいわば代用するかたちとなっており(黙示構成)、当事者間においても当該通路が公道に近い構造・形態を備えているので、往々にして通行使用に関する協議すらしないことが少なくないが、逆に、十分な通路もなく、とりわけ買受地が袋地であるならば、当事者(とくに買主)が通路の確保のために何らかの行動に出ることはむしろ当然であり、このような場合には事実としても何らかの通行承諾がなされていたと推知できるし、実際、⑭判決の場合はいうまでもなく、⑯判決も「黙示」とはいい切ってしまえないような事情があることは指摘した通りである。その意味では、袋地という事実が直ちに通行権を生み出すのではなく、袋地という地理的状況が取引当事者に通行権の設定契約を余儀なくさせるといってもよい。したがって、この類型は、次の「留保型地役権」にかぎりなく接近するが、それは後述する。

次に、法定通行権が認められてしかるべき通路に約定地役権の成立が肯定される根拠が問われねばならないが、その主たる根拠はおそらく「通路幅」に関わるであろう。この問題は⑯判決の評釈でも少しく言及したが、とりわけ⑭判決の控訴審が、未登記地役権の対抗力を否定して法定通行権を肯定する際、従来、地役権の成立していた係争の四メートル幅の道路全部にわたって囲繞地通行権を認めるのが妥当かどうかを、とくに道路使用の必要度、承役地所有者の負担などを考慮して慎重に判断していることから推測して、一般に後者の場合、通行使用に必要な最小限度の幅を超える部分については当然には認められない、との基本的な考え方があるようにも思われる。逆にいえば、通路の幅、通路の位置についても当事者の意思が決定的に重要な意味をもつといえよう。

(ロ)　「家父の用法」論　この類型は「法定通行権型」と呼称されるものの、当事者間の通行承諾が単なる「法定通行権の確認」にはとどまらず、それ以上の内容をもつ「通行権の合意」に相当する場合であると考えるのがよいことは前述の通りだが、かかる通行承諾による通行が単なる好意通行ではなく、「権利による通行」つまり通行地役権であることの決め手となる事実は、ここでも被通行地所有者側の通路開設意思であるといえる。たしかに、他の類型のように客観的地役状態が必ずしも明瞭ではないが、袋地という地理的状況から右の通路開設意思が客観的に明白であり、裁判例が、要役地と承役道路との客観的な関係に言及しないのもそのような考慮によるものと解したい。実際、通路の開設がなければ、宅地分譲自体が全く不可能になるので、土地売買契約と通行権設定行為との一体性は他の類型よりもずっと強いといわねばならない。否、両行為は不可分一体である。つまり、注意深い当事者なら売買契約書に通行の合意を挿入しているはずだが、そのような約款があるか否かは重要な意味をもたず、実際上は「明示の合意」と認定できる場合が多いであろうし、また「黙示構成」による場合でも、ここでは「家父の用法」論をそのまま適用できないわけである。というよりも適用するまでもなく、当事者の地役権設定意思（地役権負担意思）は通路開設の経緯から容易に認定できるはずである。したがってまた、地役権負担意思の実質的根拠についてもとくに問題とする必要もないであろう。(4)

（1）　沢井『隣地通行権』一四八頁。
（2）　最判昭和四七・七・一八判時六七八号三七頁。
（3）　沢井『隣地通行権』一四八頁。
（4）　有償性については、この類型と共通する民法二一三条の「無償通行権」が実質的には「有償」であると解されている（立法者の考えでもある）ことから（沢井『隣地通行権』八五頁以下参照）、むしろ他の類型よりもより以上の根拠・正当性をもっており、実質的な有償性が契約の重要な成立要因となると捉えている本書の立場では、この有償性の強弱が、地役権の成立事情に影響を与えることになり、「法定通行権型」が、当事者の主体的言動に重点をおき、他の類型とやや右の成立事情を異にするのは、この有償性の強弱とも無関係ではない。

5　地役権留保型通行権

元来、「地役権の留保」とは、一団の土地所有者が任意にその一部を譲渡（売却など）し、彼に「残された土地」の便益のために「譲渡した土地」の負担において、当事者間で通行地役権の設定が合意される場合を念頭においている。というのは、かかる土地取引に際して売主など譲渡人は通常、譲渡人たる有利な地位にあるが故に、最も強い通行権を確保・留保できるからである。しかし、前述したように、わが国ではこの種の地役権はあまり利用されておらず、地役権を肯定した裁判例でもこの類型のものはほとんど見当らない。むしろ逆に、「譲渡された土地」（買主）の利便のために設定される地役権が主流であり、本書では、かかる地役権の設定が実質的には売主の利益のためにもなされていることから、これをも「地役権の留保」に含めている。さらに、分譲者自身が、いわば第三者的立場にたって、ある分譲地の利便のために他の分譲地の負担において地役権を設定する場合も、ここでの類型と同様に取扱ってもよいであろう。

しかしいずれにせよ、ここにいう「留保」とは、厳格な意味では土地取引の当事者間で「明示の約定」がある場合に限定されることになり、黙示の合意は一応除外している。ただし、土地売買契約書に通行地役権設定条項が挿入されている典型的な場合はそもそも問題となることはあまりないので、主として口頭による合意の存否が論争の焦点になるところ、書面に作成されない合意については明示・黙示の区別がどうしても曖昧となりがちである。そこで、ここでも「留保」なる用語を広くとらえて、少くとも当事者間で通行に関する何らかの協議があれば、それで足りると解している。けだし、わが国では通行地役権なる法的形式の利用に不慣れであることのほかに、この類型は基本となる土地取引の存在が前提となっているので、通行利用に関する協議が現に存在するかぎり、通路開設の経緯など諸般の事情をも併せ考慮するならば、被通行地所有者の地役権設定・負担意思が鮮明に浮き出てくるからである。したがって、判例の分析に際してもこの点にとくに留意する必要があろう。

(1)　いくつかの裁判例

右のような観点から通行地役権を肯定した事例と、逆に、地役権を肯定してもよい事実関係が認定されているにも拘らず、これを否定した事例とに大別して、若干の具体例を検討してみよう。

(イ)　次の判例では、書面による通行承諾はなかったが、判旨は本来ならば土地売買契約書に地役権設定条項が組み込まれていてもよい事情のあったことを明確に説示して結論を導いている。

⑰　千葉簡判昭和四五・七・一三　判タ二五六号二三九頁

〔事実〕　Yはその所有する畑地を宅地用の土地（甲地）としてXに売却し、その際、Xの代理人と仲介者とがY所有の係争地（乙地）が甲地から公道へ出入するための通路であることを確かめ、Yも乙地を通路（幅四米）として通行使用できる旨を確約した。この点は土地売買契約書に記載されなかったが、それは乙地が公道同様のものであって永久的なものである、とY

が言明したことを信頼したからであった。ところが、Yが乙地に物置小屋を建てるなどの妨害行為に及んだので、Xが訴求。なお、他に道路らしき外形をした私道がある。

〔判旨〕「即ちXY間に確約された、乙地の通行使用に関する取定めは、民法第六章による地役権に該当し、甲地を要役地として乙地を承役地とする、無償の通行地役権設定契約が、口頭で締結された事実が認められる。」

本件判決は、XY間の土地売買契約時にそれと付帯して買受地の便益のために売主に「残された土地」の負担で通行権が約定され、しかも、かかる地役権の合意が基本となる土地売買契約書のなかで条文化されるべきものであったことを明確に述べて、結論を導き出しているので、「地役権留保型」に関わる格好の裁判例といえよう。なお、本件では、係争通路と要役宅地との永続的な客観的支配従属関係は必ずしも明らかでない。判旨にはその旨の言及がなく、むしろXYが通路の存在と通行使用に関する協議をしたこと、およびY側に公道同然である旨の言明があったこと、いわばこれらの主体的な言動が結論を左右したものと評価すべきである。沢井教授は、実態も永久的な公道同様のものであった、と推測するが、(1) その根拠は明らかではない。工作物による通路の開設があれば、ここでは問題は生じないが、むしろこの種の事例では、係争地が通路の形状をなしていることと通行使用の事実があれば、そのような客観的支配従属関係をとくに必要としないと考えるべきであり、右の判決も同じ考慮に基づいて判示していると解したい。

次の裁判例も、土地売買契約に際して通行使用料が売買代金に加算されていた事実を認定しているので、通行地役権設定契約が基本となる売買行為に含まれていた事例と考えてよいだろう。

⑱　大阪地判昭和五九・三・二七　判タ五二八号二一六頁

〔事実〕　もと一団の土地所有者Aは娘（Y_1）夫婦と同居していたが、Y_1の居宅の建替費用を調達するため、Y_1を代理人としてA所有地をBとCとに売却し、各売買にあたり各売却地への通行の便宜を図るため、その東側に南北の公道に通ずる幅四メートルの通路を開設してこれを無償で提供する旨を約し、そのため売買代金は当時の時価坪二五〇〇〇円を超える三万円で合意された。その後、BCとAとの間で売買契約および係争通路の妨害をめぐり紛争が生じたところ、その間にAが

Y_1を代表取締役とするY_2会社に係争地を賃貸した（登記済）。そこで、ＢＣからの承継人X_1X_2がＡを相続したY_1とY_2会社に対し地役権設定登記手続、賃借権設定登記の抹消登記を訴求。

〔**判旨**〕「ＡはＢあるいはＣに対する前記売買にあたり、〔ＢとＣとの各買受地〕を要役地として係争地をそれぞれの承役地とする期間の定めのない通行目的の地役権を無償（但し、実質上の対価は前記のとおり土地代金に含めて支払われている）で設定したものと解するのが相当である」。Y_1はＡの登記義務を承継し、また、ＡとY_2会社との賃貸借契約及びその旨の登記は、「いずれもＢらの前記地役権を害する目的でなされたもの」であるから、X_1X_2は右地役権をもってY_1Y_2に対抗できる。

詳しい事情は分からないが、要するにもと一団の土地所有者Ａがその土地の一部分を売却するに際して、その各売却地の便益のためにわざわざ四メートル幅の通路を開設したという。したがって、おそらくＢ・Ｃらの買受地（要役地）は袋地ではないのだろう。加えて、その売買当時に無償通行が当事者間で約定されている。事実、通行使用料が売買代金に組み込まれているので、明示の合意によって通行利用が約定されたと考えてよいであろう。売買契約書の代金に関する部分に右の通行使用料についての留保事項が記載されていた可能性が高いが、仮りにそうだとすれば、契約書に地役権設定契約・条項が挿入されていた事例となり、大変興味深いところだが、残念ながらそのあたりの事情は詳かではない。

地役権であることの根拠についてはとくに説示されておらず、また地理的状況ないし要役地と承役地との客観的支配従属関係についても説明がないが、実質的には有償であったという判断のほかに、通路開設、通行利用の約定が売買契約時になされている旨の指摘があるところから推断して、本判決も「地役権留保型通行権」の事例に入るものと解するのが妥当であろう。

終りに、最近の肯定例を紹介しておく。これは、土地譲渡契約書の添付図面上の係争地部分に「道路として設置することを約束します」との文言が表示されていたという非常に稀しい事例である。

⑲大阪高判昭和六〇・一〇・二四　判タ五八八号七二頁

〔事実〕　XはYから昭和四九年一月にY所有地の一部（甲地）を代物弁済として譲り受け、分筆登記を経由した。甲地は分筆によって市道からの進入路とは里道部分（幅一米弱）と通ずるにすぎない袋地となってしまうため、将来は宅地とする予定であったことから、XはYに対して、甲地の便益のためにY所有地内に幅四メートルの道路の設置を求めたところ、Yがこれを了解し、将来かかる道路を開設してYの農業用私道とするとともに、Xも甲地の利便のたに通行してよい旨が甲地の譲渡契約の付帯条件の一つとして約定された。昭和五二年に右の道路が完成したが、Yが前記約定を守らないため、Xは、右道路敷が市街化区域農地であるので農地法五条一項三号による届出手続の協力義務を訴求し、同時に届出受理を条件として係争道路に対する地役権の確認をも求めた。

〔判旨〕　「本件譲渡契約のなされた昭和四九年一月二二日の時点において、YとXとの間で、Y所有の本件土地につき、将来Yが本件土地に幅員四メートルの道路を設置し通行可能となる諸条件が充足されることを条件として、本件土地を承役地としX土地を要役地とする期限の定めのない無償の通行地役権設定契約が成立したものとみることができる。右合意は使用貸借の予約と解する余地もないではないが、X土地にとって本件土地を通行することが関係土地所有者の変動にかかわりなく継続的に必要と認められる一方、必ずしも独占的に利用しなければならないものではなく、Yとの共同利用を約していることからして、債権的合意にすぎない使用貸借の予約ではな（い）」。また、かかる地役権の設定については農地法五条一項三号の適用があるので、本訴請求はいずれも正当である。

これまでの具体例とは異なり、本件では地役権設定契約（道路設置の約定）の当時、いまだ通路が開設されていなかったという。しかし、もと所有者が要役地譲受人に譲渡する際、要役地の利便のため自己に残された土地の負担で道路を開設する旨の約定をなし、しかも、かかる「道路設置約束文言」が書面上も明らかにされている。その書面が譲渡契約書添付の図面であるとしても、基本となる土地譲渡契約（書）に通行地役権設定条項が含まれていたと解することができよう。判旨も「譲渡契約の一つの付帯条件として約定された」と述べている。

そうとすれば、本件は、「明示の合意による留保」と呼ぶに最もふさわしい事案ということになる。このように「留保」が客観的に明白である場合には、逆に要役地と承役地との客観的支配従属関係は地役権の認定に際してその重要性を減殺されることになる、つまり不可欠の要件ではなくなるが、本件はそのような事情をも示唆する先例として重要である。

なお、本判決が通行の合意を地役権設定契約と解した根拠を示す部分で、使用貸借との区別について言及しているが、その説示には誤解があり、承役地所有者との共同利用が約されており、独占的な利用でないことを理由に、使用貸借（予約）ではないと解しているが、通行のための共同利用をも可能とする使用貸借（通行使用借権）が許されることは多くの学説が認めるところであり、むしろ実態は、地役権でないならば原則として「通行使用借権」と解すべきことは、すでに論証した通りである。したがって、法規の抽象的・形式的な解釈によって地役権と使用借権との区別を論ずるのは当を得ないといわねばならない。

(ロ)　次の事例は、土地の売買契約時に要役宅地の買主が売主側から係争通路の無償・永久の使用について説明をうけていたにもかかわらず、約定通行権の成立を否定し、地役権の時効取得によって通行利用者を保護している。やや古い初期の裁判例であるが、しかしこれまで検討してきた近時の下級審判例の傾向からみれば、明示の合意による地役権が肯定されてもよい事案であったと考えるので、ここで参考のために取りあげることにした。

⑳　横浜地判昭和四三・一一・六　判時五五六号七六頁

〔事実〕　もとA所有の(1)、(2)土地をBが買いうけたが、右両地から公道への出入のためにはA所有の係争地と(3)土地等を通行するほか通路がなかったので、BはAとの土地売買にあたり係争地と(3)土地の譲渡方をAの代理人Cに求めたが、係争地等は(1)(2)土地のほか、その奥にあるA所有の分譲地のためにも通路として確保しておく必要があったので、Cはこれを断ったが、その際、Bは、Cから係争地はBの買受地はもちろん他の分譲地のための通路として確保され、分譲地の所有者は無償で永久に通行できる旨を知らされたため、これをしいて買いとる必要がないと考え、通路として使用することで満足し、交渉を打ちきった。Aは分譲当時、係争地に縁石を設けるとともに、公道への入口部分には二段階の石段を設置して、市道（一米幅）と併せて幅員二メートルの通路を開設し、Bがここを通行使用してきたが、XがDを経由して(1)(2)土地を取得した（昭和三四年）ところ、係争地の現所有者Y（昭和三一年買受）がXの通行を妨害。

〔判旨〕　AとBとの間に地役権設定の事実はなく、かえって右係争地の買取交渉が打ちきられたので、地役権設定契約は成立していない。しかし、Bは「善意無過失に本件土地の通行権を行使し、その通行は通路を開設した表現の土地を継続してなされていたというべきだから」一〇年の期間により係争地に対し無償の通行地役権を時効取得し、Xもこれを承継取得した。Yは右の時効完成後の第三者であるので、Xが地役権を対抗するためにはその旨の登記を要するところ、係争地が市道と一体となり通路として使用されていることを知りながらこれを買いうけているし、Yにとって不可欠の土地でもないので、Yの損失とXの利便を比較すると、YがXの右の未登記を主張するのは権利の濫用である。

本件の事案から明らかなように、もと一団の土地所有者Aが分譲するために必要な通路として係争地にわざわざ通路を開設しており、しかも、Aの代理人が分譲地の売却にあたり永久に無償で通行できる旨を確約している。また、要役地には代替通路があったが、利用に相当困難をきたすことから、買受人も係争地等の買取りを希望し、現にその交渉がなされており、その交渉過程で右のような自由に通行できる旨の言明をうけたという。したがって、買取りを断念したということは、通行権の合意をも否定しうる事情となるのではなく、かえって当事者間で通行利用について何らかの協議があった事実を証明しているといえよう。しかも、土地取引の当事者間での通行承諾であるから、ここでも、基本的な売買契約に付帯して通行地役権の設定契約があったと認定できたはずであり、判旨は右のような諸事情に全く気付いておらず、そのかぎりでは異例の判決である。この当時では、いまだ地役権肯定の裁判例が安定した一定の方向性をもっていなかったという事情が影響しているのかも知れない。しかし、それにしても判旨の立場では、Bの当初における通行利用が単なる「好意通行」ということになり、時効取得の要件が充足する前に通行紛争が生じていたならば、Bは一般法理による救済に希望をつなぐしかないという不当な結果に終るであろう。もっとも判旨自体もここでの通行利用が単なる「好意通行」ではないと直観していたふしもみられる。というのは、地役権の時効取得について最高裁が「継続」要件に厳格な枠をはめている（後述参照）にもかかわらず、かかる要件を充足しない本件の通行利用について、何らの説明もなくして、簡単にこれを肯定したが、その背後には、ここでの通行利用者を保護すべきだとの実質判断があり、ただこれを理論的に説明できなかったが故に、いわば結論だけを示すような説示になったとも評価することができるからである。通路開設の経緯等の諸事情を見落して誤った前提から出発したため、無用な迂路を経由し、さらに、「時効完成後の第三者」という所有権の時効取得でのあの難問にまで遭遇せざるを得なくなったわけである。

本件のような通行承諾の確約があれば、明示の合意による地役権の成立を肯定できたように思われる。現に、この判決の直後に出た前掲⑯判決では、ほぼ同様の事実に基づいて全く逆の結論を導びいており、本書はこれを「留保型」として位置づけたが、いずれにせよ、今日の判例の傾向からすれば、地役権の成立を肯定するのに何の支障もないであろう。

なお、本件の通路も通路としての形状はあったが、要役地と承役地との客観的支配従属関係は明瞭に示されていない。このような客観的事情が地役権の認定に重要な意味をもたない場合には、土地取引当事者の主体的言動にとくに配慮し、これに依拠せざるを得ないが（それが地役権留保論の中身である）、かかる主体的言動の法的意味をも看過してしまうと、もはや地役権成立を肯定できる根拠がなくなってしまうことになる。本例はその典型例であるが、裏からみれば、本書にいう「地役権の留保」論が重要な意味をもっていることを示唆する具体例であるといって差支えないであろう。

(ハ)　「地役権の留保」を肯定した前掲(イ)の裁判例のなかには、「明示の合意」である旨をとくに説示しないものもあるが、逆に、黙示との言及もなく、その点についての曖昧さは払拭しえていない。判例としては、いずれであれ結論に影響を及ぼすことがないので、要は「通行権の合意」を認定しうる事実の存否に焦点を合せることになるのであろう。また、そもそも「黙示」という概念の捉え方についても共通の認識があるようにも思えない。そこで、黙示構成を採りながら、その論旨の中身は本書にいう「留保型地役権」を肯定したと思われる事例も存在する。次の裁判例がその好例である。

㉑　東京地判昭和六〇・四・三〇　判時一一七九号八五頁

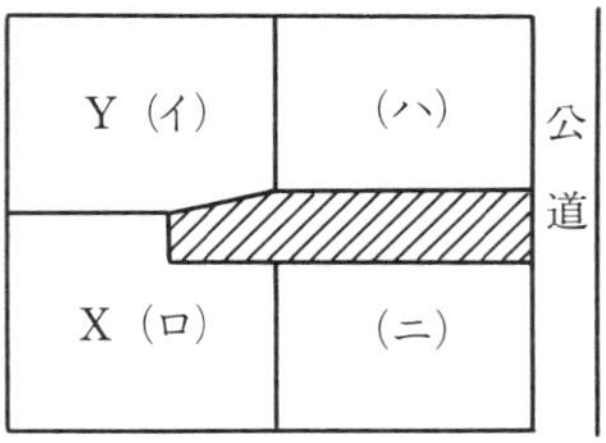

〔事実〕　図の(イ)〜(ニ)の各土地はもとA所有で、Aはその借地人のために係争通路（斜線部分）を開設し、居住者の無償通行を許容してきた。その後、Aが各土地を借地人Yらに売却する意向をかためたところ、係争通路では(イ)、(ロ)両地とも建築基準法上の接道義務（法四三条）を充足していないので、(イ)土地の建築確認を得るため、Yに(イ)土地とともに係争通路をも売却し（昭和五二年）、(ロ)土地についてはこれに接続する他の私道（建基法上の道路）により建築確認をうけることとして、同時にYが(ロ)土地の居住者の通行を認めるべきことをも、売却時に合意した。一方、Xらは(ロ)地上建物の借家人であったが、昭和三八年に建物を買い受け、昭和五三年にAから(ロ)土地を購入してYとの間で係争通路の通行を確認し、かつその対価として金二〇万円を交付したが、Yが係争地上にブロック塀と鉄扉を設置したので、地役権などに基づいてその妨害排除を訴求。

〔判旨〕　AがYにのみ係争通路を売却したのは(イ)土地の建築確認を得るための必要上なされた措置であり、「右措置と引換に、右売却に先立ちYが(ロ)土地の居住者らによる従前通りの本件土地の通行を認めたことは明らかであり」、さらに、(ロ)土地に接続する他の私道には通行制限があるため、かりに係争地に通行地役権が認められないとすると(ロ)土地の価値は著しく低下し、このことは地主Aにとっても著しい損失であるので、「Aが(ロ)土地のための通行権の負担なしで本件土地をYに売却するものとは到底考えられない状況にあったことを考慮すると、本件土地につき売却契約が締結された昭和五二年二月二八日ころまでに、AとYとの間で(ロ)土地を要役地、本件土地を承役地とする黙示の通行地役権設定契約が成立したものと考えるのが相当である」。そしてXは、民法二八一条一項により、Aの右通行地役権を承継取得したこととなる。

実は、右の事案からも窺知できるように、本件は、特定人留保型、交錯型、法定通行権型のいずれの類型にも属しないものである。沢井教授は、これを明確な類型には属さないが、どちらかといえば法定通行権確認型に入る、と解している。(2) 要役地には他に私道があるものの袋地に近いので、教授の類型論によればそのように解することもできよう。しかし、判旨は、袋地であるとか、法定通路に相当するとかの表現は全く使用していないだけではなく、別の私道がたとえ「公路」であるとしても、なお係争通路の開設経緯、各私道の通行状況等に照らしても通行地役権の成立が肯定できるとしている。

したがって、本件は従来型のいずれにも属しない事例であると考えるべきであろう。しかも、右の説示(とくに傍点部分)から明らかなように、基本となる売買契約に付帯して、とくに地役権ないし通行権が合意されたと解しているので、当事者が地役権を「留保」したと考えることができる。ここでの「留保」は買主ではなく、売主によるものである点にも注意すべきであろう。かつ、認定された事実（とくに傍点部分）をも併せ考慮するならば、その「留保」は、当事者間で通行使用に関する何らかの協議がなされたという漠然とした通行承諾ではなく、むしろ明確な通行権設定の合意であると解して何ら支障がなかったはずである。

ともあれ、本件も「地役権留保型通行権」なる類型の存在意義を示唆する事例といえよう。

(2)　小　括

「地役権留保型」の裁判例では、要役地と承役地との永続的な客観的支配従属関係は必ずしも明らかではなく、少なくとも判旨にはそれが重要な意味をもっていることを窺わせるような説示は見当らない。たしかに、地理的状況や通行使用の事実ないし必要性などの諸般の事情も考慮されているが、何よりも重要なのは、土地売買契約(ないし譲渡契約）という基本行為の締結時に当事者が通行に関する何らかの協議をしたという主体的な言動であると考えて差支えなかろう。その点で客観的支配従属関係を基礎におく「特定人留保型通行地役権」とは類型上は明確に区別されねばならず、後者の場合は、その表現自体が物語っているように、地役権そのものの留保ではなく、道路敷所有権の留保を念頭においていることに注意すべきである。

そこで、本類型の裁判例では、通行の合意を書面で客観的に明らかになしうる場合、かなり容易に地役権が肯定されている（⑲判決）。通行権の合意が口頭でも、本来ならばかかる約定が売買契約に含まれるべき事情がある場合にはやはり地役権が肯定されやすいといえよう（⑰、⑱判決）。その際、通行権の対価ないしそれに準ずるものが給付されていると（⑱判決）、なお一層、当事者間の意思は客観的に明瞭となろう。

ところで、右のような観点にたつ場合、「留保型地役権」は前記の「法定通行権型地役権」と密接に関連する。というのは、要役地が袋地であるならば、いきおい通路の確保が関心事となり、通常は当事者間で何らかの協議がなされるはずだからである。土地取引当事者間でかような主体的言動が仮りに認められないとするならば、法定通行権の成立しか肯定できないであろうが、そのような場合は実際上考えられないので、ほとんど常に当事者間で通行利用の取極があるものと思われるところ、かかる場合、その協議を地役権の合意と解するのが判例の主流であり、したがって、袋地という地理的状況はあるものの、この種の場合も当事者が合意で「地役権を留保する」ことになるであろう。それ故、当事者間の通行に関する合意が権利を生み出し、かつそれが地役権という物的負担であるべき実質的な根拠が両類型に共通する。ただ、「法定通行権型」とはその名称のごとく、本書では判旨が法定通行権の成立可能性をきわめて重要な論拠にして、通行の合意を地役権設定契約と判示した具体例であると解しているが故に、そうではない「留保型」と一応は区別して取扱ったわけである。

このことは、元来は「明示の合意」による地役権の成立原因ともいえる「留保」が、黙示構成である「法定通行権型」にいわば内在しており、袋地なる地理的環境が明示の合意に代わる意義をもっている、とも評価しうるであろう。そのことによって、「法定通行権型地役権」に対する本書の理解の正当性が根拠づけられ、同時に、単なる理論としての価値だけではなく、具体例の類型化においても、「留保型」なる地役権の存在意義が明らかにされるわけである。

なお、右のような事情は他の類型の地役権についても存在することは前述した。ただ、これらの類型では、たとえ「明示の合意」があるとされても、どちらかといえば、土地取引当事者の主体的言明を決め手としていると解するよりも、客観的な地役状態等の諸事情に基づいて地役権を肯定しているように思われるので（たとえば⑩判決を参照せよ）[3]、ここには組み入れていない。いずれにせよ、広い意味で、かつ実質的な観点からみて、地役権を留保・設定するという当事者の意図・動機は、そのような意図を経済的に生み出し、かつ正当化する諸事情とともに、やや大まかに捉えれば、すべての類型によって共有されているともいえるのである。

6 小結

(1) 以上、かなり詳細に個々の判例の分析に頁を費したが、黙示的地役権である「特定人留保型」、「交錯型」、「法定通行権型」のいずれの類型にも共通する特徴が明らかになった。すなわち、要役地と承役道路とがもと同一所有者に属し、これら両土地所有権が売買等の基本となる行為によって法的に分離するまさしくその時に、通行地役権の（黙示的）成立が肯定されていることにとくに注意しておく必要があろう。単なる隣人間における通行承諾としての好意通行（プレカリウム）と区別する決定的な要因はそこにある。しかも、かかる「黙示構成」を裏から支える客観的事実として、要役地と承役地との永続的支配従属関係が指摘できよう。ただし、この客観的要件については袋地の場合、その地理的環境が考慮されるので工作物により十全に整備された通路である必要はない。土地取引当事者の主体的言動（通行使用に関する協議）の明確さが、それを補完することは詳説した。

すでに、沢井教授も、「開設ずみの通路」があれば通行利用者に「決定的に有利」である旨を説いており[4]、本書もさまざまなかたちでこの見解から恩恵を与えられていることはいうまでもない。もっとも、沢井教授は、合意の占める意義は大きくない、との評価をもち、したがってまた、「開設ずみの通路」と「合意」との関係が必ずしも明らかではない。ところが、裁判例の主流は、当事者の合意をむしろ重視しており、その合意の意義・中身が曖昧であるが故に、通路開設の事実、その開設の経緯、地理的環境、通路の形態等の客観的諸事情を参酌して結論を導き出している、と評価できる。私見も基本的には同じ立場にあり、これを「通路開設意思論」と称してきた。

しかし、いずれにせよ、学説も判例も、もと同一の所有者が要役地と承役地とを土地取引に際して客観的・永続的支配従属関係におき、ないしは維持する行為をした、という具体的、個別的な「意思」それ自体の重要性を十分には認識していないように思われる。かかる自然的な意思が土地取引（法律行為）と融合することによって、契約意思・地役権設定（負担）意思に高められるからである。本書はかかる分析指標をイタリアやフランスの「家父の用法」論から示唆をうけて抽出したことは前述の通りである。

ところで、本書は、右のような「黙示構成」による地役権成立論を裏から支え、かつ論証するため、「明示構成」による「地役権の留保」論をも交錯させた。この「留保型」と他の「黙示型」とが基本的には共通の特徴をもつが故に、つまり黙示型地役権がいわば黙示の「留保型」ともいいうるような成立事情を有していることから、逆に、「黙示型」地役権が黙示であるにも拘らず、その成立を肯定されうる実質的根拠があることをも詳論した通りである。本来ならば、「家父の用法」型通行権のみが真の黙示型であって、他の類型は厳密にいえば黙示型ともいい切ってしまえないところがあるともいえよう。なお、各類型の特徴、法的意義、問題点等は、それぞれの「小括」で整理しているので、併せて参照されたい。

(2)　本書は通行権の成立原因を中心に検討してきたが、地役権の具体的な内容についても問題があることは、囲繞地通行権等、他の通行権の場合と同様である。ことに車両通行をも含むかどうかが重要な論点となる。しかし、黙示的合意を前提とするかぎりは、従前の利用範囲・方法を尊重するという解決にならざるを得ないであろう。判例にも、たとえば、係争通路が人の通行を主眼とし、一時期、車両通行の事実があってもそれは徐行しながらであったので、車両通行を前提とする一・七メートル幅ではなく、従前の一メートル幅に限定した例（横浜地判昭和六二・一一・一二判時一二七三号九〇頁）や、交錯型地役権について、沿接所有者が新たに営業用駐車場を建設し、その駐車場に出入りするための車両通行が問題となった事案で、私道幅から徒歩通行に危険が生ずることなどを理由に、車両通行は住民が従前利用している必要不可欠な限度にとどまり、一般的にその通行を許容することはできない、と判示した例（東京地判平二・一〇・二九判タ七四四号一一七頁）などがある。穏当な判断であろう。

ただし、私道のうける負担増とそれによる沿接所有者への影響を勘案する一方で、周辺の地理的環境の変化、私道に対する必要度の増大とその根拠など、事情の変更により地役権の内容を変更しうる余地を残しておく必要もあるように思われる。(5)

（1） 沢井『隣地通行権』一三〇頁。

（2） 沢井『隣地通行権』二二二頁。

（3） 沢井『隣地通行権』一三二頁はこの判例を明示的承諾による例として分析している。

（4） 幾代・前掲「不動産物権変動」8通行権について（沢井執筆）一四七頁。

（5） 通行地役権と事情の変更については、東孝行「通行権と事情の変更」民商六九巻三号四一一頁、四二二頁（昭和四八年）が参考となる。

五　いくつかの問題

本節では地役権をめぐる若干の問題について言及する。とくに「未登記地役権の対抗力」問題は、理論的にも民法一七七条との関係で重要な論点となるだけではなく、前掲の諸判例の事案からも明らかなごとく、これを避けてはトータルな判例分析をもなしえない。他方、地役権と法定通行権との関係をどのように構成するかは、学説での重要な争点となっており、判例を分析するためにも必要不可欠な前提・視点といえよう。そこで、これらの問題を含めていくつかの課題を順次検討することにした。

1　未登記通行地役権の対抗力

(1)　地役権と登記

　当事者が明示の合意で通行地役権を設定する場合ですら、その旨の登記を了することはまずないといってよい。そのことは前記の裁判例からも窺知しうる。ましてや、黙示の合意で地役権の存在が認定されるような場合には、そもそこでの通行権の合意なるものは事実としては存在せず、諸般の事情から法的にそのようなものとして評価されるのであるから、地役権の登記などなされようもないわけである。しかしながら、ほとんどの裁判例では、地役権設定当事者間での通行紛争ではなく、地役権の負担を承けた土地（承役地）の取得者と地役権者（ないしその承継人）との紛争が問題となっているので、物権法の論理に従えば、新所有者と地役権者との「対抗問題」が生じ、地役権も物権であるかぎり、これを新所有者に対抗するためには、その旨の登記を必要とする（民法一七七条）ところ、未登記ゆえに新所有者に対抗できなくなってしまう。かかる帰結を是認できるならば、事は単純に解決できるのだが、そのような結論を当然には何人も受容できないはずであるので、問題の核心は、未登記地役権の対抗力をどのように工夫してこれを保護するかにあるといえよう。

　実際、これまで検討してきたほとんどの判例は、未登記地役権であっても新所有者に対抗できるとする結論においては一致している。ただ、事案に応じてその理論構成は多岐に分かれ、信義則、権利濫用などの一般法理、「背信的悪意者」論などが多用されている。しかしいずれの立場にあるにしろ、これらの判例が、地役権の成立を黙示構成（少なくとも明示構成ではない合意）で肯定しながら、対抗力の場では、その成立の特異性を忘れてしまって、「所有権対所有権」の対抗問題と同様の処理をしているのは、全く理解しがたいところである。そもそも登記を期待するのが酷であるにも拘らず、抽象的な登記法の大原則を無自覚的に適用し、その結果の不都合を一般法理で救済するのは、何とも奇妙なことである。

しかも、かかる判例理論に従えば、具体的な事案との関係では、未登記地役権の対抗力が否定されるケースも当然のことながら生じてこよう。現にそのような判例が若干数みられる。対抗力を否定した判決にほぼ共通する点は、承役地所有権の承継人が通行権の負担を認識していなかったという事情である。(1) しかし、要役地と承役道路とが永続的・客観的支配従属関係にある場合はいうまでもなく、そうでなくとも継続的・反復的な通行使用事実があるかぎり、今日の土地取引が現地検分主義を常とすることをも併せ考慮するならば、およそ通行権の負担を認識できないような場合はまず考えられないであろう。少なくとも、判例が地役権の成立に際して必要と判断した客観的な諸事実があるかぎり、通路の承継人も当該買受地が通路の形状をなしているのだから通路であることの認識はもつはずであり、多少とも疑問が生ずれば、当然調査することになろう。調査をすれば、容易に判明するのが普通である。

このように考えてくると、「所有権対地役権」の対抗問題については、そもそも登記法の一般原則をそのまま漫然と適用してよいのかどうかという疑問が生じてくるのであって、未登記地役権を保護した多くの判例でも、一般に通路が開設・利用されており、新所有者がそれを知って、または知りうべくして承役地を取得した場合には、地役権者に非常に有利な結論を出しているとも評価されているぐらいだから、(2) 実質的には「通行地役権は原則として登記なくして第三者に対抗できる」との価値判断をもっているというのは言い過ぎであろうか。(3) 現に、交錯型通行地役権を肯定した裁判例の若干のものは、当事者間の法律関係の特異性を指摘するものの、明確に右の趣旨の原則論を提示していることから判断しても、少なくとも地役権の対抗力については所有権のそれとは異にする別途の考慮が必要である、との法的直観が判例の立論の背後に潜在しているといえよう。(4) 学説も基本的には同じ立場にあり、登記の一般原則論(悪意者排除論)に引きつけて問題を解決しようとする説、(5) 通路の開設・利用があれば特別の事情のないかぎり通行権の対抗力が肯定されるとする説、(6) 分譲地買受人相互では原則として登記は不要とする説(7)などがある。

立法者・梅謙次郎も、個人的見解であるとはしながらも、表現地役権については外部から容易に認識できるので、登記なくしても第三者に対抗できる、(8) とする考えを立法委員会の場で表明していたことを想い起こすならば、あらためて地役権と登記（対抗力）の問題を根本から問い直すことが我々に求められた緊要の課題といえよう。なるほど右にみた判例・学説の努力は高く評価されねばならないが、何故に、未登記地役権が保護されるべきであるのか、という問題が地役権成立論とは全く無関係に、ないしはほとんど意識されることなく論じられており、ことに判例にいたってはこの問題を理論的には所有権の対抗問題と同レベルに位置づけているので、一般法理がややもすれば多用されるのみならず、この形式論に無自覚的に従う若干の判例では、一般法理による救済も期待できなくなると、ついには時効取得論まで登場させざるを得ないというきわめて混乱した理論状況に少くとも従来はあったといえよう（ただし、ごく最近の判例は後述のようにややその傾向を異にする）。したがって、単に学説が判例を分析し、そこから抽出しえた一般的傾向を理論構成することだけでは、もはやここでの課題に正しく応ずることができない段階に達しているように思われる。

そこで、本書は、かかる難問の解決に取り組んできたイタリア法の経験を参酌しつつ、いくつかの提案を試みたいと思う。

(2)　イタリア法の立場

イタリアでも不動産物権の変動は当事者の意思表示だけで生ずるが（民法一三七六条）[9]、これを第三者に対抗するためには登記が必要とされる（民法二六四三条、二六四四条）。地役権についても明文の規定（民法二六四三条四号）がおかれているので、その旨の登記がないと承役地の新所有者等には対抗できないと解されている。[10] 地役権が表現性を有していても同様であるとする学説もある。[11]

問題となるのは「地役権の留保」の場合である。「留保」は前述したように、土地の売買契約などの約定書の条項に譲渡地の利益（ないし負担）となる地役権に関わる言及のあるときに成立するが、かかる場合、基本となる売買契約（所有権取得）の登記だけでよいのかどうかが議論されている。判例はこれを厳格に解し、[12] 売買契約書に地役権の言及があるだけでは不十分であり、地役権それ自体の登記が必要であると解している。この点はわが国でも同様であるからとくに問題はないであろう。

ところで、イタリアの不動産登記では、登記原因を証する証面、つまり売買など権原証書（titolo）の写しのほかに、当事者の身分・住所、目的不動産の所在、さらには権原名義等を記載した書面（nota）をも、当事者が提出しなければならないことになっており（民法二六五九条）、登記官はこの「目録書」に基づいて登記簿を作成する旨が定められている（民法二六六四条）。したがって、この目録書は登記手続上、重要な意味をもつ書面であるが、その必要記載事項である権原名義（売買契約など）に関連して、地役権に関わる明確な言及がある場合に、かかる目録書に基づいて登記簿が作成されたとき、これで地役権の登記がなされたとみることができるかどうかについて、学説・判例は古くから議論を繰り返してきた。換言すれば、売買による所有権移転の目録書とは別に、地役権に関する目録書をもう一通必要とするか、それとも売買の目録書だけで足りるのかという問題であるが、破毀院は曲折を経て、結局、売買の目録書だけで地役権の対抗力が付与されると判示するに至り、この議論に一応の終止符が打たれた。ただし、主たる権利の移転と地役権の設定とが一つの目録書において明確かつ独立して指示されていることが条件とされる。[13] 学説も、「地役権の留保」の場合には、判例と同様に解する立場が支配的であるが、[14] 反対論がないわけではない。[15]

さて、右に検討したごとく、イタリアでは、若干の緩和がなされているものの地役権の登記がないかぎり第三者には対抗できない、という一般原則が貫徹されているので、地役権の存在について第三者が有する事実上の認識も、この原則を変えることはできないとされている。[16] 非常に厳格な登記法の一般原則が維持されているが、それは、当事者間における明示の合意による地役権の設定が前提とされていることのほかに、通行地役権のみならず広く消極的地役権を含む地役権一般を念頭においているので、登記法の原則が、その範囲では直接に適用されているという事情を見落してはならないだろう。ここでの当面の課題は通行地役権の対抗力であり、しかもわが国では黙示構成が主流であることは前述の通りである。

しかし、イタリアでは地役権一般に関しても、例外（ただし唯一の）が認められている。すなわち、不動産所有権の取得行為（売買など）において、その不動産の負担となる地役権が言及されている場合には、不動産の買主などの取得者は、地役権の登記の欠缺にも拘らず、譲渡人によって設定されていた地役権の存在を承認する義務がある、と解されている。もっとも、このような例外が認められるためには、その地役権の言及が明示・完全であり、不明瞭でないことが要求されている。(17) つまり、「買主側による地役権の存在の承認、ないし登記の欠缺を主張（対抗）することの断念（放棄）に何らの疑問を残さないようなもの」(18)が必要とされる。だから、単に、取得行為における地役権の負担が契約書の一般条項で言及されるだけでは不十分である。(19) 学説では、この承認ないし放棄をどのように理論構成するかが問題となっているが、多くは地役権者と新所有者との合意（債権契約）により地役権の存在を尊重する義務が生ずると解している。つまり、当事者（包括承継人）間でのみその効力が生ずるので登記に代わるものではない、という。だから、前述した登記の「目録書」における地役権の指示とは次元の異なるものであることに注意する必要がある。(20) そこでは地役権の登記もなされているとみなされるからである。

ともあれ、登記による対抗要件主義が厳格に維持されながらも、地役権については右のような例外的措置を肯定せざるを得ない特殊な事情があるように思われる。そのことは、地役権自体についての登記がイタリアでも必ずしも一般に浸透していないことの証左である。このことを端的に物語るのは、本書が取りあげてきた「家父の用法」による地役権の場合である。かかる地役権にかぎって、その取得を第三者に対抗するためには登記を必要としない、と解する立場が定説といってよい。(21) その根拠としては、「家父の用法」による成立は承継取得ではないからであると説明されるが、本書ではさらにこれを敷衍する必要があろう。

実は、イタリア法が「家父の用法」を意思表示（黙示）による物権変動と捉えなかったことの実益は、むしろ対抗問題を回避しうるという点にあるともいえるだろう。そもそもイタリア登記法は可能な限り物権変動を登記簿に忠実に反映しようと努めており、単なる対抗問題を解決するためだけの公示制度にとどまらず、一般的に不動産取引の安全に奉仕しうるような登記制度の整備を眼目としているが（登記の権利保全的機能）、それにも拘らず、この場合に登記不要とされたのは、仮りに登記を必要とすれば、実際上、「家父の用法」論の機能が大きく減殺されることになると懸念されたためであろう。公示制度の理想に及ぼす実害にも拘らず、なおこれを法定の地役権と構成したのは、右のような考慮があったからであると思われる。たしかに、この種の場合、具体的な地役権設定行為(物権契約)がないことを前提にしながらも、一定の地役権的事実行使を保護しようとするのであるから、そもそも事実的な合意・協議もないのに地役権設定の登記行為だけを要求するのは、背理に近いともいえよう。その意味でイタリアの「家父の用法」論は、近代的な登記制度の理想にはなじまない伝統的な用益物権の特性を見事に捉えきったものと評しえよう。もっとも、イタリア登記法は、家父の用法による地役権が裁判で確定したとき、その旨の登記を要求しているので(民法二六五一条)、その限りで登記法の一般原則に服し、地役権が公示されることになっている。[22]

さて、右のような比較法的検討を踏まえて、わが民法一七七条と地役権との関係が次に論究されねばならないであろう。

(3)　本書の立場

(イ)　承役地の売買契約に際して、所有者と買主が地役権について言及している場合には、わが国でも、新所有者(買主)は地役権の負担を承継する義務を負うと解すべきであろう。しかし、わが国では、右の地役権の存在の承認を通常は黙示的に構成せざるを得ず、そこにこの種の救済に限界があること(事実認定の問題に帰着すること)を知らねばならない。そもそも、地役権の成立それ自体についても、裁判例で「明示の合意」によるとされたものでも、その中身が曖昧であることは繰り返し述べてきた。

したがって、ここでの対抗問題では、右のような例外的措置をも含みうる新たなる原則を樹てることでなければならないであろう。そうとすれば、イタリア法の「家父の用法」による地役権と全く同じ法的処理が可能であり、かつそうすることが事態の解決に最も適した方途であると思われる。黙示構成により通行利用者を保護する際、そこでの要件として、私見は要役地と承役地との永続的・客観的支配従属関係なるものを定立したが、実質的には裁判例もほぼ同じ考慮に基づいて結論を導びき出しており、それが「父家の用法」論に対応することをも詳細に検討してきた。また、右の客観的支配従属関係が必ずしも明瞭でない場合でも（法定通行権型と地役権留保型）、道路としての形状があるのだから、通路の幅つまり地役権の及ぶ範囲に関する対抗可能性については事情により問題が残されるとしても、地役権それ自体の対抗力はその程度の「表現性」で十分であるといわねばならない。けだし、第三者に不測の損害を与えることもないし、他方で地役権者に登記を期待するのは無理を強いることになるからである。このように「地役権の対抗力」問題を「地役権の成立」論と結合して理論構成するならば、表現性のある通行地役権は原則として登記なくして対抗できる、との命題が自然に導き出されよう。判例の実質判断もかかる原則に整合することは前述した。したがって、第三者側の害意ないし悪意という主観的容態を問題とすべきではないが、ただ、現行法の解釈論としては地役権を登記の原則から完全に切離することはできないので、承役地取得者は原則として「登記の欠缺を主張する正当な利益を有しない者」と考えるべきであろう。

このような私見は、「通路の開設」をもって通行権の「公示」と解する沢井説[23]と実質的には異ならないが、「通路の開設」とはややもすれば狭く解釈されるおそれがあるので、「表現」通行権という伝統的な概念に従ったわけであり、前述した通行使用借権の対抗力をも含めて、統一した原則を提示しようとしたものにほかならない。

さらに加うるならば、本書は、表現通行権の対抗問題が民法一七七条の予定しているいわゆる「対抗問題」とは質的に異なるということを前提にしている。換言すれば、本来、右の登記原則は相矛盾する抽象的・観念的タイトルの取得の優先性を登記の先後により決しようとしているものであるが故に、現実的利用を眼目とする物権の構造・特質を顧みず、ただ物権であるとの一事をもって、この種の物権をも右の登記法に抽象的に服させねばならないとする判例・通説の立場に強い疑問を抱いたからにほかならない。なるほど、登記が可能であり、登記されれば登記原則に服することになるので、その意味でも、この種の地役権を民法一七七条から完全には切離しえないが、当初よりこの規定の適用下にあるとすると、紛争当事者間の諸利益を最初から総合的に比較するという（本来は）困難な作業を裁判官に強いることになり、前述したように、無用な「迂路」も必要となろう。これに対して、表現地役権については登記不要との原則論を提示できれば、必要最小限の利益比較で足りることになるほか、この種の紛争も少しは予防できよう。(24)

なお、「対抗問題」を経由したうえで通行権者を保護する立場によれば、その結果として新所有者は前主の地位（負担）を承継することになるが、私見によれば、対抗問題から実質的にこれを外してしまうので、右の負担付所有権をそのまま承継すべきである、との理論（「負担の承継」論と称す）が前面に押し出されることになる。つまり、登記原則が近代法に導入される以前の状態にこの限りで立戻ることになろう。

(ロ)　思うに、わが国では、近代法の導入以来、取引の現実が所有権の取得についてすら登記法の理想にそうような実情になかったことは、その後、民法一七七条に関する裁判例がいかに多く集積されたかによっても明白である。土地・建物の所有権を取得しても未登記のまま放置されるが故に、「二重譲渡」問題が生ずるが、登記を経由しないという人々の意識にも注意を払うべきであったろう。今日、地価高騰、権利・法意識の高揚等さまざまな事情から、一般に所有権取得の登記の重要性は認識されていると思われるが、地役権についてはかかる権利の存在すらまだまだ一般に浸透していない（ただし「まとめに代えて」を参照のこと）。この現実を直視するならば、登記法の一般原則をただ漫然とここでも適用すれば足りるとする姿勢は厳に慎しまねばならない。そのことを、登記法の理想をさまざまな観点から実現しようとしているイタリア法ですら地役権に限って種々の例外を認めていること、その最たるものが「家父の用法」の場合であったこと、これらの比較法的な視点からも学びとることができるであろう。なお加えるならば、オーストリアでも、地役権の取得につき登記が必要とされている(ABGB § 481)にも拘らず、表現地役権(offenkundige Dienstbarkeiten)については登記なくして成立し、かつ第三者に対しても保護されるという。(25) ましてや近代民法典・登記法の整備が遅れ、かつ、ややもすれば抽象的原則・登記法の理想だけが先き走りする日本法においては、なおさら右のような事情に配慮して民法一七七条の具体的な適用を考えていかねばならないはずである。本書が提示した右の理論はそのような趣旨に基づくものなのである。

（1）東京高判昭和四〇・五・三一下民集一六巻五号九五六頁、大阪地判昭和四八・一・三〇判時七二一号七〇頁、東京地判昭和五一・一・二八判タ八二一号一二六頁。名古屋地判昭和五七・八・二五判時一〇六五号一六一頁。

（2）安藤『相隣関係・地役権』三一一頁。

（3）大阪高判昭和四九・三・二八判時七六二号三二頁は、とくに未登記地役権の対抗可能性を広く認めたことで注目されており、本文に指摘した趣旨に近い判例である。学説もこれをもって「悪意者排除説」へ接近した、と評価するものもある（石田喜久夫「判例批評」判タ三一四号一三二頁）。

（4）北川弘治「民法一七七条の第三者から除外される背信的悪意者の具体的基準（4・完）」判評一二三号一六頁も、食うか食われるかの二重譲渡とは異なり、地役権の存在を容認したことがあるという程度で、背信的悪意者にあたるとする判例が多いのではないか、と予想している。また、藤原弘道「通行妨害禁止の仮処分」新実務民事訴訟講座14・保全訴訟三〇五頁は、一般法理の多用は避けるべきだが、この場合にはやむをえないところである、とする。

（5）石田・前掲「判批」一三二頁、篠塚昭次「判例批評」判例評論一三二号一二六頁（昭和四五年）も同旨。

（6）沢井『隣地通行権』一七一頁、篠塚『不動産法の常識上』五七頁もほぼ同旨。

（7）仁平・前掲論文五八頁。

（8）法典調査会民法議事速記録四、第二十九回～第三十七回（法務図書館史料四）二〇五頁。

（9）物権行為と債権行為との理論的区別はなされているが、所有権移転は売買など債権行為だけで生ずると解されている。これを「物権的売買」と称し、債権のみが生ずる例外的な場合である「債権的売買」と区別されている。Bianca, Diritto civile, III, contratto, 1984, p. 498 ss.; Rubino, Compravendita, 1971, p. 297 ss. なお、物権の変動自体には書面が必要とされ（一三五〇条）、これは（物権的）売買契約書でよいと解されている。

（10）Tamburrino, op. cit., p. 260 ss; Biondi, op. cit., p. 304～310.

（11）Ferri, Tutela dei diritto, Art. 2643～2696, Commentario del codice civile, 1971, p. 106.

(12) Cass., 6 febbraio 1946, n. 167 (im Tamburrino, op. cit., p. 261).
(13) Cass., 5 marzo 1971, n. 587, in Foro ita., 1971. 1, 1244. u. a.
(14) Tamburrino, op. cit., p. 261.
(15) Ferri, op. cit., p. 101 ss.
(16) Cass, 25 ottobre 1958, n. 3488, in Mass. Giur. ita., 1958, 802. u. a.
(17) Cass., 18 giugno 1955, n. 1893, in Foro ita., 1955, I, 1316. u. a.
(18) Cass., 19 ottobre 1960, n. 2822, in Mass. Giur. ita., 1960, 270. u. a.
(19) Cass., 27 maggio 1961, n. 1259, in Foro ita., 1961 1, 1485. Biondi, op. cit., p. 309 not (44) もそのことをとくに強調している。この判例の立場はその後も変更がないようである。Cass., 21 aprile 1981, n. 2338. in Giust. civ., 1981, I, 1589. L. Ragazzini, Nuovi orientamemti di dottrina, giurisprudenza e legislatione in tema di trascrizione, Rivista del notariato, 43, 1989, p.114 ss. 参照（著者はこの場合の第三取得者が「第三者」に該当しないとする。）
(20) Biondi, op. cit., p. 309~310; Tamburrino, op. cit., p. 263.
(21) Cass., 18 febbraio 1959 n. 499, in Mass. Giur. ita., 1959, 103. u. s. Tamburrino, op. cit., p. 336; Biondi, op. cit., p. 382（ただし、Biondiはこれを登記法上の欠陥と称しているが）。
(22) いうまでもなくこれは囲繞地通行権ではない。ここでは単に成立についてのみ法定であるというにすぎない。
(23) 幾代・前掲「不動産物権変動」（ジュリ増刊）8通行権について（沢井執筆）一四七頁。
(24) なお、最近では、従来の判例（沢井『隣地通行権』一六七頁の類型化からも明らかなように、所有権の対抗問題を念頭においている。）とは異なり、この問題を自覚的に考える具体例も散見され、たとえば、東京地判平二・一一・二七判時一三九七号二八頁は、第三者が道路敷の一部を宅地とともに取得した当時、私道ではなく宅地であるとの認識を有していたとの事実認定をしながらも、私道の形状から通行権の存在が容易に知りえたこと、その後も通行を事実上容認してきたことなどの事実を考慮するほか、当事者双方の利益考量をも加えて、民法一七七条の第三者にあたらない、と判示し、ことのほか通路の明瞭性を強調しているのが注目される。また、前掲浦和地判平元・三・二〇（本書一四〇頁）も基本的には同じ発想にあると評価できる。

(25) Geschnizer, Sachenrecht, Lehrbuch des Österreichischen Bürgerlichen Rechts, 1985, S. 174; Rummel, Kommentar zu ABGB. Bd. I, 1983, S. 459.

2　囲繞地通行権との関係

(1)　通行権の合意と法定通行権

(イ)　当該通路が法定通行権の要件を備える場合でも、当事者間に通行使用の合意があるならば、地役権の成立を肯定する事例が少なくない。とくに、最近では、そのような立場にある判例が主流となっている。

しかし、学説では争いがあり、沢井教授は、むしろ法定通行権の成立を優先させるのがベターであるとして、その最大のメリットを、「未登記通行権の対抗力」問題が回避できること及び事情変更による弾力的運用が可能なことに求められている。(1) これに対して、石田喜久夫教授は、地役権的構成を支持し、法定の、とくに無償通行権の弾力的運用なるものを強く批判する。(2)(3)

思うに、「未登記地役権の対抗力」については、前述のように、その理論構成にはまだまだ難があるものの、実際上の解決では克服しえない障害ではなく、むしろ今日の判例の潮流は未登記地役権の保護に傾斜していると考えて大過ない。また、右の弾力的運用についても、地役権であるが故に全く否定されたり、著しく困難になるという前提をとることは、やや硬直した解釈であろう。したがって、法定通行権を優先させる実益はもはやほとんど存在しないといわねばならない。かえって、裁判によって通行権が確認・確定されても、法定通行権についてはそれを公示（登記）する方途がないことを考えると、かかる重たい物的負担が将来とも公示されないことによる弊害にも思いを至すべきであろう。

また、何よりも「当事者の合意」(合理的な推定意思)を尊重する必要があり、裁判例の多くが、かかる合意をとくに強調して地役権的構成を採用するのも、決して理由のないことではない。けだし、法定通行権は囲繞地に対する最小限度の負担であるべきことをその本質的特性としているのに対し、実際上の通行権は、すべてといってよいほど、もと一団の土地所有者がその土地を分割分譲する際に成立していることからも明らかなように、基本となる売買契約に付随して約定されるべきものであるが故に、当事者(地役権取得者)としては、およそ要役地にとって最小限必要な(承役地にとって最小限の負担たる)通路の確保では決してなく、十分な通路幅、公道への出入に最適な位置等を考慮したうえでの最も合理的な通行権を、つまり承役地の負担がいかに大きくともより便利な通路の確保を期待するはずであるからである。まさしく判例がいうように、「袋地を譲渡する際、公道への通行権を譲受人に確実に確保させるためには通行地役権の取得・移転が最も確実な方法である」(4)といわねばならない。他方、かかる地役権の成立が地役権負担者に決して一方的な経済的損失を強いるものではないことは前述した通りであり、そこに両当事者間における地役権設定の意思・合意の調和が求められるのであって、このような合意を単に法定通行権の確認と捉えることは事実に即した構成とはいえないであろう。

(ロ) ところで、地役権的構成を支持する場合、逆に法定通行権制度(とくに民法二一三条の通行権)の構造なり趣旨、さらにはその機能等を明らかにして、それが予定している通行使用関係の実態を論究する必要があるが、この課題は本書第二部に譲る。ここでは、分譲宅地内に開設された道路であるにも拘らず、囲繞地通行権の成立しか認められなかった若干の裁判例を紹介・分析するにとどめておきたい。

次の例は、特定人留保型地役権を肯定した原審中野簡判昭和三九・二・二四(判時三七〇号四一頁)(前掲⑥判決)の判断を排斥し、囲繞地通行権しか認めなかったものである。

㉒ 東京地判昭和四一・五・二三 判時四五〇号三〇頁

〔事実・判旨〕 一団の分譲地のもと所有者Aが売却予定地が袋地になることから、分譲地の中央に私道の開設を計画・築造し、Aから分譲地を買いうけたX_1先代、X_2は買受当時、「公道に通じる道をつくる」ないしは中央の私道を「通ってよい」との言明をAからうけ、ここを通行使用していたところ、後にこの私道を買いうけたYがX_1X_2の通行を妨害しようとしたことから、X_1X_2が訴求。判旨は右のような事実をもって「登記義務を伴うごとき通行地役権を設定したものとは認めることはできない」と判示。

Xらが、通行妨害の排除ではなく、地役権の確認と登記手続を訴求したためであろうか、判旨は右のように非常に慎重な態度をとっている。この当時では、いまだ地役権肯定例も一定の方向を示しておらず、ましてや登記義務を訴求したのは、おそらく最初の事例とも思われ、逆に、地役権は登記請求まで認められる強い権利であるが故に、軽々しく認めるべきではないとする先例（鳥取地米子支判昭和二九・二・五判時二四号一一頁）もあった。そのような事情が本判決に影響を与えたのであろう。しかし、右先例は土地取引に起因した通行承諾ではなく単なる隣人相互間の通行の容認にすぎないので、「好意通行」と解されても事情によってはやむを得ないが、本件は明らかにその事実類型を異にする。土地分譲者が分譲のために必要な通路を開設し、かつ、分譲者と買受人という土地取引当事者間でなされた通行承諾であるので、今日の判例の傾向からみれば、地役権を肯定するのに何の支障もないはずであり、その意味で本判決はあまり重要性をもたないといえよう。

右の例は当事者の地役権の主張が排斥されたものだが、当事者が地役権の主張をしていたならばおそらく認められたであろうと思われる裁判例もある。

㉓　名古屋地判昭和四〇・一〇・一六　判時四五〇号四一頁

【**事実・判旨**】　もと一団の土地所有者（AB共有）は、これを郊外住宅地として分譲する計画を樹て、昭和元年に百余筆に分割し、いずれの分譲宅地にも接する私道（幅四米～六米）を開設し、この私道は当初より完全な道路の形態に整備されていた。この道路は将来、公道化される予定のもとにAB共有に残されたところ、昭和三五年にこれを譲りうけたXが住宅地所有者Yらに対し道路使用の妨害禁止を訴求。Yは反訴として囲繞地通行権の確認を求めた。判旨は、Yらの各土地が分譲によって公路に通ぜざる袋地となり現状も変わっていないことから、右分譲時にYらは民法二一三条二項にいう囲繞地通行権を取得した、と判示。

右の事実関係から明らかなように、本件は「特定人留保型地役権」が認められてしかるべき事例であった。判旨は、Xの本訴を棄却して、Yらの反訴・囲繞地通行権を認めているが、Yらは本訴の抗弁では地役権の主張をしていたにも拘らず、反訴ではそれをしていない。だから、判旨は、地役権の存否については全く判断していないので、地役権を排斥して法定通行権を優先させたという事例ではないことに注意する必要があろう。おそらく、当事者は、この当時では地役権肯定例がまだ定着していないこと、また、未登記地役権の対抗問題を回避する必要があることから安全な方途を選んだのであろう。

同様に最近では次のような裁判例がある。

㉔　奈良地判昭和五五・八・二九　判時一〇〇六号九〇頁

〔事実・判旨〕　一筆地をXとBとが共同購入し、Xがその一部（甲地）をBが残部の乙地を所有することにしたが、甲地が袋地となるため、XB間で共同の通路として利用できる幅四メートルの通路（係争地）を乙地の中央に設けることが合意され、Bが乙地を分割分譲する際も、その買受人Yらに対し右通路を確保するため買受地の一部が私道負担付である旨を伝え、現に四メートル幅の道路としての外観が維持されている。Xは、民法二一三条の囲繞地通行権のみを主張し、判旨はこれを肯定した。

本件では、XとBとが一団の土地の一部分づつを所有するため、これを共同で購入し、現実に分割する際、当事者間で無償の通行使用が約定されたという事実認定もなされており、しかも通路の位置をBが取得した土地の中央におき、その幅については四メートルとする旨の合意まであったというのだから、かかる合意は、単なる法定通行権の確認とはいえず、地役権設定契約と解しえよう。地役権の類型としては、この場合、当事者の主体的言動に重点がおかれているのみならず、通行の合意は明示といえるので、「地役権留保型通行権」に該当すると考えられる。

なお、そのほかに、当事者が係争道路敷の一部を分割所有しているが、地役権ではなく「道路として共同利用することが合意されていた」との主張がなされたのに対し、その事実がないことを理由に法定通行権の成立のみを肯定した事例（大阪地判昭和五七・八・一三判タ四八六号一二〇頁）もある。

(2)　通行権の重畳

右のように、法定通行権と約定地役権との優劣については約定地役権を優先させるべきであるとするのが私見の立場であるが、それでは、法定通行権はそもそも存在しないのか、それとも存在・成立はするが、約定通行権の背後に退くにすぎないのかが問われねばならない。この点について、学説には、両通行権は理論的に「競合」しえないとする見解(5)があるが、論理的に「競合」しえないのはいうまでもないことであって、問題の核心は、二つの相矛盾する通行権の成立関係をどのように理論的に構成するかにある。

同様の問題は法定通行権と通行使用借権との関係でも生じ、本書は、法定通行権が通行使用借権の背後に潜在していると説く判例を支持する旨を述べた(6)。ここでも同じ立場が維持されねばならない。ただ、「潜在的存在」という用語自体は法的表現としてはやや曖昧さが残されるので、その点の断定は留保しておきたい。

したがって、約定地役権が何らかの原因で消滅したり、未登記ゆえに対抗力を否定されたりしたような場合には、法定通行権の成立要件が充足されているかぎり、かかる通行権が「顕在化」することになろう。裁判例にも、その具体的な結論は支持しがたいが、未登記通行地役権の対抗力を否定しつつ、法定通行権の成立を認めて通行利用者を保護したものがあり(⑭判決の控訴審判決)、このような理論の前提には、法定通行権が約定通行権の背後に潜在しているとの理解があるように思われる。というのは、対抗力が否定される以前つまり承役地の新所有者が現われるまでは、旧所有者のもとで未登記地役権が成立していたことになるが、他方で、その対抗力が否定されて法定通行権が認められていることから、その時にはじめて法定通行権が突然、成立したと考えるのはいかにも不自然であるが故に、結局、法定通行権も旧所有者のもとで成立していたと考えざるを得ないからである(7)。

ともあれ、本書はかかる両通行権の関係を「重畳」という用語で表現することにした。

(3)　通行権の併存

要役地に通路が二本あり、一方に通行地役権が成立している場合、他方に囲繞地通行権が成立するであろうか。次の裁判例はその答えを出している。

㉕　札幌高判昭和五八・六・一四　判タ五〇八号一一四頁

〔**事実**〕　やや複雑だが簡略にすれば次のようになる。もと一団の土地所有者Aは、これを甲乙丙地などに分筆して売却し、現在、甲地はY、乙地はX_1、丙地はX_2が所有しているが、各土地はそれぞれ帯状地が付いており、この帯状地を通路として河川敷地、さらには公道へ出入りできるようになっていた。一方、乙地、丙地の所有者は甲地の一部である係争地などを通行して公道への出入りをしていたが、Y（その前主も）これに格別異議をとなえなかった。その後、昭和四五年に市が乙地の一部、右の各帯状地の一部などを買いうけて道路を築造したため、乙地はこの新道路を介して公道に出入り可能となった。そこでYが甲地の一部・係争地の通行を拒絶したのに対し、X_1X_2は通行地役権、囲繞地通行権などを主張して本訴を提起した。

〔**判旨**〕　Yは単にXらによる係争地の通行を「事実上黙認していた」にとどまるので約定通行権の成立を認めがたい。囲繞地通行権についても、X_1所有地（乙地）は袋地ではないので、これを認めることはできないし、X_2所有の丙地にも甲乙丙地の売買当時、各買受人間に、それぞれ買受地を要役地とし、その各買受地付属の帯状地を承役地とする相互的かつ交錯的な通行地役権設定契約が黙示的に締結されたものとみることができ」るし、かつその旨の登記がなくとも買受人相互では対抗できるので、丙地は公路に通ぜざる袋地とはいえない。

要するに、通路である帯状地の一部分に交錯型の通行地役権が宅地の売買当時に黙示的合意によって成立しているので、本来通路として予定されていなかったY所有の甲地に対し、たとえ従来その通行が許容されていたとしても、それは「好意通行」にすぎないので、ここに通路・通行権の確認を求めるのは的はずれである、と判示したものである。X_2としては、右の地役権が肯定された帯状地上の通路だけでは通路幅が狭隘であるため、甲地の一部に対して法定通行権を主張したのだが、判旨は、たしかにX_2の丙地は袋地に近いようにみえるが、右通路があるかぎり他に法定通行権の成立を認めることはできない、と説示している。つまり、要役宅地に通行地役権の成立が認められるかぎり、これとは別の場所・通路に法定通行権を肯定する余地はないとして、両者の併存を否定した裁判例と解することができよう。

一般に、現在の判例の立場は、要役地に通路が二本ある場合、一方の通行利用が単なる「好意通行」にすぎないならば、他方に囲繞地通行権を肯定するが、一方の通行が権利による通行であるならば、他方に法定通行権を認めない傾向にあるといってもよい。(8)地役権という最も強い通行権が認められるならば、なおさらそのようにいえるであろう。本件はそのことを明らかにした好例である。

（1）沢井『隣地通行権』一三五頁以下。
（2）石田・前掲「判批」（判タ三二四号）一三二頁
（3）この間の意見の交流については、幾代・前掲「座談会」（不動産物権変動の法理・ジュリ一九八六・一）一四八頁以下、一五〇頁の沢井、石田発言を参照のこと。
（4）東京高判昭和五九・五・三〇判タ五三三号一五九頁。
（5）山田卓生ほか『分析と展開・民法Ⅰ』二一八頁（昭和五七年、弘文堂）。これに対し、安藤『相隣関係・地役権』二三五〜六頁は「競合」を認めている。
（6）本書第一部第二章七二頁参照。
（7）通行使用借権の対抗力を否定して法定通行権によって通行利用者を保護した東京地判昭和四四・三・二九、下民集二〇巻三・四号一六〇頁はそのような理論構成をとっている。
（8）本書第一部第一章四二頁以下、第二章七二頁以下参照。

六　結　語

(1)　本書は、イタリア法を参考にしながら、わが国の下級審判例を素材として、とくに黙示構成による地役権成立論を検討してきた。もともと隣人間における無償通行の容認・合意は単なる事実上の行為にすぎず、かかる「好意通行」（プレカリウム）を基礎として「通行権の成立」論を構築すべき旨の提唱を第一章で論じたこととの関連で、近時の判例が何故に黙示でしかも無償により地役権という重たい物権的負担を承役地所有者に強いるのか、という疑問が当然のことながら生じてこよう。本研究はこのようなきわめて単純な疑問を出発点とするともいえるわけである。裁判例の分析を通して、その疑問が氷解したが、そのような黙示構成による地役権成立論が、イタリアやフランスにおける「家父の用法」論に対応することを述べるとともに、さらに、これらを総合・統一して、私見は「通路開設意思」論を提示した。このことは繰り返し述べてきたので、ここであらためて再論することは避けるが（八一頁、一〇三頁、一六一頁を参照されたい）、次の点だけは再確認しておきたい。すなわち、通行地役権設定の黙示的合意なるものは、要役地と承役地という二つの土地の同一所有者がこれら両土地所有権をみずからの意思で法的に分離した、という行為（ここでは「土地取引」という用語を使っている）のうちに求められるべきこと、および、右のことと関連して、かかる黙示の合意の背景には、地役権の負担という財産的出捐が何らかのかたちで経済的には償われているという事情が潜在していること（その設定の対価が土地売買代金に織り込まれるごとし）、この二点を看過してはならないであろう。(1)

判例も、前者については直観的に気付いているふしもあることは前述したが、とりわけ、札幌高裁昭和五八年六月一四日判決（判タ五〇八号一一四頁）はこの問題に言及しており、通行利用者が係争地の通行権限（設定契約）を根拠づけるため、係争地に近接し、係争地の通行利用とも無関係ではないところの同一当事者間における他の土地の取引行為を援用したところ、「いずれも係争地の通行には直接関係しない取引であるから、その取引がなされたことをもって、本件土地通行に関する右契約が黙示に締結されたと認めることも困難である」と説示しているのが注目される。逆にいえば、土地取引に直接起因した通行承諾は地役権設定の合意につながるとも考えられよう。また、いくつかの裁判例が宅地売買契約時に地役権が成立したと述べているのも無視できないし、さらに、本書が「地役権の留保」として類型づけた具体例ではとくにそのような趣旨が強く念頭におかれている。

次に、「有償性」について考えてみよう。黙示による地役権であるが故にその有償性は前面にあらわれてこないが、しかし、逆にいえば、右のような土地取引に起因していることから、地役権設定の対価というかたちで当事者間において合意がなされにくいともいえるのであって、承役地所有者の地役権負担意思は明らかに右の実質的な有償性に動機づけられているといっても差し支えないわけである。この点で、土地取引に起因しないにも拘らず、地役権の成立を肯定した浦和地裁昭和五五年三月二一日判決（判タ四二二号一二八頁）が参考となる。要役地所有者X側が承役地所有者Yの承諾を得て係争道路を開設し、その通行利用の見返りとして、X側がY所有地へ傾斜地から雨水・土砂が流入するのを阻止するため排水設備の設置・管理をなすことが約定されたという事案で、判旨は、通行利用の必要性・継続性等のほかに、Xらの費用等の負担とYが係争地を通行利用に供することの負担とが「全く均衡を失っていたものとは考えられない」旨を説示している。ここで重要なことは、「有償性」以外の諸般の事情は通路開設以降の事情であるので、通路開設に対するYの承諾が右の「見返り」に起因するという事実である。つまり、地役権負担意思の動機は、かかる実質的有償性そのものにあるといえよう。このように土地取引に起因しない通行利用を地役権と認定するためには、それは本来は「好意通行」であるので、いきおい右のような実質的有償性を一つの（しかし重要なる）根拠とせざるを得ず、そのことを右の例が明らかにしているわけである。(2) なお、「相互的・交錯的通行地役権」については、これを「無償」とする判例も少なくないが、この場合は実質的に有償であるというよりも、むしろ法的に有償であると考えた方がよいように思う。イタリアの学説では「相互的地役権」(servitù reciproche) については有償契約と解されていることが(3)参考となろう。

ところで、地役権と同じような成立事情が通行使用借権にもあることはすでに前章で論究した。理論的には、後者は所有者側の通行権負担意思がやや弱いので、これを「通路提供意思」と称して「通路開設意思」と区別したが、要するに被通行地所有者が係争通路に対して「所有権的利用」を断念したといえるかどうかに係っている。具体例でも、通行使用借権の場合、土地取引は売買だけではなく賃貸借も含まれ、かつ、通路の形態が「通路としての外観」を呈していても、要役地との客観的な支配従属関係が必ずしも明瞭ではなく、他に代替通路もあるのが通常である。とくに、通路がないと土地分譲・土地取引の計画そのものが不可能ないし困難になるという事情もみられない。したがってまた、その「有償性」もやや稀薄にならざるを得ない。その意味において、理論的にはいうまでもなく、実務上の取扱いでも、通行使用借権と通行地役権とはかなり明確な一線を画しているように思われる。

もっとも、実際上は、「好意通行」でもなく、さりとて地役権まで認めるわけにはいかないので、その間のいわば緩衝領域として通行使用借権が機能させられているとも評価できるであろう。(4)

(2) ところで、裁判例からも明らかなごとく、実際上の通行紛争は地役権設定の当事者間ではなく、地役権者と承役地取得者との間で生じている。このことは、裏からみれば、当事者間の地役権関係は善隣関係(倫理関係)を背景としてはじめてその安定性を維持できることを物語っているが、しかし、法的には、かかる通行紛争であるが故に、地役権の対抗力問題についてはとくに配慮しなければならないのであって、本書はそのためにかなりの頁を割いてきた。いうまでもなくこの種の通行紛争を予防する最善の手立ては地役権を登記することであるが、それは次に述べるように将来の取引慣行の展開に期待するしかないであろう。

なお、未登記地役権の対抗力を原則的に肯定する立場をとる本書では、地役権関係がそのまま新所有者にも承継されることになるので、地役権が無償であるならば、新所有者は地役権者に対して通行使用料ないし地役権の対価を請求できないことになるのかどうかという問題が残されるが、特段の事情もないのに新所有者のもとで有償に転化するとの解釈は不自然であろう。(5)

(3)　本書は通行目的の地役権のみを取りあげたが、それは裁判例で肯定された地役権がほとんどこの類型のものであるという理由による。このような通行権の設定は、右の裁判例が「黙示構成」によっているということからも窺知しうるように、実社会でもあまりなされておらず、ましてやその旨の登記などほとんど期待できない状態に(少なくとも従来は)あったと思われる。もっとも、戦後、とくに昭和三〇年代以降、地役権一般の登記申請件数は、所有権や抵当権の登記件数と比べればまだまだ微々たるものではあるが、増加の傾向を示し、今日かなりの数にのぼっている。ところが、登記されている地役権の大部分は、電気事業者が送電線の敷設のために他人の土地を利用する場合に設定される、いわゆる「送電線地役権」であろうと推測されているので[(6)]、通行地役権の普及度についてはこれまでのところ大きな変化はないように思われる。

しかしながら、最近では通行権の重要性にも気付き始められているので、今後は宅地分譲業者も通行紛争を避けるため地役権の設定とその旨の登記に関心をもつことも予想される[(7)]。また、従来は道路敷を分譲地買受人に分筆分譲することが多かったが、どうしても個々人の所有観念が強く働き、通行紛争の原因となることから、道路敷を住民の「共有」とする傾向も出ている、と聞く。現に、共有とされた私道敷をめぐる紛争例もごく最近[(8)]、公にされている。いずれにせよ、私道の法律関係が通行利用者や私道敷所有者など関係当事者間で予じめ明確に処置されるならば、将来、通行紛争も減少するであろう。そうなることを期待したい。

(4)　なお、残された課題も多い。通行使用料請求権（債権）と地役権（物権）との関係[(9)]、通路修繕義務・費用負担義務(人的権利)と地役権との関係[(10)]、事情変更による地役権の消滅[(11)]、道路位置指定との関係等々[(12)]、理論的には重要な問題が山積みしている。しかし、これらに関する裁判例は必ずしも多くはないという事情もあって、本書では割愛した。後日に期したい。

(1)　むろんかかる分析視角(判断基準)だけで判例を解明しきれるものではないことは十分承知している。その他の種々の事情も加わって判決の結論が導き出されており、実務的処理の場では、これら様々のプラス(ないしマイナス)要因(判断要素）を抽出することも必要であろう。この点では仁平・前掲論文五一頁のほか、ごく最近では丹野達『保全訴訟の実務Ｉ』三〇二頁（昭和六一年、酒井書店）（長期間の通行の継続、黙認ないし認容の合意・言明、客観的合理性―分譲時における通路開設、建基法上の道路、通路の必要度、対価関係等―をこまかく指摘している）が参考となる。しかし、様々の事実の背後に地役権設定者の「意思」（負担意思）が強く働いているのであって、本書はかかる意思を軸にして、それらを統一しうるような理論と具体的な判断基準を提示したつもりである。問題の核心は、さまざまな事実の単なる指摘ではなく、それらを可能なかぎり吸収し、統一しうる事実の究明であり、何が重要な、あるいは決め手となる事実関係かであって、それに依拠した原則論の提示にあろう。ちなみに、仁平・前掲論文は結局は「公平の原則」に依拠せざるを得ないとするが、およそ公平でない法的処置はありえないので、これでは抽象にすぎ、事実に即した原則論たりえないであろう。

（2）ちなみに最近の東京地判昭和六二・一・一二（判時一二六四号七〇頁）は明示の合意があった例であるが、従来から係争私道を沿接所有者らが使用していたところ、私道所有者の「通行料」の請求を起因として当事者間で係争私道を永久に通行することの対価等、合計八〇万円の授受がなされたという事案で（ちなみにその旨の登記も合意されていた）、通行地役権の設定契約が容易に認定されている。その評釈、横山秀憲・昭和六三年度主要民事判例解説、判タ七〇六号三二頁（平成元年）。

（3）Tamburrino, op. cit., p. 44.

（4）最近の東京地判昭和六一・七・二九判タ六五八号一二〇頁は、そのような位置づけを可能とする具体例であろう。

（5）同様の問題は無償囲繞地通行権（民法二一三条）についても生ずる。これについては本書第二部第四章を参照されたい。

（6）この問題については、中尾英俊「送電線地役権の現状と問題点」西南学院大学法学論集一八巻三号一頁（昭和六一年）を参照。野村好弘・小賀野晶一「送電線と地役権」季刊日本不動産学会誌一巻四号三頁（昭和六一年）をも参照のこと。

（7）ちなみに、最近の例として、大阪高判昭和六一・一一・一八（判タ六四二・二〇四）は、売買目的物が袋地ではあったが、不動産仲介業者側に私道通行承諾書を取りつける義務がある旨を説示している。

(8) 横浜地判昭和六二・六・一九（判時一二五三号九六頁）は、分譲地買受人相互の共有地とされた宅地内の私道に対して一部購入者がその分割を請求した事案で、かかる私道はその分割を予定されず、形態もそのようなものであるから、その権利に内在する制約として分割請求は認められない、と判示している。学問上、「合有」に相当しよう。

(9) 差し当り、安藤『相隣関係・地役権』二六〇頁以下参照。

(10) ちなみに、イタリアでも修繕義務等の付随的給付（人的権利）と地役権との関係をどう構成するかについて議論があり、破毀院は、学説の寄与もあって、今日《obligatio propter rem》（物のための債務）という特殊な概念・理論を形成している。物権（地役権）と運命をともにし、登記が対抗要件とされ、通常の「債権」とは異質のもののようであるが、わが国でもこの点の理論構成に苦慮しているので（沢井『隣地通行権』一六三頁参照）、後日、イタリア法を参考にこの問題に論究したいと思う。Tamburrino, op. cit., p. 53 ss.; Camporti, op. cit., p. 175 ss. なお、最近の文献として、橋本眞「地役と承役地所有者の積極的義務―フランス法を中心として」明治大学大学院紀要第二六集一七九頁（昭和六三年）がある。

(11) これについては、東孝行「通行権と事情の変更」民商六九巻三号三頁（昭和四八年）、青野博之「通行地役権の消滅事由」ジュリ八六六号一四八頁（昭和六一年）など参照。

(12) 「通行の自由権」と地役権との関係については、拙稿「建築基準法上の私道と通行の自由権（私権）」島大法学三五巻四号一頁（平成四年）、とくに三一頁以下を参照されたい。

II　通行地役権の時効取得

序　説

(1)　通行利用関係は当事者間の善隣関係を背景として成立するのが通常であるので、好意に基づく黙示・無償のものが多く、したがってまた、かかる無償通行使用を権利関係として理論的に構成するためにはそれなりの合理的根拠が必要となり、判例もこの問題については従来から苦慮しているのが実情である。それ故、今日における通行紛争の焦点は通行権の成否にあるといっても過言ではない。すでに「合意・契約による成立」論については詳論したが、他に通行地役権の時効取得論を検討する課題が残され、両者を統一的に考察すべき旨をもすでに強調した通りである。つまり、ここでの目的は、かかる取得時効制度の規範構造を明らかにするとともに、同時にこのようにして得られた分析視角に基づいてわが国の裁判例を批判的に検討することにある。

ところで、わが民法典は他物権の時効取得に関する一般原則（民一六三条）のほかに、地役権についてのみ特別の規定（民二八三条）をわざわざ用意し、「継続且表現」の地役権にかぎって時効取得が可能である旨を定めているが、最高裁がさらにその「継続」要件を厳格に解釈していることは周知の事実であり[1]、学説は、かかる最高裁の立場を前提にして賛否両論に分かれている。しかしながら、何故にかかる要件、とくに「継続」要件が加重されているのかについては、一般的な説明がなされているだけで、必ずしも深い検討が行われているわけではなく、通行地役権に限定しても通行権の成立問題一般のなかで位置づけられてはいない。総じて基礎理論的な考察がきわめて不十分な状態にあるといわねばならないであろう。それ故、本書は、「合意・契約による通行権の成立」問題で明らかにしたように、ここでも「好意通行」(プレカリウム)を無償通行利用の原則的形態とする基本的立場を一貫しながら、同時に黙示的合意による通行権の成立要件をも念頭におきつつ、通行地役権の時効取得制度の構造と特質を論究することにその主眼をおいている。

(2)　本書のように、地役権取得時効の規範構造を明らかにしようとする立場では、制度の沿革や諸外国の立法例を検討することが、重要不可欠の前提作業となる。したがって、わが民法二八三条の母法であるフランス法の状況を参考にすることも考えられよう。フランス民法六九〇条も「継続かつ表現の地役権」にのみ時効取得（ただし長期時効取得）を認めているからである。ところが、何故に「継続かつ表現」でなければならないのかについての理論的根拠が詳らかではなく、立法論として強い批判が投げかけられている。[2] しかも、「継続」の定義はわが国とは異なり、人の行為を要しないで地役権の行使を継続しもしくは継続しうる場合に、その地役権について「継続」という用語を使用しているので（仏民六八八条二項）、人の行為を必然的に前提とする通行地役権は、明文により非継続地役権の典型例として指摘されており（仏民六八八条三項）、したがってフランスでは現行法上、通行地役権の時効取得は不可能とされているようである。[3] それ故、このような状況にあるフランス法は、系譜的にもまた比較法的にも、本書にとって魅力のある対象ではなく、またこの方面の研究が最近、公になされたという事情もあるので、[4] これを一応考慮の外におき、必要のあるかぎりで個別的に言及することにした。

これに対して、イタリア法はフランス法の伝統を承け継ぎながら、制度的にも理論的にもこれを一歩前進させており、わが国の法状況ときわめて酷似した位置にあるように思われる。系譜的観点においても、イタリア法の変遷を辿ることは実り多き成果を約束してくれるであろう。それ故、本書は、まずイタリア法の推移と現行解釈論を考察し、そのうえでわが国の判例・学説の検討に移りたいと思う。

（1）「通路」のほかに、要役地所有者みずからが当該通路を開設することが必要とされている。最判昭和三〇・一二・二六民集九巻一四号二〇九八頁ほか。

（2）Planiol-Ripert, Traité pratique de droit civil français, Tom III., Les biens (Picard), p. 935.

（3）大島俊之「通行地役権の時効取得——民法二八三条の「継続」・「表現」の意味」経済研究三二巻四号九〇頁以下（昭和六二年）が詳細に検討している。従来の研究の空白部分を埋める貴重な文献である。

（4） 大島・前掲論文を参照のこと。ちなみに、大島論文はフランス法にいう「継続」概念がわが国のそれと違うことをとくに強調しているが、しかし、ここでの問題は定義にあるのではなく、継続性（ないし表現性）が必要とされた実質的根拠になければならない。このことが明らかにされないかぎり、わが国の解釈論にとって有益な示唆はあまり期待できないだろう。フランスの学者でかかる「継続」要件を支持する者は、この要件が地役権的事実行使のプレカリウム性（précarité）の推定を覆えすものであることを指摘している。Mazeaud-Juglart, Lecons de droit civil, Biens, Tom. II, 1969 (4ed), p. 341; Weill, Droit civil, Les biens, 1974, p. 550. とくにWeillは、不継続地役権の内容が「忍容行為」(tolérance, code. civil. art. 2232) に関係するので、これを時効取得により権利関係に高めるならば「相隣関係における善良な調和」を崩す危険がある、と述べていることに注目すべきである（op. cit., p. 551）。また、「継続」要件を批判して「占有の継続」問題におきかえる学説も、「忍容行為」の場合は時効取得を排斥している（Ripertd-Picard, op. cit., p. 935. Marty-Raynaud, Droit civil, Les biens, 1980, p. 209）。この限りで、いずれの立場においても、プレカリウムが時効論の基礎になっている点を見落してはならないだろう。

第四章　イタリア法の沿革と現行制度

一　イタリア法の沿革

1　旧民法典

(1)　継続・表現地役権

(イ)　旧民法典（一八六五年）[1]はフランス民法典に従い、継続・表現地役権についてのみ時効取得を認めていた。

六二九条「継続・表現地役権は、権原、三〇年の時効、または家父の用法によって取得される。」

六三〇条「継続・不表現地役権および不継続地役権は表現・不表現を問わず、いずれも権原によるほかは取得することができない。

占有は、たとえ記憶にない時代からのものであるとしても、地役権の取得には値しない。[2]」

継続地役権とは、「人による現実的行為を必要とすることなく、その行使が継続しもしくは継続しうる地役権」を指し、具体的には引水、雨水注射、観望のための地役権が例示されている(六一七条一項)。逆に、不継続地役権とは、「その行使のために人の現実的行為を必要とする地役権」をいい、「通行、汲水、放牧のための地役権」等がこれに該当する（六一七条二項）。表現・不表現についても法典が定義づけており、地役権の存在が「目に見える徴表によって表示されている」か否かにより区別されている。それ故、たとえば、門扉（外部的徴表）を介して実現されている通行地役権は、表現地役権になるが、その権利の性質上、人の行為を必要とするので継続地役権にはなりえず、したがってまた時効取得の対象とはならないことになる。(3)

もっとも、かかる意味での継続・不継続の区別については従来から批判があったようである。時効取得の成否との関係でかかる要件を加重したのは中世の法学者Bartolusであり、彼は、地役権の時効取得のためには継続的な原因(causa continua）を必要とすると説き、その継続性とは、地役権の行使に人の行為（factum hominis）を要しないものをいう、と解したことに始まるといって大過ないだろう。ローマ時代でも古典期では原則として地役権の時効取得が排斥され、ユスティニアヌス帝時代に一般にその時効取得が肯定されたが、中世に至るまで地役権の時効取得の是非については意見が対立していたようであり、このような肯定・否定論争を前にしてBartolusが「継続」要件を加えることによって、学説の対立を統一しようとしたものと推測される。(4)

ところが、その後の学説は、かかるBartolusの創見による原則の根拠を提示・説明するのに苦慮している。かなり多くの説は、causa continuaをローマ法にいうcausa perpetua（永続的な原因）と同視することでその理由を説明したが、「永続的な原因」とは承役地に直接由来する便益ないしは土地がもつ自然の力と結びついており(永続的に水の湧出する泉から引水•取水するための地役権のごとし）、人の行為とは全く関係していないので、このような説明にはあまり合理性がなかったといわざるを得ない。(5) また、継続的な占有と継続地役権とを同視して、その時効取得の可能性を説く見解もあったが、両者は区別さるべき概念であるから、この説明も誤っており、現にBartolus自身も継続占有と継続地役権とを明確に区別していた。(6) それ故、Bartolusの偉大な権威にも拘らず、学説ではかかる区別に従わず、不継続地役権でも占有の継続性が認められることを理由に時効取得の可能性を肯定する説もあったという。(7)

しかしながら、実務ではかかる区別が温存され、フランスの成文法地域ではこれが維持されたが、反面、ゲルマン法の影響下にある北部の慣習法（coutume）地方では、地役権の時効取得それ自体を排斥することによって、この区別をも否定する傾向が強かった。もっとも、両者を折衷した立場もあったようであり、Bretagne地方の慣習法は継続かつ表現の地役権についてのみ時効取得を認めていたという。ナポレオン民法典の規定は、このブルターニュの慣習法に由来すると解するのがイタリアでの一般的な評価であるが[8]、いうまでもなく、その根はBartolusにあったといえよう。イタリア旧法もかかる立場を支持したわけである。

(ロ)　ところで、通行地役権（不継続地役権）について旧法成立当時、政府の草案には特別な提案（時効取得ではない特別な保護）が盛り込まれており、一定の要役地のための通行地役権は三〇年により取得することができる、と定められていた（後述の「古来からの占有・利用」に相当するものである）。しかし、立法委員会（Commissione senatoria）では結局この提案は排斥されたという。その理由として、かかる例外は通行権の性質そのものについてのとげとげしい紛争の原因となること、より上位の社会的利益は所有権の保護の原則に矛盾する例外を支持しないこと、時効取得(prescrizione)とは別の方法による取得を求めることは不道徳であると考えられること、また、その公示方法も欠けていること、等々が指摘されている[9]。要するに、プレカリウム的な通行使用を保護すべきではない、という趣旨である。

ともあれ、実際上問題となることの多い通行利用は時効取得の可能性を完全に奪われたことになる。通行利用が継続的に長期間にわたりなされていても、また、それが外部から見える通路を介してなされていても、時効取得は認められなかったわけである。当時の学者のなかには「通路による通行利用」は「表現」にのみ関わるので、通路の開設によって不継続地役権が継続地役権に変わることがない、と説くものがある[10]。おそらく、このような見解が通説であったのであろう。

もっとも、「通路の開設」を意識した右の立論は、これを裏からみれば、当時の学者のなかで異論があったことを物語っているのであり、現に、観望地役権（継続地役権）と通行地役権とを比較して、前者も窓の開設だけで常に権利行使をしているわけではなく、人の行為（窓から顔を出すこと）が必要であるので、両者を区別するのは不当である、との反論もあったようである[11]。

今世紀に入ってからも、通行地役権などの不継続地役権は明白な外部的徴表（表現性）をもつとき、そのことによって継続地役権になる、とする有力な見解もあったという。[12]

たしかに、引水地役権（継続地役権）でも引水する設備を築造したり、水を引水するためには、その当初において人の行為が必要となるので、人の行為を全く要しないのは消極的地役権ぐらいのものであろう。逆に、人の行為が常に必ず必要なのが通行地役権ということになるが、しかし、そもそも人の行為の要否により地役権を区別すること自体の合理的根拠が必ずしも明らかではないまま、このような原則が近代民法典に定着したものと評価して大過ないであろう。[13]

しかしながら、「継続」要件を加重した実質的な根拠として、不継続地役権がプレカリウムの性質をもち、占有意思したがってまた地役権行使意思が欠ける、と解するのが、中世以来の学説の立場であったことに注意しておく必要がある。つまり、隣人が自己の土地を通行することを「忍容する」場合のように、隣人・土地所有者の好意・恩恵(benevolenza)に基づく場合には、その占有は不明瞭でもあり、独自の法的地位を含んでいないので、時効取得が排斥される、と考えられたわけである。[14] そして、かかる伝統的な立場は旧法典起草者の立場でもあったのである。[15]

(2)　古来からの占有・利用

右の旧法典第六三〇条には、継続・表現の地役権でないかぎり、地役権的事実行使が記憶を超える時代からいかに長期間にわたって継続していても、それは法的保護に値しない旨の条項がとくに付加されている。このいわゆる「記憶を超える占有・利用」(Ab immemorabili, Tempo immemorabili)[16] についてはここで少しく説明を要しよう。

かかる制度はローマ法に起源をもち、地役権的事実行使が人の記憶を超える時代から存在するならば、あらゆる攻撃から防禦され、その要件は「古いこと」(vetustas) だけであり、当時の時効取得に必要とされた「権原」や「善意」は問題とされなかった。[17] 具体的には、隣地徒歩通行権 (viae vicinales)、雨水放出権 (aqua pluvia)、引水地役権 (ductus aquae) について認められ、何故にこれらの地役権についてのみかかる保護が認められたのかは必ずしも明らかではないようだが、一説によれば、行政主体（管理主体）との関係で私人に権利取得の法的根拠（法律や特許）がない場合に、占有利用の古さが例外的にそれを代用したと解されている[18]。

これに対して、ゲルマン法は使用継続それ自体を神聖化する傾向があったので、tempo immemorabiliに対する要請は、例外ではなくごく自然に生成し、その適用範囲も広く、地役権に限定されないだけではなく私法上の関係にも及んだ。ただし、ローマ法が、「時」を権利取得と考えたのに対し、ゲルマン法は占有利用の適法性の推定と捉えた[19]、という。

中世では、種々の公法上の権利（主従関係からの解放、貴族や司教による——法的根拠のない——税の徴収など）、私法上の権利（とくに所有権）にまで拡張適用されるとともに、一種の時効取得（praescriptia）と考えられるまでに至った(Bartolus)[20]。つまり、通常の時効取得が適用されない権利について、あるいは時効の要件が欠ける場合に、その欠を補充し、代用する機能を果たしたわけである。それ故、Bartolusは不継続地役権につき時効取得を否定していたことは前述したが、かかる「古来からの占有・利用」の原則の適用は認めていた[21]。そして、結局、この原則は人に帰属しうるすべての権利について適法な取得の証拠となるというかたちで、実務と理論に完全に定着した、という[22]。

ナポレオン民法典やそれを承けたイタリア旧法典が、「古来からの占有・利用」についてとくに言及していたのは、右のような推移があったからであるが、これらの民法典を含む近代法は、かかる原則を採用せず、ナポレオン民法典もイタリア旧法典も既存のものを経過的に保護するだけである[23]。けだし、これを肯定すると好意通行（プレカリウム）を単に時の経過だけで権利に昇格させることにもなりかねず、それでは地役権の時効取得に厳格な枠をはめた趣旨が崩れるからである。

2　予備草案

第一次大戦後、しばらくしてイタリアでは民法典改革のため予備草案[24]が公表されているが、その第二編(『物および物権』)第三章の第三節「時効による地役権の取得」の箇所で、次のような規定が立案されている。

第二二九条(取得のための要件)「地役権は、本編第九章に従い、継続した占有に基づいて時効により取得できる。[25]」

きわめて簡潔に、ただ占有法(第九章)の原則に従い、占有の成立要件や占有継続の要件を充足すれば時効取得が可能であるとして、地役権の「継続・表現」の要件をすべて捨ててしまっている。その立法理由は、「理由書」によれば、次のように説明されている。

(旧)六三〇条に対して学説はその法的根拠がないことを明らかにしていた。非継続地役権に時効取得が否定される主たる根拠が、かかる地役権的行使が絶対的に不明瞭、不確実で、かつプレカリウム的な性格をもつので占有を認めがたいこと、およびかかる行為が単なる許容(licenza)と忍容(tollerenza)によるものと解されうることにあるならば、逆に、法的・社会的意義や法的真実に反しない場合も肯定できるはずであり、実際、地役権の性質上、間隔的に行使されざるを得ないとしても、このような行使が地役権の通常の経済的な利用に対応しているかぎり、なお地役権の占有を肯定することも法の理性(ratio juris)に反するものではないように思われる。たとえば、通行利用については通行の必要のたびごとに隣地を通行する場合がこれに該当する。また、不表現地役権についても、相手方がそれを認識しうるものならば、占有は可能である。権威のある学説も、民法典の改革に際しては、不継続・不表現の地役権についても、その地役権の占有が反対の証明のないかぎりはプレカリウム占有と考えられる旨の規定を条件として、時効取得を認めるべきである、との見解を表明していた。

かくして、草案は地役権を区別することなく、占有の規律により、地役権の占有が継続しているものであるならば、時効取得が認められるとした。つまり、「時効と占有の一般原則の規律」にゆだねたのである、と。[26]

結局、草案によれば、すべての地役権に時効取得が可能となり、「継続占有」の存否は事実問題となるので、占有が

「占有意思」(animus possidendi) によるか、それとも「単なる忍容行為」(la mera tolleranza) にすぎないかによって時効の成否が決まることになろう。いずれにせよ、「理由書」が、忍容行為、善隣関係、ないしfamiliarita（恩愛）関係を排除する旨を何度も強調している点に、注意しておく必要がある。

3　現行法（一九四二年）

現行法はすべての地役権について時効取得を肯定することの重大性を自覚し、従来の伝統的な考え方に従って、それに一定の制約を課したが、「継続」要件に対する批判を容れて、結局、これを削り取り、「表現」のみを成立要件と定めた。「理由書」は次のように報告している。「不継続地役権の時効取得可能性の排除は、かかる地役権により行使される行為が単なる忍容行為と解釈できるので、その占有が不確実、不明瞭、かつプレカリウム的であるとみなされねばならないという考慮から、旧法典の編纂者によって正当化された。これに対して、地役権の行使のために用いられる可視的で永続的な工作物の存在は、その取得の経緯をすべての人に明示するものである。したがって、表現の要件はそれ自体だけで地役権が隠密に取得される危険を除くのに適合している」[27]と。

予備草案と現行法とでは、規定の文言上に大きな差異があるが、いずれも「忍容行為」ないしプレカリウムによる通行利用が時の経過だけで通行地役権に昇格することの危険をとくに配慮している点では共通しており、実質的な価値判断において大差はないといえよう。

今日の学説も、時効取得が表現地役権に限定される根拠として、細部において違いがあるものの、不表現地役権が隠秘により行使される可能性があること、ないしは純粋に好意的な友誼・忍容・恩愛に基づいて行使される可能性があることから、これらの場合を排斥する趣旨であると説明する傾向が一般的である[28]。つまり、地役権的利用はそれ自体として制限的なものであるのみならず、相互的な善隣関係に起因する便益であるので、「他人には否定しても隣人には否定しない」のが通常であり、したがってまた、かかる友誼上の忍容行為ではないことの根拠として、「表現性」が要件とされたといえるであろう。

4 小　括

以上、イタリア法の推移と理論を概観し、旧法時代から予備草案を経て現行法に至るまで、それぞれの段階で時効取得の要件を異にする事情を検討したが、しかし、「継続・表現」を要求した最も厳格な旧法の立場でも、これらの要件を完全に放棄した予備草案も、また両者の中間にある現行法でも、イタリアの立法者の究極的な意図は全く動揺しておらず、一貫して地役的事実行使とプレカリウムとを区別し、後者を時効取得の対象から外すことにあったことが明らかになったが、このことは、相互的な善隣関係を背景とする「好意通行」を単に時の経過だけで権利関係に高めるべきではないという価値判断の正当性を裏打ちするものである。Bartolusが「継続」要件を加重したのも、おそらく同じ根拠によるものと思われる。(29) というのは、彼は、黙示的合意による地役権の成立論（「家父の用法」論）について、地役状態に対応した事実状態を直ちに権利関係に高めることの不当性から、同じく「継続」要件を加重しているが、これは要するに承役地所有者側の黙認つまり単なる忍容行為を「家父の用法」による保護から外す意図をもっていたことの証左にほかならないからである。(30) さらに、地役権の時効取得を否定していたフランスのcoutumeも、その根拠をやはりプレカリウムに求めていたという事情(31)を看過してはならないだろう。

したがって、「通行地役権の時効取得」論は、この制度の沿革からいっても、また理論的に考えてみても、その「黙示的合意による成立」論と同様に、プレカリウム（好意通行）を基礎にして構築されねばならないわけであり、それが本書の基本視角であることは前述の通りである。

（1）　イタリア民法典の成立史については、大島俊之「イタリア民法典成立史の素描」経済研究二六巻三・四号一四三頁以下で簡潔な描写がなされている。

（2） Art. 629. —Le servitù continue ed apparenti si stabiliscono in forza di un titolo, o colla prescrizione di trent' anni, e per la destinazione del padre di famiglia.

Art. 630. —Le servitù continue non apparenti e le servitù discontinue, sieno o non sieno apparenti, non possono stabilirsi che mediante un titolo.

Il possesso, benche immenorabile, non basta a stabilirle.

（3） なお、継続・不継続の区別の実益は、そのほか「不使用による消滅時効」においてもみられる（旧法六六七条）。この点の区別は現行法一〇七三条二項で維持されている。

（4） Biondi, Le servitù, 1968, p. 323; Barassi, I diritto reali limitati, in particolare l'usufrutto e le servitù, 1947, p. 194 ss. e 197 nota (24).

（5） Barrasi, op. cit., p. 196～198.

（6） Barrasi, op. cit., p. 198.

（7） Barrasi, op. cit., p. 198 nota (27).

（8） この点は、イタリア旧民法の改正作業のなかで公表された予備草案の「報告書」において明らかにされている。Relazione al progetto, codice civile, 2 Lib., cose e diritti reali, 1937, p. 91.

（9） Borsari, Commentario del codice civile italiano, voll. II, 1872, p. 845 not. (1).

（10） Borsari, op. cit., p. 801. 旧法時代の判例も、通行地役権が永続的な工作物により行使されていても時効取得を認めなかったという。Tamburrino, Le Servitù, p. 279.

（11） Borsari, op. cit., p. 802.

（12） Coviello, Servitù prediali, 1926, n. 84 (in Barrasi, op. cit., p. 202 e nota. (1)).

（13） ナポレオン民法典の立場については、大島・前掲論文八二頁以下を参照。

（14） Berliri, Sulla distinzione dell servitù in continue e discontinue, Archivio giuridico, 1931, p. 144ss. はこのこと

を明らかにしている。フランスでも同じ理由を指摘する学説のあることは前述した。(「序説」・注（4）参照)。これに対してBarrasi, op. cit., p. 165.

(15) Berliri, op. cit., p. 199. は、このような立場に反論を加えている。

(16) この方面のまとまった研究はあまりないようである。本書は主として、F. Schupfer, Ab immemorabili, Nuovo Digesta italiano, Tom. 1, 1937, p. 25 ss. によっている。

(17) Schupfer, op. cit., n. 2; Biondi, op. cit., p. 348〜349.

(18) Schupfer, op. cit., n. 3〜6.

(19) Schupfer, op. cit., n. 7.

(20) Schupfer, op. cit., n. 11.

(21) Schupfer, op. cit., n. 15.

(22) Schupfer, op. cit., n. 15. 当初の学説には「記憶を超える期間」として三世代つまり一〇〇年を要すると解する見解もあったが、後には一定の期間を示す考え方はなくなっている (n. 16)。

(23) 仏民六九一条二項。イタリア旧法の経過規定二一条は「新法の施行の日において従前の法律により取得された地役権は維持される」と定める (Biondi, op. cit., p. 349)。

(24) Commissione reali per la riforma dei codici, sotto commissione per il codice civili, Codice civile, secondo libro. Cose e dirriti reali. Progetto e relazione. 1937.

(25) Art. 229 (Requisiti necessari per l'acquisto): Le servitù si acquistano per prescrizione col continuato possesso in conformita del titolo IX di questo libro.

(26) Relazione al progetto, p. 92.

(27) Relazione, n. 160 (in Biondi, op. cit., p. 325).

(28) Barrasi, op. cit., p. 242; Biondi, op. cit., p. 325; Branca, op. cit., p. 307.

(29) Berliri, op. cit., p. 145も同旨。
(30) 「家父の用法」論とバルトルスの見解については、本書第一部第三章八七頁以下参照。
(31) Pothier, Oeuvres, tom, 17, coutumes d'orléans, tom. 2, p. 230 sにおいて明確に述べられている。Berliri, op. cit., p. 159 ss, p. 162; Barrasi, op. cit., p. 199.をも参照。フランスの今日の学説にも実質的には同じ価値判断をもっているものがあることについては前述した(「序説」注(4)参照)。なお、このような立場にたつと、不継続地役権でも権原(たとえば非所有者からの取得行為)がある場合にはプレカリウム性が排斥され、時効取得の可能性が出てくるが、現にそのような考え方もあったようである(Berliri, op. cit., p. 160)。

二　イタリア現行制度の特質

現行民法典は時効取得と「家父の用法」による取得とを一節にまとめて(第六章地役権・第四節「取得時効および家父の用法によって取得された地役権」)、次のように規定している。

第一〇六一(不表現の地役権)　「不表現の地役権は取得時効または家父の用法によって取得されることはできない。地役権はその行使の用法上可見にして永久の工作物を有しないときは不表現である。(1)」

地役権の時効取得に関する規定は右の一ケ条だけであるが、その「表現性」については複雑な議論があるほか、占有法や所有権の時効取得とも交錯するので、さまざまな問題点が含まれている。わが国での議論にとって有益と思われるいくつかの重要な論点に的を絞って検討を加えてみよう。

1　地役権の「表現性」

民法典は、地役権が「表現」のものであるための要件として、地役権の行使に用いられる工作物の存在、工作物の可視性、工作物の永続性を指摘しているが、判例によってより具体的な判断基準が形成されている。すなわち、地役権の事実行使に客観的に用いられる人工的ないし自然的な工作物の存在と、かかる工作物がその構造上および機能上、承役地上の負担の存在を明らかにするようなものであることが、必要とされる。(2) したがって、当該工作物は要役地から見ることができなければならず、かかる工作物によって、明瞭な方法で要役地における地役権の負担の存在が明らかにされる必要があり、単に当事者間だけではなくすべての人に対して表現性をもたねばならない。(3)

表現性がとくに問題となるのは通行地役権である。この場合、その要件の存在を確認するためには、少なくとも通行利用に供されている「通路」が必要とされよう。しかし、その通路幅の広狭や、通路に人工的な設備が存在することは、必ずしも重要性をもたないと解されている。したがって、踏みつけによって形成された自然の細道・小径も、ここにいう「通路」(strada) に含まれる。ただし、かかる通路が要役地への出入のために必要であり、その承役地としての負担にあるという状態が明瞭に表示されていることが条件となる。(4) 換言すれば、要役地の必要にとって自然の通路の手段性がビジュアルなものでなければならず、その可視性の確認のためには道路標識その他の外部的徴象によって通路の正確な形態が予め確認されるものであることが必要とされる。(5)

だから、文字通りの「踏みつけ道」だけでは実際上容易には時効取得は認められないものと考えて大過ない。目に見える永続的な工作物の存在という要件があるかぎり、そこにおのずと限界が画されよう。現に、草の茂った帯状の地面に対して行使される通行使用は時効取得の対象とはならないと判示した例が報告されている。(6) 学説には自然の通路を工作物と解することに反対する立場もある。(7) 判例は、自然の通路も工作物にあたるとするが、通路と要役地との構造的・機能的な関連を要求し、しかもそれが客観的に明瞭でなければならないというのであるから、かなり厳格な立場にあることを知らねばならないであろう。

土地の工作物として認められた具体例を挙げておこう。隣接する二つの土地の連絡用の門、(8) 要役地への出入を可能とする鉄格子の出入口、土地の囲障に開設された出入口、などが指摘できる。これに対し、二つの土地の間に鉄格子

の出入口があるが、その鍵が承役地所有者によって所持されている場合には、表現性がないとした例もある。(9)

2　占有の継続と占有意思

(1)　占有の継続

イタリア法では地役権的事実行使も「占有」と解されており、かかる地役権の占有が時効期間中、継続しなければならないところ、その間に断続があるとき、果たして継続といえるかどうかの議論がある。いうまでもなく、ここでの占有の継続は、地役権自体の「継続」ではなく、前述のように、後者の「継続」要件はもはや必要とされていない。もっとも、継続地役権については、その行使が人の行為を必要としないのだから、地役権の行使を可能とする事実状態が存在するかぎり、かかる状態の占有は地役権の占有と考えられるので、占有それ自体も暗黙に継続しているとみなされやすいであろう。したがって、ローマ法では、むしろ逆に不使用による地役権の時効消滅を回避するため、かかる状態にある土地(所有権)の占有によって、同時に地役権の黙示的な占有の存続が肯定されていた。だから、たとえば継続地役権である観望地役権については、窓ないしバルコニーを占有している者はそこから自由に顔を出しうる状態にあるかぎり、継続的に顔を出すことがなくとも、地役権の占有があると解され、したがって時効取得が可能となる。

そこで、実際上問題となるのは通行地役権のような不継続地役権の場合であり、たとえ工作物によって表現性の要件を充足していても、通行利用者が間断なくそこを通行しているのではないので、地役権的事実行使そのものが「継続」であるとは必ずしもいえないわけである。いかなる場合に占有の継続があると認められるかについては、学説では意見が分かれており、現実の行使は不要だが、占有者が行使しうる状態にあり、かつ権利の不行使の状態・期間が占有意思(animus possidendi)の喪失を推定させないことが必要であるとする学説、これに対して、現実の地役的事実行使を要するが、各々の行為の間に若干の間隔の存在を許容する説、さらには両説を折衷して、地役権が要役地の需要のため、その行使が必要とされる度毎に行使されるならば、占有は継続していると解する説などに分かれている。[10]

判例では、継続地役権についても占有の継続性が問題となっているが、[11]いずれにしても、破毀院は、地役権の行使に適合した工作物が存続し、かつ占有者が欲したときに占有の体素と心素によって一定の地役権の行使に対応した行為をなしうる可能性があれば足りる、という立場にあるようである。[12]したがって、継続的な利用の行使がなくともよいことになり、通行地役権の場合、その占有は、「明確にその放棄・断念を表示する行為ないし事実が生じないかぎり、意思 (animus) だけで継続される」という。[13]古い判例には、引水地役権の例で、要役地上にある工場が三年間閉鎖され、取水していなかった場合でも、なお継続あり、とした事例があるようである。[14]学説は、かかる判例の立場に批判的であり、多くは権利行使の具体的な行為を必要と解し、[15]ただ具体的な行使とはどの程度のものか、または行為と行為との間隔がどのくらいの期間をいうのかについて議論がある。[16]

(2)　占有意思 (animus possidendi)

地役権の占有が問題となるかぎり、占有の要素としてのanimusも必要とされることになるので、永続的・可視的工作物の存在と、その事実的使用だけでは時効取得は成立しないと考えられている。[17]通行権については、通行の事実のほかに、通行が物権たる地役権を行使する意思をもってなされていることの証明が必要となる。[18]イタリアでは、債権的通行権の場合、通行利用者は「所持人」(資格のある所持) にすぎず、また、好意通行 (プレカリウム) の場合は「資格のない所持」(detentione non qualificata) しか成立しない。前者の場合は所持の占有への転換がないかぎり時効取得保護を享受しえないし、後者の所持にはすべての占有保護が否定されている。

通行地役権の場合には、実際上、好意通行・忍容行為との区別が往々にして問題となるが、両者を区別する基準は究極的にはかかるanimusということになる。ただ、前述したように、「表現性」がこの種のプレカリウム性を奪うので、通路を介してなされる通行は一般的には通行地役権の占有行使を意味すると考えてよいようである。もっとも、このような場合でも、権利行使に対応していると推測される事実関係が争われると、かかる占有を資格づけるために、占有意思があるのか、それとも友誼（amicizia）・恩愛・好意のもとになされた通行承諾にすぎないのか、についてのより厳格かつ慎重な確認が必要とされ、通行承諾の動機(motivo)が右のような感情や倫理的規範にある場合には、当該通路は地役権の占有の証明にはならないと解されている。[19] 通路があり、通行利用がなされていてもなお好意通行と認定されることがありうる、という点に注意しておく必要があろう。

3　取得される権利の種類・内容

時効により取得される権利の種類・内容は地役権的事実行使つまり占有の範囲・内容によって決まるが（「占有されているものと同じものが時効取得される。」《tantum praescriptum' quantum possessum》）、行使の態様・場所・時間が途中で変更した場合に問題が生ずる。この種の裁判例はあまり多くはないようだが、通行地役権については興味深い具体例（一九六〇年破毀院判例）がある。つまり、時効期間の進行中はずっと農業用の馬車による通行がなされ、付随的に馬車にともなう徒歩通行も行なわれていたところ、時効期間経過後に通行利用者が、右の徒歩通行とは全く別の必要・目的により徒歩による独自の通行に拡張するため、かかる徒歩通行のための地役権の時効取得をも主張した事案で、破毀院は、時効期間中に実現されていた態様による地役権、つまり馬車通行を目的とする地役権しか時効取得できない、と判示している。[20] それ故、判例によれば、時効取得の基礎となっていた事実行使(占有)だけが重要であり、それ以上のもの、あるいはそれとは別のものを時効取得できないことになるので、事実審裁判所も、占有者の行動に基づいて地役権の内容を定め、かつ時効期間中になされていた使用（uso）に基づいて地役権的事実行使を判断する責務を負うことになる。[21]

学説は、この問題について必ずしも一致しておらず、行使の時間や場所の変更は地役権的事実行使の内容に影響を与える（占有が変わる）と解釈する立場、これに対してそこまで厳格には解さず、なおケースに応じて占有に変更があるのかどうかの判断を裁判所に委ねる（つまり時効取得の可能性を認める）立場などがある。

行使の態様については、右の厳格な見解でも、なおその変更が地役権行使の内容に変更をもたらすのかどうかを検討し、変更がないならば地役権は「より小さな範囲」の原則により、つまり承役地により小さな負担を課する態様で時効取得が可能とする説もある。(22) また、地役権行使の態様の変更を類型化して処理する説もあり、この見解によれば、態様の変更が地役権の内容それ自体の変更をもたらす場合は新たな地役権の行使となり、態様の変更が地役権の変更を生じさせないが、その行使を著しくかつ顕著に変更する場合には、時効期間中に観察された態様による行為の実際と工作物の利用とに基づいて時効取得が可能となり、その判断ができないときは「より小さな範囲」の原則に基づいて時効取得できる、という。だから、単なる付随的な態様の変更は地役権の内容・行使に影響を与えないと解している。(23)

ところで、この関係でやや古いが興味深い判例があり、最初はバルコニーで、次はバルコニーの後で建築された窓付のテラスにより、さらに最後はこのテラスを取毀したあとに再築された三つの窓とテラスを介して、それぞれ行使されていた観望地役権の時効取得が問題となった事例で、原審は同一の地役権が存続していると判示したのに対して、破毀院は三つの別個の地役権が問題となっていると判断し、これを破毀している。(24) 地役権の行使に利用される「工作物」の異なっていることがその主要な根拠と思われるが、前述した最後の学説は右の判例と一九六〇年の破毀院判決を念頭において、行使の態様の類型的処理を提案しており、その当否は別にしてわが国でも大いに参考となる見解であるように思われる。(25)

4　短期時効取得の要件と特質

旧民法六二九条は地役権の長期時効についてのみ定め、短期時効には言及していなかったことから、それが可能なのかについて議論があった。新法は、所有権の時効取得制度（長期時効と短期時効）にならい、これを立法的に解決した（一一五九条）。したがって、地役権も一〇年の時効取得が可能となったが、前述した長期時効の要件（表現性と占有）

のほかに、それとはやや異質な要件が必要とされている。すなわち、二〇年の時効は占有に基礎をおくが、ここでは(1)地役権の設定に適合した権原(titolo)、(2)善意、(3)権原の登記という三つの要件が加重される。[26] 以下これらについて簡単に検討しておく。

(1)　権　原

所有権の短期時効取得の場合と同様に解されるので、ここにいう権原は地役権設定の法律行為をいう。[27] その法律行為が所有者に由来し、実質的にも有効であるならば時効取得は問題とならないので、抽象的・形式的に地役権を設定するのに適合した法律行為、換言すれば非所有者ないし非権利者（単なる占有者のごとし）によって設定された行為を指す。法律行為が失効する原因はさまざまであるが、時効取得によって治癒される瑕疵は、前主が無権利者であるという瑕疵だけであるので、無効・無権代理・無能力などの取引行為上の欠陥は時効によって救済されないことに注意する必要がある。

とくに問題となるのは、売主が売買の目的物たる土地（要役地）の便益のために第三者の土地（承役地）に対して地役権が存在するとの意思表示をなした場合であり、この種の意思表示を権原とみなして買主のために短期時効を認めるべきかどうかが議論されている。古くから争いがあり、判例は当初はこれを肯定的に解し、学説も多くは支持していたが、反対論もあり、地役権の存在の単なる表明は地役権の存在を前提にしており、新たに地役権を設定する意味をもたねばならない「権原」ではない、との批判もあった。[28] その後、判例はかかる批判に従って自己の立場を修正している。すなわち、土地が地役権とともに売却されるとき、地役権が買主に移転するのは、売主がそれを意欲し、かつ表示したという事実によるのではなく、地役権自体が当該土地に固有なものであるので、分離して譲渡の対象とすることができないからである、ということを根拠に、売主の意思表示がここでは重要性がないことを説示するとともに、「権原」の当事者ごとに外観上の所有者とは承役地の真の所有名義人でないことから地役権を設定する資格のない者であるところ、地役権存在の表示がなされる土地移転行為においては承役地の外観上の所有者が存在しない（当事者以外の第三者である）ので、抽象的にみて地役権を発生させるに「適合した権原」とはいえない、と判示するに至った。[29]

わが国では、かかる売主側の地役権存在の表明は、むしろ約定地役権の存在にとって有利な資料となるであろうし、時効取得では取得者の善意を推定させる資料になるはずである。

(2)　善　意

短期時効が成立するためには取得者が前主の無権利を知らなかったことが必要である。無過失（軽過失）は要件とされていないが、外観上の所有者の処分権限に疑念をもつと悪意とされる可能性もある。善意が必要な時期は占有取得の時であり、権原名義や登記とは無関係であると解するのが破毀院の立場である。短期時効の要件は「善意取得」の要件と共通しているが、取引の安全に奉仕する制度ではないので、善意取得のように取引行為時に善意の存在を求めていないわけである。

(3)　登　記

短期時効の成立要件としてさらに設定行為の「登記」が必要とされる。この登記は二重譲渡など、相矛盾する物的支配の優劣を決する「対抗要件」としての登記[30]ではなく、不動産物権取引行為には登記がなされるべきものであるから、権原・設定行為が短期時効の要件であるならば、その旨の登記も要件とすべきであるとの観点からとくに要求されたもののようであるが、その立法趣旨は、所有権の短期時効のところでも議論されているものの、イタリアの学者によっても必ずしも十全に明らかにされているわけではない。[31]真の所有者を時効取得の危険から保護し、あわせて、占有・地役権的事実行使の公示力を登記によって強めようとする意図があったことだけは確からしい。[32]

ともあれ、地役権の時効取得それ自体は、物権の変動ではあるが、対抗要件を必要としないので、登記がなくとも新所有権に対抗できることになっている。したがって、わが国におけるような「時効取得と登記」という、あの難問は生じていない。なお、イタリア登記法は時効取得を確認した判決の登記を要求しているが（民二六五一条）、この登記も「対抗要件」とは関係しないとするのが定説である。

5　対抗力なき地役権と時効取得

イタリア登記制度はわが国と同様に「対抗要件」主義を採用しており、したがって未登記でも地役権は有効に成立しうるが、承役地の新所有者には登記のないかぎり対抗できないことになる(民二六四四条)。この場合、対抗力を欠く地役権が時効取得の要件を充足しているとき、新所有者に対して時効取得を主張できないかどうかという問題が生ずる。わが国では、二重譲渡の場合に未登記譲受人が既登記譲受人(第三者)に対して時効取得を主張できるとするのが判例・通説であり、未登記地役権についてもこれと別異に解する理由はなく、現にいくつかの下級審判例がそれを肯定している。(33)

イタリアではどうか。短期時効については前述のように登記が成立要件であり、しかも、ここでは実質的に地役権が有効に成立しているので、既登記地役権者がこの時効を主張するまでもないと一応はいえそうである。しかし、イタリアの登記は人的編成主義を採用しているので、(34)承役地の新所有者に遅れて地役権の登記をすることもありうる。だから、既登記地役権でも対抗力をもたないときは、その瑕疵を時効で治癒する実益があるわけである。

この問題については最近、興味のある具体例が公表されているので、これを紹介することによって判例・破毀院の立場を検討してみよう。

Cass. 2 ottobre 1972, n. 2809, in Giur. it., 1974 I. 1, 1428.

〔**事実**〕　Xは、電気エネルギーの供給を目的とする公法人であるYに対して、X所有地上に存在すると主張されている送電地役権(Servitù di elettrodotoi)の行使による妨害排除と損害賠償を訴求し、一九六六年一二月一六日にYに呼出状の送達がなされた。当該地役権は一九三九年二月一七日にXの前主により訴外Aのために私書証書で設定され、YはAから電気事業の国営化に関する法律に基づいてこれを承継したものであるが、当該地役権の設定行為が未登記のためXに対抗できないことになり、そのため地役権の時効取得を主張したわけである。ところが、訴訟係属中にYは別の土地に送電設備を建造したので係争の地役権の主張を断念した。そこでXの請求は損害賠償に関するかぎりで維持されたが、第一審では、YがXの所有地に対し当該地役権の時効取得を主張できたはずであるということから、Yに地役権が帰属しないことを前提とするXの賠償請求は棄却され、控訴院も同様にYの占有が二〇年以上継続している（時効が完成している）ことからXの控訴を棄却した。しかし、破毀院は原判決を破毀して次のように説示する。

〔判旨〕　控訴院は、地役権の時効取得に適合するYの占有（possesso ad usucapionem）がXにより承役地が取得された日（一九五八年五月三日）から進行すること、したがって本訴提起・呼出状の送達日（一九六六年一二月一六日）までには時効取得に必要な期間が経過していないこと、について判断を誤っている。地役権の設定行為は登記がないと第三者に対抗できないが、設定契約それ自体は有効であり、登記の欠缺は行為の効力・有効性に何ら影響を与えない。権原の効力が未登記ゆえに消失した時、つまり承役地の第三取得者に土地が移転された時にはじめて「地役権の権原を欠く占有」が開始し、したがって、「新所有者との関係で期間の経過の効力によって当該地役権の取得に適合した状態が具体的に形成される」。換言すれば、地役権設定契約が第三者に対抗できないということから、原始的に（ab origine）失効するのではなく、前所有者との間では地役権による占有は「正権原」のないものになるのではない。

要するに時効取得制度は「権利によらない占有」を保護し、これを権利・地役権に高めることを眼目としているが、ここでは、未登記地役権でも設定当事者では有効に存在するので、「権利による占有」（地役権に基づく事実利用）が問題となっており、かかる占有は時効取得に適合した占有ではない、という趣旨であろう。わが国でも、二重譲渡ケースの場合であるが、「自己の物の時効取得は可能か」という問題が提起され、最高裁がこれを是として一件落着した経緯があることは周知の事実であるが、破毀院の提示した理論は実質的には右の「問題」と同じ考慮に基づいている。(35)

しかし、この判決の評釈は破毀院の立場を厳しく批判しており、登記のない契約による取得は登記がないかぎり不確定で、暫定的であり、第三者の取得・登記により常に失権の可能性があることを思えば、契約による取得よりも主体面でより広汎な効力をもつ時効取得という独自の方法による取得の必要性が肯定されるべきであり、これにより対世効が与えられる、という。(36) つまり、イタリア法では時効による取得は登記なくして何人に対しても対抗できるというメリットがあることになるが、しかし問題なのは、かかる場合にこの種の対世効を与えるのが妥当か否かにあり、破毀院は、第三取得者と時効取得者との利益を調和するために、右のような理論を提示したものと推測できる。なお、短期時効の場合には、「非所有者からの取得」という要件が加重されるので、地役権者が前主から取得した当時、いまだ新所有者がその取得の登記を経由せず、したがって前主が完全な無権利者になっていない場合には、右の要件を充足しないという疑問も生じうる。現に所有権の短期取得時効について、学説は二重譲渡ケースの場合に対抗力を欠く第一譲受人の短期時効を「非所有者からの取得」という要件が存在しないことを根拠に、否定しているのが参考となろう。(37)

6　小　括

以上、イタリア現行法の解釈論を検討したが、地役権の時効取得に不可欠な要件としての「表現性」は、わが国での「継続性」に対応しているように思える。つまり「通路の開設」が通行地役権の時効取得にとっていずれの国においても最小限必要な要件と解され、それがわが国では「継続」の中味になっている。それ故、わが国の解釈論にとっても、「通路の開設」に関わるイタリア法の議論が参考となるであろう。

のみならず、イタリアでは、時効取得の基礎が「継続的占有」にあることから、時効の一般的要件としての占有つまり地役権的事実行使に関する議論も展開されており、これと地役権の「表現」要件とが重ね合せて検討されているが、このような姿勢にも学ぶべきところが多い。ことに、わが国ではややもすれば地役権の時効取得に関する特則である民法二八三条にのみ目を奪われてきた経緯があり、一般原則たる民法一六三条の原則との関係について具体的に言及する学説は皆無といってよい。本研究はかかる視点をもっているので、その意味においてもイタリア法からの貴重なる示唆が期待できよう。

ともあれ、イタリア現行解釈論がプレカリウム論を基礎に地役権時効取得制度に関わる精緻な理論を展開していることが明らかにされたように思う。これを念頭におきながら、わが民法典の成立史、学説、判例を検討することが次の課題である。

（1） Art. 1061, Servitù non apparenti. ――Le servitù non apparenti non possono acquistare per uscapione o per destinazione del padre di famiglia.
Non apparenti sono le servitù quando non si hanno opere visibili e permanenti destinate al loro esercizio.

（2） 従来からの判例の立場であり（Cass., 8 aprile 1961, n. 744, in Mass. Giur. it., 1961, 203）、ごく最近でも維持されている（Cass., 8 marzo 1980, n. 1574, Giust. civle, voce Servitù, in Nicolo-Richter, Rassagna di giurisprudenza sul codice civile, Tom. 1, anni. 1979～1983, 1984, p. 1067.

（3） Cass., 8 luglio 1980, n. 4355, Giust. civile, Rep. 1980, voce Servitù, n. 51; Cass., 29 aprile 1983, n. 2953, Giust. civile, Mass. 1983. Nicolo-Richter, Rassagna di giurisprudenza, p. 1067.

（4） Cass., 30 luglio 1981, n. 4867, Giust. civile. Rep. 1981. Voce Servitù, n. 62, Nicolo-Richter, Rassagna di giurisprudenza, p. 1068.

（5） Cass., 30 luglio 1982, n. 3931, Giust. civile. Rep. 1982. voce Servitù, n. 52, Nicolo-Richter, Rassagna di giurisprudenza, p. 1068.

（6） Cass., 20 giugno 1975, n. 2471, in Tamburrino. Servitu p. 277.

（7） Branca, Servitu prediali, 1979, p. 310.

（8） Cass., 10 gennaio 1980 n. 437, Guist. civile, Rep. 1980, voce Servitù, n. 52; Cass., 6 giugno 1983, n. 3853, Giust. civile., Mass. 1983, Nicolo-Richter, Rassagna di giurisprudenza, p. 1069.

（9） Cass., 5 maggio 1966, Foro ita. 1967. voce Servitù n. 152.

（10） 学説の状況についてはBiondi, op. cit., p. 337 s. Biondiは、折衷説を支持している（op. cit., p. 338)。

(11) 判例の状況についてはTamburrino, Servitù, p. 297 ssが詳しい。Tamburrinoも判例と同様の立場にあり、地役権が工作物の「使用」によって実現される場合、使用の継続性が占有の継続性を左右する、という。

(12) Tamburrino, Servitù, p. 299.

(13) Cass., 3 agosto 1942 n. 2380, Foro it., 1942, voce Servitù, n. 100. 観望地役権についても具体的に窓から顔を出さなくとも、それをなしうる可能性があれば足りる（Cass., 22 febbraio 1932, Foro it, 1932. 1, 321)。

(14) Cass., Torino, 6 settembre 1905, Giur. tor. 1905, 1481, in Tamburrino, Servitù, p. 298.

(15) Branca, op. cit., p. 312; Tamburrino, Servitù, p. 302.

(16) Brancaは原則として1年間と解する（op. cit., p. 313)。

(17) Cass., 5 febbraio 1958, n. 342, Mass. Giur it., 1958, 71.

(18) Cass., 21 otobre 1959, n. 3016, Mass. Giur it., 1959, 629.

(19) Cass., 3 luglio 1979, n. 3751, in Rep. Giust. civile, 1979, voce Servitù, n. 66. かかる破毀院の立場は、わが国の最高裁のいう「継続」要件ときわめて近似性をもっているように思われる。

(20) Cass., 5 novembre 1960, n. 2973, Mass. Giur, it., 1960, 766.

(21) Cass., 9 gennaio 1964, n. 42, Giur. it., 1964, 567. 最近でも、Cass., 28 gennaio 1983, n. 804. Nicolo-Richter, Rassagna di giurisprudenza, p. 1067.

(22) Branca, op. cit., p. 314. たとえば、観望地役権について、従来は一つの窓でなされていたが、途中で二つの窓によりなされるようになった場合、一つの窓による観望地役権が時効取得されることになる。

(23) Tamburrino, Servitù, p. 303～304.

(24) Cass., 25 gennaio 1937, n. 189, in Foro it, 1937, 1. 927.

(25) この見解によれば、通行地役権の場合、時効期間中に通路の位置に変更があれば、時効が完成しないことになる。Tamburrino, Servitù, p. 306.

(26) 伊民一一五九条（一〇年の時効取得）「所有者でない者から善意で不動産を取得した者には、その所有権を移転するに適し且つ適法に移転登記のなされた権原名義の効果により、その移転登記の日付から一〇年の経過をもって彼の利益のための時効取得が完成する。
同一の規定は不動産上のその他の物権の取得の場合にも適用される。」（風間訳『イタリア民法典』参照）
イタリアにおける所有権の時効取得制度（歴史と理論）については、拙稿「イタリア取得時効制度の構造と特質(一)(二)(三)完」民商一〇〇巻三号二六頁、同四号四二頁、同五巻三七頁（平成元年）を参照されたい。短期時効については所有権の時効に関する説明がそのまま妥当するので、ここでは必要な範囲に限定し、詳しくは右の別稿に譲りたい。差し当り一般的な部分は次の文献に拠って解説する。Gentile, Efeetti del possesso, 1958, p. 108 ss.; Montel, Il possesso, 1962, p. 371 ss.; Protetti, Le azioni possessorie, 1979, p. 73 ss. u.a.

(27) 地役権設定行為は書面の作成がその有効要件となっている（伊民一三五〇条四号）。

(28) Branca, Foro it., 1957, 1, 1021, Gentile, Il possesso, p. 382 ss.

(29) Cass., 9 aprile 1963, n. 915, in Giur. it., 1963, 1, 1, 970.

(30) イタリア登記制度について拙稿・前掲「イタリア取得時効制度(三)完」三八頁以下に簡単な説明があるので参照されたい。

(31) Gentile, Effetti di possesso, p. 316 ss. を参照せよ。旧法典も同じく「登記」を要求していたが、当時からその立法理由が明らかではなかった。

(32) 予備草案の「理由書」がそのように報告している（Relazione al progetto, p. 248）。また、登記の必要な理由について学説では争いがあったが、少なくともこれが「必要である」という点ではほぼ一致していたようである。この点はフランス法の立場と対照的である。仏法については滝沢聿代「時効取得と登記(上)」成城法学一九号一頁以下（昭和六〇年）を参照のこと。

(33) 最近では名古屋地判昭和五七・八・二五判時一〇六〇号一六一頁がある。この問題については、本書第一部三章以下において簡単に言及している。

（34）Mariconda, La trascrizione, Trattato di diritto privato da P. Rescigno, vol. 19, 1985, p. 65 ss, p. 157. 基本的にはフランス法を下敷にしている。イタリア不動産登記制度については近く発表を予定している。

（35）ちなみに、二重譲渡ケースの場合に第二譲受人の登記をもって時効中断事由と同視する見解がわが国には存在するが（我妻栄『連合部判決巡歴Ⅰ』（昭和三三年、有斐閣）一六九頁以下、星野英一「取得時効と登記」『民法論集第四巻』三一五頁以下、三三七頁（昭和五三年、有斐閣）もほぼ同旨）、破毀院の立場はこの見解と結論的には一致する。

（36）C. Ancona, Acquisto per convenzione non trascritta ed usucapione di servitù, in Giur. it., 1974, 1, 1, p. 1428 ss.

（37）Visalli, Rapporti fra trascrizione e usucapione decennale, in Foro it., 1957, 1, p. 1810 ss. はこの問題を詳論し、二重譲渡ケースでは一般に一〇年の時効取得は認められないとする。これに対し、Montel, Uscapione decennale e titolo inefficace per precedente trascrizione di altro titolo dallo stesso autore, in Giur. it., 1958, 1, 1, p. 286 ss. は、場合を分けて、第二取得者が第一取得者よりも遅れて登記を経由したときは、前者はすでに「無権利者」となっているので、この場合は「非所有者からの取得」という要件を充足する、とする。いずれの立場にあるにせよ、遅れて登記をした第一取得者には短期時効が否定されている。前述のようにこれらの問題は別稿に譲る。

第五章　日本法の沿革と現状

一　日本民法典の立場

わが国の「相隣関係法」はフランス法やイタリア法の影響がとくに強いようであるが、それは旧民法の立案者ボアソナードの基本姿勢に起因している。果たしてヨーロッパ諸法ひいてはボアソナードの立場が正しくわが民法典および民法学に受容されたであろうか。その推移を簡単に検討しておきたい。

1　旧民法の成立

(1)　継続且表見の地役権

財政編二七六条　「①不動産所有権ニ関シ時効ヨリ生スル正当ナル取得推定ハ継続且表見ノ地役ニノミ之ヲ適用ス」

財産編二七二条　「①地役カ場所ノ位置ノミニ因リ人ノ所為ヲ要セスシテ間断ナク要役地ニ便ヲ与ヘ承役地ニ累ヲ為ストキハ継続地役ナリ

②地役カ要役地ノ便益ノ為メ時時人ノ所為ヲ要スルトキハ不継続地役ナリ」

財産編二七三条　「地役カ外見ノ工作又ハ形跡ニ因リテ顕露スルトキハ表見地役ニシテ之ニ反スルトキハ不表見地役ナリ」

右の規定を一見すれば明らかなごとく、フランス法・旧イタリア法と同様に、継続かつ表現の地役権についてのみ時効取得が可能である、とするのが旧民法したがってまたボアソナードの立場である。[1]ところが仔細に検討してみれば、いくつかの重要な点においてフランス法と異なる。まず第一に時効取得を権利取得原因とは捉えず、権利の「法律上の推定」と考えている点が指摘されねばならないが、[2]これは所有権の時効取得で議論されるべき問題であるのでしばらく考慮の外におく。次に「継続」の定義についても、やや微妙な差異がある。権利行使について「人の行為」を必要とするか否かに、継続・不継続を区別するポイントがあるところは異ならないが、そのほかに「間断ナク」という用語が付加されている点に注意しておく必要があろう。

たしかに、「人の行為を必要としない」権利行使は論理的に「間断なく」行使されることになるので、両者は、いわば楯の両面の関係にあり、地役権の種類・性質を抽象的に識別する道具概念といえるが、「人の行為の要否」とは異なり、「間断の存否」は物理的減少につながりやすく、したがってまた、具体的な地役権的事実行使の間断性ひいては物理的意味での「継続性」に結びつく可能性が残されることになったといえるであろう。後に学説の主流が「継続」概念・定義から「人の行為」を削り取ったのは右のような事情によるものと思われるが、この点は後述する。

さらに、旧民法では「継続」地役権の具体例が列挙されていない。この点も、すでに指摘されているごとく、フランス法などとの重要な差異に属するが、ボアソナードは通行地役権がたとえ一定の設備により行使されていても通行のためには人の行為が不可欠であるため、これを「不継続」地役権に含ましめ、したがって時効取得の対象から外していたことに注意しておく必要があろう。[3]ただ、彼は、かかる例示は立法によるよりも理論にゆだねるのが妥当である、と判断したわけである。

なお、「表見」の定義には工作物による顕現のほかに、形跡（ボ草案二九三条によれば明白な徴表《signes visibles》）による場合も付け加えられており、これもフランス法と異なるが、旧イタリア民法六一八条[4]の影響によるものと考えて大過ない。

なお、ボアソナードは、フランス法が長期時効（期間三〇年）のみを認めていたのに対して、かかる立場に合理性がないことから、所有権と同様の扱いをすべき旨を提案し[5]、旧民法（前記二七六条参照）もこれを採用したので、この点もフランス法に対する重要な改革である。

(2)　プレカリウム

ところで、ボアソナードが人の行為を要しないで行使できる地役権しか時効取得をなしえないと強い口調で断言したのちに、何故にかかる「継続」要件が加重されているのかについて具体的に述べている箇所があり、これを決して見落してはならないであろう。

「その他の場合、例えば、通行地役権については、それが多かれ少なかれ時間的に間隔をおいてしか行われることができず、また、その負担の主張をうける所有者はプレカリウムの（précaire）、ないしは「単なる忍容」（simple tolérance）の名義によりその通行行為を許容していたにすぎないのであると必ず主張するものなのである[6]。」

これは要するに、隣人間における単なる通行利用の許容・容認は原則的にプレカリウム・忍容行為つまり「好意通行」にすぎないので[7]、かかる通行利用はそのままでは時効取得により権利関係に高められるべきではない、との趣旨を明言しているものと考えて大過なかろう。すでにイタリア法の沿革の考察のなかで、「地役権時効取得」論の基礎にプレカリウムがある旨を明らかにしたが、ボアソナードも、中世の学者からポティエにまで承継されている「プレカリウム」論を再確認したものと思われる[8]。

ところで、フランス民法やイタリア民法には「忍容行為」という制度が採用されていたことはすでに検討した通りであるが、ボアソナード草案・旧民法にはかかる制度それ自体は存在しない。しかし、ボアソナードは占有保護が原則的に否定される占有を「自然占有」（possession naturelle）と称し、占有保護を享受する占有つまり「法定占有」（posession civile）と区別して、これを「所持人が有体物に対するいかなる権利の主張をもなす意思なくして、その物を所持することをいう」（ボ草案一九二条）と定義づけている。この条文のコメントで次のように述べていることに注意しなければならない。

「自然占有の場合は決して稀れではない。しばしば隣人・親族・友人の好意（faveur）に基づき、他人の物つまり動産や不動産を真の所有者の許可なくして、ときには彼の知らない間に、もっともそれを自己の物にしようとする意思もまたこれに対して何らかの権利を主張しようとすることもなく、みずからの利用に役立てるということが生ずるのである。これも自然占有である。[9]」

「忍容行為」は好意通行など地役的事実利用を念頭においているが、右の自然占有はこれを含むより広い概念であることが明らかであり、ドイツ法・スイス法にいう「占有補助関係」に対応するものといえよう。また、オーストリア民法典のいう「好意貸借」（Prekarium）（AGBG. §974）とも重なりあう。ドイツやスイスでもプレカリウムという用語が使われることも少なくない。現にボアソナードもその「注釈」のなかではプレカリウムという用語を「忍容行為」と同視してないしは同列において用いていたことは前述の通りである。しかし、フランスでのプレカリウム概念は一般的には占有法の場で使用され、いずれは所有者に物を返還しなければならない一時的な（précaire）占有という意味でpossession précaire（他主占有に相当するもの）と称されるのを常とする。[10]したがって、ボアソナードも「草案」のなかでは、所持人が他人の名においてもしくは他人の利益のために所持するときは、その所持も原則的に占有保護が否定されるので「自然占有」に含まれるが、固有の意味での自然占有と区別するためにこれをpossession précaireと称し、一連の規定を用意しているわけである（ボ草案一九七条以下）。

「所有者の許容によって他人の物を使用する場合には、例えば使用貸借もしくは寄託により所持をなしているときは、その占有は常に自然占有である。しかしながら、かかる自然占有はとくにprécaireという名称で呼ばれるのである。草案一九七条がその意味の用語を使用している。[11]」

ともあれ、ボアソナードが地役権の「継続」要件とプレカリウム・忍容行為との直接的な連けいをはっきりと認識していたことを銘記しておく必要があろう。

(3)　占有論との交錯

ところで、旧民法財産編二七五条の地役権時効取得の規定と、その原案たるボアソナード草案二九六条とは、規定の表現上において、いいかえれば、私の立場からいえば、重要な差異がある。

ボ草案二九六条「継続且表見の地役権は不動産所有権の〔時効〕取得に必要とされる占有の性質と継続せる占有に基づき時効によって取得される」

右のように、ボアソナードは、占有の構成要素と継続占有という所有権取得時効の成立要件にわざわざ言及している。何故か。そのコメントを見てみよう。

「法律は、詳細ではないが、取得時効に必要な他の一般的な要件を準用すべき旨を定めている。換言すれば、占有は容仮(possession précaire)であっても、強暴であっても、その要件を欠くことになる。このことはまた、正権原や権原の欠缺、善意・悪意に影響を与えることを示唆しているわけである。[12]」

とくに正権原、善意・悪意の区別に言及しているのは、前述のように、フランス法とは異なって、短期時効も認められるようになったからであるが、占有の要素、とくに「プレカリウム占有」が占有つまり地役権的事実行使の要件を欠く旨を明言していたことに注意しておく必要があろう。地役権時効取得論が占有論を基礎におくことは、いうまでもないことなのだが、今日でも往々にして一般的に指摘されるだけにとどまり、地役権との関連で具体的に論及されることが忘れがちとなりやすい。その意味では、ボアソナード草案の語法はそのまま温存されるべきであったろう。しかし、旧法では、抽象的な用語におきかえられ、現行法では、地役権の時効規定からその趣旨の表現が完全に削り取られてしまったわけである。その後における学説が、「継続」要件にのみ注目してきた理由も、案外このような事情と関連しているのかも知れない。後述のように、この「継続」要件の分析を深めれば深めるほど、結局は、占有論・占有意思論に行きつかざるを得なくなることは、最近の学者の共同討論（後述参照）からも明らかとなるであろう。

2　現行法の成立

(1)　継続且表現の地役権

現行民法典の起草者は、当初、次のような条文を立案していた。

二八二条　「取得時効ハ継続且表現ノ地役権ニノミ之ヲ適用ス」

ところが、議長（箕作麟祥）が、「取得時効ハ……之ヲ適用ス」という規定の仕方が他にはないということから、「継続且ツ表現ノ地役権ニ限リ時効ニ因ツテ之ヲ取得スルコトヲ得」とした方が良いのではないかとの疑義を出したのに対して、起草者・梅謙次郎もかかる表現が「少シ穏カデナイト思ヒマシタ」ということもあって、結局、他の委員の修正案が多数を占め、現行法第二八三条の語法に固まったようである(13)。

右の二八二条の語法は、わずかに旧民法二七六条の規定の仕方をとどめており、梅も旧民法とのつながりを意識していた。つまり、所有権の時効規定を継続かつ表現の地役権にのみ適用する、と考えられていたわけであるが、現行法二八三条は、その表現上、時効取得一般の原則とは完全に切り離されてしまっており、現行法一六三条(他物権一般の時効取得)がきわめて抽象的にそれを代用したといえるであろう。前述のように、その後の学説が専ら「継続且表現」のみに注視してきた遠因がここにあると考えて大過なかろう。

いずれにせよ、その立法趣旨は、起草者もいうように旧民法に「只文字ノ修正ヲ改ヘタ丈ケデアリマス(14)」ということになろう。もっとも、そこにいう継続地役権・表現地役権の「定義」に関わる旧法の規定は再現されていない。具体的な地役権の例示も、むろん存在しない。「定義」を削除したのは、「定義ハ避ケラレル丈避ケタイト云フ精神デ是迄起草シテ居リマスシ…大抵学者ノ間ニ議論ノナイコトヲ言ツテ居ル(15)」という理由による。また、「例示」を挙げなかったのは、「実際ニ六ケシイノハ此定義デナクシテ寧ロ其適用ニアル」ので、当事者が「勝手ニ」創設する各々の地役権が「継続」か否かをいろいろ法典で定めることは困難である、という判断によるが、結局、定義も例示も「不必要の

規定デアルカラ」」、現行法では採用されなかったわけである。(16)

右の議論を素直に受けとめるならば、現行法でもフランス法や(旧)イタリア法と同様に、通行地役権は非継続地役権に属し、したがってまた、その時効取得は不可能であるとの結論に至るであろう。しかしながら、梅委員の頭の中には、「継続性」に関わるヨーロッパでの疑議、とりわけ通行地役権をめぐる活発な議論（イタリアでは特別法による保護すら立案されていた）が渦巻いていたはずであり、フランス法やイタリア法に対する梅の造詣がそれを決して見落させなかったであろう。

実際、彼は民法典施行直後に公にした自己の著書において、「継続トハ昼夜間断ナク行ハルルモノヲ謂フ例ヘハ引水地役権ノ如シ」として伝統的な「継続」概念を基本的に維持し、したがってまた、通行権は「表現」地役権であっても「不継続」であるが故に時効取得できないと説きながらも「(但特ニ通路ヲ設ケタル場合ニ於テハ継続地役権ナリ)」(17)と、具体的な理由を示すことなく例外的措置を肯定しているのである。このような立場は、梅が、「継続」概念において物理的「間断性」を前面に押し出して、その本質的特徴とされる「人の行為」をほとんど中和させている（わずかに「行ハルルモノ」として命脈を保っている）ことと密接に関連するものと思われる。継続地役権の例として彼が挙げている引水地役権も引水のためには設備をつくらねばならず、その引水施設の存在によって継続性が担保されるならば、通行の場合も、通行の設備(通路)があれば、具体的な人の行為がなくとも、物理的な継続性を可能な範囲で確保できるとの考えに至るのも、いわば自然の成行きとも評しえよう。およそ一瞬たりとも間断がない、というような純粋に、物理的な事象は社会科学上の概念とは親しまないものであり、引水地役権の場合にも何かの事情で水流が一時的に途絶えることもあろう。梅がかかる純粋に物理的な事象に立脚した「人の行為」概念を捨て、法的概念に親しむかぎりでの物理的間断性の有無に力点をおいて「継続」定義を再構成したのも、それなりの合理的根拠があったものと思われる。換言すれば、通路があれば通行利用者は通行を必要とするたびごとに、いつでも欲するときに通行できるのだから、それによって通行利用の間断性が阻止され、継続性を維持できる、ともいえよう。

梅謙次郎の鋭い現実感覚と法的直感には敬服せざるを得ないが、ただ、右のような意味で地役権という権利面での「継続」概念が、いつの間にか地役権の内容の実現つまり地役権的事実行使の時間的継続性に移し変えられてしまうことになり、その点で伝統的な「継続」概念から若干、遊離するが、むしろわが国の学説による発展と評しうるものであろう。学説の展開は後述する。

(2)　プレカリウム

現行法の起草者・立法者はプレカリウムないし「忍容行為」に明確に言及するところがないが、ただ、起草者・梅委員の地役権に対する基本的な考え方から、プレカリウムなるものが実質的には温存されていることが窺知しうるであろう。彼は、地役権の負担附承役地を時効によって取得した場合、取得者・占有者が善意・無過失のとき、その地役権が消失するとの原則（旧民法財産編二八七条二項）に関わる討議において次のように述べている。

「地役権ト云フモノハどろあんすトどろあトノ区別ガ六ケシイ昔カラ学者ノ説ガ色々アル位デ果シテ地役権トシテ持ツテ居ルノヤラ只無償テ以テ懇意デ以テ然ウ云フコトニシテ居ルノデアルカ日本抔デハ是迄地役権トシテ此処ニ規定シテアル様ナコトガアッタカナカッタカ知リマセヌガ斯ウ云フ様ナコトハ懇意ノ隣家抔ノ間ニハアルノデ然ウ云フ区別ガ判然シマセヌカラ詰リ其占有ヲ離レタ者ガ地役権ノアルコト抔ヲ知ラズニヤルト云フコトガ毎々アル夫レガ完全ナ所有権ヲ得タ積リデアッタモノガ十年ノ後ニナッテカ突然然ウ云フコトガ出テ来ルノハ随分煩シイ。[18]」

「…地役ト云フモノハ権利トシテ持テ居ルノヤラ只懇意同士デ格別コチラニ害モナイカラ黙許シテ置クト云フノカ曖昧ノ権利デアルシ…。[19]」

右の発言から、梅謙次郎がヨーロッパ諸法での「プレカリウム」論を明らかに意識していたということを確言できるであろう。そして、かかるプレカリウム論は梅の著著を媒介にしてわが国における定説となる。その推移を次に検討したいと思う。

（1）　ボアソナード草案Art. 296, 292, 293については、大島・前掲論文九〇頁以下。ボアソナードのコメントも引用されている。

（2）旧民法証拠篇八九条「時効ハ時ノ効力ト法律ニ定メタル其他ノ条件トヲ以テスル取得又ハ免責ノ法律上ノ推定ナリ」。差し当り、内池慶四郎「現行時効法ノ成立とボアソナード理論」『手塚教授退職記念・明治法制史政治史の諸問題』七九五頁以下（昭和五二年、慶応通信社）参照。

（3）大島・前掲論文九三頁以下。「家父の用法」論でも、ボアソナードが通行地役権をこの保護から外そうとしていたことについては、本書第一部三章一〇〇頁を参照のこと。

（4）Codice civile, Art. 618: Le servitù sono apparenti o non apparenti. Apparenti sono quelle che si manifestano con segni visibili, come porta, un finestra, un acque dotta.「地役権は表現、不表現である。表現地役権とは、門、窓、水路のごとき目にみえる徴表によって表示されている地役権をいう。」

（5）Boissonade, Projet de code civil pour l'empire de Japon, Tom. I, 1882, p. 546.

（6）Boissonade, op. cit., p. 545.

（7）ただし、ボアソナードのprécaireという用語には使用貸借による「所持」も含まれる可能性がある（後述参照）。

（8）大島・前掲論文九二頁は、ボアソナードのコメントを直接「引用」しながら、何故か、本書が本文で引用したプレカリウム論だけが欠落している。

（9）Boissonade, op. cit., p. 344～345.

（10）差し当り、Weill, Droit civil, Les biens, 1974, p. 332 ss.; F. Zénati, Les biens, 1988, p. 307 ss.

（11）Boissonade, op. cit., p. 345.

（12）Boissonade, op. cit., p. 546.

（13）法典調査会「民法議事速記録」第二十九回―第三十七回、法務図書資料（四）二〇七頁。

（14）前掲「民法議事速記録」二〇七頁。

（15）前掲「速記録」一九二頁。

(16) 前掲「速記録」一九二～一九三頁。
(17) 梅謙次郎『民法要義・物権法巻之二』(明治四一年・訂正増補一六版) 二五二頁。
(18) 前掲「速記録」二五七頁。
(19) 前掲「速記録」二六〇頁。

二　学説の推移と現状

I　学説の推移・展開

1　明治・大正期

次に、本書のテーマに関わる範囲内で、明治期から大正期におけるいくつかの代表的な見解を、地役権の継続性・表現性の定義づけと「プレカリウム」論に大別して検討してみよう。「プレカリウム」論については学説はほぼ一致しているが、前者の問題については、なおこの時期に若干の動揺があることを学べるであろう。

(1)　地役権の継続性・表現性

(イ)　岡松説　前述のごとく、梅謙次郎が、「継続」概念を「昼夜間断ナク行ハルルモノ」と解して地役権的事実行使の継続性に重点をおく定義づけを提唱したが、さらに、かかる立場をいっそう徹底させる見解がほぼ同時期に主張されている。すなわち岡松参太郎によれば、継続地役権とは「地役権カ継続シテ行使セラルルモノ〔例之日光ノ射入ニ関スル地役権或ハ観望ニ関スル地役権ノ如シ〕又ハ地役権ノ行使ヲ何時タリトモ為シ得ルモノ〔例之通行ニ関スル地役ノ如キ〕ヲ云フ」とし、したがって、非継続地役権とは「地役権カ一定ノ時期ニノミ行使スルコトヲ得ルモノヲ云フ（例之洪水ノ為メニ設ケタル地役権ノ如シ）」と定義づけられる。[1] かくては、非継続地役権が臨時的・応急的な場合に利用され、その他の場合には大抵、継続地役権になってしまうであろう。文字通り地役権的事実行使の継続性、しかも社会一般の通念・常識から判断されるところの日常用語的意味での「継続」概念に完全にすり代えられてしまっている。

岡松は、当時のヨーロッパ諸国の立法・学説を驚くべきほど詳細に検討しており、伝統的な「継続」概念を知らなかったとは考えられず、現に前述のごとく「旧民法」ではその旨が明文化されており、また、「表現」概念については旧民法に従っていることから判断して、従来の「継続」定義を意識的に修正しようとしたものと思われる。その際、彼が頼りとしたものは、おそらくドイツ普通法の「占有論」であったと思われる。普通法時代では地役権の時効取得は所有権のそれと同様に占有（正確には「権利占有」）だけであり、ただその権利占有が一定の期間、「継続」しなければならないとされていたが、右の「権利占有」とは「地役権的事実行使」にほかならないからである。[2] 岡松自身、継続についてständigというドイツ語を使用していることや、フランスでも地役権の「継続」に代えて「占有」の継続を立法論として主張する見解があったことをも併せ考えるならば、右の推測も全く的はずれとはいえないであろう。

ともあれ、岡松説では、通路の開設がなくとも通行利用が必要に応じてなされているかぎり、「継続」要件を充足することになり、「表現性」をも具備しているので、時効取得が可能となるが、その後の学説はそこまで「継続」概念を軟化させてはおらず、一般に梅説に従っている。

(ロ)　中島・川名説　中島博士は、継続且表現地役権を一括して、「地役権ノ行使ノ事実カ間断ナク行ハレ加之外部ヨリ認知シ得ルヲ要スルナリ」として、いずれか一方の要件を欠くと時効が不可であることを述べた後に、「通路ノ開設…隣地ヲ観望ス可キ窓ノ設置ノ如キハ両性ヲ兼有スル例ニシテ本条ノ適用アランカ」という。[3]

川名兼四郎も、「継続」の定義についてはやや独自のものがあるが、結論的には同じ立場にある。すなわち、「継続地役(Servitutes continuae)トハ其行使ノ結果カ永続的状態ヲ欲望スルコトニ存スル地役権ナリ、不継続地役(Servitutes discontinuae) トハ其行使カ一時的ノ行為タルニ止マル地役権ナリ」として、通行地役権ノ如キハ不継続ノモノトス、但シ通路ヲ設ケテ通行スル場合ニ於テハ継続表現ノモノトナルヘシ」と。「表現」については、地役権行使またはその結果が外部に現われるものをいうが、地面に通路を設けた通行地役権は表現的のものであることはいうまでもない、と述べている。右の「継続」と「表現」の定義が、通路による通行地役権の場合、川名説では重複していることに注意すべきであろう。「表現的ノモノナルハ云ヲマタス」との叙述によって両概念の整合性を保持しようとしているように思われる。(4)

(ハ)　富井・横田説　右のような「継続」概念の緩和に対して、なお伝統的な定義を固持する見解も散見される。同じく現行法の起草者である富井博士は、継続地役権とは、「昼夜間断ナク行ハルル地役権ヲ謂フ即チ其行使ノ為メニ何等ノ行為ヲモ必要トスルコトナシ」と述べ、通行地役権は「毎時地役権者ノ行為トスルモノ」であるから不継続地役権である、と断言する。(5) 右の「継続」の定義の前半部分は梅説と全く同様であるが、とくに後半部分（傍点は岡本）がわざわざ付言されている点において梅説との決定的な差異が強調されているわけである。

さらに、横田秀雄博士も、「継続地役トハ間断ナク承役地ノ上ニ行ハルル地役ヨ謂フ」とし、「継続」概念を「詳言スレハ承役地カ一旦地役権ノ行使ヲ受クヘキ適当ノ状態ニ在ルニ於テハ爾後人ノ所為ヲ要セスシテ自然ニ且間断ナク承役地ノ上ニ行ハルル地役ヲ謂フ」と述べて若干その「継続」概念を緩めながらも、「地役権ノ行使ニ付キ其都度地役権者ノ行為ヲ必要トスルモノ」、つまり汲水権や通行権は、たとえそのために通路を開設しても「不継続地役権」に属するという。「何ントナレハ…通路ヲ開設スルモ地役権ハ当然行ハルルモノニ非ス之ヲ行使スルニ付テハ特ニ地役権者の行為ヲ要スヘケレハナリ」(6) として、富井説に従っている。

(ニ)　末弘説　このように、通路の開設によって行使される通行地役権が「継続」要件を充足するとの見解に対して、有力な反対説があったことを知りうるが、たしかに、伝統的な「継続」概念を維持しつつ、とりわけ「人の行為」の要否に未練を残すかぎり、通行地役権をその範ちゅうに組み入れることは理論的な難点を抱え込むことになることから、反対説は抽象論としてはきわめて明快であったといえよう。しかし問題は、理論的整合性もさることながら、むしろ通行地役権の時効取得保護に対する実質的価値判断にあったといえよう。この点を見事に解決したのが末弘説であったように思う。

すなわち、梅説とこれに従う学説の主流は、通行地役権は原則として非継続地役権であるが、通路を開設すれば例外的に「継続」になると解して、伝統的な「継続」概念に敬意を払っていたように思われる。しかし、末弘厳太郎博士は、かかる「継続」概念との接続を完全に断ち切ってしまった。末弘博士によれば、継続地役権とは、「其行使が間断なく継続するものを謂ふ。例えば観望地役権・引水地役権・特設の通路を以てする通行権の如し」、不継続地役権は、「其行使が継続的事実として現われざる場合を謂ふ。例えば汲水地役権・特に通路を設けざる通行地役権の如し」とされる。[7] ここでは、継続・不継続が、地役権的事実行使の継続性に完全におきかえられ（傍点部分〔岡本〕を参照）、通行権の場合、「通路の有無」が「継続性」の存否の決め手と解されているわけである。このような末弘説の背景には、この時期に同趣旨を説く一連の下級審判例（東京地判大正元年九・二五新聞八二四号二四頁等）があったはずである。

ともあれ、「継続」定義のなかにはもはや「人の行為」は入っておらず、また、「間断なく」という意味も「物理的間断性」の有無とは解しえなくなったことをも意味しよう。このことは、末弘博士が、排水の為め他人の所有地を溜池として利用する権利の時効取得が争われた裁判例（大判明治三二・六・一七民録四輯六巻八一頁）について、大審院が「臨検ノ際池水乾涸シ居タル」事実等、諸般の事情から、「継続の性質」を有しないとした事実認定を基礎に時効取得を排斥したのに対して、「假令排水の事実は不絶継続せずとも、例えば排水の為め特別の永続的設備が施してあり而して必要ある毎に排水されるやうな事実があれば尚之を『継続』的のものと認めねばならぬ」[8]と述べている点において、如実に示されているであろう。

かくして、梅説から末弘説に至って、わが国独自の「継続」概念が創造され、これが昭和期の学説に承継されていくわけである。

(2)　プレカリウム

前述したように、梅謙次郎は立法過程で「プレカリウム」論の実質について言及していたが、その著書においても明確に述べている。「地役権ノ継続ノモノナラサル場合に於テハ他人カ之ヲ行使スルモ所有者ハ堪ヘ難キ煩累ヲ感セサルカ故ニ往往善隣ノ道ヲ全ウスル為メ之ヲ黙許スルモ敢テ所有権ノ一部ヲ放棄シ其人ノ為メニ地役権ヲ設定スルノ意思ナキコトアリ」と。また、「表現性」が要求せられるのは、不表現の場合、往々にして他人の地役権行使を知らないことがあるので、この場合には「所有者ニ怠慢アリ」とはいえないからである、と説明している。[9] このような梅による「継続・表現」要件の立法趣旨は、とりわけ「継続」については、中世法以来、フランス法・イタリア法を通して、また、ボアソナード・旧民法においても一貫して維持されてきた「プレカリウム」論以外の何物でもない。

そして、かかる意味での「プレカリウム」論は、表現上の（些細な）違いは別にして、通行地役権と「継続」概念との関係をどのように捉えようとも、ここに参照したすべての学説に共通している。[10] また、現代の学説においても一致して支持されていることは後述の通りである。したがって、ここでは右の梅説を紹介するだけにとどめておきたい。

2　昭和期

(1)　継続・表現地役権

昭和期では、右の末弘説を承けて、通行地役権の「継続性」は「通路の開設」と同視される傾向がいっそう徹底化している。丁度、大審院判決（昭和二・九・一九民集六巻五一〇頁）も同じ立場を表明したこともあって、もはや動かしがたい定説となったようである。いくつかの見解を紹介しておく。

(イ)　宮崎説　昭和に入ってすぐ、宮崎孝治郎は、諸外国の立法例を比較法的に概観し、「地役権時効取得制度は各国に於て之を持て余して居る」との認識のもとに、これを肯定すると「社会上忍容す可からざる種々の弊害を生ずる」ので、「制度として、地役権の単純なる時効取得は、存在の価値なきものであると信ずるのであって従って現行法の解釈としても民法二八三条の継続表現の要件が極めて明白確実なる場合にのみ時効取得を認む可きものである」と断言している。[11] その基本的姿勢は、「無償で他人の好意によって、多年其の隣地を通行使用さして貰って置き作ら、時効によって地役権を取得したと主張するのは道徳的にも非難せらる可き事ではあるまいか」、つまり「良き隣人の精神(esprit de bon voisinage)を濫用すること勿れというのが本論文の主張である」というところにあるが、これは要するに本書にいう「プレカリウム」論であり、他の諸説に共通した認識であることは前述した。

右のような立場から現行解釈論としては末弘説に従いつつ、地役権の内容をなす占有行為が人間によってなされる以上、物理的には継続的地役権なるものは在りえない(一種の擬制である)ところ、「然も尚お継続地役権を認むる所以のものは地役権実行行為の内容を成す各占有行為間に存する間隙が、normalな状態と比較して、空隙と看做され得ない程接近して居ると、社会観念上認め得る、地役権が存在し得るからである」ので、「従って此の権利をして社会観念上の継続的地役に適合せしむるには余程確実な基礎がなければならぬ」として、「私は其の社会的認識の基礎を承役地をして間断なく使用せらるる状態に置く人工的施設に之を求める」との見解を述べている。[12]

宮崎説によれば、特殊な「継続」要件は、時効一般の「占有継続」の要件と完全に融合したことになるが、わずかに、通行権については「通路の開設」という点において、特殊「継続」要件が維持されているといえよう。ともあれ、占有つまり地役権的事実行使の「継続」に対する分析は示唆深く、後の「承役地の支配・占有」説に与えた影響は大である。また、抽象的ではあるが、前述したイタリアにおける「占有継続」の議論と交錯している点もあり、「社会観念上の継続地役」なる観念を提唱した学説史上の意義は大きいように思われる。また、通路を人工的工作物に限定したのは、昭和二年大審院判決に示唆されたものと思れ、自然の踏みつけ道を排斥する趣旨である点も興味深い。しかし、「占有意思」にまでは気がついていないようである。

(ロ)　石田(文)説　石田文次郎博士によれば、「継続地役権とは其行使が間断なく継続する地役権である」として末弘説に全面的に従っているが、「継続性を有するには、其地役権が人の行為を要せずして間断なく行はれ得るをもって足り、現実に間断なく行はれることを要しない」と述べているので、(13)「人の行為」の要否が復活したかのように見える。多分に伝統的な「継続」概念を意識してはいるものの、むしろ、その定義の重点は、「行はれ得る」との可能性を示す用語からも窺知しうるように、後段部分すなわち「現実に間断なく行われることを要しない」というところにあると判断して大過なかろう。したがって、通路を設ける通行地役権は「継続性」を有することになり、時効取得が可能とされる。(14)

石田説は、地役権事実行使が現実に間断なく行われる必要がない、と明言した点で末弘説を一歩前進させたともいえようが、その概念規定にやや曖昧なところもあり、「不継続地役権とは地役権の行使につき其都度、地役権者の行為を必要とする地役権であって」としながらも、「汲水地役権・通路を設けない通行地役権は其例である」と解するのは問題であった。また、継続地役権の例としては、「通路を設けた地役権」を明示していないが、それは、かかる地役権が「表現」地役権の例としてあげられていることから推測して、(15)「表現」概念との重複（矛盾）を避けようとする趣旨であったものと思われる。いずれにせよ、通路の開設による通行権を「継続」概念に含ませると、通路開設という外部的徴表が「表現」概念・要件をも充足するので、両概念の調和に苦慮した事情を窺い知ることができるであろう。(16)しかし、この点は、末弘説が通行利用それ自体が「表現」であるとして、一応の答を出している。

(ハ)　末川説　そして、昭和十二年に末川博士が、当時としてはほとんど唯一の、通行権一般に関する論文を公にしており、そこでの地役権に関する叙述で、「ここにいう『継続』というのは、勿論通行の事実そのものが不断であることを要求するのではなく、他人の土地を通行してそれを利用している状態が通路の如き施設によって客観化されているのを以て足ると共に、その通路を何人が開設したかというようなことは時効制度の趣旨からいって問題とはならない」(17)とすることによって、従来の「継続」概念をめぐる論争は一応決着がついたと評価してもよいであろう。(18)しかし、同時に末川博士によって、別の新しい問題が提起されており、「通路開設の主体」論争が最高裁判例を媒介にしてなお今日においても学説・下級審判例を悩ましているわけであるが、この問題は後述する。

(2)　プレカリウム

「継続」要件の根拠がプレカリウムであることは、この時期でもとくに変わるところはない。[19][20]

(1)　岡松参太郎「民法理由・上巻」二九頁（明治三〇年、有斐閣）。

(2)　Windscheid-Kipp, Lehrbuch des Pandektenrechts, Bd. I, 1906, S. 1088 ff.

(3)　中島玉吉『民法釈義巻之二（物権編上）』五四三頁、五六三頁（大正九年、初版・大正三年、金刺芳流堂）。

(4)　川名兼四郎『物権法要論』一六六～一六七頁（大正四年、金刺芳流堂）。

(5)　富井政章『民法原理第二巻・物権』二六三～二六四頁（大正十二・上冊十二版、初版・明治三九年、有斐閣）。

(6)　横田秀雄『物権法論』二三八頁、二四一頁（大正一〇年、巌松堂）。

(7)　末弘厳太郎『物権法下巻第一分冊』六五四頁～六五五頁（大正一一年、有斐閣）。

(8)　末弘・前掲書六五五頁。

(9)　梅・前掲書二五三頁

(10)　岡松・前掲書三〇〇頁、中島・前掲書五六三頁、川名・前掲書一六六頁、富井・前掲書二六三頁、横田・前掲書二四一頁、末弘・前掲書六五四頁。

(11)　宮崎孝治郎「地役権の時効取得」法協四六巻七号一四九頁以下（昭和三年）。なお、教授は、所有権の時効取得制度も好ましいものではないとし、時効制度は消滅時効・債権法においてその天地を有する、という（一六一頁以下）。

(12)　宮崎・前掲論文一七一頁以下。

(13)　石田文次郎『物権法論』五九二頁（昭和一六年、初版・昭和七年、有斐閣）。

(14)　石田・前掲書五九七頁。

(15)　石田・前掲書五九三頁。

(16)　末弘・前掲書六三九頁。

(17)　末川博「他人の土地を通行する権利」民商五巻一号一一〇頁（昭和十二年）。

(18)　たとえば、近藤英吉『改訂物権法』七一〇頁（昭和一二年、弘文堂）も、「地役権の内容たる土地の利用が継続的になされたものを継続地役権と謂」うとして、通路設備あるをもって「継続」になる、という。

(19)　宮崎・前掲論文一六七頁、一六九頁等。石田・前掲書五九七頁、末川・前掲論文一一二頁以下。

(20)　戦後の学説も、「継続」概念、およびその趣旨、いずれにおいても従来の学説を維持している。勝本正晃『物権法』二四三頁（昭和二七年、創文社）、我妻栄『物権法（民法講義II）』二八八頁（昭和二七年、岩波書店）。

II　学説の状況・分布

今日の学説の課題は、最高裁昭和三〇年一二月二六日判決(民集九巻一四号二〇九七頁)および昭和三三年二月一四日判決（民集一二巻二号二六八頁）によって、「継続」要件をみたすためには承役地たるべき土地の上に通路の開設があっただけでは足りず、その開設が要役地所有者によってなされることを要する、との厳格な判断枠組が形成されたことに端を発し、この判例理論の当否を問うところにあるといってもよいであろう。したがって、多くの見解は判例評釈のなかで展開されているか、あるいは、体系書における一般的な叙述にとどまっているのが現状であるが、重要な指摘も散見され、また、戦後における学説を悩ました重要な論題であったことから、広く論者の関心を惹きつけたようにも思われる。それ故、かかる「継続」要件をめぐって種々の見解が提唱されており、それを整理することは必ずしも容易ではない。

私見は「プレカリウム」論を基礎しているので、ここでもかかる立場を一貫するが、すでに、沢井教授によって本書とほぼ趣旨を同じくして、従来の学説がきわめて的確・簡潔に整理されているので(1)、屋下に屋を架する愚をおかす危険もあるが、最近の学説などをも紹介しつつ、若干異なった手法をも採り入れて、あえて所説の分析にページを割くことにした(2)。

1　通路開設と継続性

(1)　プレカリウム論

既述した従来の学説の成果を踏まえて、今日の学説が、通行地役権の時効取得の要件として少くとも最小限、「通路の開設」が必要だとする点では、異論をみないといえよう。しかも、この「通路開設」が民法二八三条にいう「継続」要件に該当するとの考え方も、民法典成立当初から現在に至るまで一貫して学説が維持しているものであり、今日の学説も、このような捉え方についてはほぼ一致している。[3] そして、かかる「継続」要件の趣旨、換言すれば不継続地役権（通路を開設しない通行権）の時効取得が否定される実質的根拠は、従来の学説と同様にここでも「プレカリウム」論であることについても一致している。煩を厭わずいくつかの学説を挙げておこう。

(イ)　我妻教授は、継続地役権については「承役地利用者にとって損害の少ないものであるから、これを忍容する事実があっても、単に道徳関係に止め、法律関係に高めないのが至当である」[4] とし、末川教授も、「不継続地役権は、承役地にとって損害が少ないから、承役地の所有者（または使用者）は人情の上からもこれを忍容しているのが、常であり……」[5] と述べ、舟橋教授もほとんど同様の説示をなしている。[6] 代表的コンメンタール・注釈民法のなかで、中尾教授は、「他人がこれ（不継続地役権）を行使しても所有者は格別煩わしさを感ぜず却って好意的にこれを認めてはいても、そのために地役権を設定する意思をもたないことが多いから、かかる関係を権利にまで認むべきではない、という理由」により、「継続」要件が加重されたと説く。[7]

最近でも、沢井教授はプレカリウム論を前提に立論されているし、[8] また、川井教授も、「乙が甲の通行を好意で暗黙に了承していたところ、甲が開き直って時効による地役権を主張できるというのは、徳義上からも問題である」ので、継続・表現の要件が加重されたという。[9][10]

(ロ)　実務家諸賢も同様の立場にあり、たとえば、エネルギッシュな学究活動をされている藤原判事は、「継続のものでなければ、承役地所有者も近隣者の情誼から通行を黙許することも多いであろうし……[11]」と解し、ごく最近でも那須判事は、「継続」要件との関連で、「通行の事実があっても、近隣者としての徳義上、単なる好意により通行を許されているにすぎないことが多く……[12]」と述べ、さらに、この方面の研究を従来から一貫して積み重ねておられる安藤弁護士も、「継続」が「連続して権利の内容が実現されている状態」をいうと解し、「これを要件としたのは、一般的に不継続の地役権は、他人が行使したとしても承役地の所有者に格別の不利益を与えるものではなく、もしその所有者がこれを認めるような行動にでても、それは好意に基づくものであって、地役権を設定するまでの意思をもつものとはみられず、そのような場合には、単なる道義の関係に止めて、法律的権利関係にあるとみるべきではないからである[13]」という。

もはやこれ以上の言及は不必要であり[14]、右のような見解が今日における学説が到達した共通認識である。

2　通路開設・継続性の枠づけ

「通路」とは何かという問題もさることながら、通路開設があれば当然に時効取得が認められるのかといえば、決してそうではない。かかる通路開設の経緯、現状等の諸事情から、なおより厳格な要件が付され、ないしは解釈がなされており、通路の開設だけで足りるとする立場はまずないといってよい。このような制限的な解釈の潮流はまず次のように大別できるであろう。すなわち、前述のごとく、最高裁がきわめて厳格な立場を表明したことから、かかる最高裁の判例理論を前提にした解釈論が一方にあり、他方で、それとは別個のとりわけ解釈論史的視角からみるとその判例が出る以前の段階における制限的な見解にも注意する必要があろう。

後者の学説としては、とくに我妻説が重要であり、「一歩進んで考えれば、継続かつ表現のものについても、地役権の時効取得を認めることの当否が疑われる場合がある」との鋭い現実感覚を背景に、「近隣の人が空地を通行し、そこが自然に道路になったような場合には、承役地所有者が近隣の情誼で黙認していたものであることもあろう。さような場合に、通行地役権の時効取得を認めることは、相当に問題である」[15]という。これは、教授自身が述べるように、昭和二年の大審院判例を意識したものであり、したがってまた、人工的な施設を必要だと力説した宮崎説の影響をうけたものだが、通路の開設（「継続・表現」要件の充足）があってもなお時効の成立が阻止される可能性を指摘した点は卓見といわざるを得ない（もっとも、右のような場合、通路の開設がないとも説明できようが）。ここでは、その立論の背後に「プレカリウム」論が存在しているということを銘記しておきたい[16]。

次に、判例理論を軸にした学説の一大潮流をその時間的な流れに即してやや詳細に検討してみよう。

(1) 最高裁判例と学説の対応

(イ) すでに末川博士は、判例理論を予想するかのように「通路開設」の主体について言及していたことは前述したが、昭和三〇年判決の直後に、これに論評して、「継続」とは「他人の土地を通行している状態が道路のごときによって客観化されていることをもって足りるのだから、上の判例（昭和三〇年判例）は、その点では正しいけれども、通路を何人が開設したかは、時効制度の趣旨からいって問題とすべきではない[17]」との見解を再確認していた。

これを承けて、林教授は、最高裁昭和三〇年判決の結論は妥当だが、その抽象論には問題があり、末川説のような反論も可能である、とするとともに、他方で、判例から学ぶべきものは、「承役地所有者が好意的に開設したものであり、それを逆に要役地所有者が、『継続』の現われとして援用を許されない」という視点であり、したがって、「道路が開設されていても、そこに承役地所有者がわから時効取得を妨げるような態度が客観化されて示されているとき」、つまり「契約に基づき、あるいは暗黙の好意によって通行が許されるときには」、「継続」ではない、とされる[18]。

この林説は、後の主要な諸学説の底流となっており、その学説史的意義は高く評価されなければならないところ、右の見解からも明らかなように、ここでも「プレカリウム」論が直接的に有用な解釈原理となっていることを決して見落してはならないであろう。

(ロ) ところで、林説は「継続」ではない場合を明らかにしているが、逆に、「継続」とはどのような場合をいうのかと問われたとき、これに対して積極的な応答はなされていない。末川説も、「継続」概念を抽象的に述べるだけで、より具体的な基準を示すものではなかった。むしろ、その重点は、「通路開設」の主体論にあったといえよう。かかる主体論をさらに一歩進めたのが、小谷理論である。小谷裁判官は、最高裁昭和三三年判決[19]の補足意見として次のように述べている。「たとえ当該通路が要役地所有者によって開設された場合でなくとも、要役地所有者が自己のためにする意思をもって自ら当該通路の維持管理を為し（自らの労力または自己の費用をもって）来り、且つ引続き通行して来た場合においては、また『継続』の要件を備えておるものと解するを正当とする」と。

実は、小谷判事が右のような見解をべる機縁として、おそらく本判決の「上告理由」が多分に影響を与えていたであろうことが推測される。本件事案は「好意通行」が問題となっていたところ、原審が通路の存在と自己のためにする通行事実とによって、その時効取得を肯定したので、承役地所有者が上告したが、通行利用者側は単に既存の通路を通行していただけであったので、「通行利用者が通行の利益を享ける為には道路の開設維持等の負担の随伴することは当然である」などと主張したのに対して、多数説が先例（昭和三〇年判決）に従って結論を出したために、小谷判事は、むしろ「上告理由」に応接したかたちで、その意見を述べたとうけとめることが可能であろう。「上告理由」はまことに実社会の経験則に即した根拠を挙げており、承役地所有者が自ら通路を設置維持し、その修繕等をなしてきたが、「偶々被上告人（通行利用者）に通行の利便を与え…欺くの如く権利行使に欠くる処のないものが偶々通行の利益を第三者に与えたことによって、……」時効取得が認められるのは不当だとしているところから判断して、ここにも「プレカリウム」論が潜在していると考えて大過ない。その意味では、小谷理論にも「プレカリウム」論が背景にあるというのは言い過ぎであろうか。林説がすでに存在していたということを考慮すれば、あながち的はずれともいえないであろう。

(2)　学説の推移——小谷理論とその展開

これ以降、学説は、主としてこの小谷理論に従いつつ、さらに細部にわたる議論を経て、今日に至っている、といえるが、しかし、他方で、判例理論も根強い支持者（とくに実務家）を得ている。その推移を概観しておこう。

(イ)　甲斐教授は、最高裁昭和三三年判決の評論で、小谷理論を支持するとともに、林説に依拠しながら、小谷理論の実質的根拠を説かれている。[20] つまり、小谷理論と「プレカリウム」論を重ね合わせたということになろう。

(ロ)　判例理論と小谷理論との対立は、学説をして、通路に対する通行利用者の主体的容態のあり様へのより深い反省を迫ることになる。加藤永一教授は、小谷理論を支持するとともに、右のような観点から、通行利用者が通路を維持・管理するという形で通路の現実的支配つまり「占有」を有することになろう、として、かかる意味での承役地の占有がここにいう「継続」である、という。判例理論もかかる「占有」の前提とし、通路を通行利用者自身が開設する必要ありとして、より強い形で承役地の占有を要求し、そのかぎりで小谷説と共通するが、時効制度の趣旨からそこまで厳格に解釈する必要がなく、また、他方で、「人情から通行を黙認していたら空地に自然に通路ができたような場合」、社会観念上は「継続」とせざるを得ないが、かかる場合、加藤説では「継続」要件を充足しないので、これを時効の保護から排斥できる、とする。[21]

右の加藤説のいう「承役地の占有」とは、沢井教授が指摘されるように、要するに「地役権的事実行使」にほかならない。したがって、問いをもって問いに答えた感がないわけではないが、民法一六三条（ひいては一六二条の「占有の要件」）との関連を指摘している点では評価すべきものがある。また、かかる「占有」がプレカリウム性を排斥するとの立論も読みとれ、結局、この見解もプレカリウム論に行きつくことになろう。

山本教授も、単なる通行事実は、断続的・その都度的性質の好意的通行利用であるので、民法二八三条にいう「継続」地役であるためには「通路敷地の継続的使用関係」（傍点は岡本）でなければならず、したがって、通路を漫然と利用するだけでは不十分であり、「要役地所有者が、この通路を自己のために支配しているとみるに足るべき客観的事情の存在が必要」である旨を力説する。かかる規準からいえば、判例理論はもちろんのこと、小谷理論もなお狭きに失し、通路の維持・管理がなくとも、「承役地の継続使用」が認められる場合がありうる、という。[22]

山本説も、通路の存在と単なる永続的通行事実だけでは時効取得の要件を充足せず、継続的通行使用関係の主体的意思が必要であるとしているかぎりにおいて、前述の加藤説と共通している。したがって、そのいうところの「通路敷の支配」なるものも「地役権的事実行使」にほかならず、しかも、その結論の当否は別として、かかる通路敷の支配意思によって通行利用の「プレカリウム性」が排斥されると解している点に注目すべきであろう。

(ハ)　加藤・山本説によって通行使用の「継続性」の中身が単なる「客観的事実」(通路の存在と通行事実の継続)ではないということが明らかにされた意味が大きい。これらの説は、多分に「宮崎説」を念頭においているが、さらに、地役権の時効取得の「要件事実」それ自体にまで踏み込み、民法二八三条と一六三条とを融合したといえよう。ただしかし、客観的事実と主観的意思とが混在しており、両者が必ずしも整序しきれていないきらいがあった。これを明確に意識して、理論構成したのが玉田教授である。次のようにいう。

時効による権利取得の一般要件(民一六三条)である「権利行使の継続性」は継続地役権にしてはじめて充足できることを民法二八三条の「継続」要件が明らかにしており、また、地役権はその性質上、占有をともなう継続地役権以外は時効取得を認めないということも含意されている。つまり、継続地役権は間断なく継続するものであるので、通常、一定の設備を通して、その設備敷地としての承役地を継続的に使用＝支配することになるので、これはとりもなおさず地役権行使に占有がともなっていることを意味する。具体的には、他人が開設した通路を維持・管理している場合でも、「承役地の占有」があるので、時効取得が認められる、と。(23)

玉田説によって、民法一六三条と二八三条とを統合した「地役権時効取得」論がいっそう明確なかたちで提唱されたといえよう。ただ、「不継続」地役権が時効保護から外されるのは「好意通行」を排斥する趣旨であることは「いうまでもない」とするその評価は、通行利用のプレカリウム性に関する実情を正しく認識していないきらいがあるほか、そのことと関わって、右の玉田理論では、民一六三条が十二分に生きていないことが窺知しうるであろう。理論構成に腐心しすぎたようにも思われる。

(3)　判例理論の支持説

他方で、判例を支持する一連の流れがあり、今日でも跡をたたない。川添評釈は、「他人の開設した通路を単に通行する者は通行の都度断続的にその土地を利用しているにすぎない」し、時効制度が「隣人の好意の悪用その他の弊害を生み易いこと」から、その要件をできるだけ厳格に解釈すべきだとし[24]、入山弁護士は、近隣のよしみで通行利用を黙認することがあることを理由として[25]、また、川村教授も、「通行の許容がface to faceな友誼関係の平面で示される好意」であることを理由とし[26]、太田判事も、近隣の情誼から通行を黙認する場合が多いので、これを法律関係に高めることは慎重を要するという理由で[27]、いずれも判例と同趣旨を説く。最近では、川井教授も、やはり「好意通行」を基礎にして、結果的に判例の立場を支持し、ただ、「継続」要件は通路による地役利用で足りることから、それ以上、要役地所有者による開設までも、この要件から導き出すべきではない、という[28]。さらに、広中教授も、「好意的に通行を許容されている者がその通路を維持・管理するのを、好意にこたえるつもりだろうなどと考えず、善隣関係にひびが入ることを意に介しないで禁止しなければ、通行地役権の時効取得が成立してしまう(一六三条の要件で適切にしぼりをかけることはむずかしい)」として、判例理論が解釈論として妥当である、という[29]。

ごく最近でも、那須判事は、好意通行による通行利用が多く、また自ら開設したものではない通路を利用する者は断続的にしか利用していない場合が多いので、かような者まで保護する必要はない、という[30]。

これら、「継続」要件ないし時効取得要件を厳格に解する立場は、いずれも「プレカリウム」論を根拠に[31]、きわめて実際的考量によって判例を支持しているように思われる。したがって、かかる「要件」が充足されない場合でも、なお当該通行利用がプレカリウム性をもたないと解されることもありうるのではなかろうか。

(4)　沢井理論とその展開

沢井教授は、以上のような学説の動向を踏まえて、とくに前述した「通路敷支配・占有説」(加藤・山本説)を念頭におきながら、「そしてここで重要なことは、いかなる場合に地役権的事実支配が存在するとみるかである」とし、小谷理論が、かかる「地役権的事実支配の一つの基準を示したものとして重要な意義をもつ」（傍点は岡本）のだが、しかしなお、かような場合であっても、「それが通路敷所有者の宥恕ないし契約にもとづく場合には、時効取得は否定されるべきであろうと」という。(32)

この沢井説によって、従来の、「継続」要件の充足をめぐる論争が、地役権時効取得の要件論一般に、理論的にも整序され、しかも、そのいう「地役権的事実行使」が本書にいう「プレカリウム」論に定礎されいることが明確にされている点に、学説史的意義において一つの転機をなすものと評価してよいであろう。ただ、この種の問題に対する教授の基本的姿勢と関わるのであろうか、通行利用者の意思についてはとくに強調されていない。

ところが、その後、沢井教授が報告者となり、幾人かの代表的な民法学者の共同討議のなかで、(33)右の沢井理論がさらに深化されている。つまり、通路の開設・維持は要役地所有者がするが、「それはただ（無償）で通らせてもらうからせめて通路ぐらいは作りましょう」(34)という場合に、果たして時効取得が成立しうるかどうかのきわめて示唆深い問題設定がなされたことに対して、かかる場合には、そういう事情（私見にいうプレカリウム性）の「反証」をあげれば、「自己のためにする意思」ないし「地役の意思」がないということになる、との意見が表明されている。(35)沢井教授もこれを肯定しつつ、かかる「反証」をあげるのは非常に困難だとする。

右の討論は、その性質上、必ずしも理論的に整然としているものとはいえないが、要するに、沢井説の「地役権的事実行使」には「地役の意思」（地役権行使意思）が必要とされ、かかる意思が究極的には通行利用の「好意性」（プレカリウム性）を排斥する、という結論に至るであろう。ただしかし、通路の開設が要役地所有者自身によってなされると、余程特別な事情がないと「好意通行」とはいえず、さらに沢井教授は原則的には小谷理論を支持するので、通路の維持・管理の場合だけでも、基本的には同じことになるであろう。

このようにみてくると、通行地役権の時効取得の要件論では、通路の存在と地役権的事実行使とを一応は区別する必要があり、さらに「地役権的事実行使」は、所有権の時効取得の場合における「占有」の要件とパラレルに構成されることになるので、結局、「占有意思」と「占有継続」の要件（民法一六三条と一六二条）を充足することに帰結するであろう。そこにいう「占有意思・所有意思」が、ここにいう「地役意思」（地役権行使意思）に相当するが、かかる意思が究極的には占有（ないし準占有）のプレカリウム性を奪うことになり、これは実はヨーロッパでは「占有意思」論の一環として、議論が積み重ねられてきており、ドイツでは「登記簿時効取得制度」を採用したため時効取得論との関係ではもはや理論的価値がなくなったが、わが国と同様の「占有時効取得制度」をとるイタリアやフランスでは、右の「プレカリウム」論は時効論との関係でも占有意思論の中身になっているわけである。

ともあれ、右にみた現在のわが国の理論は、すでに検討したイタリアの理論と実務に見事に整合しているであろう。その意味で、イタリア法から学ぶべき点が多い。本書がイタリアでの議論を参酌するゆえんである。

3　小　結

「継続」概念は、元来は「人の行為」を要しないで地役権の内容が実現されることを意味したが、わが旧民法の「人の所為」の他に「間断なく」行使されることをも付け加えていたことが遠因となり、その「間断なく」とは「人の所為を要せず」と表裏一体にあるが故に「物理的に間断性のないこと」を意味したのだけれども、民法典成立後の学説は、徐々にその「物理的間断性」を「社会的観念・法的観念としての間断性」に移しかえ、通行地役権の時効取得を可能にするための努力をしてきた。

しかし、当初は、伝統的な「継続」概念が原則として維持され、通行使用事実はそれ自体として断続性をもち、その都度かぎりのものであるので、通行地役権の時効取得は原則的に否定されていた。つまり、「時効取得」規定（民二八三条）それ自体の適用がないとされた。しかしながら、ヨーロッパではその不当性が議論され、かつ、わが国の実情にもそぐわないので、きわめて実際的考慮から、通路を開設した場合にのみ、通行利用が「継続」となるとして、例外的措置を肯定した。したがって、「時効取得」規定の抽象的な適用可能性が通行地役権に認められたことになるが、このことは当然に具体的にも、通路開設による通行利用が永年継続しさえすれば、時効取得が認められるということを意味しない。ただ、当時の学説は、伝統的な「継続」概念の桎梏にからみとられて、時効規定の適用可能性だけを念頭において議論しえたにとどまったわけである。

その際、学説が依拠したのは、右の「間断なく」であった。「人の行為」は通行のためには不可欠であったからである。当初の学説は、「昼夜間断なく行使されること」（梅）という表現からも明らかなように、物理的間断性に気をとられていたが、したがって、通路の開設あるも、なお不継続地役とした有力説（富井説など）も概念的には筋が通っていたのであるが、末弘説を嚆矢として、伝統的「継続」概念から、わが国の学説はみずからを解き放ったわけである。かくて、通路開設と「継続」とが同視されたのであるが、いうまでもなく、この「継続」は民法二八三条の特別要件であり、時効取得が成立するための「一般的要件（民一六三条等）の具備を必要とすること勿論である」（末弘説）が、残念ながらその後の学説は両者の関係を具体的に論ずることなく推移した。もっとも、個々的には、判例（大判昭和二年四月二二日民集六巻五号一九八頁、大判昭和二年九月一九日民集六巻一〇号五一〇頁）の事案に刺激されて、自然に形成された「通路」による通行利用の時効可能性を論ずる学説（宮崎・我妻説）もあったが、根本的問題を提起することができなかった。

ところで、このような状態のまま、いきなり前記最高裁昭和三〇年、同三三年判決が現われ、これによりきわめて具体的な理論が提示されたところ、そのいう厳格な「継続」要件は、一見、民二八三条が引用されたためその条文だけの「継続」要件とうけとめられたが、[36]「地役権の時効取得」の成否それ自体を左右する具体的な理論であることに思いを至すならば、実は民法一六三条ひいては一六二条等の時効一般の原則を定礎した「継続」要件であると考えられるべきものであったろう。

いずれにせよ、この一連の最高裁判決を機縁にして、学説は、従来の「通路開設」＝民法二八三条の「継続」要件からさらに踏み込み、地役権時効取得の成否に関わる具体論を展開する方向へと急激に傾斜した。とりわけ、判例が、

「通路開設」のほかに「要役地所有者みずからによる通路開設（行為）」という主体的行為を強調して、これを「継続」要件の中へ読み込んだため、学説も、一方では、通行利用者の通行の態様に関心を示しはじめるとともに、他方では判例と同様、これを「継続」要件の問題として処理し、ただ、一六三条を自覚的にこの要件に取り込む工夫をしている（加藤・山本・玉田説）。

　これらの学説を「地役権的事実行使」の存否へと収斂したのが沢井説であったといえよう。前述したように、この沢井説は、基本的には本書が紹介したイタリア法の理論・実務に整合し、したがってまた、イタリア法を基礎にする私見の立場とも調和するが、いずれも「プレカリウム」論を基礎にするものの、私見はすでにその基本認識を明らかにしたように[37]、それが「プレカリウム」論を基盤にするかぎり「地役権行使意思」に重点をおかざるを得ないという点に、両者の立場に差異があるといえよう。この問題は後述する。

　ところで、かかる「地役権的事実行使（意思）」の存否を決め手にするかぎり、いかなる場合がこれに該当するのかを明らかにする課題が当然生じてこよう。そのような「事実類型」のいくつかは、すでに判例によって与えられている。最高裁判例の場合、さらに小谷理論の場合、いずれも時効取得が原則として認められるであろう。他の事実類型は、次の裁判例を分析する作業の中で明らかにされるはずである。

（1）　沢井裕『隣地通行権』叢書民法総合判例研究⑩一五六頁以下（昭和五三年・増補昭和六二年、一粒社）。

（2）　最近では、大島・前掲論文一〇四頁以下が、学説を否定説、通路制限説、開設者制限説、維持管理者制限説に分類して整理している。しかし、その分類の当否はしばらく措くとして、学説の紹介の仕方にはいくつかの疑問がある。何よりもまず、この方面では代表的な研究者である沢井教授の見解に全く言及されていない点が不可解である。およそ文献の見落しは不可避であると私は考えているので（ただし、これを許さないとの見解もあるが）、それをいちいちあげつらうつもりはないが、沢井説を見落したでは済まされないであろう。次に、地役権時効取得を否定する解釈論として宮崎説をあげているが、宮崎説は、その制度としての存在を否定している（立法の当否を問題にしている）のであって、現行解釈論としては本書がすでに紹介したような立場にあり、大島論文のような位置づけは理解しがたい。さらに、小谷理論の支持を明言する甲斐説・加藤説は同氏のいう「維持管理者制限説」に入れるべきものであろう。最後に、最高裁判例を支持するのは石田喜久夫教授の見解だけのようである、とされるが、これも二重の意味で問題である。後述のごとく、判例支持説は相当あること。また、石田説は全面的に判例支持説ではなく、同氏の分類によれば「維持管理者制限説」に入るであろう。石田説の含みのある立論を慎重に評価しなければならない（後述〔注〕(35)を参照）。総じて、「好意通行」（プレカリウム論）について全く言及していないのも、学説を整理する手法はいくつかあるものの、問題を残している。

(3) ただし川村教授は、「継続」概念の沿革的意味から、通路の開設は正しくは「表現」に含まれるべきものである、ということをすでに指摘していた。「借地権と地役権」新民法演習2・物権一六四頁（昭和四二年）。最近では、前掲・大島論文がとくにこの点を基調にして立論している。

(4) 我妻・前掲書二八八頁。

(5) 末川博『物権法』四三一頁（昭和三一年、日本評論社）。

(6) 船橋諄一『物権法』四三一頁（昭和三五年、有斐閣）。

(7) 中尾英俊『注釈民法7・物権法2』四九一頁（昭和四三年、有斐閣）。

(8) 沢井『隣地通行権』一五七頁以下。沢井説については後述する。

(9) 川井健『設例民法教室・物権法』二一七頁（昭和五五年、一粒社）。

(10) その他、広中俊雄『物権法』四八六頁（昭和六二年・増訂二版、青林書院新社）。

(11) 藤原弘道「通行妨害禁止の仮処分―公道的私道の被保全権利は何か」『新・実務民事訴訟講座14（保全訴訟）』三〇六頁（昭和五七年、日本評論社）。

(12) 那須彰「私道の通行権をめぐる諸問題」判タ五九〇号八頁（昭和六一年）。

(13) 安藤一郎『相隣関係・地役権』実務法律選書二八〇頁（昭和六一年、新版平成三年、ぎょうせい）。

(14) 山口和男「隣地を通行しうる権利」日本法学三二号三号一四六頁、川村・前掲論文一六四頁、ごく最近では、田山輝明『物権法』二五九頁（昭和六二年、弘文堂）など、枚挙にいとまがない。
(15) 我妻・前掲書二八八頁。
(16) このような基本視角は、沢井教授に影響を与えているように思われる（後述参照）。
(17) 末川・前掲書三五八頁。
(18) 林良平「判例批評」民商三四巻四号一二五頁以下（昭和三一年）。
(19) 最判昭和三三年二月一四日民集一二巻二号二六八頁。
(20) 甲斐道太郎「判例批評」民商三八巻三号七七頁以下（昭和三三年）。
(21) 加藤永一「判例批評」法学二二巻四号九五頁以下（昭和三三年）。
(22) 山本進一「判例批評」法律論叢三二巻三号九七頁以下（昭和三三年）。山本教授によれば、「既設の通路に向けて、要役地上唯一の出入口を設けたり、要役地上に明らかにこの通路の存在を前提とした構造の建物を建てる等客観的に既設の通路を取り込んだ要役地の利用がなされて、これに基き通路が使用されている場合」にも「継続」要件を充足するという（一〇五頁）。沢井教授はこれに対して疑問とする（『隣地通行権』一五九頁）。
(23) 玉田弘毅「地役権の時効取得」判例演習物権法（増補版）一五二頁以下（昭和三八年、有斐閣）。
(24) 川添利起「判例批評」最高裁判例解説民事編昭和三三年度二一頁以下。
(25) 入山実「通行権ノート」法律のひろば一四巻四号八頁（昭和三六年）。
(26) 川村・前掲論文一六四頁。
(27) 大田豊「通行権をめぐる紛争の際の保全処分」『実務法律大系8（仮差押・仮処分）』三七三頁（昭和四七年、青林書院新社）。
(28) 川井・前掲書二一七〜二一八頁。
(29) 広中・前掲書四八七頁。
(30) 那須・前掲論文八頁。

(31)　その他、藤原・前掲論文三〇六～三〇七頁、林豊「判例批評」(昭和五五年度民事主要判例解説) 判タ四三九号三四頁以下 (昭和五六年) などが判例を支持する。
(32)　沢井・前掲書一五九頁。幾代通編「不動産物権変動の法理」別冊ジュリ (増刊一九八三年一月)「通行権について」(沢井報告) 一六〇頁をも参照。
(33)　幾代・前掲「不動産物権変動の法理」一四四頁以下。
(34)　幾代・前掲「物権変動の法理」一六〇頁 (好美清好発言)
(35)　幾代・前掲「物権変動の法理」一六〇頁 (石田喜久夫発言)。なお、石田教授は、同共同討議で、通路の維持・管理で原則として「地役権的事実行使」を充足するとの沢井発言に賛成されており、石田『口述物権法』三一六頁 (昭和五七年、成文堂)も含みがあるが同趣旨に解すべきであろう。したがって、前述のように、石田説を最高裁判例の支持説と理論的に位置づけるのは (大島論文)、妥当でない。
(36)　そこで、「準占有」(民一六三条等) との関係を明らかにしないで、「継続」要件のみを厳格にするだけでは理論的に片手落ちであろう、との批判 (児玉敏「地役権の時効取得」民法判例百選I・第二版 (昭和五七年) 一七三頁) も出てくるが、これは判例に向けられるべきものではなく、むしろ学説の課題であろう。
(37)　本書第一部三章八一頁以下参照。

三　裁判例の紹介と分析

今日における判例の立場についてはすでに簡単に言及してきたが、ここでやや詳細に事案をも紹介することによって判例を理論的に分析してみよう。まず、戦後の最高裁判例に至るまでの推移を辿り、次に、近時の下級審判例を類型的に整理するとともに、あわせて判例理論の内在的な論理の展開に従った分析をも試みることによって、解釈論上の新たなる視点を抽出したいと思う。

1　判例の推移

(1)　通行地役権の時効取得について初めて言及した大審院判決は次の事例であり、現行民法典の施行直前に宣告されている。

①　大判明治三一・六・一七　民録四輯六巻八一頁

〔事実〕　Xは、Y村が明治一九年一〇月ごろY村所有の溜池の洗堰を高くし、その結果、この溜池に隣接するX所有の係争地に悪水が氾濫したため、その侵害排除を訴求したところ、Y村が、係争地を明治二六年まで百数十年間にわたり用水の溜池として使用してきたことを理由に、かかる地役権の時効取得などを主張した。

原審は、Y村が係争地を「百数十年間使用収益シ来リシモノナリト主張スレトモ……当時池水乾涸シ係争地ノ全体ヲ露出シタル事蹟アリ由之観之継続且表現ノ性質ヲ有スルモノト認ムルコトヲ得ス」として、Yを敗訴せしめた。Yは、「凡ソ使用権ノ継続ナル事柄ハ必スシモ寸時寸刻ノ間断ナキコトヲ意味スルモノニアラスシテ事物ノ性質ニ依リ幾干ノ間断アルハ勿論ナリトス」とし、自然水の不足時や用水使用後では溜池の一部が乾涸するのは当然であり、このため継続行為が中断すると解するならば「例ヘハ通行権ノ如キ寸時寸刻モ間断ナキニアラサレハ時効ナシトセハ通行権ノ時効ハ孰レノ時ニモ生スルコトナキニ至ルヘシ」と主張して上告した。

〔判旨〕　「上告人ノ引例スル通行権ノ如キハ元来法理上不継続ノ性質ヲ有シ時効ニ因リテ之ヲ取得スルコトヲ得サルモノナレハ本件ノ場合ニ適合セサルモノナラス抑時効ニ因リ地役権ヲ取得スルカ如キハ法律ノ設アリテ後初メテ行ハルヘキモノニシテ本院ニ於テモ未タ曽テ認メサル所タリ然リ而シテ本件係争地ハ……既ニYの所有地ト確定セラレシ上ハ其土地ノ上ニ使用権ヲ得タリト主張センニハ他ノ取得原因ノ証明ヲ為サヽルヘカラス然ルニXハ単ニ百数十年間使用収益シ来リシト云フニ止マリ其証拠ヲ挙ケタル事蹟ナシ……。」

学説は一般に、本件を通行地役権の時効取得に関わる先例として引用しているが[1]、右の事案からも明らかなように、通行権に関する説示は「傍論」にすぎない。Yが用水溜池の一部として使用するため係争地に対し地役権を主張し、その使用の「継続性」、つまり用水が一時的に乾涸してもなお「継続性」をもつこと、を理由づけるために、通行使用の断続性を例にあげたことに対して、大審院がそのような引例が不適切である旨を判示したにすぎないからである。加えて、大審院は、地役権一般についてもその時効取得が可能なためには特別の規定が必要であるので、時効以外の取得原因を立証すべき旨を述べており、それ故、「継続且表現」の地役権の時効取得が可能であることを前提とした原審判決の立場と異なるが、施行直前の民法典二八三条を念頭においていたはずであるので、この点について原審判決を非難することなく、むしろその事実認定を基礎とするかのような説示をしたうえで[2]、「結局相当」だとしてXの上告を棄却している。

したがって、本判決は、通行地役権のみならず地役権一般の時効取得に関する「先例」としても、その意味はあまりないといっても大過なかろう。また、抽象論としても通行地役権が「元来法理上不継続の性質」を有するとの説示も、ボアソナードや旧民法、明治民法典の立場に従ったもので、とくに目新しいものではない。むしろ、注目すべきは上告理由であり、原審が「継続性」を物理的に捉えたことに対して、その不当性を鋭くついており、さらには通行地役権の時効取得の可能性にまで言及している。前述した宮崎説や末弘説もこの上告理由から何らかの示唆を得ていたであろう。

(2)　(イ)　その後、大正期に入って一連の下級審判決は、通行地役権が継続性を欠くことを前提にしながらも、通路の開設があれば承役地を間断なく使用することになるとの立場から、その時効取得の可能性を肯定する旨を判示している。当時の学説の主流に呼応するものであるが、しかしなお、事案との関連もあってより一歩踏み込んだ判断基準を指摘している。

②　東京地判大正元年九月二五日　新聞八二四号二四頁

〔事実〕　Xは、X所有の宅地から公道たる日本堤に通ずるため東京府所有地のうち幅九尺の範囲を通路として一〇数年前より通行使用していたところ、東京府より近辺の土地を借用したYが、この係争通路に跨がるかたちで建物を建築したため、Xは係争通路部分の通行地役権を明治四一年七月一六日に一〇年で時効取得した、と訴求。

〔判旨〕「……通行地役ニ在リテモ権利者カ特ニ通路ヲ建設シタル場合ニハ通行自体ハ固ヨリ断続的ナリト雖モ其設備ニ依リ承役地ハ間断ナク使用セラル、状態ニ在リト認ムヘク之カ為メニ其土地ノ被ル損害モ亦多大ナルカ故ニ之ヲ継続地役ナリト解スヘク反之単ニ通行ノ事実アルニ止マル斯カル設備ナキ場合ニハ事情之ニ正反対ナルカ故ニ之ヲ非継続地役ナリト解スヘキモノトス」。本件の場合、通路の設備は存在しないのでこれを継続的のものと認め難き故にXの請求は失当である。

本判決は、民法二八三条にいう「継続」要件の加重の趣旨を梅説、したがってまた「プレカリウム」論におき、かつ、通行権についても「通路の設備」があれば「継続」地役になる旨を説示して、結局、Xが「Yニ隣保ノ交誼上自己ノ賃借地ノ一部ヲ通行スルコトヲ寛容シタルニ過キサルモノト認ムル」と結論づけている。通路が開設されていなかった事例であるので、とくに通路の存在が強調されたものと思われる。

次の例は、通路が開設されていた場合を取り扱っている。

③　大阪地判大二・四・七　新聞八七二号二三頁

〔事実〕　係争通路（幅一間ないし二間）は、明治二五、六年より明治四五年一月中までY所有地に存在していたが、この通路はY所有地上の建物に出入するためY自身が建設したものであるところ、Xがこの通路について約定または一〇年の時効による通行地役権の取得を訴求した。

〔判旨〕　約定通行権の成立を否定するとともに時効取得をも排斥した。「通行地役権ノ如キ普通継続性ヲ缺ク地役権ハ権利者ニ於テ通路ヲ建設スル如キ特別ノ設備ヲナスコトニヨリ承役地ヲシテ間断ナク使用セラル、状態ニ置キタル場合ノ外単ニ従来他人カ設ケタル通路ニ通行シ居リタリト云フカ如キ事実アルニ止マル場合ニ於テハ其継続性ヲ欠如スル点ニ於テ時効ニヨリ之ヲ取得スルコトヲ得サルモノト云ハサルヘカラス。」

本件では、通路が存在するが、その通路を開設したのが承役地所有者たるYで、しかもYみずからの利便のために開設されたというのだから、いわばXはYの通行利用に便乗していたにすぎない。このような場合にまでXの通行地役権の時効取得を肯定するのはいかにも不合理であり、ここで通路開設の主体論が新たに提起されることになる。判旨は「プレカリウム」論についてとくに言及していないが、「権利者ニ於テ通路ヲ建設スル」ことを要するとの説示は、その事案から判断しても、通行利用のプレカリウム性を排斥する趣旨であったと解しえよう。他人（承役地所有者）が開設した通路の場合には「継続性ヲ欠如スル」ということも右の推測を裏づける。ともあれ、この時期にすでに今日の最高裁判例と同趣旨を説く判例が存在したことに注目すべきであろう。

(ロ)　次の事例は通行紛争が問題となったものではないが、損害賠償請求権の当否の前提として、通行地役権の成否が争われ、判旨もこれに応えて時効論を展開している。

④　京都地判大三・五・三〇　新聞九五七頁二七頁

〔事実〕　本件墓地（四一坪）に隣接する一団の土地の所有者Yがこの土地を他に売却し、転得者Aが地上に建物を建てたため、墓地が建物に囲繞せられた。そこで墓地の共有権者であると主張するX_1X_2は、Yが墓地・墓碑をも含めて土地を売却したため墓地へ至るための通行地役権が、かかるYの売却行為によって妨害されたなどと主張して、不法行為（地役権の侵害）による損害賠償と慰藉料を訴求。

〔判旨〕　X_2が係争墓地の共有者ではないのでX_1X_2の主張自体根拠がないが、共有権者であるとしてもXは係争墓地まで売却しておらず、仮に売却したとしても、X主張の約定地役権は認められないので、時効取得の事実があるかどうかについて見るに、「民法第二百八十三条ニハ地役権ハ継続且表現ノモノニ限リ時効ニ因リ之ヲ取得スルコトヲ得ヘキ旨規定シ在リテハ要役地ノ所有者カ承役地上ニ特ニ道路ヲ開設シタルカ如キ場合ハ姑ク措キ単ニ承役地ヲ通行スルノ事実アルニ過キサルニ於テハ其不継続地役ナルコト疑ヲ容レサル所ナレハ斯ル場合ニ時効ニ因リ通行地役権ヲ取得シ得サルコト固ヨリ論ナシ。」

本件は要役地が「墓地」であるという特殊なケースであり、おそらく墓地への出入りが物理的に不可能になったのではなく、現所有者の好意ないし黙認によって墓地へ出入りすることが事実上は可能なのであろう。いわゆる「生活道路」を必要とすることもないので人の通れる空間があれば足り、その利用の頻度も年に数える程度であろうし、被通行地にとってほとんど実害がないと推測できるからである。Xが現所有者に対して通行地役権の確認を訴求しなかったのも、案外そのような事情によるのかも知れない。ともあれ、本件では、「通路の開設」がないので、判旨は単なる通行の事実だけでは不継続地役にすぎない旨を強調している。したがって、「要役地所有者カ承役地上ニ特ニ道路ヲ開設シタルカ如キ場合」は、との継続地役に関する説示は一般論とみるのが妥当であろう。しかし、「通路の存在」だけではなく「要役地所有者による通路の開設」があればほぼ確実に通行地役権の時効取得が認められるとの趣旨に読みとれるので、単純なる一般命題ではないという点に注意しなければならないであろう。同時に、すでに同じ立場を表明していた前記②判決が「プレカリウム」論を基礎にしていたということをも銘記しておく必要がある。

(3)　通行地役権の時効取得の「継続」要件に関する最初の大審院判決は次の例である。

⑤　大判昭和二・九・一九　民集六巻一〇号五一〇頁[3]

〔**事実**〕　事案は不詳だが、Xがその所有する宅地（袋地）からY神社の所有地の一部を通行していたところ、Y神社がこの部分に板囲をしたため、Xはこの係争地を一〇年間通行していたことを根拠に通行地役権の時効取得を主張して、その妨害排除等を訴求。これに対して、YはY所有地の一端に四尺幅の通路を提供したなどと反論。

原審は、「何等ノ設備ナク単ニ毎日昼間数回通行スト云フカ如キハ未タ以テ茲ニ所謂継続ノ要件ヲ具ヘタルモノト為ス能ハズ」としてXの主張を排斥した。そこで、Xは、X所有の建物の状況と公路との関係からXが係争地を絶えず通行の用に供していることが何人も之を知ることができるので、かかる通行事実は格段の設備がなくとも継続且表現の地役となりうる、と上告。

〔**判旨**〕　「然レトモ地役権ハ継続且表現ノモノニ限リ時効ニ因リ取得シ得ルモノニシテ通行権ハ特ニ通路ヲ設クルニアラサレハ継続ノモノトナラス（本院明治三十年（オ）第五百二十九号同三十一年六月十七日判決参照）従テ通路ノ設備ナキ一定ノ場所ヲ永年間通行シタル事実ニ依リテハ未タ以テ時効ニ因リ地役権ヲ取得スルニ由ナキモノトス。」

本件では係争地に通路の設備がなかったので、Xは、要役宅地と係争通路との客観的・機能的関係および通行使用の永続性・必要性をとくに強調して、通路の設備がなくとも、単なる通行使用事実だけで「継続」要件を充足する、と主張せざるを得なかったわけであるが、これに対して、大審院は、「通路を設くるにあらざれば継続のものと為らず」としてXの上告理由に応接しており、通路が開設されていないことを決め手にしてXの主張を排斥している。したがって、ここでは誰が通路を開設したかという点はそもそも論争点になっていないので、通路の設備の存在だけで常に継続性を具備するという命題をこの判例から導き出すことは問題であろう。むしろ、判旨は、「通路を設くる」との表現を使用しており、これを素直にうけとめ、かつ文章全体の脈絡をも考慮すれば、その主体は通行利用者＝要役地所有者ということになるであろう。その点の断定は留保するが、本判決が通路開設をもって「継続」要件を具備する旨を判示した先例と解することについては疑問であり[4]、事実関係で通路の存在する場合と存在しない場合とでは、当事者の主張内容もおのずと異なり、したがってまた、判例の対応・説示を解釈する際にはとくに右の点に留意する必要があるように思われる。

なお、本判決は、前掲大審院明治三一年判決を引用しているが、前述のごとく、同判例は通行権に関するものではなく、ましてや通路の開設＝継続性を説示したものでもない。逆に、地役権一般について法律上の規定のないかぎりそもそも時効取得が不可能であると断じているので、何故に本判決がこれを引用したのかは不可解である[5]。

(4)　その後、通行地役権の時効取得に関する事例は、下級審判例でもほとんど公表されることなく推移し[6]、戦後になっていきなり次の二つの最高裁判例が現われた。その要旨についてはたびたび引用してきたが、少しく詳細に検討してみよう。

⑥　最判昭和三〇・一二・二六　民集九巻一四号二〇九七頁[7]。

〔**事実**〕　X所有の宅地（甲地）は袋地であるが、Y所有の係争道路を介して公道へ通じているほか、同じくY所有の乙地を通じて公道に出入することができる。係争道路と乙地とはもとA所有（昭和一四年取得）でYがこれを転得し、甲地は昭和一一年当時B所有で、その後Xがこれを転得している。Yが係争道路上に建物等の建築工事に着手したため、Xがこれに対して仮処分をなしたが、本件はその異議事件であり、約定・時効取得による通行地役権（被保全権利）の存否が争われた。

第一審は、「一般に要役地の所有者が承役地上に通路を開設した様な場合は格別たとえ承役地に通路の設備がある場合でも之が他人の設定にかかる場合には要役地所有者が単に永年之を通行しているというだけでは未だ所謂継続地役と云うには足らず従って要役地所有者が通行地役権を時効によって取得することはない……」として、Xの主張を排斥。原審も、「X所有土地の居住者が単に永年本件土地を通行しているというだけでは、未だいわゆる継続地役ということがないことは、原判決の説示するとおりである」と、第一審判決を維持。これに対して、Xは係争道路は要役地所有者の通路として使用するために開設された、などと上告。

〔判旨〕　「民法二八三条による通行地役権の時効取得については、いわゆる『継続』の要件として、承役地たるべき他人所有の土地の上に通路の開設を要し、その開設は要役地所有者によってなされることを要するものと解すべくこれと同趣旨に出でた原審の判断は相当である。」

本件道路については、Xの主張によれば、Aが甲地をも所有しており、一団の土地の分譲に際してAが甲地の利便のために開設した、とされているが、もしそうであるならば、取引行為に起因して築造された道路ということになり、単なる「好意通行」ではなかったと考えるべきであろうが、事実審の認定によれば、そうではないことが明確にされているので、結局、単なる隣人間での「好意通行」でしかないことを前提として議論すべきであろう。そうとすれば、これまでの判例の事案と異なるところがなく、ただ、本件では、すでに道路が開設されていたという事実が認定されているので、その点に留意すれば足りる。通路の開設が何人によるかは明らかにされていないが、少なくともXないしその前主（要役地所有者）であることの疎明がないかぎり、Xの通行使用は承役地所有者の通行利用に便乗していたと解されてもやむ得ないので、「通路の存在」だけではなく、通路開設の主体を要役地所有者に限定する旨を判示した判旨の立場も、そのかぎりでは是認できよう。もっとも、通路開設の主体を問題とするならば、可能なかぎり開設当時の諸事情（とくに誰が何のために開設したのか）を明らかにする必要があり、本件ではその点に問題が残されているように思われる。

⑦　最判昭和三三・二・一四　民集一二巻二号二六八頁(8)

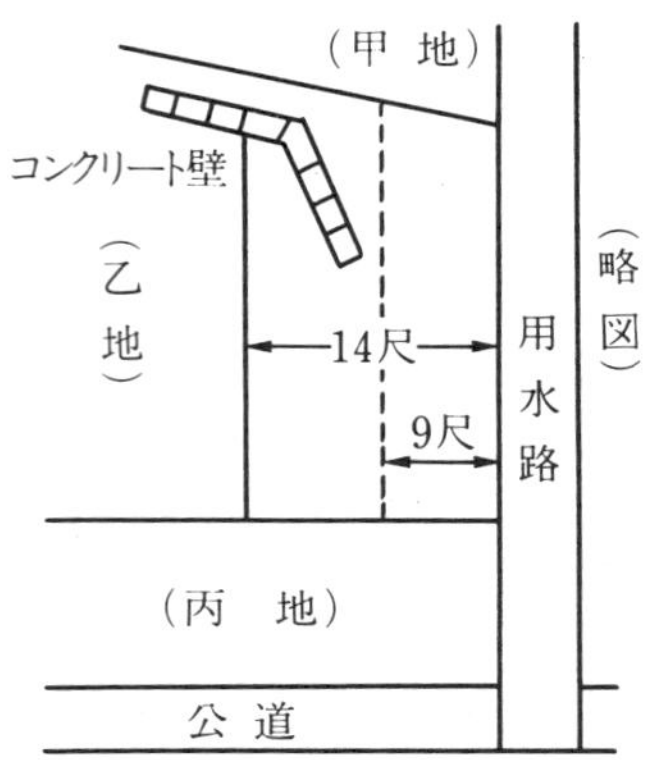

〔事実〕　X所有の甲地、Y所有の乙地、A所有の丙地は図のように順次、北から境いを接して位置しており、乙地の東側に幅二間半の空地が接続し、さらにこの空地に沿って南北に用水路が走っている。Xは昭和一〇年三月入夫婚姻により甲地に居住して、その当時から右空地上に設けられていた係争道路を通行し、Y家の居住者や、X、Y家に出入する一般の人も公道への出入のためにこの通路を使用してきた。Xは、係争道路について道路と示す地図があったことや、通行に対して何人からも異議をうけなかったことから、これを一般の通路と信じていたところ、Yが係争道路の一部にコンクリート壁（長さ四間、高さ二尺）を、他の部分には堆肥枠を設置してXの通行を妨害したため、Xは一〇年の時効取得による通行地役権などに基づいて妨害排除を訴求。

第一審ではYが敗訴したが、原審は係争地の東側幅員九尺の部分にかぎり地役権の時効取得を認め、その地上にある堆肥枠のみの排除を認容した。そこで、Yは、自己の所有地に自己の用に供するため係争道路を設置維持し、Xは単に通行の便を与えられていたにすぎないので、通行事実だけで時効取得を認めたのは違法である、と上告。

〔判旨〕　「民法二八三条にいう『継続』の要件をみたすためには、承役地たるべき他人所有の土地の上に通路の開設があっただけでは足りないのであって、その開設が要役地所有者によってなされたことを要することは当裁判所の判例（略）とするところであるから、原審が前記のような事実を認定しただけでたやすくXの前記時効取得の主張を容認したのは、民法二八三条の解釈を誤り審理を尽くさなかった違法があるものといわなければならない。」

〔小谷勝重判事の補足意見〕

「たとえ当該通路が要役地所有者によって開設された場合でなくても、要役地所有者が自己のためにする意思をもって自ら当該通路の維持管理を為し（自らの労力または自らの費用をもって）来り、且つ引続き通行して来た場合においては、また『継続』の要件を備えておるものと解するを正当とする。」

本件でも通路が開設されており、それがYによるのかどうかは必ずしも明らかではないが、Xないし甲地（要役地）所有者によって開設されたという事実はない。しかし、古い地図には他の道路と同様に朱線が引かれてあったので、Xは一般の道路と信じ、また、実際上もそのようなかたちで永年にわたり通行利用されていたという。したがって、原審が係争地の一部について通行地役権の時効取得を肯定したのもある意味では理由のないことではなかった。しかし、第一審では、XはYから通路の維持・管理の協力を求められていたにも拘らず、これを拒絶したとの事実が認定されており[9]、上告理由でもYはこの点を鋭く突いている。原審でも、Xが通路の維持・管理に協力したという事実は認定されていないので、Y所有の通路敷をXが永年通行していたということだけでは、やはりY側の好意的な黙認と解するしかないであろう[10]。したがって、原審としては、要役地所有者による通路開設を要求した前記最高裁昭和三〇年判決との整合性を維持しようとするならば、少なくとも、Y側が主張するように、Xが通路の維持・管理に全く関与しなかったという事実に十分に応接したうえで結論を出すべきであった。

もっとも、最高裁は、先例に従って専ら通路の開設が誰であるかという観点にのみ依拠して、原審判決を破毀している。これに対して、小谷判事は、通路の開設行為ではなく、むしろその維持・管理行為に重点をおくべき旨を主張したが、この補足意見は右のような本件事案の展開と密接に関係しており、本件の場合にはこの小谷理論の方がよりベターな解釈論といえよう。ことに、「自己のためにする意思」という主体的容態を指摘したのは注目すべき点である。ただ、それが「継続」要件の中で論じられている点にいまだ理論的には十全に一六三条との関連が整序されていない側面が残されている。ともあれ、判旨の説示は紋切り型にすぎるように思う。

(5)　このように、右の一連の最高裁判例によって判例の立場は確定したといってもよいであろう。最高裁が「継続」要件をかくも厳格に解する実質的な根拠は明らかにされていないので、その立論の背後に「プレカリウム」論があるのかどうかはよくわからない。しかし、理論的に考えると、他人が開設した通路を永年通行使用しても、それが「地役権的事実行使」には該当しないということになるわけであるので、約定の地役権の成立をも排斥する趣旨であることはいうまでもなく、また、当事者が主張していないものの、債権的通行権やその他の通行使用権限をすべて排斥することをも含意していると考えて大過なかろう。そうとすれば、一般法理による救済は別にして、右のような通行使用事実は単なる事実利用でしかなく、したがって、私見にいう「好意通行」ということにならざるを得ないので、最高裁が厳格な「継続」要件を課したのは、結局は「プレカリウム」論を念頭においてのことといわざるを得ないであろう。最高裁昭和三三年判決の第一審判決はまさしくそのことを強調しており、戦前の一連の判例も同じ立場にあることはすでに検討した通りである。

実際、その具体的内容から判断しても、X側に地役権の取得を肯定するための実質的根拠が欠けており、とりわけ単なる隣人間での通行使用関係が問題となっているにすぎず、しかも「無償通行」であり、無償であることの具体的な理由も何ら存在しない。このような単なる通行使用は、「他人には否定しても隣人には否定しない」という趣旨での相隣・善隣関係における「好意通行」と考えるのが穏当なところであり、最高裁判決もこのことを前提にしていたものと思われる。学説も、判例の抽象論の当否は別にして、かかる「プレカリウム」論を念頭においてその結論を是認しているといえよう。(11)

思うに、他人とくに現在の承役地所有者が開設した道路を要役地所有者がただ単に通行するということだけでは、その通行使用は物的な地役的利益にまで高まっておらず、純粋に人的なレベルでの、いわば一回かぎりの通行利用の集積にすぎず、地役権行使意思はいうまでもなく、地役的事実行使の継続すらあるとはいえないであろう。むしろ、要役地所有者が必要に応じて通行し、自然に形成された通路による使用の場合の方がまだ右の意味での「継続的行使」

がありうるといえる。その意味では「承役地所有者が開設した」という事実は要役地所有者にとっては非常に不利な事実となり、このかぎりでは判例理論に合理性がある。「要役地所有者自身による開設」を要求するのは、承役地上の通路は通常は承役地所有者が開設するものであるという経験則に依拠しているものと思われるからである。承役地所有者の開設した通路を好意的に通行させてもらっている要役地所有者が、ただ通路の存在と通行使用事実の継続性だけで、時効によって権利を取得するのは、たしかに善隣関係を混乱させるものであろう。しかし、承役地所有者が開設したとしても、その維持・管理を専ら要役地所有者がしていたとするならば、事情を異にする。逆に、要役地所有者が開設したとしても、承役地所有者が専ら維持・管理していたとするならば、判例の立場でも時効取得は認められないはずである。したがって、通路使用関係において開設行為というその発端だけをとくに強調するのは、結局は右に述べたように、その通行使用の好意性・プレカリウム性を排斥する趣旨でしかないので、これを決め手にして地役権の時効取得の成否(とくに成立を肯定する場合)を結論づけることはできないはずである。最高裁判例の事案では、「通路使用関係」の発端におけるプレカリウム性がそのまま維持されていた場合であり、とりわけ時効取得を否定した事例であるので、事案との関係では不当ではなかったが、逆に、判例理論を前提にして地役権の時効取得が肯定される場合を想定することはきわめて困難となろう。「好意通行」であることを前提とするので、通行利用者が承役地に通路を無断で開設するごときは、これこそ善隣関係を根底から覆す所業であり、かりに通路を開設できたとしても、承役地所有者は直ちに妨害排除の挙に出るであろう。したがって、「通路使用関係」の存続中にプレカリウム性を消除してしまうような行為態様が要役地所有者側に認められるならば、時効取得を肯定してもよいわけであり、小谷理論やこれを支持する学説が通路の維持・管理だけでも事情によれば時効が可能だとするのは、右のような趣旨と解され、本書もこの立場を支持したい。しかし、私見によれば、右の判例理論、小谷理論のいずれも「プレカリウム」論で統一されてしまうので、別異の解釈論とは解されず、事実類型に対応した判断基準と捉えることになるわけである。

敷衍すれば、「通路の存在」は民法二八三条の「継続」要件になるが重要なのは地役権的行使意思とその継続的事実行使（占有意思と占有継続）であり、これは民法一六三条（ひいては一六二条）に定める要件事実にほかならないところ、通行地役権の場合には、元来、通行使用はその都度かぎりのもので物理的にみて継続性をもちえないだけではなく、社会的にみてもかかる単なる通行使用は隣人間の好意関係のなかで行なわれるものとの経験則（「プレカリウム」論）があることから、とくに民法二八三条の「継続」要件が加重されていると解することになる。したがって、要役地所有者が通路を開設しなくとも維持・管理を継続しておれば、そのような通路使用関係は地役権的事実行使と推定されるが、しかしなお理論的にはプレカリウム性の反証（実際上は「本証」といってもよいであろう）を許容することになり、かかるプレカリウム性は客観的事実（通路の存在や通行事実）からは明らかにできないので、結局は地役権行使意思（占有意思）の領域で決着がつけられることになるわけである。

2　下級審判例の現状

最高裁判例以降の下級審判決では、通路の開設がないこともしくは通路の開設が要役地所有者によるものでないことを理由として、通行地役権の時効取得の主張は、ほとんどの場合に否定されている。当事者も判例のいう「継続」要件がないときには、時効をいわば切り札にして主張しているわけではなく、他の通行使用権限（囲繞地通行権等）に望みを託しているといってもよいであろう。したがって、時効を否定した裁判例の説示も抽象的に最高裁判例をおうむ返しに繰り返すだけで、ほとんどみるべきものはない(12)。

ところで、前述したように、判例理論がそもそも適用されて時効取得が肯定されるようなケースが実際上ありうるのか、興味深いところであるが、善隣関係を背景とする隣人間での好意通行を前提とするかぎり、余程特殊な事情でもなければ、具体例として現われてくることを期待するのは無理であろう。しかし、幸いなことに肯定例がいくつか散見されるので、やや詳しくその検討にページを割いてみよう。このことによって「プレカリウム」論を定礎した本書の理論が裏から論証されることになるであろう。

(1)　通路開設が要役地所有者による場合

(イ)　当事者間に特殊な人的関係がある場合

⑧　東京地判昭和四八・三・一六　判時七一五号七一頁

〔事実〕　係争地はX寺の建築当時（昭和三年）より境内地から公道へ通ずる道路（参道ないし一般の通路）として用いられており、両側を大谷石等で縁どりその中央部にみかげ石を敷くなど、明確に通路として開設・維持されていた。この係争道路敷と境内地はもとA所有で、係争通路敷はX寺建築当時の住職Bが、境内地は昭和六年二月二八日にX寺が、それぞれ所有権を取得し、以降、係争道路敷はBから転々譲渡され、昭和二五年八月にC、昭和四〇年三月にY（Cの子）に移転された。ところが、Yが昭和四二年四月に係争道路に隣接する自己所有地と係争通路敷とを平坦、一様にコンクリートを張り、かつ係争通路の一部を横切って洗車場を建設した。そのため、通行人は洗車作業時の水洗飛沫や通路を横切る自動車を避譲せねばならず、従前に比べて不便を余儀なくされた。そこで、Xは、地役権の時効取得に基づいて、その確認と妨害排除・原状回復を訴求。

〔判旨〕　「右認定の事実によるとXは昭和六年二月二八日以来その所有の境内地のためにする意思をもって平穏かつ公然に本件土地の通行権を行使し、かつその通行は継続かつ表現のものであったというべきであるから、二〇年を経過した昭和二六年二月一八日時効の完成により、本件土地につき境内地のための通行地役権を取得したというべきである」。もっとも、Yは時効完成後の第三者であるので、登記なくして対抗できないところ、YもCも係争通路が参道として使用されていることを重々承知していたこと、Yが時効完成時の所有者Cの相続人であることなどから、「本件土地についてYがXの登記の欠缺を主張してXの地役権の行使を拒否することは権利の濫用として許されないと解すべきである」。ただし、妨害排除等については、Yの妨害により通行が不可能となったわけではないので、いずれも理由がなく、したがって、地役権の確認を限度にXの請求を認容する。

本件は時効取得を肯定した事例として重要であるだけでなく、時効完成後の第三者との対抗問題についても説示しており、さらに取得される権利の範囲・程度についても必要かつ最小限の範囲という視角から、結局、具体的な通行妨害の排除までは認めなかったという点において、大変興味深い事例である。ここでは、地役権の成否の問題に限定するが、通路開設の経緯をみるに、当事者間に特殊な関係があったことを見落してはならず、X寺建築当時、X寺の住職たるBが、他に適当な通路がなかったため、係争地をAから譲り受け、同じくX寺がAから譲り受けた境内地と一体として利用するため、その参道として無償で提供したというのだから、単なる隣人間の「好意通行」ではないといわねばならない。このような特殊・緊密な関係（寺・法人とその代表者）にある当事者間での無償供与は往々にして「贈与」に近いものであることが多く[13]、本件でも、他に適当な通路がなかったということを併せ考えると、住職たるBが係争地を通路として提供したのは単に一時的なものではなく、おそらく相当長期にわたることを覚悟していたはずである。つまり、通行地役権の「契約」による設定行為があったといっても決して不当ではない。当事者がそれを主張していないので、その点はしばらく措くとして、本件では右のような事情から「無償」であることの理由が明らかとなっており、同時に、要役地所有者Xがみずから通路を開設することのできた事情も首肯しうるであろう。要役地所有者と承役地通路の所有者とが実質的には同一の主体であるともいえるからである。

次の肯定例も紛争当事者に親族という特殊な関係があった事案を取り扱っている。

⑨　東京地判昭和五六・二・二七判時一〇二二号八七頁

〔事実〕 係争地はもと東京都の所有であったが昭和三七年九月にA（Yの妻）が払い下げをうけ（一八〇万円）、昭和四八年に長女の結婚資金を捻出するため、長男であるXに一七〇万円で売却し、その旨の登記もなされた。一方、Yはすでに昭和三〇年ごろ係争地の境界線上などの一部に塀をめぐらせ、また係争地の一部分をコンクリート敷にしてこれに隣接する自己の住宅地から公道へ出入りするため通路として使用してきた。Yは、Aとは昭和三七年一〇月から事実上の離婚状態にあり、Xは、AYの離婚訴訟でAに加担しているところ、係争地を駐車場にするため、Yに対しその明渡を求めたが、Yは係争地所有権の時効取得とともに、コンクリート敷の部分について通行地役権の時効取得をも主張。

〔判旨〕　所有権の時効取得については「所有の意思」がないので認められない。通行地役権については、Yが係争地の右部分を今日に至るまで使用し、「右通路を塀、コンクリート敷にて開設し、昭和三〇年ごろから右通行を開始していることは前記の通りであるから、右通行は継続かつ表現のものということができ、Yは二〇年を経過した昭和五〇年ごろには、右通行部分について、通行地役権を時効取得したものというべきである。」

要役地所有者であるYが通路を開設した当時、承役地を含む係争地は東京都の所有であったが、おそらくすでに払い下げが予定されていたか、あるいは有効利用に不適な土地であったことなどの事情により、十分に管理されていなかったのであろう。また、その後、係争地を取得したのがYの妻であり、さらに転得したのがYの子であったという特殊な事情により、その間に当事者間の親族共同体的紐帯に亀裂を生じていたものの、このコンクリート舗装の通路がそのまま維持されたものと考えて大過ない。Xの訴えの提起は、係争地所有権を取得した時期よりさらに五年が経過している事情も右の推測と符合する。いずれにせよ、本件も単なる隣人間における「好意通行」ではなく、無償通行であったこと、要役地所有者が通路を開設しえたこと、いずれもそれなりの根拠があった事例である。

さらに、次の事例をも付け加えておこう。本件も当事者に特別な関係が認められる。

⑩　東京高判昭和五八・四・二七　判時一〇八〇号五六頁

〔**事実**〕　係争地（九〇平米）はもとA所有の山林の一部であったが、X村が村道新設にあたり、係争地をも利用すれば道路網の完成・整備に至大の利便をもたらすことから、Aから無償で提供を受け、道路築造工事を施工して、昭和九年ごろから新設道路として供用されるに至った。その後、X村は係争地を公衆道路として使用し、その維持管理に努めてきたが、行政上の手続を怠ったため、道路敷は私有地として、かつ道路法上の道路にもならないままの状態で、Aから転々譲渡され、昭和二九年一二月にYが周辺の山林地とともにこれを取得した。Yは、係争地が公衆道路であることを容認していたにも拘らず、昭和四〇年六月ごろに係争道路に木杭を打ち込むなどの妨害に出たため、X村が係争地の所有権もしくは通行地役権などに基づいて妨害排除を訴求し、地役権の時効取得についてはYが係争地を取得した昭和二九年一二月二三日を起算日とする一〇年の時効を主張した。

〔**判旨**〕　所有権の取得および約定通行地役権の取得は否定したが、通行地役権の時効取得は肯定。「Xは、Yに対する関係においては、Yが本件土地についての所有権を取得してその登記を経由した時点である昭和二九年一二月二三日からXが本件道路を管理して公衆の通行の用に供することにより、本件隣接地〔公道〕……を要役地とし、本件土地……山林九〇平方メートル（現況公衆道路）を承役地とする通行地役権を自己のためにする意思をもって行使して本件土地を平穏かつ公然に占有し、右占有（他主占有である。）の開始につき善意無過失あったというべきである」として、Xの請求を認容した。

本件では、「継続」要件の具備については明らかであるので、とくに問題とされていない。要役地所有者が行政庁であり、係争地が現に公衆道路として利用されているだけではなく、もともと行政庁が旧所有者から贈与をうける予定のものであったので、その道路開設の根拠についても疑問がなく、Yもこの点については争う余地がなかったであろう。むろん、判旨は「継続」要件論を意識していることはいうまでもないが（道路の開設・維持・管理に言及している）、むしろ、Yが時効の起算日について争っているため、この問題に応接した立論を展開している。たしかに、Yが主張するように、Xが係争地を利用し始めたのは昭和七年であるので、長期時効でもYは時効完成後の第三者にあたる。判旨が何故にYの所有権移転登記時を起算日としたのかについては、「Yとの関係においては」というのみで、明らかではない。あるいは、「継続」要件を強調しなかったのも、このことと関係があるのかもしれない。要役地所有者による開設行為が必要であるとすると、その開設行為時から他主占有が開始すると解せざるを得ないからである。

ともあれ、本件も単なる「好意通行」ではなく、承役地は実質的には要役地所有者の所有であったが、たまたま所有権取得の形式的な手続不備の故に、所有権を取得できなかったことが機縁となって生じた通行紛争であることに注意しておく必要があるであろう。

(ロ)　(イ)に掲記した事例では、要役地所有者がみずから他人所有地に通路を開設（ないし存続）できた事情がとりわけ当事者間の緊密な人的関係にあったといえるであろう。次の事例は、このような特殊な関係はなく、ある意味では隣人間での通行利用である。しかし、単なる隣人間ではなく、通行使用関係がこれに接続する宅地の取引に起因して成立しているところに特徴があり、その意味では、次の(2)と同じ事例群に属するが、本節では通路開設の主体を中心にして議論しているので、ここに位置づけたわけである。

⑪　東京地判昭和四八・一一・三〇　下民集二四巻九〜一二号八七六頁

〔事実〕　係争通路（三〇・九〇平米）および甲、乙、丙地を含む近隣の土地はもとA所有で、昭和初年ごろから甲、乙、丙地の居住者がここを通路として利用しており、昭和一六年に係争通路が分筆されて同年に乙地居住者のBが乙地とともにこれを買い受けた。その後も通路として使用されていたが、戦災にあい、戦後は附近が菜園として畑にされていたところ、昭和二四年一月末頃に甲地をCから買い受けたXが建物を新築し、買受当時、係争地を私道として使用できる旨をCから聞かされ、新築時に係争道路に排水土管を埋設し、地上は通路としての形をととのえ、その後も石炭がらを敷くなどの手入れをし、また、係争地から公路に出たところにある川にX、Yら居住者が共同して橋を架けたこともあった。一方、Yは昭和二四年一月にBより乙地と係争道路を購入したが、係争道路は甲地から公路に至る通路として存置された。ところが、昭和四四年一二月二九日にYが係争通路に万年塀を設置して通行を妨害したため、Xが、地役権の時効取得（仮定的に黙示の契約による取得）に基づいて妨害排除を訴求。

〔判旨〕　昭和二四年一月からの一〇年の時効取得を認めるとともに、「継続」要件については次のように説示する。「昭和二四年一月末頃の道路開設についても、その具体的内容としては、前判示のように、土地に下水用の排水管を埋め、地上を通路として使えるようにした程度と認められるけれども、前示のように通路として開設するとの要件を加重するのは、相隣地所有者の情誼上の黙認と区別するためであり、この点を逆にあまり強調すると、通路の性質上およそ通行地役権の時効取得を全面的に否定するに等しくなり妥当でないから（ことに戦争直後の状況で、たとえば道路としての舗装等を開設の態様として要求するのはいかにも無理であろう）、右の程度の事実をもって、時効取得の要件としての通路の開設と認めるのが相当である。」

本件では、通路敷を含む一団の土地がもと同一所有者の下にあり、その時から居住者のために通路が存在し、そのままの利用状況で居住者の一人であるBが宅地（甲地）とともに係争道路敷を買いうけたというのだから、道路敷所有権と要役宅地所有権とが分離したときに、いわゆる「家父の用法」（黙示的合意）による地役権の成立が認められてもよい事案であった。(14) とりわけ、係争道路敷の代金の一部を丙地居住者も負担していたという事実も認定されているので、なおさらそのようにいえるだろう。もっとも、一連の下級審判例の立場を前提とすれば、文字通りの相互的・交錯的地役権でもないし、また法定通行権型地役権でもないので、通路が単に垣根等で宅地と仕切られていたにすぎず、十分に舗装・整備されていたわけでもないという事情をも併せ考慮すると、約定による通行地役権を主張するにはやや根拠が薄弱であったかも知れない。おそらくXもそのような理由で時効取得を前面に押し出したのであろう。いずれにせよ、認定された事実から明らかなように、Xの通行利用は単なる好意通行ではない、ということだけは確言できよう。Xが係争地での排水管の埋設がえをしているだけではなく、逆にYは通路と宅地との境界にみずから生垣・ブロック塀を築造したという事実も、このことを裏打ちする。実際、判旨みずからも同趣旨を説いており、「継続」要件を厳格に解するのは「情誼上の黙認と区別するため」であるので、これをあまり加重すると通行権の時効は事実上不可能になる、との一般論を述べたうえで、「排水管を埋め、地上を通路として使えるようにした程度」で足りるとしたのは、本件の場合には単なる好意通行ではないので、「継続」要件を厳格に解しなくてよいということになるであろう。

ともあれ、本件は要役地所有者みずから通路を開設した事案であるので、最高裁の理論がそのまま適用されることになるが、ただ、通路開設が可能であったのは当該通路が通路として取引の対象とされており、所有者も十分このことを認識していたからであり、したがってまた「無償」であったが、このような事情が通路の形態・整備の程度の判断を緩和したといえるだろう。なお、本件ではYが反訴として通路使用料を請求していたが、判旨は法律上当然にそのような請求をなしうる根拠はないとして、これを一蹴していることを付言しておく。

(2)　第三者が通路を開設した場合

要役地所有者以外の者が通路を開設した場合には最高裁の理論によれば通行地役権の時効取得が否定されるはずであり、とくに承役地所有者自身が開設したときには、前述のようにまず無理である。ところが、このような場合でも時効取得が認められた例がある。最高裁の「継続」要件に関する抽象論の部分だけに気をとられていると、次に紹介する一連の下級審判例はこれと矛盾する。果たしてそうであろうか。本書は、とりあえず判例の立場を前提にその内在的論理の展開に即して分析するが、かかる立場からみれば、むしろ下級審判例は最高裁判例を理論的に深化したものである、との評価に行きつくことになる。やや詳細に事例を検討してみよう。

(イ)　次の二例はいずれも未登記通行地役権の対抗力が否定されたケースであるが、結局、時効取得によって通行利用者が保護されている。とくにその「継続」要件の説示に注目しなければならない。

⑫　東京地判昭和五一・一・二八　下民集二七巻一号〜四号七頁

〔事実〕　図の甲、乙、丙地を含む一帯の土地はもとA所有で、Aは建売住宅の分譲をするため、その土地の中央部に私道(幅四米、奥行二一米)を開設し、その両側東西を三区画づつに分け、同時に私道敷も南北に六等分して住宅購入者に各一部分を取得・負担させる計画を立てた。この私道の最奥部の東西に各々甲地と乙地とが位置しているが、甲地(地上建物)は私道の一区画とともに昭和三六年八月にAからBが買い受け、C、D(Xの前夫)を経て現在Xが所有し(昭和四三年)、乙地(地上建物)は昭和四一年八月にEがAから購入し、F、Gを経て現在Yが所有している(昭和四七年)。最奥部に在る私道部分・丙地は他の居住者の所有である。従来、乙地と丙地とは図の点線上にある鉄扉・石塀等(Aが築造)で区画されていたが(図のイロハニホヘを結ぶ部分が私道であった)、Yがこれを取り除き、ほぼ公図上の境界線に沿うようなかたちで新たに鉄扉などの工作物を設置したので、X所有の甲地の門扉からは、人の出入は可能なものの、自動車の出入などが困難ないし不可能となった。

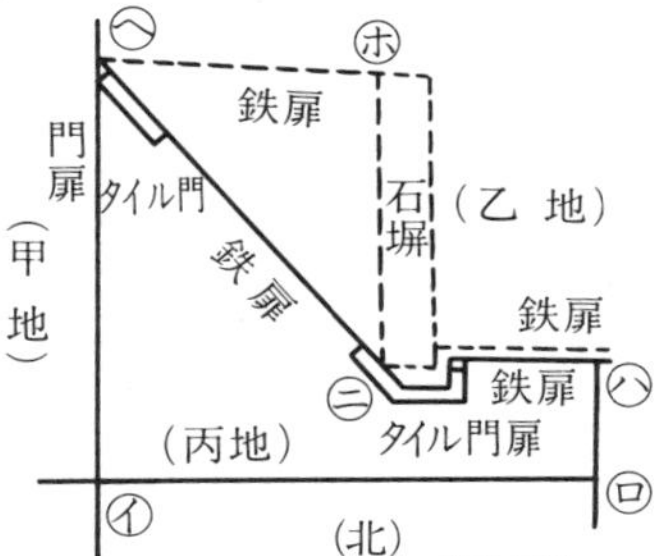

(略図)

〔判旨〕　被分譲者相互間に交錯的通行地役権が成立し、現在Xがこれを承継取得しているが、その旨の登記がないのでYに対抗できないところ、かかる相互的地役権関係にある当事者間では、信義則上、原則的に登記なくして対抗が可能であるが、本件ではY

は仲介者から私道負担付との説明をうけておらず、したがって地役権の負担がないものと認識して取得しているので、本則に従いXはYに対して登記なくしては対抗できない。

しかしながら、Xの前夫Dが昭和三八年六月ごろ甲地を私道通行権付の建築分譲地としてこれを取得したので、係争地の通行利用につき善意・無過失であり、XもDとともに当初より右建物に居住し、甲地を財産分与により取得したので、係争地の占有をも承継したといえる。そうするとXは昭和三八年より一〇年で右通路部分に対する地役権を時効取得したというべきであり、その完成前のYに対しては登記なくして対抗できる。

本件の場合、Yが通行権の存在を認識していなかったという前提のもとに、Xの地役権に対抗力がないとした判断には疑問があるが、交錯型の通行権については原則として登記なくして第三者に対抗できるとの一般論を述べたうえでの具体的結論であるので、この点の当否はしばらく措くとして、ここでは未登記地役権の対抗力が否定されたケースであるということをとくに念頭においておく必要がある。つまり、隣人間の無償利用である「好意通行」を権利に高めるのが妥当かどうかが問題となっているのではない。判旨もこのことを意識して最高裁のいう「継続」要件との整合性についてわざわざカッコつきで言及している。

「(なお、通行地役権を「時効取得するためには通路が要役地所有者によって開設されたことを要するというのが判例であるが、この要件は承役地の通行が承役地所有者の近隣の情誼による黙認によって許されているとかまたは要役地所有者が通路を自己のために支配しているとみるに足りる客観的事実状態が存在しない場合を除外するところに主眼を置くものとみるべく、本件の如く、分譲地所有者であり、乙土地の買受人との間でニホへの線以東にも通路を開設することについての合意をとりつけ、かつ自らニホへの線に大谷石塀および門扉の設置工事をして前記通路部分の状態を作り出したAから中間者を経て甲土地所有権を取得したDおよびXについては自ら通路を開設したのと同視するのが相当である)。」

右の説示で重要なところは、通路開設が分譲者A（形式的には承役地所有者）であったが、Aによる私道開設の経緯(分譲地が私道負担付であったことなど）が考慮されて、かかる分譲地の承継取得者Xについても「自ら通路を開設したのと同視」されている点である。判旨の立論のなかには明らかに契約による通行地役権を認定した際の事情が入り込んでおり、これを根拠にして「継続」要件をいわゆる「緩和」しているので、承役地所有者の開設した通路をその利用に便乗して通行使用する場合とは全く事実類型を異にしているといえよう。加えて、本件判旨は最高裁判例の理論的根拠をも指摘しており、それは私見にいう「プレカリウム」論以外の何ものでもない。「通路を自己のために支配しているとみるに足りる客観的事実状態が存在しない場合を除外する」とは、「地役権的事実行使に該当しない通行使用を除外する」ことに外ならず、また「近隣の情誼による黙認」の場合を除外するというのも実質的には同じことを述べているのであって、後者は地役的事実行使の「意思」を念頭においた説示とみるべきであろう。もっとも、判旨が両者を単に並記しているのは、客観的要件と主観的意思との有機的関連に気付いていないことを物語るものであるが、いずれにしても実質的にはプレカリウムを根拠に立論していると考えて大過なかろう。したがって、本件判決は、その事案の特殊性をも、また、「継続」要件の理論的根拠をも十分わきまえながら地役権の時効取得を肯定したわけであるので、その「継続」要件は最高裁のそれとは別の判断基準と考えるべきものであり、むしろ判例理論をより深化したといえよう。その意味で、いわれるような「継続」要件の単なる緩和でもなければ、[15]「いいわけ」でもない。[16]逆に、学説におけるこの種の評価には「プレカリウム」論の視点が欠けている（ないし自覚的に展開していない）ことを、自ら肯定することになろう。最高裁判例と下級審判例との整合性を問題とする場合には、何よりまず判例の内在的論理の展開に従った分析が不可欠であるように思われる。なお、本件は時効取得される権利の範囲についても説示しており、それは約定地役権が認められた範囲よりも狭い。現実に通行利用していた部分（図のホニ線の延長線より東側部分）についてのみ時効が可能であるということを根拠にしており、それ自体は正当であるが、その「現実の利用」を物理的にのみ解するとすれば問題であろう。

次の事例も右の判例と同様の例である。

⑬　名古屋地判昭和五七・八・二五　判時一〇六五号一六一頁

（略図）

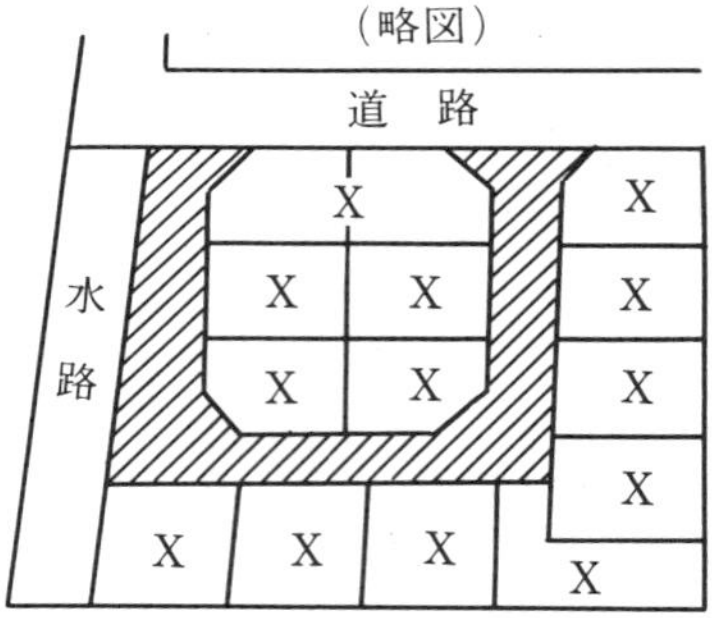

【事実】　係争道路（斜線部分）を含む一団の住宅地はもとA所有で、昭和三七年にAが一四区画の分譲地を販売したときに、各宅地から公道への出入、各宅地相互間の通行のため、自己に所有権を留保した係争道路（幅三・六米、全長一一〇米）を開設したところ、分譲地買受人Xらは、買受当時、仲介者から係争道路が将来公道になるので自由に通行してもよい旨の説明をうけ、その後の買受人Xらもここを自由に通行し、誰からも異議を受けなかった。その後、係争道路は転々譲渡され、昭和四五年ごろYが前所有者から係争道路の地形などを充分調査しないまま代物弁済によりこれを取得し、居住者に買い取るように求めたが拒絶されたため、結局、道路の一部に店舗を建築する旨の建築確認をうけた。そこでXらが地役権に基づいてその妨害排除を訴求。

【判旨】　「本件土地を前記通行の用に充てるために所有者Aが所有権を留保したうえ、期間を本件土地が公道になる迄として、本件土地につき第二土地〔分譲宅地〕のため通行権を設定したものである。」

ただし、係争道路の新所有者Yが通路の地理的状況を十分に調査しないまま代物弁済により取得したが、Xの地役権の未登記に乗じて通行を妨害しようとしたものではないことから、「YをもってXが登記なくして地役権を対抗できる背信的悪意者であるとすることはできない」。けれども、Xの地役権の時効取得については、Xは分譲当時から善意・無過失で通行の用に供してきたが、係争道路はXではなくAにより開設されているところ、Aは係争道路を「単に情誼や人情から第二土地〔分譲宅地〕購入者の通行を容認したというものではなく、本件土地を道路用地に充てることによって初めて第二土地の分譲ができたのであり、一方、第二土地の各所有者もたまたま便宜上ここを通行していたというのではなく、これを利用することによってのみ、公道及び他の区画の土地へ行くことができた実情にあったのであり」、加えて、今日まで道路が要役宅地所有者Xによって維持されているので、「本件通行地役権においては継続かつ表現の要件を具備するものということができる。」

本件判旨は、約定通行地役権についてはいわゆる「特定人留保型通行地役権」の一般論を述べてこれを肯定したが、未登記であるが故にその対抗力を否定し、かかる対抗力の欠缺を治癒するために時効取得論を展開している。だから、「継続」要件の判断にも直接、右のような約定通行権の成立事情が参酌されており、前の事例と同趣旨の説示をしている。したがって、そこでの評価と同様のことが妥当し、判旨みずからもここでの通行使用が好意通行ではない旨を明言している。このような場合には、通路開設の主体論ではなく、通路として使用されているかぎり、未登記通行地役権を保護すべきか否かの価値判断にキーポイントが移しかえられることになるであろう。

(ロ)　次の二例は約定通行地役権が肯定された事例ではないので、時効取得によって通行使用が権利に高められたものである。そのかぎりでは(イ)の事例と異なるが、次に掲記した事案からも明らかなように、いずれも分譲宅地の売主が宅地内に築造・開設した通路をめぐる通行紛争であり、本来ならば約定通行権の成立が肯定されてよい事例であった。少なくとも単なる隣人間の「好意通行」ではないということだけは確言できよう

⑭　横浜地判昭和四三・一一・六判時五五六号七六頁

〔**事実**〕　もとA所有の(1)、(2)土地をBが買いうけたが、右両地から公道への出入のためにはA所有の係争地と(3)土地等を通行するほか通路がなかったので、BはAとの土地売買にあたり係争地と(3)土地の譲渡方をAの代理人Cに求めたが、係争地等は(1)(2)土地のほか、その奥にあるA所有の分譲地のためにも通路として確保しておく必要があったので、Cはこれを断ったがその際、Bは、Cから係争地はBの買受地はもちろん他の分譲地のための通路として確保され、分譲地の所有者は無償で永久に通行できる旨を知らされたため、これをしいて買い取る必要がないと考え、通路として使用することで満足し、交渉を打ち切った。Aは分譲当時、係争地に縁石を設けるとともに、公道への入口部分には二段階の石段を設置して、市道（幅一米）と併せ幅員二メートルの通路を開設し、Bがここを通行使用してきたが、Xが中間者を経由して(1)(2)土地を取得したところ（昭和三四年）、係争地の現所有者Y（昭和三一年買受）がXの通行を妨害。

〔**判旨**〕　AとBとの間には地役権設定契約は成立していない。しかし、昭和八年からBは「自己の所有の〔要役地〕のた

めにする意思をもって平穏、公然かつ行使の始めにおいて善意無過失に本件土地の通行権を行使し、その通行は通路を開設した表現の土地を継続してなされていたというべきだから、昭和八年から一〇年の期間により係争地に対し無償の通行地役権を時効で取得し、Xがこれを承継した。Yは右の時効完成後の第三者であるので、Xが地役権を対抗するためには登記を要するところ、係争地が市道と一体となり通路として使用されていることを知りながら、これを買い受けているし、Yにとって不可欠の土地でもないので、その損失とXの利便を比較すると、YがXの未登記を主張するのは権利の濫用である。

⑮　福岡地判昭和四五・一二・二四　判タ二六〇号二九四頁

〔事実・判旨〕　事案は不詳だが、もと一団の土地の所有者Aが宅地を多数に分割分譲する際、Aが袋地となる一部の分譲地（現在はX所有）のため係争地を予じめ通路として開設・分筆し、Xやその前主らが継続的に通行使用してきたところ、Yが係争地を買い受けたことにより（昭和三四年）、XとYとの間で通行紛争が発生。判旨は、Xと前主、前々主が「それぞれみずからのためにする意思をもって、当初においては善意・無過失に、その後においては継続・表現のものとして係争地の全部を通行の用に供してきた(準占有)ことによる効果を承継」するので、おそくとも前々主の通行利用から一〇年（昭和三六年）で時効取得した、と判示。

いずれも何故か「継続」要件につにいてとくに説示するところがないが、時効取得の成否の判断に際しては、通路開設が土地の取引に起因したものである旨の事情を考慮して、通行使用の「継続」性に言及している点を見落してはならないであろう。また、「継続」要件それ自体の判断は避けているので先例的価値は乏しいが、反面、「自己のためにする意思」という要件には言及している。通路の主体に言及すれば、最高裁のいう「継続」要件との整合性を論じざるを得なくなるので、民法一六三条を援用したにとどまったものと推測するが、しかし、このようないわば法的直観に依拠した処理の仕方のなかに、客観的には正しい認識が潜在しているように思われる。けだし、この種の事案の場合、そもそも通路開設の主体を問題とする必要がないので、「通路使用関係」が存在しさえすれば、原則論・一般要件（一六三条）に立戻って時効取得の成否を論ずれば足りるからである。これらの事例が約定通行権を肯定しなかった点の批判は別にして（当事者が時効取得しか主張しないこともあるであろうから）、私見にいう「地役権的事実行使・意思」論がストレートに適用された裁判例と解しておきたい。

(3) 小　括　さて、通行地役権の時効取得を肯定した裁判例をかなり詳しく検討したが、いずれも単なる隣人間の「好意通行」を権利関係に高めたものではないことが明らかになったであろう。全くの無権利者が「通路使用関係」を開設ないし継続的に維持してきた事例ではなく、当事者の特殊な（人的）関係がすでに通行紛争が生ずる以前の段階でかかる通路使用関係の開設・維持を少なくとも事実として許容・容認していたといえよう。とくに(2)の諸事例は、取引行為に起因して通路が開設・維持されており、単なる無償通行でもないし、(2)の(イ)の事例は既存の約定通行権がいわば復活したものである。(2)の(ロ)の事例は、注意深い当事者ならば分譲宅地の売買契約書に通行地役権設定条項を挿入するなどの行為に出ていたはずであるので、かかる設定行為の不備（契約書の欠如）が約定通行権の成立を否定へと導いた要因となるので、時効がこれを治癒したといえるであろう。同様のことは(1)の⑪判決にもそのまま妥当する。さらに、(1)の⑩判決も所有権取得（ないし地役権設定行為）に関わる行政上の形式的手続の不備が起因となり通行紛争が生じているので、この場合も時効が設定行為の瑕疵を補完したといえるであろう。

これに対して、(1)の⑧、⑨判決では、通路開設・維持当時の当事者が特殊な人的恒常関係（相互援助・扶助関係）にあり、したがってかかる当事者間での通行使用は道義関係にとどめられても決して不当ではないので、その意味では右の事例と異なるが、⑧事例は住職が自己の寺のために開設したものであるので、贈与に近いか、少なくとも継続的な無償利用の提供と解され、したがって、対第三者との関係では権利に高められても決して不当ではなく、⑨判決も夫婦ないし親子という関係があるが、その人的信頼関係が破壊されているので、事情に応じて権利関係に高められてもよかろう。すなわち、これらの通行使用を地役権に高める法的手段の一つとして時効が機能しているわけである。

このようにみてくると、単なる「好意通行」を権利関係に高めるための厳格な要件（判例によれば要役地所有者による通路開設）は、この種の事案ではあまり有効に機能していないことが分るであろう。実質的な解釈原理になっていないのである。とくに(2)の下級審判例がいずれも最高裁のいう「継続」要件に従っていないのは、このことと密接に関連することを見落してはならない。ただし、⑨判決では、判例によれば親族間の無償貸与は原則として「情誼」によるものと解されているので（最判昭和四七・七・一八判時六七八号三七頁）、このかぎりでは判例の「継続」要件は機能しているといえるであろう。いずれにせよ、結局は民法一六三条、一六二条等の一般原則（占有論）に立戻らねばならず、それが私見にいう「地役権的事実行使・意思」論である。[17]

（1）　沢井『隣地通行権』一五一頁など。
（2）　末弘・前掲書六五五頁は、大審院が「事実審の認定を基礎にして……」と述べている。
（3）　宮崎孝次郎「判例批評」判例民事法昭和二年度三八九頁。
（4）　児玉・前掲論文一六六頁など。これに対して、川添・前掲「判例批評」二二頁は通路開設が要役地所有者によってなされた場合に限定する趣旨かは明白でない、とする。この評価が正しい。
（5）　学説も同様の引用をするものが多いが（児玉・前掲論文一六六頁、川添・前掲「判例批評」三三頁など）、不可解である。
（6）　わずかに新潟地柏崎支判昭和二八年(ワ)二三号判時二四号五八頁が目に付いたぐらいであるが、これは後掲最高裁昭和三三年の第一審判決である。
（7）　林・前掲「判例批評」一二五頁、大場「判例批評」最高裁判所判例解説民事編昭和三〇年度二六五頁。
（8）　甲斐・前掲「判例批評」一一九頁、川添・前掲「判例批評」二二頁、加藤・前掲「判例批評」九五頁、山本・前掲「判例批評」九七頁、児玉・前掲論文一六六頁など。
（9）　第一審・新潟地判昭二八年(ワ)二三号判時二四号五八頁はY（承役地所有者）が通路を開設したと判示している。
（10）　第一審も「本件通路をXが通行することをYは隣同士の間柄の好意上之を看過したに過ぎない」と判示している。
（11）　林・前掲「判例批評」、甲斐・前掲「判例批評」参照。
（12）　判例については、安藤一郎『新版私道の法律問題』一八八頁以下（昭和五九年、三省堂）が要領よく簡潔に整理しているので、それに譲る。「プレカリウム」論について明確に説示したものもある（東京高判昭和四九・一・二三東高民時報二五巻一五七頁）。また、最高裁の「継続」要件の趣旨を説くものもある（東京高判昭和五〇・一・二九高裁民集二八巻一号一頁）。

(13) この点については、拙著『無償利用契約の研究』一二頁以下（平成元年、法律文化社）参照。

(14) 「家父の用法」論ないし黙示的合意による地役権の成立論については、本書第一部第四章を参照されたい。

(15) 沢井『隣地通行権』一五九頁。

(16) 大島・前掲論文一二三頁。ただし、これらの学説が「土地分譲」に起因する通行紛争であることを指摘している点については評価できるが、それがどのような意味をもたされるべきかを「プレカリウム」論を踏まえて判例の内的論理の展開のなかで立論されることこそ、ここで求められている分析視角なのである。

(17) 通行地役権の時効取得が認められるケースとしては、所有権の場合とは異なり、そもそも明示による設定行為（法律行為）があまりなされることがないので、その無効・取消等の失効原因を時効が治癒するというケースは現在のところあまり考えられないであろう。なお、所有権の時効取得を類型的に処理した代表的文献としては星野英一「時効に関する覚書――その存在理由を中心として――」『民法論集第四巻』六五頁以下（昭和五三年、有斐閣）がある。

四　いくつかの問題

1　取得される権利の範囲

時効によって取得される通行権の範囲・内容は時効期間中の地役的事実行使（占有）の範囲・内容によって決まると解すべきであろう。(1) 判例のように要役地所有者みずから通路を開設しなければならないとすると、当然開設した通路を時効期間中、維持・管理しなければならないであろうから、通行使用の範囲もおのずと明らかとなり、時効取得が肯定されるかぎり、実際上、通路幅について問題が生ずることはあまりないであろう。具体例としては、未登記地役権の対抗力を治癒した場合で、約定通行権が及んでいた範囲より狭い部分について現実の占有を基礎にして時効を認めたものがあるが（⑫判決）、これはすでに第三者が開設した通路がある場合に、それとの関係で時効取得の範囲が議論されたものである。

なお、イタリアでは行使の態様についての具体例があったことはすでに検討したが、わが国にはこの種の事例はまだないようである。たとえば、徒歩通行による地役権的事実行使に基づいて車輌通行権を肯定すべきではないので、ここでも現実の行使態様が基準となろう。(2) 途中で行使の態様に変更があった場合には難しい問題が生ずるが、時効期間を通して、より小さな行使の態様の限度で時効を認めるとする見解にもそれなりの合理性があるが、なお検討の余地が残されている。

ちなみに、時効取得された地役権の効力について、地役権が「契約によって設定され、設定者の負担すべき義務について種々特約の存する場合とは異なり、右通行の目的を達するのに必要であって、かつ承役地たる本件土地所有者にとって最も負担の少ない限度に止められるべきである」（⑧判決）との視点から、通行地役権の確認請求を肯定しながら、具体的な妨害排除を排斥した事例があるが、契約の場合と時効取得の場合とを区別する合理的根拠は乏しいし、右判決の結論にも疑問がある。

そのほか、時効期間中の通行使用の無償性が完成後も維持されるかどうかの問題があるが、これについては⑪判決が参考となる。ただし、事案とも関係するが、当事者間の利害を調整するため、何らかの給付が認められるべきか否かを検討する余地が残されているように思われる。

2　時効取得と登記

周知のごとく、この問題については所有権の時効取得をめぐって古くから激論が繰り返えされており、今日においいても学説は帰一するところを知らない。しかし、判例の立場はすでに固まっており、時効の完成前と完成後とを区別して、完成後の第三者に対して時効取得者は登記なくしては対抗しえない、との見解を一貫して維持している。通行地役権については本書が取り上げた下級審判例にも「完成後の第三者」との通行紛争を対象としたものがあり、判旨は従来の判例理論に従って応答している（⑭判決参照）。しかし、約定通行地役権の登記についてはすでに論じたように[3]、かかる場合でもその旨の登記を期待しがたいにも拘らず、時効による取得の場合にまで、登記の抽象的な一般原則をそのまま適用すれば足れりとする姿勢は、強く批難されねばならないであろう。所有権の時効取得についても、いわゆる「占有尊重」説に根強い支持者があることに思いをめぐらすべきであり、一歩譲って、判例理論の立場ですら、通行地役権については別途の考慮が十分可能であり、かつまた慎重に対応すべきものである。右の下級審判決も、結局は時効取得者を保護しており、実際、時効取得が認められる客観的事情（継続的な通路使用関係）がある場合に、第三者側にこれに勝る有利な事情が考えられるであろうか。無用な迂路（登記原則の無自覚的適用）と評されてもやむを得ないであろう。

なお、本書は未登記通行地役権の対抗力の欠缺を時効で治癒できるとする判例の立場を一応は前提にして議論してきたが、この問題は所有権の時効取得の場でも論じられ、むしろそこでの理論を踏まえて検討しなければならないので、しばらく結論は留保しておきたい。本書ではすでにイタリアでの議論を若干紹介し、とりわけ占有の起算日についてイタリア破毀院が既登記譲受人の登記日と解したことに注目したが、問題は将来に残されている[4]。

（1）　安藤・前掲『相隣関係・地役権』二九二頁。
（2）　安藤・前掲『相隣関係・地役権』二九二頁。
（3）　本書第一部第四章一六四頁以下。
（4）　なお、そのほか、賃借人が地役権の時効取得者たりうるかという問題があり、判例は古くからこれを否定しており（大判昭和二・四・二二民集六巻五号一九八頁）、今日の下級審判例も同じ立場にある（ごく最近の事例として、東京高判昭

和六二・三・一八判時一二二八号八七頁、判評、長谷川貞之、法時六〇巻三号一一二頁）。後日に期したい。

五　結　語

(1)　無償通行使用関係は特別な事情がない限り、道義上の善隣関係に基づく「好意通行」にすぎないので、いかにかかる通行使用事実が永続しようとも、そのままでは権利に高められることがない、というのが私見にいう「プレカリウム」論であり、かかる基本認識は、ヨーロッパでは古くから伝統的に定説となっており、本書はとくにイタリア法の沿革と理論とを介してこのことを検討し、わが国でもボアソナードや民法典起草者らによって同じ立場が堅持されていることをも確認した。私見はこのことを踏まえて、地役権の時効取得に関するわが国の学説と判例を「プレカリウム」論によって、自覚的に透察することに徹したわけである。

このような立場からみれば、わが国での「継続」要件がイタリアやフランスのそれと異なることはそれほど重要ではなく、両概念が一致するものではないことを認識しておけばそれで十分である。むしろ、何故に地役権の場合、かかる要件が加重されるのか、その根拠を見極めることこそ、不可避の課題となり、その鍵が「プレカリウム」論にあることを繰り返し述べてきた。純「概念」的レベルにおいても、わが国の学説が形成してきた「継続」定義は決して非難されるべきものではなく、むしろ「発展」と評価されてよい。いずれにせよ細部においては意見が分かれるがイタリアの理論・実務とわが国のそれとが基本的には共通の価値判断をもち、したがってまた、具体的な解釈論においても共通する面が強いのも、決して偶然ではなく、この種の問題に対してはかなりの普遍性があることの証左であろう。つまり、「プレカリウム」論を定礎した立論にならざるを得ないということである。イタリア法が「継続」概念を捨てることができたのも、わが国の学説・判例が「継続」概念を弾力的に解釈しえたのも、結局は右のことに帰着する。

このような視点から、本書は、通行地役権の時効取得の「要件事実」そのものは、「地役権的事実行使」とそれを究極的に規定する「地役権行使意思」である旨を主張し、通路開設の主体をめぐる議論は解決されるべき紛争事例に対応した具体的な判断基準であることも詳細に検討した。とりわけ、最高裁判例のいう「継続」要件は、単なる隣人間の無償通行で、無償であることについて格別の理由もなく、かつ、承役地所有者みずからが開設した通路を通行使用していた（承役地所有者の通行にいわば便乗していた）場合における判断基準と解すべきであろう。したがって、事情によっては第三者が開設した通路についても地役権の時効取得が認められるのであり、前掲の肯定例（下級審判決）はこのような場合について説示した具体例と解され、最高裁判例と矛盾するものでもなければ、無理にこれに引き付けて評価すべきものでもない。

しかし、最高裁が通路の存在だけではなく、その主体についてもこれを「継続」要件に読み込もうとしたのは、すでに批判されているように、問題であった。もっとも、最高裁とて民法一六三条、一六二条を無視しているわけではないので、これを実質的には定礎した判断基準と解釈することもできることから、これを理論的に整序するのはむしろ学説の課題であり、本書が提唱した右の理論はそのような趣旨に基づくわけである。

(2)　ところで、地役権の時効取得論と黙示合意による成立論とは沿革的には同じ発想から出発しており、理論的にも共通の基盤をもつべきことはすでに明らかにした。後者についても「プレカリウム」論を背景に、承役地所有者側の「地役権負担意思」を究極的な視点に据えたが、このような「意思」を問題にしたのは、プレカリウムなるものが人の精神的容態に関わるからである。「無償の供与」をめぐる当事者（とくに供与者側）の心理的状態は有償給付関係の場合とは本質的に異なるので、とりわけかかる意思的側面に慎重な配慮が必要となり、事実関係を権利関係へ高める際にはこのプレカリウムを媒介にした視座が必要不可欠のものとなろう。いわばプレカリウム性の希薄化に反比例して権利性が鮮明に浮き出てくるともいえる。時効取得と合意による取得とを統一して、成立論一般のなかで両者を共通の基礎に位置づけた所以である。残された課題もあるが、本書の提起した問題についてはその責務を果したつもりであるので、諸賢のご批判を仰ぎたい。

第二部　囲繞地通行権

序　論

1　問題の所在と視点

(1)　相隣者間での通行紛争が急増したのは戦後である。都市部への著しい人口の流入とそれに連動した地価の上昇が、土地の細分化ないし有効利用を刺激し、ひいては人々の権利意識をも高揚した結果、善隣関係を支えていた共同体的道義が後退し、その亀裂の深さと複雑さが法による解決を余儀なくさせたのであろう。これに拍車をかけたのが、経済社会状況の構造的変革であり、通行権裁判の増大が戦後における経済成長の展開と軌を一にするのも決して偶然ではない。

このようにみてくると、通行問題を含む相隣関係は都市問題の一環として位置づけることも可能であり、歴史的にも「相隣関係法」がとりわけ都市部において著しい発展をとげてきたという事実は、かかる位置づけと照応する。加えて、私人間の通行権問題が、いわゆる「都市法」の生成・発展およびその一翼を担う公法的な相隣関係規制の強化という新たなる潮流のなかで、一方ではその独自の存在意義を貫徹するとともに、他方ではかかる公的規制からさまざまなインパクトを受けざるを得ない状況に追い込まれている。わが国における都市計画関連規制がヨーロッパとは異質の推移をたどり、いわばその矮小化された展開が私法的な相隣関係に対していかなる影響を及ぼしたかはしばらく措くとしても、一般に、相隣関係規制において民法と行政取締法規の両者が合流するところに、私法理論にとっても歴史的な新展開の契機が潜在しており、それはわが国ではまさしく現代であるといえよう。

(2)　戦後におけるわが国の「通行権」理論は、判例からの刺激を受けつつ、積極的な対応に努め、これまでに相当なる学問的蓄積がみられる。(1) ことに囲繞地通行権に関する判例が主流となっていることから、いきおいこの種の研究が中心となる傾向にあり、したがってまた、そのほとんどが「判例研究」といっても過言ではない。もっとも、判例研究であるが故に、かえって個々的な視点においてはかなり深い洞察・鋭い分析も散見され、少くとも確言できることは、解決さるべき課題がほぼ明らかにされていることであろう。

換言すれば、現行の囲繞地通行制度は、袋地という土地の客観的状況に基づく「有償の通行権」（民二一〇条以下）と、土地の一部譲渡、分割という関係当事者間の主体的行動に起因する「無償の通行権」（民二一三条）との二本立になっているが、いずれの通行権についても次のような疑問が横たわっている。

まず民法二一〇条に関しては、とりわけ通行利用の態様・通路の幅員をめぐる論争があり、袋地所有者が、既存通路では車輌の通行のために不十分である場合、あるいは建物の新築・増改築の建築許可を得るため建築関係法規所定の道路幅を確保する必要のある場合に、その通路の拡幅を訴求する事例が少なくないところ、判例はかかる場合、特段の事情がない限り、既存通路の利用状況ないし通路幅を維持するというやや消極的な姿勢に終始しているのが現状である。しかし、学説では、ことに建築基準法との関連でさまざまな見解があるものの、判例の姿勢に対しては一般に批判が強い(2)。さらにごく最近では、囲繞地通行権制度が被通行地所有者に一方的負担を強いるものであるかぎり、本来その対価となる償金の問題を度外視できず、逆にこれを十分に考慮するならば、通路拡幅の主張に対しても積極的かつ柔軟に対応できるはずであり、かつ、そうすることが時代の要請である、とする学説すら現われている。この見解の当否は別にして(3)、囲繞地通行権に関わる本質論の重要性をあらためて教えられる。

他方で、民法二一三条の無償通行権についても、袋地形成の当事者から袋地または囲繞地を売買等で取得した特定承継人がその無償通行の権利または負担を承継するのかという疑問があり、ことに「広中・沢井」論争に端を発し、学説は帰一するところを知らない(4)。下級審判例も、事案にもよるが、意見が分かれている(5)。

もっともごく最近、最高裁は、袋地所有者が分譲地以外の囲繞地を通行しうると主張したことに対して、「民法二一三条の規定する囲繞地通行権も、袋地に付着した物権的権利で、残余地自体に課せられた物権的負担と解すべきものである」という理由で、これを排斥しており、右の論争に一応の決着がつけられたといえよう。しかし、この判決には少数意見があり、民法二一三条は対人的要素をも考慮した規定であるので、特定承継が生じた場合には、無償通行権は消滅し、民法二一〇条の問題となる、という。このような意見の対立は学説にもあり、格別新味のあるものではない。しかしそれにも拘らず、民法二一三条のいう囲繞地通行権の本質論がここでも重要な課題であることを教えられる。[6]

(3)　このようにみてくると、囲繞地通行権をめぐる解釈論上の諸問題を解決するためには、わが民法典における囲繞地通行権制度の規範構造の検討が緊要な課題となっていることを痛感させられる。ところが、この種の基礎理論的な研究は、前述したわが国の学説の状況からも推知できるように、きわめて不十分なままである。この課題に応えるためには、差し当り、わが国の囲繞地通行制度がいかなる歴史的経緯のもとで民法典二一〇条以下の規定に結実したのか、また、かかる規定がどのような生活事実を予定して立案されたのかを明らかにする必要があろう。わが国ではこの方面の研究は皆無といっても過言ではない。[7]

(4)　ところで、囲繞地通行権制度の規範構造を明らかにしなければならないとする本書の立場からは、単に民法二一〇条と二一三条との関係だけを問題とすれば足りるものではないことを、ここでとくに指摘しておかねばならない。それはこういうことである。民法二一〇条と二一三条のいずれが原則で例外かという議論は別にしても、実際上、袋地が形成されるのは土地の一部譲渡等のいわゆる分譲による場合であり、裁判例もこの種の事例が大半を占めるといって過言ではない。ところが、他方で、土地の分譲は譲渡人（ないし譲受人）が自己に留保した土地（ないし売却地）に対して約定通行権とくに地役権を取得する契機となる。これを「留保」による地役権の成立と称し、沿革的にはローマ時代から現代に至るまで、主要な（具体的）成立原因となっている。このような場合、関係当事者にとって通常では困難である地役権の取得が容易となるからである。そうとすれば、分譲によって「袋地」が形成される場合には、より一層のこと、当事者が通行権の確保に強い関心をもつはずであり、この種の合意がなされないことは、余程特殊な事情でもないかぎり、考えられない。わが国の立法者が民法二一三条の通行権を「無償」としたのは、「留保」による地役権には気が付いていないものの、まさしくかかる理由による。[8] 換言すれば、民法二一三条で予定された生活事実は、通行「地役権」（民二八〇条）の成立を促す最も典型的な場合といってもよいわけである。そうとすれば、この二つの通行権の関係を統一する「理論」が必要不可欠のものとなろう。

しかも、この問題をいっそう複雑にするのは、わが国ではこれまでのところ、「留保」（それは明示の契約）がなされることがあまりないので、今日の判例が土地分譲に関わる通行紛争の場で「黙示的合意」による地役権を認定して通行利用者を保護せざるを得ない状況にある、という事情によっている。いうまでもなく、黙示構成では、明示の合意における よりも厳格な規準（客観的な地役状態などの要件）が必要とされるので、当事者間の合意を問題としない「客観的袋地状態」を前提とする囲繞地通行権との区別が、事情によっては非常に困難となってくるであろう。いずれを優先させるかという個別的問題は別にして、そもそもこれら両者の通行権制度がいかにあるべきなのか、その構造・機能をあらためて再検討すべき時期に来ているように思われる。[9] 本書はそのような解釈論上の視点をもって制度の歴史と理論を検討したつもりである。

2　「法定地役権」論と所有権の制限

ところで、囲繞地通行権制度（ひいては相隣関係法）の歴史をみる場合には、いわゆる「法定地役権」という観念の検討を避けて通ることはできない。

わが民法典は、ドイツ民法典に従って、囲繞地通行権を「所有権の制限」つまり相隣関係法の一環として位置づけており、したがってまた、一般に、通行権とはいうものの、その独自性が否定され、袋地所有権の法律上の拡張ないし囲繞地所有権の法律上の制限と解されているのに対して、[10] わが民法の母法であるフランス民法典は、わが国でいう相隣関係規制を地役権制度の中に取り込んでいる。

敷衍すれば、フランス法の地役権は、場所の自然の状態（la situation naturelle des lieux）、法律によって課せられる義務（la obligation imposé par la loi）および土地所有者間の合意（la convention）という三つの原因に基づいて成立し（仏民六三九条）、合意による地役権がわが国での「地役権」（他物権）になるのに対して、前二者、つまり「自然地役」と「法定地役」とが「所有権の制限」に対応する。

自然地役権の典型例は、高地より自然に流下する水流を低地所有者が妨げてはならないことを内容とするものであるが（仏民六四〇条）、そのほか界標設置権（仏民六四六条）、囲障設置権（仏民六四七条）などいくつかの地役権が規定されている。これに対して、囲繞地通行権は「法定地役」[11]の中に位置づけられており、この「法定地役」には多種多様な地役権が組み込まれている。たとえば、境界線上の囲障（壁・溝渠）の互有（mitoyenneté）（仏民六五三～六七三条）、建物等の工作物を築造する際の距離保持義務（仏民六七四条）、観望・採光の権利義務（仏民六七五～六八〇条）、雨水の落下に関する規制（仏民六八一条）などが含まれている。

このような地役権の三分割制は、とりわけ前二者を本来の地役権である約定地役権と同様の原則で処理することにその実際上の意義があるが、かえってそうであるが故に、かかる立法措置に対しては学説の批判が強く、後述のように、自然地役と法定地役との区別の根拠・実益、あるいは法定地役の範囲・限定づけ（所有権の制限との区別）について意見が分かれている。[12]いうまでもなく、この問題を一般的に論ずることは本書の当面の課題ではないが、少なくとも、囲繞地通行権が法定地役権であるとする点では大方の見解は一致しており、しかも法定地役権の代表例として位置づけられているといっても大過ないであろう。このことは、囲繞地通行権と約定通行地役権との構造が基本的には同一であるという認識を前提とするものの、歴史的には法定地役と囲繞地通行権の両者は手を携えて発展してきたわけではない。囲繞地通行権を自然地役とする学説もあった。このような措置は、立法例としてはフランス民法典によって初めて採用されたもので、このことは、裏からみれば、自然地役ないし法定地役のカテゴリーに組み込まれた相隣関係の、制度としての重要性が確認されたことを意味しよう。そこで、本書では、法定地役（それとの関連で自然地役も)なる観念がいつごろから生成したのか、フランス民法典以前には存しなかったのか、さらには囲繞地通行権との関連はどうなのか、ことにドイツ民法典が何故にかかる観念を排斥したのか、という疑問にも可能なかぎり言及することによって、囲繞地通行制度の沿革的考察を側面から補強したいと考えている。

3　本研究の構成

(1)　本書は前述のような種々の課題を負っているので、これを「制度の沿革・理論」と「解釈論」とに大別した。「制度の沿革」では、日本民法典の成立史までをその対象としているが、そこに至る過程で、前述したように、母法たるフランス民法典の成立史（およびその後の改革）とドイツ民法典の成立史の研究は不可欠の前提作業となる。さらに、わが民法二一三条の「無償」通行権に関する原則は、旧民法当時のフランス民法典には存在せず、ボアソナードの明言するごとく、これはイタリア旧民法典から採用されたものであることのほかに、一般に囲繞地通行制度の沿革がおそらくはイタリア中世に遡ると思われることから、イタリア民法をも視野に入れている。比較法的にみても、イタリア現行法はフランスやドイツのそれとは異にする独自の制度をもっていることは後述の通りである。

なお、オーストリア法については、何故か民法典自体には囲繞地通行権制度が欠落しており、その後、特別法がこれを規制しているので、資料に制約があるが、この国の通行権制度にも簡単に言及したいと思う。

(2)　ところで、わが国の有償囲繞地通行権制度（民二一〇条）の沿革については、ローマ法ではなくゲルマン法ないしわが国の固有法に由来し、無償通行権（民法二一三条）はローマ法の「暗黙役権」と関係がある、といわれている。(13)しかし、右の暗黙役権とは本書がすでに検討した「家父の用法」による地役権であるようなので、その沿革的評価には問題が残される。他方、有償の通行権の故郷とされるゲルマン法とは具体的に何を指すのか、必ずしも明らかではない。むしろ、中世以降の学者がローマの法源を引用して囲繞地通行権を説くことが少なくないし、現代のローマ法研究者でも、ローマ法文を引用する者がいる。そこで、これら不透明な点を可能なかぎり明らかにし、あわせて本書の理論的視点を深めるためにも、まず、ローマ法から出発することにした。中世以降の発展を概観したのも同じ理由による。

(3)　囲繞地通行権をめぐる解釈論上の問題点は少なくない。本書は、従来から論争があり、またごく最近、最高裁判決が公表されたということもあって、無償囲繞地通行権の承継問題にのみ的を絞り込んで検討することにした。

（1）　先駆的な業績としては、沢井裕『隣地通行権』叢書民法総合判例研究⑩（昭和五三年、増補版昭和六二年、一粒社）があり、最近では安藤一郎『新版相隣関係・地役権』（平成三年、ぎょうせい）が指摘できる。個別論文の文献については後者がほぼ網羅している。

（2）　なお、この問題に関する最近の研究として、草野真人「囲繞地通行権の幅員」判タ七三一号二七頁（平成元年）が参考となる。

（3）　滝沢聿代「囲繞地通行権の幅員」判タ五二九号一七三頁（昭和五九年）。この見解はフランス法の影響をうけたものと推測されるが、わが国の実情にそう理論かどうかはより綿密な検討が必要とされる。

（4）　学説の状況については、安藤『相隣関係・地役権』が詳しい。学説には、民法二一三条の通行権を分譲行為（売買）による債権的なものであると解する見解（鈴木禄弥「判例批評」判評一三七号一三二頁）すらある。

（5）　袋地ないし囲繞地の特定承継についても民法二一三条の適用を肯定する判例が圧倒的に多い。しかし、学説と同様、理論が複雑になっている。沢井『隣地通行権』九九頁以下。

（6）　最判平成二年一一月二〇日民集四四巻八号一〇三七頁。その評釈として安藤一郎「民法二一三条にもとづく囲繞地通行権と特定承継」NBL四六七号一四頁、沢井裕・平成二年度重要判例解説ジュリ九八〇号六五頁、拙稿・私法判例リマークス一九九二（上）一五頁ほか。

（7）　相隣関係一般の史的研究としては村教三「相隣関係の機能に関する史的考察(1)(2)」法学新報四一巻三号三九頁、同四号八三頁（昭和六年）があるが、ローマ法よりもゲルマン法・ドイツ法を中心とし、かつ相隣権一般の性質論（「所有権の限界」か否か）を視点としているので、本研究とはほとんど重なる部分はないし、また本研究の問題視角にとって参考となるものも少ない。

（8）「当事者ハ必ズ之ヲ予期シテ分割ノ部分ヲ定メ又ハ代価ヲ定ムル等総テ其分割譲渡ノ行為中ニ於テ此通行権ニ着眼シタルモノト看做サザルコトヲ得ズ。故ニ其通行地ノ所有者ハ此権利ノ為メ特ニ損害ヲ被ムルモノト云フヲ得ズ。」（梅謙治郎・民法要義物権編一一八頁）。

（9）本書第一部三章一七四頁は、この問題を約定通行地役権の側から考察している。

（10）ただし、袋地所有権とは別個の物権ないし物権的権利であるとする見解も少なくない。山口和男「隣地を通行し得る権利について」日大法学三二巻三号一五二頁、太田豊「通行をめぐる紛争の際の保全処分」『実務法律体系8』三七五頁（昭和四七年、青林書院新社）ほか。

（11）法定地役は国・市町村用と私用とに区別され（仏民六四九条）、前者「公用地役」(s. légales d'utilité publique) は行政法規にゆだねられている。

（12）Planiol-Ripert-Picard, Traité pratique de droit civil français, les biens, tom. 3, 1952, p. 882 ss.; Weill, Droit civil, les biens, 1974, p. 84ss.; Marty-Raynaud, Droit civil, les biens, 1980, p. 196ss.

（13）原田慶吉『日本民法典の史的素描』一〇五頁（昭和二九年、創文社）。

I

制度の沿革と理論

第一章　ローマ法と中世以降

一　ローマ法

1　囲繞地通行権の欠落

(1)　ローマ法ではすでに古代期（十二表法時代）に土地の私的所有が認められていたこととも関連して[1]、一方では若干の相隣関係規制、他方では約定地役権の存在が確認されている[2]。不動産役権(servitus praediorum)というカテゴリーの形式は後代に属するが、最も起源が古くかつ重要なものが通行地役権であり、具体的には徒歩通行権(iter)、駄獣荷車通行権（actus）、道路権（via）であった。引水地役権（aquaeductus）も同じ起源に属する。これら地役権の発生史[3]は別にして、その後、経済社会の発展、ことに都市生活の展開に従い、各種の建物用の役権（雨水・汚水排出権・梁木差込権など）が生成し、古典時代では、地役権(servitus praediorum rusticorum)を手中物とし、建物役権(servitus praediorum urbanorum）を非手中物として概念上、両者を区別するまでに至っている。

実際上、当事者が通行地役権を設定したのは、ローマでも、今日におけると同様に[4]、土地の一部譲渡（売買等）または遺産分割の場合であったと思われる[5]。売買の場合には当事者（とくに譲渡人）が通行地役権を「留保」することが多かったであろう[6]。

他方で、法律による土地所有の相互的な調整としての相隣関係規制についても、すでに十二表法において、樹木の枝・根の採取権、果実採取権、境界付近での有害な工作物の築造規制などが定められているし、また、煙・水などの放出(immissione)に関するルールもローマ法に遡る。さらには、ずっと後代に属するが、一般的な建物間の法定距離保持義務、高さ制限などの建築規制をもローマ法は知っていた。

このように、ローマ法は人の行為（とくに契約）または法律による「土地所有・利用の調整」規範をもっていたにも拘らず、何故か囲繞地通行権については、十二表法にはいうまでもなく、その後の発展した法においても、かかる制度の存在を確信させる明白な証拠を見い出すことは容易ではない。

現代までの研究によれば次の二つの法文が指摘されるにすぎない。

「ある人が自己の墓碑へ自由に立ち入ることのできないような墓地を所有しており、隣人がその立入りを妨害するとき、カルカルラ帝は、その父帝とともに、プレカリウムによる通行を懇請すればそれが許容される慣行がある、との勅令を下している。しかしながら、その結果として、通行する権利が得られなくとも、隣地所有者からそれを取得することができる。ただし、通行をなしうる権限を与える勅令は、市民法上の訴権を生み出すものではなく、特別な手続きにより属州の長官に願い出ねばならず、長官は、正当な代価を支払わせることによって、かかる通行権限を取得させるよう義務づけられる。〔ただし、この点について審判人は隣人が著しい損害を蒙むることのないように、その通行場所を審理しなければならない〕」(Ulp. D. 11.7.12 pr.)(7)。

「公道が河川の氾濫によって浸水をうけるか、あるいはまた崩壊した場合には、最も近隣の隣人は通路を提供しなければならない」(Javol. D. 8.6.14§1)(8)。

前者の墓地通行権 (iter ad sepulchrum) は、墓地への出入という特殊・宗教的な観点から認められるもので、法文は、この種の通行権が当事者間の協議（和解）か、あるいはプレカリウム（所有者の容認）に基づくのが慣行であり、通常は道義によって処理されることを伝えている。しかし、このような道義に期待できないほど善隣関係が崩れたならば、行政的措置によって強制的に通行権が設定されることになる。この点だけを捉えるならば、袋地たる墓地のために認められた囲繞地通行権であるともいえるので、後世の学者がこの法文を根拠にするのも理由がないわけではない。[9]しかし、この通行権は通常、被通行地にとって大きな負担となるものではなく、逆に、通行を否定される側の無形の損失は計りがたい。つまり、土地の利用調整という物質的観点（jus）から要請されたものではなく、特殊な宗教上の規律（fas）ないし宗教感情に起因する通行利用で、近代法にいう囲繞地通行権とはそもそも目的も機能も異質であったといえよう。[10]

これに対して、後者の法文はたしかに二つの土地を強制的に調整する通行権に関連する。しかし、その語法からも明らかなように、公道が通行不能になった場合、応急的・暫定的に私人の土地を通行できるというにとどまり、一般的に通行権を付与したものではない。問題は、公道が通行不能の状態にならなくとも、公道へ至る通路がないときに、囲繞地の所有者がこれを提供しなければならないかにあり、右の法文はこの疑問には応えていないであろう。[11]

(2)　右のように囲繞地通行権を正面から肯定した法文はないのに対して、フランス民法典が「自然地役」の典型例と考えた高地所有者の自然流水権については、すでにローマの法源にその原型が存在する。

「しかしながら、たとえ隣人が築造した工作物を取り除きかつ除却した後に、自然の水路に従う水流が下位にある土地の所有者の土地を侵害したとしても、Labeoは、かかる訴権〔雨水放出の禁止訴権〕を提起できない、との見解を採った。しかし、工作物を除去した工事によって水流がより迅速になり、その水路に集中するようになったならば、この訴権を提起できる、ということはLabeoも認めている」（Ulp. D. 39.3.1.§22）。[12]

「要するに、下位にある土地が上位にある土地に服すべき原因は三つある。つまり、法律、土地の自然、そして紛争を終結させるために法律とみなされる古き慣行（vetustas）がそれである」（Paul. D. 39.3.2pr）。[13]

前の法文は、高地所有者が水（とくに雨水）を低地へ流下させる権利を有し、低地所有者は、特段の事情のないかぎり、これを阻止しうる訴権・雨水阻止権（actio aquae pluviae arcendae）をもたない旨を定め、かかる雨水放出権が土地の自然の状態など、「人の行為」によるものではないことを後者の法文が明らかにしている。そこにいう法律（lex）が何を意味するのか、ことに法律による雨水放出権なるものがローマの法源のうちに見当らないだけに、後世の学者を悩ましたことは別にしても、少くとも高地（要役地）と低地（承役地）との利用の調節をはかる物的な地役的権利が当事者の合意によらないで、いわば強制的に成立することになることから、この規定を手掛りにして、自然地役、法定地役の歴史的な故郷をローマ法に求めようとする学説が後代に輩出するわけである。

それはともあれ、フランス民法典にいう「自然地役」に相当する権利がローマに存在したにも拘らず、「法定地役」の代表例たる囲繞地通行権に関する法文が何故に存在しなかったのであろうか。いうまでもなく、自然地役に関する法文から囲繞地通行権の存在を推知することは許されず、かえって、自然地役に関する原則しか見い出せないという事実が後者の存在に対して消極的な答えを導き出さざるを得ない状況に我々を追い込むであろう。そこで次に視点を転じて囲繞地通行権制度をローマ法が必要としなかった根拠を検討してみよう。

2　iter limitare と ambitus

(1)　ローマの法源は膨大な量の具体例の集積といってもよいので、囲繞地通行権に関する法文が右に述べたわずかなものだけであることに対し、誰しも不思議に思わざるを得ないであろう。しかし、この難問は、差し当っては、ローマにおける農地・宅地の所有規制を一べつすれば氷解する。この問題を明らかにしたのはBrugiであり、[14] 今日でも一般に彼の見解は支持されているので、しばらくそれによりながら考察する。[15]

元来、ローマの土地（農用地）は国家に帰属するものとされ、これが市民に割り当てられること(adsignatio viritana)によって、はじめて私有地が形成されたが、この私有地の割当てはlimitatio（境界確定）という一種の行政処分に基づいて行なわれた。端諸的には、このlimitatioは神聖なものと考えられ、神官がその任に就いたところ、ローマの神々が北方に在ることを考慮して、神官が北を背にして、南方を注視しうる位置にいなければならないことから、土地の分割もまず南北に基準線（cardo, cardo maximus）が引かれ、次にこの主線と直角に交叉する東西に走る線が描かれる。これをlimes decumanusと称する。この両線が分割さるべき一団の土地の末端となり、かかる両線にそれぞれ平行して複数の線が引かれ、これによって画一的な一連の直方形が形成される。これがagri（農用地）である。ただし、この直方形の各面積は正確にはすべて私有地になるのではなく、境界線近辺の一部の土地は、観念的には国家の所有に留保され、将来は国家から譲与されることが予定されているものの、いわゆる保留地（subseciva）となる。[16]

ところで、この南北に走る平行線（limites）は単なる線ではなく、一定の幅をもった空間であり、農地の境界を示すとともに、農地間を走る道路（via）としての機能をも持たされていた。これをiter limitare（境界道）と称する。したがって、個々の農地はすべてこの種の通路に接続し、土地を割り当てる際、かかる通路を確保するため、これに必要な地表面が予め割り当て農地から留保されていたことになろう。[17]

要するに、limitatioという境界確定の行政処分は、土地の分譲分割、土地の位置の決定、境界線の確定、さらには境界道の築造という種々の機能をもった行政作用であったと考えられ、この処分の管轄権は、当初は前述したように、神官にあったが、後代では専門職たるagrimensores（測量官）に委ねられている。

ともあれ、右のような土地分譲がなされるかぎり、ある農地が他の農地に囲繞されて公道に通じなくなるという状態は生じないといわざるを得ない。換言すれば、右の境界道が囲繞地通行権制度の機能を代行したと考えて大過ない。[18]

結局、ローマでは、元来、今日にいう囲繞地通行権制度は都市計画の一環としてそこに組み込まれていたと評価できるであろう。

(2)　なお、ある疑問が地役権との関係で生ずる。つまり、何故にこのlimitesが地役権でなかったのか。むしろ、通行地役権の方が、より十全にlimitesの機能を果たしえたはずである。Brugiはこの点についてもローマの法文を詳細に検討したのち、両制度の関連・差異について次のように述べている。

具体的には、limitesは農地と同じ形態と位置にあり、十二表法によれば、その幅は五歩とされ、農地の端に築造されるほか、その地表は板石舗装という一定の形態をもち、おそらくは私所有権の対象から外されていた。さらに、境界道をめぐる紛争は、境界紛争に発展するので、特殊な境界確定訴訟（actio finium regundorum）により処理される。これに対して、通行地役権については、その通路の形態位置・幅は固定しておらず、農地を横切ることもあり、被通行地は私有地で、これをめぐる紛争は所有権訴訟で処理される。したがって、このような両者の物理的形状や法的措置の区別から判断すれば、境界道は土地利用の「必需」を充たすことをその生命とするのに対して、地役権は要役地の望まれた経済的な「便益」に応ずるものであるといえよう。すなわち、両制度はその目的を異にしたのである、と。[19]

なお、limitesは農用地の境界道であり、都市部における宅地はそれとは関わらないので、右の論拠には限界がある、との反論は当然ありうるが、Brugiは別の論文で、これにも応えており、宅地についても建物の周囲に一定の空間(ambitus)がおかれねばならず、したがって、このambitusが道路として機能したことから、ここでも強制的な通行権の必要性がなかったことを詳細に論証している。[20]

3　土地の一部譲渡・共有物の分割

(1)　問題は右のlimitesまたはambitusが囲繞地通行権の機能を完全に充足したかである。ひとくちにローマ時代といっても建国からユ帝時代まで一千年以上に及ぶ。小農経済の古代期では前述したことがそのまま妥当とすると仮定しても、前古典期から古典期に至るまでにローマは地中海を内海とする大商業国へと変貌している。このような経済社会的背景と通行問題との関連を論ずる用意はないが、すでに前古典期では割り当てられるべき公有地（したがってlimites）はなくなっているし、また、既存のlimitesについても、古典期では、農地の売買からこれが外されるという従来の原則を維持しながらも、これを含ませる「特約」も可能であるとされていることから（Paul. D. 13.6.7§1）推測し、limitesの公法的規制の緩和が窺知できるほか、ユ帝時代では、それまで禁止されていた時効取得(三〇年の訴権消滅時効）に服するようになっているので、[21] limitesそのものに対するローマ人の考え方が大きく変ってきたとも評価できなくはない。

また、都市部におけるambitusも従来のままではおれなかったであろう。すでに古代期でも、ガリア人の侵略でローマは壊滅的な打撃をうけ、その後の復興が乱開発を招いていただけでなく、前古典期から古典期にかけ、外人や農村部の人口の流入により、人口密度が極端に高まり、加えて、ローマ市の都市城壁の築造もあって、狭いローマ市街地内での相隣関係にもこのような事情が強い影響を与えたことは容易に推測できよう。[22]

他方で、通路付の土地でもそれが合併されたり分割されることは避けられなかった。土地の一部譲渡が売買や相続によってなされたことは確実であり、その際、地役権が設定されることもあったということは前述した通りであり、場合によっては袋地が形成されることもあったはずである。このような土地の細分化は、ローマ市の都市化によっていっそう促進されたであろう。前述した建物役権の発展はこのことと関連する。

それにも拘らず、何故に強制的な通行権をローマの法源から見い出すことができないのであろうか。この難問についてもBrugiが一つの解答を提示しているので、まず彼の主張を紹介しておこう。

(2)　Brugiは、土地の一部譲渡・分割に際して当事者が通路のない土地のために通行地役権を設定したのか、それとも、相隣関係の一環としての「必要通行」（passo necessario）の理論が（古典期に）存在したのか、それが存在したとするならば約定通行地役権との関係（「必要通行」論の独自性）はどうなのか、という問題を提起して、次のように応えている。用益権（ususfructus）、使用権（usus）、住居権（habitatio）が遺贈（ないし相続）されたが、用益権の客体である土地を享有するために通行権が必要（necesse）である場合には、通行権（iter）だけを留保することはできず通行権は常に用益権等に付従するとの法文（Ulp. D. 7.6.§1～§4[23]; Ulp. D. 8.8.12pr, 10pr）がある。この法文は、「必要通行」を必要とする土地の用益権等の遺贈（相続）において、「必要通行」が暗黙のうちに含まれていることを示している。[24]なお、これらの法文が死因処分にのみ言及しているのは、用益権等がこのようなかたちで利用されるのが通常であったからであり、したがって、そのことを根拠に反論するのは理由がない。[25] いずれにせよ、このような場合、特別の合意も、また特別の補償も要しないで、相続人と受遺者との当事者間で必要通行が義務づけられたことになる。

生前行為の場合はどうか。とくに土地の一部譲渡・売買についても、売主は売却目的物の事実上の処置可能性つまり用益を買主に対して保障しなければならなかったことを考慮すれば、通路のない売却地の利用を可能にするため必要通行を提供する義務を負担したはずである。[26]

共有物分割の場合にも同じことが妥当する。土地の分割の結果、一方の土地のために地役権が必要とされるとき、審判人は分割の裁定とともに地役権をも設定できたが（paul. D. 8.3.23. §3；Ulp. D. 10.2.22§2, §3）[27]、この通行権は裁決の当然の対象とされ、かつ、通路を必要とする土地とは不可分のものであるので、分割処分のうちに暗黙に含まれている「必要通行」である、[28] と。

しかし、Brugiが引用する法文は「地役権」に関するものであり、また、通行の「必要性」を強調しようとも、一部譲渡・売買の場合にはそのような法文がないので、問題が残される。しかし、これに対して彼が次のように述べている点に我々は注目しなければならないだろう。すなわち、行政機関によって設定されたlimitesはローマの土地制度の変革に応じて合意によるlimitesにとって代わられ、やがて古典期では地役権の理論が完成し、地役権は明確な（儀式による）当事者間の合意によらねば成立しないことになった。しかし、土地の一部譲渡によって袋地が生ずる場合には、その所有権の移転に際して本来、特約条項で処理されるべきである「通行の必要性」が忘れられたとは考えられない。また、共有地の分割の場合でも、分割地と不可分の「必要性」を充たすことについて一方当事者がこれを他方の自由にゆだねたと考えることはできない。さらに、土地の細分化によって通路のない土地のままにした当事者が、通路を提供するためにあらたにその償金を請求できるとするのも公平を欠く。そこで、古典期の学者は、これらのことを考慮して、「必要通行」を土地の所有権（ないし他物権）の移転において暗黙に含まれた要素と考えたわけである。むろん、当事者が分譲時に明確な合意で通行地役権を約定したならば、それは必要通行に言及したものではなく、より便利な通行によって期待される経済的な便益を企図したものであるので、必要通行は真の地役権ではなく、約定とは無関係な相隣関係とみることができる。たしかに、ローマの法源は必要通行をも、servitusという用語で表現するが、それは実際上の効果が同一であったということもあって一般に知られたかかる用語を使用したまでであり、法的には必要通行と通行地役権とは明確に区別されていた。ただ、「必要通行」論がいまだ独自性をもたず、未成熟のまま地役権制度のうちに包摂されていたのである、と。[29]

Brugiの論文はほぼ一世紀前に公表されているが、その鋭い洞察には教えられるところが多い。ことに、今日のわが国の現状をみても、囲繞地通行権をめぐる紛争は土地の細分化（売買等）に際して問題となり、しかも、袋地となるとわかっていてもその旨の特約（通行権設定条項）が売買契約に挿入されていないことから、いっそう問題を複雑にしているだけに、ローマ時代でも土地の細分化が現に存在したかぎり、同じような問題が生じていたと推測するのも決して不当ではない。そして、近代法が右のようなローマ法における必要通行に関する未成熟な理論を精練して独自の制度にまで高めたとするのも肯定できないではない。しかし、そのためには地役権の成立原因を検討する必要があろう。

4　地役権の成立原因と必要通行

(1)　古典法では厳格な要式主義に服し、地役権はmancipatio（握取行為）かin jure cessio（法廷譲与）かの儀式を必要とした。ただし、土地の売買に際し譲渡人は自己に属する別の土地のために通路が必要な場合、この儀式による契約のなかで地役権を「留保」することができた。黙示による地役権の成立も認められたが、きわめて例外的であり、所有者が二つの土地を別々の主体に遺贈した場合、すでに二つの土地が事実上の地役状態をなしているときに限って、これが法上当然に地役権に高められている。[30]

ユ帝法では、古典法の要式主義が後退し、「合意と問答契約」（pactio et stiplatio）による設定行為が一般化し、「留保」による設定も、所有権の譲渡が「引渡」だけで可能となったため、「留保」それ自体も特別な儀式行為を必要としなくなった。また、「引渡と容認」(traditio et pacientia) つまり事実上の地役権行使を承役地所有者が容認・忍容することによっても地役権が成立するようになった。この設定方式は無方式の合意につながったであろう。しかし、前述した黙示による成立はユ帝法でも古典法のままであり、一般化されていない。[31] 現代法にいう「家父の用法」による成立は中世法が右のローマの黙示構成を発展させたものである。

さて、ここで再びBrugiの見解に立戻ろう。彼は古典法を念頭において立論しており、その限りでは今日のローマ法研究の水準からみても一つの見識たりうるが、ユ帝法では土地所有権の譲渡行為も地役権の合意も厳格な要式主義から大幅に免れているので、そのままでは妥当しなくなっている。かえって、古典期後からユ帝法にかけて、後述のように「法定地役」の観念が出てきているだけに、必要通行の未成熟な理論がユ帝法で発展しなかった理由が説明できないことになろう。ただし、土地の一部譲渡・分割により袋地が形成される場合、袋地利用のため当事者間において、明確な合意がなくとも通行権が成立する、との考えがすでにローマ法に存在していたことを明らかにしたのは、Brugiの功績である。

(2)　Brugiの見解に限界があるとすれば、必要通行権がすでにローマに存在したと解して、この難問を解決する方途もありえよう。

Kaserによれば、「自己の土地から、他人の土地を通行することなくしては、公道へ達することが不可能か、または困難をともなう場合、その者は必要通行権 (Recht des Notwegs) を有した。この権利は古くから認められていたが、当初は行政的手段によってのみ主張できた」という。[32] つまり、古典期では強制的な通行権制度が確立したということになる。しかし、Kaserの引用する法文は前述した公道の通行不能に関する特殊なケースを取り扱ったものであり(D. 8.6.14.§1)、他は当時の「測量官」の記録を指摘するだけであることを考慮すれば、Kaser説の権威にも拘らず、にわかに支持しがたい。[33]

したがって、本書では、この方面での代表的な研究者であるBiondiの見解に従っておきたい。彼はBrugiの見解を発展させて、ローマ法が必要通行権を制度としてもたなかったのは、以下にあげる諸事情によって袋地がきわめて稀にしか生じなかったからである、という。[34] まず、前述したlimitesとambitusという古き制度が指摘できる。また、viae vicinali（隣地道路権）も重要であり、これは道路に接続する土地所有者の共有に属する「私道」であるにも拘らず、公道（via publica）と同視され、一般公衆の通行の用（公用）に服した（Ulp. D. 43.8.2.23）。イタリアでは、この「隣地道路権」[35]が今日でも現存している。[36] さらに、土地の一部譲渡により袋地が生ずる場合、通路を留保する慎重な注意力をもっていた個々人の利害・関心もあったし、共有物分割の場合には、必要ならば裁判によって通行権が付与された(adiudicare servitutem)。だから、袋地はまれであった。しかし、それでも袋地が生ずる場合には、隣人に対して通行を要求すれば、それを得られるという「慣行」があった。その際、当事者間に争いが生ずれば、ローマの行政機関である測量官（agrimensores）がこれを裁決した。[37] 他方、遺言により袋地が生ずる場合には、その遺言処分の「解釈」によって通行権が与えられた、と。

Biondiは、囲繞地通行権制度が欠落していた根拠を多元的に説明し、ことにローマ人は土地の一部譲渡にあたり約定通行地役権を設定するのが通常であり、そうでない場合でも、袋地のために囲繞地所有者が通行を容認する「慣行」があったと指摘する点に注目する必要があろう。おそらく、このような「慣行」は前記「測量官」を介して当事者を強く拘束したものと思われる。つまり、袋地をめぐる通行紛争はローマでもなくはなかったが、当事者間の合意など自治的解決にゆだねられ、法律がこれに直接介入する実際上の必要性がほとんどなかった、ということになろう。

5　「法定地役権」について

前述のように、ローマ法にも近代法にいう相隣関係法にあたるいくつかの規制があったし、他方で地役権も認められていたので、前者を「法定地役権」と観念することができないわけではない。ことに高地所有者の雨水放出権は多分に地役権的な性格をもっていたように思われる。しかし、古典期の学者は、私的利益を調整する相隣関係規制に起因する所有権の制限を不動産役権とは捉えなかった。ユ帝法のde servitus（「地役権について」）のタイトル（Inst. 2.3; Digesta Lib. VIII; Codex. 3.34）でも、所有権の制限はそこから除かれていた。その理由は、相隣関係が平等と相互性とを特徴としたのに対して、役権の本質は永続的な従属と服従であったからである。前者は、所有権の制限とはいうものの、むしろ逆に、所有者の相互の自由と独立とを保障していた。所有権の制限にも拘らず土地それ自体は完全な自由にゆだねられ、単なる一時的な性格の制限にすぎない。これに対して、役権では一方の土地所有権の権能が増大し他方のそれが縮減することになるので、両者には構造的な差異があったわけである。

また、実際上も両者には次のような差異がみられる。売買において売主が売却する土地に存する役権を買主に告知しない場合には売主としての責任を負担したのに対して、相隣関係上の負担は黙秘しても何らの責めに任じない、とされたし、役権は不使用によって消滅するが、法律上の制限は時効で消滅しない[38]。

結局、古典法は役権のカテゴリーをもっていたが、我々が今日、法律上の制限と呼ぶものを統一的な制度として構築していないだけではなく、それらを包摂する統一的な用語・呼称すら知らなかったといえよう。このことは、裏からみれば、二つの土地利用を調整する法的制度としては約定の地役権が重要な位置を占めていたことを物語るものであり、また、後代では代表的な相隣関係上の権利となる通行権や引水権がローマでは十全に発展しなかったのは、右の事情と照応するといえるのではなかろうか。

ただし、古典期後からユ帝期にかけて、おそらくは公法的な相隣関係規制との関連で、「法定地役」という観念が法源にみえている。すなわち、Zenoの勅命（C.8.10.12）では、建築に対する法律の規制、建築間の法定距離保持義務についてservitusという用語が使用されており、ユ帝はこれを承継して帝国全土に拡大・施行している（C.8.10.13）。すでに古典期以降、都市化の展開のなかで、警察秩序の観点から個々的な建築規制（高さ制限など）がなされていたが[39]、Zenoはこれらを基礎にかなり包括的な規制をしており、従来、法律行為によって私人のイニシアティブにゆだねられていた相隣関係規制に対して、法律が直接、地役状態を創設する、という意味で、かかる用語が使用されることになったようである。しかし、この観念には採光地役権や低地への雨水放出権に相当するものも含まれると解されているもの(40)の、通行権はいうまでもなくこれと接点をもっていない。

（1）Kaser, Eigentum und Besitz im ältern römischen Recht, 2Aufl., 1956, S. 230ff.; Diósdi, Ownership in ancient and preclassical roman law, 1970, pp. 35, 40〜42. 佐藤・西村・谷口訳『ローマ所有権法の理論』三二頁、三九頁以下（昭和五八年、学陽書房）参照。

（2）Kaser, Das römische Privatrecht, I. Abschnit, 2Aufl., 1971, S. 125f. 143; Jörs•Kunkel•Wenger, Römisches Recht, 4Aufl. (neu bearb.), 1987, S. 152f., 183ff. (Mayer-Maly). 船田享二『ローマ法（第二巻）』四二〇頁、五五〇頁以下。（昭和四四年、岩波書店）

（3）吉野悟「古代ローマ法における地役権の成立過程に関する試論」専修大学論集一四号一六頁以下（昭和三二年）。

（4）この点については、本書第一部第三章を参照されたい。

（5）吉野・前掲論文三八頁。

（6）Kaser, a. a. O., S. 444.

（7）D. 11.7.12.pr. (Ulpianus): Si quis sepulchrum habeat, viam autem ad sepulchrum non habeat et a vicino ire prohibeatur, imperator Antoninus cum patre rescripsit iter ad sepulchrum peti precario et concedi solere ut, quotiens non debetur, impetretur ad eo qui fundum adiunctum habeat.

Non tamen hoc rescriptum, quod impetrandi dat facultatem, etiam actionem civilem inducit, sed extraordinem interpelletur praeses et iam compellere debet iusto pretio iter ei praestari, 〔ita tamen ut iudex etiamde opportunitate loci prospiciat ne vicinus magnum patiatur detrimentum〕. 〔〕内はインテルポラチオ。Kaser, a. a. O., 2 Abs. S. 195 Anm. 63.

（8）D. 8.6.14 §1 (Javolenus) Quum via publica vel fluminis impetu, vel ruina amissa est, vicinus proximus viam praestare debet.

(9) この法文の解釈については、拙著『無償利用契約の研究』二〇九頁以下（平成元年、法律文化社）を参照。

(10) Solmi, Sul diritto di passo necessario nel Medio Evo, in Studi storici sulla proprietá fondiaria nel Medioevo, 1937, p. 89 ss, 91. Kaser, a. a. O., I Abs. S. 407も囲繞地通行権と墓地通行権とを明確に区別している。

(11) ちなみに、Scott, The Civil Law, 17vol., 1932(Corpus Juris Civilisの英訳版)の編者注記によれば、この原則は十二表法当時にまで遡り、公道にも私道にも適用され、道路を使用しえなくなった私人は隣地の囲いを壊し、隣地に作物が生育していても、そこを通行できたが、「最短距離」と「最小の損害」が条件であった、という（vol. 3, p. 319. note 1)。

(12) D. 39.3.1 §2.(Ulpianus): Sed et si vicinus opus tollat et sublato eo aqua naturaliter ad inferiorem agrum perveniens noceat, Labeo existimat aquae pluviae arcendae agi non posse; semper enim hanc esse servitutem inferirem praediorum ut natura profluentem aquam excipiant, plane si propter id opus sublatum vehementior aqua profluat vel corrivetur aquae pluviae arcendae actione agi posse etiam Labeo confitetur.

(13) D. 39.3.2pr.(Paulus); In summa tria sunt per quae inferior locus superiori servit: lex, natura loci, vetustas, quae semper pro lege haberur, minuendarum scilicet litium causa.

(14) B. Brugi, Studi sulla dottrina romana delle servitū prediali, Intorno all' asserita mancanza nel diritto classico di principi relativi al passo necessario, Archivio Giurdico, XXV, 1880, p. 321ss.

(15) Solmi, op. cit., p. 91s.; Barassi, I diritti reali limitati, 1947, p. 215s.; Besta, I diritti sulle cose nella storia del diritto italiano, p. 1964, p. 113.

(16) Brugi, op. cit., pp. 324〜330.

(17) Brugi, op. cit., p. 331.

(18) Brugi, op. cit., p. 359ss.

(19) Brugi, op. cit., p. 353〜359. なおlimitesは公道としての扱いをうけていた（op. cit., p. 349s)。

(20) Brugi, Studi sulla dottrina romana delle servitù prediali, Esame dei principi riguardanti il passo necessario in relazione al concetto di servitù prediale nel diritto classico, Archivio Giuridico, vol. XXVII, 1881, pp. 165ss.

(21) Kaser, R. P. R. II Abs., S. 196.

(22) 個人住宅のほかに共同住宅（insula）が好んで築造されたという事情から複雑・深刻な都市問題を窺知できよう。

(23) 「用益権は、地役権なくして享有できない場合、かかる遺贈されるべき地役権を必要とする。それ故、用益権が遺贈されたとき、通行のために地役権と結合することが必要である。このことは、ある人が一定の場所の用益権を遺贈したが、相続人は通路の提供を義務づけられない、との文言があっても、ある程度まで妥当する。したがって、用益権が遺贈され、かかる通行権が留保されたときは、この留保は無効である。なぜならば、通行権は常に用益権に付従するからである（Ulp. D. 7.6 §1)。

(24) Brugi, op. cit., pp. 196ss., 214.

(25) Brugi, op. cit., p. 206.

(26) Brugi, op. cit., p. 214ss., 218～221.

(27) 「しかしながら、地役権の対象となっている土地が数人の所有者に一定の面積で分割されたとき、地役権はその各土地部分すべてに付従するが、それにも拘らず、地役権の対象となっている土地に接続しない部分を所有する者は、他の分割地を通じて、法律上の通行権をもつ必要があるであろう」（Paul. D. 8.3.23 §3)。

(28) Brugi, op. cit., p. 224ss.

(29) Brugi, op. cit., p. 265ss.

(30) Kaser, R. P. R. I Abs. S. 434f.

(31) Kaser, R. P. R. II Abs. S. 217f.

(32) Kaser, R. P. R. I Abs. S. 407, und Anm. 30.

(33) Mayer-Malyは、慎重にも通行権については例の「墓地通行権」を指摘するにとどまっている。Jörs・Kunkel・Wen-

ger, a. a. O., S. 153(Mayer-Maly).

（34）　Biondi, Le servitù, 1967, n°353.

（35）　「私道は二種類あると考えられる。一つは、一方の土地に通行を供与する地役権が課される通路である。他は、一定の土地に通行を供与するもので、公道の終ったところに、小径、通路、車両用の道路が農地に通じていると認められるとき何人もその通路を使用することができるものである。私は、公道から農地または農村に至るかかる道路もまた公道であると思う」(Ulp. D. 43.8.2.23)。

（36）　イタリア現行法では、この隣地道路権の主体（人的範囲）は狭く考えられているようだが、利害関係人が「組合」を結成することもできる。また、その管理は、市町村（comune）のコントロールにも服する。Biondi, op. cit., p. 754 ss.

（37）　通行紛争で実際上、「測量官」が重要な役割を演じたことは、すでにBrugi, op. cit., p. 341ss.が明らかにしている。

（38）　以上は、Biondi, op. cit., p. 727ss.による。

（39）　ローマの都市計画については、長谷川博隆訳・ボールスドン編『ローマ人』「都市と住宅」（M・W・フレデリクスン）二四五頁以下（昭和四六年、岩波書店）参照。ローマが高い建物と狭い道路のある都市であったことなど興味深い叙述がある。

（40）　Kaser, R. P. R. II Abs. S. 92. Anm. 23 und S. 195.

二　中世以降

1　囲繞地通行権の生成

(1)　イタリアの中世[1]では、それまでの慣行に基づく種々の相隣関係が都市条例や慣習法によって規範化され、ローマ法よりも内容が豊富であるだけではなく、複雑になっている。いくつかを挙げておこう。隣人の側壁を支えにして住居を建築することはできるが、壁に開孔があるならば、その通風、採光を遮ることになるので、かかる建築は禁止される。また、このこととも関連し、窓はその目的に応じて採光窓と観望窓とに区別され、異なった規律に服する。たとえば、建物の高さは、窓の区別に従い、一定の距離をおいて窓の下にまで制限される（ナーポリ）。窓のある壁に直面して建物を立てる場合には、一定の距離をおかねばならない。建物間に共有の庭がある場合、各建物所有者は窓を開設できる。また、公道に向って窓を開設できるが、私道に向っては開設できない[2]。

樹木は境界線から一定の距離をおいて植えるべき義務があり、北部イタリアでは一般に一歩である。枝を隣地の生産を害するかたちで伸ばしてはならず、一定の高さで切断される。ローマ法は一五歩としたが、一五尋《ひろ》とする地方、八尋とする地方（フィレンツェ）、人ないし屋根の高さまでとする地方（ロンバルディーア）など地域に応じて分れる[3]。果実採取権については、バーリ(南部)の慣習法によれば、果樹が天然か人工かに応じて区別され、植樹した場合には、隣人が枝を切断しかつ果実の採取を妨害することがあっても、これを忍容しなければならない、とされる[4]。

相隣地に段差があり、高地から低地へ土地が崩壊する危険のある場合には、高地の損失で、その崖(境界)から一定の距離をおいて鋤・鍬を入れなければならず、鋤を回転する場合も同じ義務を負う[5]。

低地所有者は高地からの水流を受忍する義務があり、高地所有者の開設した水路は低地所有者によって継続されねばならない（モデーナ）。他方で、高地所有者は低地所有者が利用した水流を余分に使うことはできず、したがってまた、水路を変更して低地の水を奪うことはできない（クレモナ）[6]。

隣接地所有者は相互の土地の便益のため、土地の境界線附近を空地のままにしておかねばならない（モデーナ、アレサンドリア）[7]。等々。

同時に、公法的な相隣関係規制についても種々の態様が指摘されている[8]。都市生活が複雑な様相を呈し、相隣関係に対して行政の主体が積極的に干渉してきた事情を窺い知ることができる。

(2)　右のような相隣関係法の充実・進展を背景にして、ローマでは発展しなかった囲繞地通行制度がイタリア・コムーネ時代（一二世紀以降）に生成している[9]。イタリアの自治都市の各条例・慣習法には「必要通行権」に関する規定が用意されており、近代法のそれと内容的に大差のないことが明らかにされている。ここで、たまたま参照しえたテクストであるが、フィレンツェの都市条例とナーポリの慣習法を邦訳しておこう。

「ある人が一定の農地を所有するが、そこに至る通路を有しないと主張した場合には、その者自身および彼の家族の通行が許容される。また、その使用人にも隣地を介して徒歩通行および彼による隣地での牛その他の動物の誘導が、自由かつ何らの妨害なくして許容されるべきである。ただし、隣人ないし隣地、その占有、並びにそこに生育する農作物に対して、最小の損失（minus dammum）を生じさせる部分を介して通行されねばならない」（フィレンツェ）。

「ある人が隣人の他の土地によって囲繞された土地を所有するにもかかわらず、通路を有せず、かつ、その土地自体に道路権（via）、徒歩通行権（iter）もしくは駄獣荷車通行権（actus）の存在することが明らかでない場合には、公道ないし車道まで近接の土地として通行できる隣地に対して、または公道まで最短の距離にある隣地に対して、勅法ないし慣行によって道路権・徒歩通行権・駄獣荷車通行権が明らかでない土地自体のために、かかる通行権を自己に供与すべきことを申請できる」（ナーポリ）[10]。

右のテクストでは、とくに償金の支払義務の存否が詳らかでない。他の地方法ではこれらの条件を明らかにしたものがある。たとえば、袋地の土地所有者は適当な償金を支払うことによって隣地に対し通行権を取得することができるとするものがある（ベローナ都市条例・一二二八年）。また、隣人が通路の提供を拒絶したとき、行政機関によって強制的に与えられるが、その際の条件として、通行はより便利な通行のためにかつ隣地の最小の不便ないし損失で（cum maiore comoditate petentis et minori incomodatate praestantis; ad minius damnum dantis）与えられねばならず、その通行の許容は生じた損害の補償の原因になる、という（パルマ・一二五五年、ボローニャ・一二五〇年）[(11)]。

この囲繞地通行権が、地役権の性格をもつのか、それとも所有権の制限にすぎないのかについて、今日の学者で争いがある。Solmiは、イタリア・コムーネは共同体利益の保護・拡大を重視した自治都市であったので、より一般的な利益の観点から個々の所有権を制限しうると考えられ、したがって袋地に自然の生産力を与えるために不可欠な必要通行権は、家族・隣人・コムーネの利益につながる拘束とみなされる傾向が強く、慣行・法律に基づいて課される相隣関係上の所有権の（通常の）制限と観念された[(12)]、という。もっとも、その後の研究では、必要通行を所有権の相互的な制限（したがって無償）とする都市（フィレンツェ、モデーナ、ペルジア、フリグナーノ）もあれば、また、真の地役権とする都市（パルマ）もあったことが明らかにされており、とくに後者の場合には通行権の設定に際して種々の条件が法定されている、という[(13)]。

ともあれ、各地方に応じて囲繞地通行権の要件・内容は多様であったようだが、それらを集約して最大公約数的にいえば、次のようになるだろう。通行権を要求する私人は一定の行政機関（コムーネの執政官）にその旨の申請をしなければならない。これに応じて、行政機関は、公道への出入の不便を勘案し、必要通行の諸条件の存在を確認すれば、承役地の負担をできるだけ少なくする義務とともに、その償金を支払うべき義務をも通行利用者に課して、許可を与える、と。

ところで、右のような行政機関による通行紛争の裁定に際して各都市に置かれたingrassatores, extimatoresという官職が重要な役割を演じたことに注意しなければならない。この官職はローマ時代の「測量官」に相当し、土地の測量、土地・建物の財産的評価、境界の調整など農用地の整備を主要な職責としていたことのほかに、農業慣行を維持・存続させ、農業紛争の仲裁者としての立場にもあり[14]、したがってまた、通行紛争の場合にも、執政官などの要職から現地へ派遣され、紛争を調停したり、事情によれば袋地に通行を割り当てる権限をも有していたという[15]。

もっとも、この官職は囲繞地通行権制度の実際上の運用において重要な機能を果たしたものであるから、ローマの測量官のように、その存在が必要通行権を不必要にする一因となったと解することはできない。むしろ逆に、必要通行権制度が中世の実務において確立していたことを示すものであって、それを前提に、通行紛争に対して簡易・迅速に対処する機関として位置づけられるべきものであろう。

(3)　なお、強制的な通水権についてもローマ法ではなくイタリア・コムーネの都市法に遡ることを指摘しておこう。この通行権は当時、ポー川流域で発展した農業の再興と関連し、かんがい用の引水と氾濫時における放流のために認められたもので、必要通行権と同様に、利用者は一定の行政機関に申立てる。要件は、水の現実的需要と当該土地が公流水に接続していないことであり、許可をうけた者は、相手方にその償金を支払わねばならず、具体的な額は測量官が鑑定する。この償金の支払いは導水管を設置する前であることが条件となる[16]。イタリア現行法もこの強制通水に関する原則を承けついでいる（伊民一〇三三条以下）。

2　注釈・注解学派

(1)　当時の学説は都市法に存在した必要通行、強制引水については特別な関心をもっていなかった[17]。普通法（jus commune）であるローマの法源の解釈に腐心した「注釈学派」は、地役権については時代の要請に応じてローマ法を発展させている。たとえば、servitusを人的役権（主人と奴隷の関係）、物的役権、混合役権（今日の「人役権」に相当する）という三つのカテゴリーに区別するとともに、継続地役と非継続地役との区別を導入した[18]。また、地役権の成立原因のうちに、「家父の用法」（黙示構成）と「記憶を超える時効」を取り込んだし、また地役権の類型を著しく増大した。[19]それにも拘らず、「必要通行権」論が見当らない。

しかし、イタリア・コムーネ時代では安定した経済社会を背景に部分的には近代社会とほぼ同様の土地所有権制度（ことに「自由土地」と人格の平等）が生成していたので、ローマ時代よりも一層、土地の一部譲渡等が行なわれたはずであり、そのことによって袋地が形成されたことも容易に推測できよう。したがってまた、学説もこの種の問題を避けて通ることができなかったであろう。実際、当時の理論はこのことに応接している。そこで、ここでもBrugi論文に拠りながら、通行地役権に関する当時の学説から必要通行に関わりがあると思われる叙述を拾いあげてみよう。

「標準注釈書」によれば、相続人は受遺者に明示による約定がないかぎり通路を提供する義務はない、とされていた。しかし、Bartolusの師であるIacpus Butrgariusは、ある人に通路のない土地が遺贈された場合には相続人は受遺者に通路を取得させる義務がある、と解した。この見解は「標準注釈書」に矛盾しているように考えられたため、ある者はこれを否定し、他の説は相続人が通路を償金なくし供与できると解するときにはButrgarius説に従い、そうでないときには「標準注釈書」に従った。[20]

この対立を前にして、Bartolus（一三一四〜五七年）は次のような区別をなすことによって、学説の統一を試みた。つまり、死因処分の場合には受遺者は相続人に対して必要な通路を提供しなければならないが、売買の場合には売主は明示の約定がないかぎり通路を提供する義務がない、とした。Bartolusの権威によってこの見解が理論と実務に定着し、その高弟Baldus（一三二七〜一四〇〇年）およびその後の学説はさらに右の原則を細分化した。つまり、通行権を主張する者が相手方と売買などの土地に関する契約（ないし準契約）を締結したか否かを区別する。締結しなかったときにはいかなる法律関係も成立しないが、締結したときには、さらに契約の目的が用益権か所有権かに区別される。用益権を目的とする契約では、地役権について何らの言及がなくともiter（徒歩通行権）、actus（駄獣荷車通行権）が与えられる。これは用益権の死因処分に関するローマの原則と同様に扱うわけである。その趣旨は、この種の通行権は永続しないし(用益権は一代限り)、通行権の負担は小さな損失ですむ、という点にある。ただし、この通行権は《jure commoditatis》（使用・好意貸借上の権利として）与えられる。役権（用益権）の役権（地役権）は成立できない、との原則があるからである。[21]

これに対して、所有権の移転を目的とする契約（売買など）では、反対に解釈される。当時における地役権の代表的な研究者であるBartolomaei Caepollaeは次のように述べている。「もし私があなたに私の残余地を介してしか通行できない土地を売却した場合に、その旨が明示で言及されていないならば、当該売買はあなたへの地役権の供与を義務づけるための行為とはみなされない」と（si vendidi tibi praedium meum ad quod iri non potest nisi per aliud praedium meum non videtur actum ut illud debeat tibi servitutem. De servitutius urb. praed. I. 38 n. 3）。このように死因処分と生前行為とを区別したのは、死因処分では生前行為におけるよりも、より広くかつより有利に「解釈」されるべきであると考えられたためである。[22]

ところが、この問題を「黙示による地役権の成立」論からアプローチする学説が現われた。つまり、当時の通説によれば、黙示的合意による地役権の成立（「家父の用法」）は継続地役（その行使に人の行為を要しないもの）に限定され、不継続地役権の典型たる通行権は明示の合意によるしかなかったところ、この通説を前提にして、Menochio（一五三二〜一六〇七年）は、不可欠の通路が問題となり、かつ、遺贈の場合に限って、通行の「必要性」の厳格な証明を条件にして黙示による（必要）通行地役権の成立を肯定した。この学説によって、地役権の黙示構成が拡張され、やがて、それが死因処分だけでなく生前行為にまで一般化されるに至る。つまり、土地の売買等の譲渡行為において特別な約定がなくとも、袋地の取得者は「必要通行」を要求できる、との原則が一般的に認められるようになったわけである。ただし、注意すべきは、通路のない土地の取得者が売買契約に暗黙に含まれた通行（それは無償ということになる）を要求できたのではなく、あくまでもそれとは別個・独立の合意（黙示の意思）に基づいて売主・隣人に通行地役権を主張できる、と考えられた点にあり、したがってまた、通行のためには新たなる代価（償金）を支払う義務を負担した。[23]

(2)　右のBrugi論文に依拠した叙述は、Brugiがみずからの問題意識から中世以降の学説を分析しているので、どれだけの客観性を保ちえているのか、ここで明らかになしえない。しかし、少くとも、土地の一部譲渡・分割により袋地が生ずる場合でも、当時の学説は近代法にいう囲繞地通行権制度の必要性にはまだ気が付いていなかったということだけは確言できるであろう。[24] しかし、当初の学説が分譲袋地所有者に通行地役権を認めなかったにも拘らず、やがて、通路を必要とする場合に「黙示」による通行地役権（有償）を認めたという事実は重要である。これによって、法的な意味で「袋地」の生ずる可能性が大幅に縮減されたはずである。逆にいえば、普通法では（黙示的合意による）通行地役権が囲繞地通行権の機能を果たしていたことになり、慎重な当事者ならば明示で通行権を約定したこと（「留保」による地役権）をも勘案すれば、当事者が主体的に袋地を形成する場合には、ローマ時代と同様にかつローマ法よりもより以上に、囲繞地通行権制度を必要としなかったといっても大過なかろう。

そうとすれば、地方法における囲繞地通行権との整合性が問題となる。おそらく、かかる通行権は土地の（農用地）の客観的状況による必要通行（日本民法二一〇条に対応する）であったろう。都市条例・慣習法は土地の分譲・分割には言及していないし、ことに、前述したナーポリの慣習法が、勅法、慣行（時効取得）により地役権の存在が明らかでないならば、必要通行が与えられる旨を定めていたのは、この種の通行権が土地の分譲に起因するものではないということを推知させよう。

3　「法定通行権」論

(1)　当時の学説が囲繞地通行権について右のような状況にあるかぎり、「法定地役権」論の展開についても、これを期待するのはそもそも無理であろう。次にこの問題を検討してみよう。

「注釈学派」は、前記ローマの法源・Paulus法文（D. 39.3.2 pr.）のうちに、地役権がlex（法律）に基づいても成立しうると明記されていたことから、この法文の解釈に苦慮したようである。というのは、学説は、ローマの法源からlexに基づいて成立するような地役権を具体的に見つけ出すことができなかったからである。そこで、「標準注釈書」

は、ローマ法のいう地役権つまり「人の行為によって設定される地役権」とパウルス法文との調和をはかるため、右の「法律」に対して、「id est conventio」（つまり合意である）との注記をほどこした。その「法律」による地役とは公法的な地役であるものと思われ、その種の法文がローマ法源にあったことは前述した通りであり、彼らはそれを見落としたのかも知れない。また、同じ法文の「自然」(natura)についても特別な注釈をしていない。他方で、前記のUlpianus法文に関する注釈は雨水放水権をquasi servitus, impropria servitusなどと称し、本来の地役権と区別していた。[25] servitusに近い性格の権利であることには気付いていたようだが、「自然地役」とは述べていない。

いずれにせよ、「法定地役権」や「自然地役権」の観念は全くなかったといってよく、このような状況はイタリアではその後も継続する。

ところが、都市条例や地方の慣習法にはde servitusというタイトルの下で、近代法にいう法定地役に相当する原則を定めているものがある。たとえば、Liber Consuetudinum Mediolani（一二一六年）は、本来の地役権とともに、建物・土地所有者に対して一定の距離保持義務を課しているし、また、一二一六年のミラーノの慣習法は強制引水を、一三〇六年のナーポリの慣習法は必要通行の原則を、同じタイトルの下においている。[26] さらに、ミラーノの都市条例では、今日、法定地役と呼ばれる多くの相隣関係が、かかるタイトルに含まれているという。[27] これらの相隣関係規制が法定「地役権」に値するのか、それとも単なる所有権の制限にすぎないのかどうかについてはイタリアでも意見が分かれているとしても、[28] これら相隣関係の重要性を起草者が認識していたが故に、その体系的な位置づけに苦慮していたわけであるから、地方の法では、囲繞地通行権等の相隣関係法による権利関係を「法定地役」ないし「自然地役」として構成しうる土壌が醸成されていたとも評価できるであろう。

(2)　しかし、なんといっても法定地役権ないし自然地役権を独自の制度にまで構築したのは、フランスにおける人文主義法学であった。この推移を明らかにしたのはBusattiであるので、彼の論文を参考にしながら、フランス民法典に至るまでの展開を概観してみよう。

ルネサンス期の代表的な人文主義的法学者であるCujacius（一五二二〜一五九〇年）は、前記ローマ法文を根拠に、naturaも地役権の成立原因となると解するとともに、「人の行為による地役権」は私的合意と公的合意（Lex）に基づくと構成して、すでにフランス民法典と同様の三分割論を提唱していた。また、近代ローマ法の体系的樹立者ともいわれるDonellus（一五二七〜一五九一年）も、「人の行為による地役権」と「自然地役」とを明確に区別した。もっとも、Donellusは、自然地役を前記Ulpianus法文それ自体に依拠させ、例の「高地所有者の自然流水権」を唯一の自然地役権とする反面、法定地役権という観念はもっていなかった。ただし、彼のいう「裁判上の地役権」[29]が法定地役にきわめて近似しているという（De jure civile, Liv. XI cap. 9, n. 3）。Janus a Costa（Donellusの高弟）も、地役権がnecesità dei luoghi（場所の必要）とautorità della legge（法律の権威）により義務づけられるとする一方で、これが農業用地役権の真の、第一次的な根拠であって、それ以降にはじめて人の私的行為により設定される地役権が生成した、という。さらに、これらの考え方が、Avezaniusにより承継され、かつ一般化されて、行政庁に基づく(ex autoritate publicum）農業用地役権と農業に関する法律に基づく（ex lege conditorum agrorum）地役権の存在が明確にされた。[30]

その後、自然地役権の存在を否定する見解があったにも拘らず、Basnageがノルマンディーの慣習法に関する解釈のなかで、都市・農村を区別することなく、自然地役と法定地役の観念を不動のものとした。彼によれば、役権制度は、とくに人役権の場合にそれが封建的特権と結びつく場合、権力者・強者の野心・欲望の所産であったのに対して、法定地役はこのようないまわしい起源とは無関係で、合理的原則に支えられうるものであり、ことに法定地役権が土地の分割時に設定されたり、市民社会の共同利益のために設定されたりするし、さらには、私人が任意に相互的な便益のために許容する、とされる。加えて、ここで問題とする通行権についても、ローマ法に由来する公道上の強制通行権は（iter limitare, ambitusのことであろうと思われる）、私人間にも自然の公平によって拡張されねばならないとして、その根拠を自然と場所の状態に求めている（Sur La Coutume de Normandie, vol. II, 1694.）Lalaureも、物的地役権が「土地の自然の状態、王法、公益、隣人間の合意」に基づくことを肯定した。[31]

いうまでもなく、このような学説の展開の背後に、フランス古法のなかで培われてきた慣行の蓄積（慣習法の生成・充実）があったろう。このことをLalandeがオルレアンの慣習法の解説のなかで端的に述べている。当該地域の市民・住民間における便益・好意の交換を旨とする市民社会の確立をその目的としている立法者は、適切な通行のために一方の土地を他方の土地に従属させる意図をもっていたし、また農地・建物所有者に対し隣人に害を与えるようなことをしない義務を課したり、あるいは一方の土地の便益のため他方の土地に一定の義務を課する意図をもっていた。市町村を設立する際やテリトリーを分割するときには、行政の主体によって、これらのことが実現された、と。[32] 地方の慣習法が明文化され、それが地方法に定着したことが窺知できよう。学説がこれに刺激されたのは自然の成り行きである。

かくして、一七世紀から一八世紀にかけて、法定地役や自然地役に関する著書が公刊されるに至り、一般に、合意のほか自然の状態、社会的な「必要性」（necessità）に基づいても真の地役権が成立する、との考えが主流となる。このような潮流のなかで地役権の三分割論を体系化し、その中身をいっそう充実させたのが、古くから地役権の理論的大家と目されてきたHertiusである。

彼によれば、「役権が設定されるべき種々の原因が存在するということは確立している」（constat autem varias servitutum constituendarum causus esse.）。すなわち、「直接、法律に基づいて役権が取得される」(immediate a lege servitus adquiritur, …)。iter ad sepulchrum（墓地通行権）、de grande legenda（果実採取権）のごとし。次に、慣習によっても(a consuetudine)成立するし、裁判による(a judice)ことも可能である。また、生前行為および死因処分により(titulo tam inter vivos, quam mortis causa) 成立する。「加えて、たとえ逆説的であると考えられるにしても、いわば自然法によってのみ成立する地役権を認めることができる」（Addo etiam, quamvis id paradoxon videri queat solo naturae jure servitutes quasdam constitutas conspici…）と。このように、その「成立」においては、法定地役と自然地役は明確に区別されるが、再び両者は統一され、近代法が法定地役と称するものを含めて、それらが「自然の必要」に基づいているとの理由から、自然地役権と呼称される。具体的には次の五つの類型に区別する。(1)servitus aquae recipiendae, si praedio superiore fluat in inferius（高地から低地に水が流下する場合、その流水を受忍すべき地役権）(2)servitus aquae abducendae ex flumine publico（公流水から水を導水する地役権）(3)servitus aquaehaustus ex flumine publico（公流水から汲水する地役権）(4)servitus itineris vel actus（徒歩通行又は駄獣荷車通行地役権）。通行権はさらに細分化される。(a)stercus vel fructus vehendi（肥料・果実の運搬）(b)pecora immitendi（家畜誘導）(c)casas vel horrea accendendi in fundo legato（隣接地に近い小屋ないし貯蔵庫への通行）(F)iter ad sepulchra（墓地通行）(G)servitus non aedificandi propter emulationem, invidiam aut injuriam（他人に害・苦痛を与える目的、悪意でもしくは不法な目的で建築してはならないことの地役権）（De servitute naturaliter constituta, Opera omnia, tom Ⅲ, p. 103ss, 1713）[33]。

Hertiusは自説をローマ法源に依拠させており、それが当時における一般的傾向であるので、今日の水準からいえば批判されるべき点であることはしばらく措くとして、地役権成立論が相当な程度まで精練されてきた事実は否定しがたい。

フランス民法典は右のような歴史的背景をもっていたわけである。

（1）イタリア中世都市国家の構造・特質については清水廣一郎『イタリア中世都市国家研究』（昭和五〇年、岩波書店）、森田鉄郎『中世イタリアにおける経済と社会』（昭和六三年、山川出版社）を、また土地制度については、拙稿「イタリアの土地所有権制度について—完全所有権の史的展開」『土地法の理論的展開』乾昭三編二二〇頁以下（平成二年、法律文化社）がある。したがって、本書では紙幅に制約もあるので、当時の経済社会・政治的背景、土地制度に関する言及は一切省略した。

（2）Besta, I diritto sulle cose nella storia del diritto italiano, 1964, p. 110~111.

（3）Besta, op. cit., p. 112.

（4）Besta, op. cit., p. 113.

（5）　Besta, op. cit., p. 113.

（6）　Besta, op. cit., p. 114.この水流に関する規制はローマ法の「雨水放出権」を発展させたもので、ことに「水流の利用」についてのルール（水の合理的配分）が考慮されていることに注意する必要があろう。M. Caravale, Serviù prediali(diritto intermedio), Novissimo digesta italiano, vol. XVII, p. 125ss., 128.

（7）　Caravale, op. cit., p. 128.

（8）　若干の都市条例では、公共建物に損害を惹起したり、これを私的な目的で使用した者は罰せられたほか、公共のエリアを占拠したり、私的目的で耕作したりすることが禁止されている。公河川の岸に植樹することや、バルコニーを突き出すことに対する規制もあり、さらには、公共建物の周辺に対して一定のゾーンが設けられた。

道路に関しては、通行を容易にするため、道路端の所有者に対し建物に面した土地の一部を譲渡すべき義務を課す都市条例もある。また、屋根や中二階の部屋を極端に道路へ着き出すことも禁じられた。Caravale, op. cit., p. 127 e 128.

（9）　Besta, op. cit., p. 113.; Leicht, Sotria del diritto italiano, il diritto privato, vol. 2, 1960, p. 94s. Leichtは「必要通行権」はイタリア中世法にその歴史的起源をもつとする。Bestaもほぼ同旨と思われ、コムーネ時代に完全な展開を遂げた、としている（op. cit., n°. 263)。

（10）　Firenze(Lib. IV, Rubr. 47): Si *contigerit aliquem agrum habere, et non habere viam, per quam possit ire et redire ad dictum agrum, liceat ei suaque familiae, et laboratoribus licite et impune, et sine cotradictione alicuius personae ire et redire, et riducere boves et alia animalia per agros et terras vicinorum pro laborerio faciendo in dicto agro et terra, dummodo eatur per eam partem, per quam minus damnum inferat vicino, vel vicinis in agro, seu possessione, et fructibus existentibus in eisdem*. Consuetudini Napoli: *Si quis habens terram, non tamen viam, cui terrae circum circa sunt terrae aliorum vicinorum, nec apparet, unde viam, iter vel actum habet terram ipsam, potest petere sibi concedi iter, viam, vel actum per terram vicini, per quam propinquus ire possit ad viam publicam, vel viam carrariam, seu quae breviori spatio distet a via publicu, ad terram ipsam, quae viam, iter vel actum habere non apparet ex constitutione vel usu longo.*

テクストは、G. Pulvirenti, Delle servitù praediali, 1916, p. 304 not.(1)による。

(11) Leicht, op. cit., p. 94s.; Besta, op. cit., n°. 263; Caravale, op. cit., p. 128. n°. 5.

(12) Solmi, Sul diritto di passo necessario nel medio evo, in Studi storici sulla proprietà fondiaria nel medio evo, 1937, p. 89ss. とくに、必要通行権が法定地役でなかったのは、地役権という権利を付与するためには法務省（Magistrato）の判決が必要であったのに対し、必要通行はextimatorないしarbiter（仲裁人）によって、要件が充足すれば、直ちに付与されたところにある。また、必要通行は四〇年の時効取得が可能であった点も（ベローネ都市条例・一二二八年）、地役権と異なる（op. cit., p. 98 e p. 96）。

(13) イタリアの学説については、Caravale, op. cit., p. 128. なお、被通行地の強制売買・強制交換を定めた地方法もあったが、これは制度の初歩的段階にあり、その影響力は少ない（Caravale, op. cit., 128）。

(14) 当時の「測量官」(ingrossatores) については、Leicht, op. cit., p. 96.

(15) Solmi, op. cit., p. 93～94がこれを明らかにした。なお、Solmiは一二〇九年のピアチェンツァのdocumentoを掲記して、同地方のSan Sisto修道院が所有する袋地に対して、通行の場所と範囲を裁決した測量官の存在を論証している。

(16) Leicht, op. cit., 93s.; Besta, op. cit., p. 114ss., Caravale, op. cit., p. 129.

(17) 注釈学派・注解学派いずれも、必要通行に関する地方法を学問的に加工した事実はないという（Caravale, op. cit., n°. 6）。

(18) 「家父の用法」、「記憶を超える占有・時効」については、本書第一部第三章八六頁、第四章一九五頁を参照されたい。

(19) Caravale, op. cit., p. 126ss.

(20) Brugi, op. cit., p. 185s.

(21) Brugi, op. cit., p. 188.
(22) Brugi, op. cit., p. 188.
(23) Brugi, op. cit., p. 190s.
(24) ただし、Hertiusは、死因処分・生前行為を問わず、地役権がなくしては譲渡された不動産の利用が不可能となる場合、その譲渡行為により暗黙のうちにかかる権限が生ずる、と解しており、Brugiによれば、そこには当然、必要通行権も含まれているので、すでにHertiusは必要通行を提供する義務を認めていた、という（Brugi, op. cit., p. 199.）
(25) Busatti, Origine delle servitù legali, Rivista italiano per le scienze giuridiche, vol. 11, 1891, p. 1 ss., p. 5, p. 18s.; Caravale, op. cit., n°. 6.
(26) Solmi, op. cit., p. 97. Solmiによれば、ローマ法の知識のある学者がローマ法の用語を使用して編纂したにすぎず、その内容は地役権にまで成熟していない、とされる。
(27) Busatti, op. cit., p. 26.
(28) SolmiやBusattiは消極的であるが、積極的な立場もある。イタリアの学説についてはCaravale, op. cit., p. 128を参照。
(29) Donellusは人の（外部的）行為による地役権を自身のもの（nostro）と他人のもの（altrui）に分け、後者はさらに公的行為と私的行為に細分化され、この公的行為のうちに裁判による地役権が含まれている。
(30) Busatti, op. cit., p. 7s.
(31) Busatti, op. cit., p. 14s.
(32) Busatti, op. cit., p. 12.
(33) Busatti, op. cit., p. 16ss; Caravale, op. cit., p. 129.

三　小結

以上、ローマ法から中世・近世法を概観してきた。もはや要約する余裕はないので、次の近代法における展開を検討するために必要な限りで、従来の理論的・制度的発展において見落してはならない視点だけを指摘しておきたい。

囲繞地通行権ないし必要通行権の史的展開は二つの潮流に分れる。一方は、土地の一部譲渡・分割に起因する必要通行（日本民法二一三条）であり、他は、土地の客観的状況による必要通行（日本民法二一〇条）である。前者は、ローマ法では地役権によって処理されるべきものとされ、中世以降でも基本的には同じ立場が維持されたものの、通行の「必需」という視点が明確に自覚されるに至り、これに基づいて通行地役権の「黙示的合意」という擬制が採用される。もっとも、当初の学説は黙示的合意を「推定」したであろう。それが「擬制」であると考えられるようになると、黙示的合意が無理なく「法律」にとって代わられることになる。すなわち、真の意味での「必要通行権」へと成熟するわけであるが、それは近代法をまたねばならない。

他方、土地の分譲・分割によるのではない「必要通行」は、イタリア中世都市の慣習のなかから生成し、すでに近代法とほぼ同じ内容をもっていたことは前述した。おそらく、「必要通水権」と手を携えて発展したものと思われる。水の「必要」は土地の分譲・分割とは無関係に生起するものだからである。水が死活にかかわることを想えば、むしろ「必要通水権」が通行権に強い影響を与えたのかも知れない。その後、フランスの学説が必要通行に言及しているものの、法定地役・自然地役の観念は別にして、それ自体には大きな展開はみられない。(1) したがって、イタリアの学者がいうように、この種の必要通行権はイタリア中世にその起源をもち、かつ、そこでほぼ完全な姿を現わしたといっても大過ないであろう。償金の支払義務、囲繞地に対する最小の損失、最短距離という条件が、この一方の潮流の通行権と結びついていたことをも銘記しておかねばならない。加えて、この種の通行権は（通水権も）、農地の開墾・耕作と密接に関係していたので、おそらく、その眼目は新たなる通路を開設することにあったであろう。「償金の支払義務」、「最小の損失」等の要件はこの新規開設通路に関わる条件であったように思われる。

ともあれ、元来その源を異にする右の二つの潮流は近代法の展開の過程で必要通行権制度の中へ合流するに至るが、制定当時のナポレオン民法典（一八〇四年）はいまだ一方の潮流しか承けとめていない。次にその経緯を検討してみよう。

（1）　若干の慣習法(Auxerre, Lillaなど)には必要通行に関する規定があり、これが民法典に承継されたようだが(Pulvirenti, op. cit., p. 304〜5.)、重要なパリ慣習法にはこの種の規定がなかったことは後述する。

第二章　近代ヨーロッパ諸国の法

一　フランス法

ローマ法および中世以降の法がフランス近代民法のなかでどのように受容され、かつ成長を遂げていくのか、その推移を検討するのが本節での主要な課題である。具体的には有償（日本民法二一〇条以下参照）と無償（同二一三条）との二つの囲繞地通行権制度を中心にして、フランス民法典の編纂過程およびその後の展開を跡づけるとともに、現行制度を念頭におきつつその理論上の主要な問題にも言及したいと思う。

しかし、その前にまずフランス民法典に強い影響を与えたといわれているDomatとPothierの見解・立場を概観しておく。

1　民法典成立前史

一　Domatの所説

彼によれば、不動産役権（servitudes）は体系的には「合意（convention）に基づく権利義務」に関する部分（Livre premier）に位置づけられ(1)、その巻では、合意の通則（第一章）、売買（第二章）、交換（第三章）、賃貸借（第四章）、使用貸借（第五章）、消費貸借（第六章）等と続き、用益権（第一一章）と和解（第一三章）との間に不動産役権（第一二章）

がおかれている。このような位置づけは、大抵の場合、役権が売買・交換・和解・共有物分割などの合意において設定されることによる。これに対して、フランス民法典が自然・法定地役のカテゴリーに組み入れた囲障・界標設置権・障壁等の互有に関する権利関係は、「合意なくして形成される権利義務」（第三巻）の一環として、「相隣地を有する当事者」（第六章）のタイトルの下に一括されている。[2]

役権は建物役権（servitudes des bâtimens）と農業用地役権（servitudes des heritages de la campagne）とに区別され、前者は家事用水の貯水・通水、下水の排水、採光・観望、隣家に自己の建物を支えさせること、あるいは通行その他類似の目的で設定される。[3] 農業用地役権としては通行権、取水権、引水権が挙げられている。[4]

かかる役権は次の二種類に区別される。一つは自然地役（servitudes naturelles）であり絶対的な必要性（absolue necessité）に基づいている。その例として高原の原泉から低地へ水を流下させる役権が指摘されている。他は、必要性ではなく、より大なる便益のために設定される役権である。観望地役、排水地役、取水地役を合意で取得する場合がこれに該当する。[5]

囲繞地通行権については別の節で次のように述べている。「役権は合意ないし遺言によるだけではなく、否定しがたい自然的に必要な地役ならば、裁判の権威によっても設定又は取得できる。したがって、土地所有者が隣地の通路によるしか通行できないとき、隣地への最小の不便を条件にかつ償金を支払うことによって、隣地所有者に通路の提供を義務づけることができる。というのは、かかる必要性が法律に代ることになるからであるし、また土地が使用できない状態にならないこと、および、土地所有者がみずから望む他人の負担となる需要をひとしく隣人のために耐えることは、自然法に由来するからである」と。[6]

Domatは、囲繞地通行権を「必要役権」（servitude necessaire）と称し、「必要」が法律に代替するとともに、相隣者間の相互的な負担が「自然法」によって正当化されるとも述べている。彼のいう負担の相互性とは通行地役権についていえば、承役地の一方的負担でしかないので、理念的に述べたものと考えるべきであり、法定地役を介してより一般的な「相隣関係法」を念頭におきつつ、それを「必需」を軸にして自然法で根拠づけたと評しえようか。

したがって、かかる必要通行権は土地の客観的・自然的状態に起因する地役であって、土地の一部譲渡・分割による囲繞地通行権でないことは、いうまでもなかろう。現にDomatの指摘するローマ法源は例の墓地通行権に関する法文だけである。土地の売買・分割時に成立する通行権としては約定地役権しか考えられていない。[7]

なお、法定地役と自然地役との区別については、自然地役の代表例を高地所有者の通水権として、必要地役の代表例を通行権としてその必要が法律に代わるものと解していることから、両者はやや性格を異にすると考えていたとも思われるが、いずれも必要性という共通項をもっているので、結局、Domatのいう自然地役も必要地役と同じ性質の地役権と判断して大過ないであろう。基本的な考え方は前述のHertiusの立場に近似しているように思われる。

二　Pothierの所説

(1)　Pothierは、今日にいう相隣関係法を境界線上の囲障（共有の障壁・溝渠・生垣）と共有を中心としない相隣関係とに大別する。前者は共有に近いことから「組合」一般の記述のあとで、組合論の補遺として論述され、[8] 後者はこれとは別に、文字通り「相隣関係」(voisinage) の章だてのなかで取り扱われている。[9] Domatと同様に彼の立場もフランス民法典の構成とはかなり異なるので、まずその全体像を概観しておく。

境界線上の囲障の共有は「互有」(mitoyenneté)[10] と称され、その共同所有のtitre（法的原因）が契約ではないので準契約（quasi contrat）と解されている。[11] かかる囲障のうちで最も重要なのが互有の障壁（mur mitoyen）であり、互有の障壁とされる壁、互有の推定、共有者（隣人）の権利義務を中心にして、慣習法とくにパリ慣習法とオルレアン慣習法の規定によりながら、詳細に論述するほか、[12] 境界線上の溝渠（fosse）、生垣（haie）の所有関係、さらに、オルレアン慣習法がとくに関心をもっている肥料だめ（privés）[13]、下水だめ（cloaques）[14]の共有関係についても、具体的に言及している。

他方、本来の意味での相隣関係もやはり準契約であると解され、いくつかの類型に区分される。つまり、相隣関係は隣人間の相互的義務を形成する準契約であって、この義務の中心となるのが、界標（bornage）設置に関する義務であり、この義務から界標設置を要求しうる訴権（actio finium regundorum）が生ずる。(15)

その他の相隣関係上の義務は次の三つに細分される。まず第一の義務としては相隣関係にある所有者は各々その所有地を利用する義務があり、したがってそこから各所有者は自己の隣人を害してはならないとの原則が派生し、この原則によって、ニューサンスの禁止、雨水阻止権（actio aquae pluviae arcendae）、植樹における距離保持義務、建物その他の工作物の距離保持義務が正当化される。いずれもローマ法を中心に慣習法をも考慮しながら論述している。(16)第三の義務は境界に接した隣地所有者の壁に対してその共有持分を強制的に取得しうる原則に関するものであり、パリ慣習法やオルレアン慣習法に依拠して説明する。(17)

(2)　さて、囲繞地通行権は右の第二の義務に含まれているが、これといわゆる「隣地立入権」を一括して同じ性質の義務とみている。**Pothier**は、まず、建物の建築・修繕のために職人を隣家に通過ないし通行させる必要のある場合、隣人はこれを忍容しなければならない、とするとともに、同じ根拠による囲繞地通行権については、「公道を全く通行できないとき、隣人はこのような障害がなくなるまで、自己の所有地に通路を提供しなければならない」(18)という。

彼は、立入権の法源としてはオルレアンの慣習法を引用するが、通行権では前述のローマの法文（Javol. D. 8. 6. 14 § 1)を注記するだけである。この法文は公道が事故で通行不能になった場合の応急的な通行権を定めており、Pothierはこのような特殊性を緩和してより一般化しているものの、公道への通行不能には言及されていないので、近代法にいう囲繞地通行権とはその趣旨を異にしよう。彼がこのような立場にとどまったのは、パリ慣習法やオルレアン慣習法にこの種の通行権に関する規定がなかったことにも一因があるように思われるが、何よりも囲繞地通行権制度の実際上の必要性を彼みずから緊要なものと考えていなかったことの証左であろう。

おそらく、このような姿勢と対応するのであろう。不動産役権（servitudes rêells）は、「ある土地の所有者が自己の土地の便益（commodité）のために隣地に対して有する権利である」と定義づけられ、「必要」に基づく地役権については地役権の概念から外されている。[19] だから、Pothierはローマ法にきわめて忠実な立場にあったといえよう。したがってまた、土地の一部譲渡等に起因する通行権については約定によって設定される地役権が利用されることになる。[20]

(1) Domat, Loix civiles dans leur ordre naturel. nouv. ed. 1735, Part. I. Livre I. Tit. XII. de servitudes, p. 113.

(2) Domat, op. cit., Liv. II. p. 170ss. この巻（編）の第五章では「合意なき共有」について言及されており、したがって、Domatはこの種の相隣関係の特殊性を考慮しつつ、実質的には「共有」の問題と捉えていたと考えて大過なかろう。

(3) Domat, op. cit., Liv. I, p. 114s.

(4) Domat, op. cit., p. 117ss.

(5) Domat, op. cit., p. 114.

(6) Domat, op. cit., p. 115.

(7) Domat, op. cit., p. 113.

(8) Pothier, Oeuvres. vol. 7. Traités de contrat de société. premier Appendice. Art. v. p. 292ss.

(9) Pothier, op. cit., second. Appendice, du voisinage, p. 322ss.

(10) いわゆる共有壁は、境界線の両側の空地部分に築造され、壁の一部はその敷地の付従物をなし（地上物は土地に従う）、片側の土地上の壁部分はその土地の一部として当該土地所有者に全部・単独に帰属しなければならない（その意味で通常の共有と異なる）にも拘らず、この共有壁の二つの所有部分は分離しえず一体不可分なものとして存在する（その意味でもまた共有と異なる）。互有の壁（mur mitoyen）と称されるゆえんである（Pothier, op. cit., p. 293）。

(11) Pothier, op. cit., p. 281ss.

(12) Pothier, op. cit., p. 292ss.

(13) Pothier, op. cit., p. 307ss.

(14) Pothier, op. cit., p. 319s.

(15)　Pothier, op. cit., p. 322.
(16)　Pothier, op. cit., p. 328ss.
(17)　Pothier, op. cit., p. 335ss.
(18)　Pothier, op. cit., p. 334.
(19)　Pothier, Oeuvres, vol. 17. coutumes d'orléans. tom. II, p. 217
(20)　Pothier, op. cit., p. 220.

2　民法典の成立

大革命は数世紀来の統一的法典に対する国民的希求に拍車をかけ、革命期には国民公会（Convention nationale）の意をうけていくつかの草案（Cambacérès草案等）が提出され、これを基礎にしつつ政府委員会で民法典の予備草案が立案されている。以下その推移に従い、囲繞地通行権制度を中心にして民法典編纂史を検討してみよう。[1]

一　カンバセルス草案[2]

(1)　カンバセルス第一草案（一七九三年八月九日報告）は、地役権（Des services fonciers）を物権として位置づけ（第二編「財産」第二章「財産の享有の諸態様」第五節「地役権」）、次のような定義を掲げている。

「一方の土地の利益のためにあることの不作為又は忍容を内容とする他方の土地の占有者に課される負担は、地役権をなす」（三五条）[3]。

このような地役権は、「法律（la loi）又は人の行為によって設定される」（三六条）[4]。ここではまだ「自然地役」の観念は現われていない。したがって、高地所有者の自然流水権等、水に関する権利義務（三七条・三八条）は「法定地役」の一種とされており、この他に、工事に際しての隣地通行権（隣地立入権）（四一条）、生垣・樹木の法定距離保持義務（四二条）、溝渠を掘る場合の法定距離保持義務（四三条）、井戸・雨水だめ・便所を築造する場合の法定距離保持義務等（四五条）、接境建築に際しての義務（四六条）、障壁の互有に関する権利義務（四七条〜五二条）から構成されている。いうまでもなく、囲繞地通行権も法定地役に含まれ、次のような規定が用意されている。

「公道が通行不能になった場合には、何人もそれが復旧するまでは隣地を通行する権利を有する」（三九条）。

「ある土地が囲繞されて他の土地を通行することなくしては出入することができないとき、当該土地の占有者は、隣地にとって最も損害の少ない場所に、正当な償金を支払うことによって、通行の許容を隣人に義務づけることができる」（四〇条）[5]。

前の法文はローマ法にその起源をもつもので、Pothierのいう唯一の囲繞地通行権であることはすでに検討した。後者が本来の意味での囲繞地通行権であり、その語法からいっても、Domatの影響が強いといえよう。

(2)　第一草案は国民公会の承認を得ることができなかったため、引き続いて起草作業が進められた。

第二草案では規定のいっそうの簡潔化が基本理念とされたため、地役権に関する条文も大幅に削減されているが（項に細分化されているが六カ条にとどまる）、その成立原因が法律行為（titre）と法律であることに変わりなく（第二編第三章「地役権」七九条、八〇条一項）、法定地役については、「法律は一般利益（l'intérêt général）のために地役権を設定する」（八〇条一項）との規定を頭におき、高地所有権者の自然流水権などを規定している[6]。通行権に関する規定も簡潔化がなされているが、第一草案と同趣旨の規定が二ヵ条ある。

「通行不能となった公道に隣接する土地の所有者は、当該公道が復旧するまで、自己の土地の通行を許容する義務を負う」（八〇条四項）。

「正当な償金が支払われるならば、何人も通路のない土地を有する隣人に対して通行を拒絶することはできない」（八〇条六項）[7]。第二草案はあまりにも簡略にすぎた。後者の法文も、「最小の損失」という要件が欠落している。

(3)　第三草案（第二編第三章「地役権」）は、第二草案を尊重しながら、その構成・内容は第一草案に復しているほか、いくつか新設された条文（immissioneや枝・根の切除権など）もある[8]。通行権については、公道の通行不能による場合は第二草案とほぼ同様であり、囲繞地通行権も基本的には第一・第二草案の立場と変わっていない。

「正当な償金が支払われるならば、何人も、土地を利用するために公道への通路を有しない者に対して、その通行を拒絶することはできない。

この通路は、最短でかつ最も損害の少ない場所に定められる」（四五条）[9]。

右の第一項は第二草案の語法を踏襲しているが、第二項は第二草案には欠落しており、第一草案では、「最短の距離」という文言がなかった。全体の表現の仕方は別にして、第三草案で示された要件が現行法に承継されている。

なお、第三草案の趣旨説明では、袋地はchamp（農地）が念頭におかれており、また土地の一部譲渡・分割による通行権には言及されていないことのほか、いわゆる隣地立入権と囲繞地通行権とが同性質のものとみなされていたことを付言しておく[10]。

二　政府委員会草案

(1)　カンバセルス第三草案は折りからの政変により短命に終った。あらたに政府は民法典編纂委員会を設置し、ここでの委員の討議により、きわめて短期間ではあったものの「予備草案」が起草され、民法典の原型が形成されている。

「地役権」は第二編（「財産および所有権の諸態様」）第四章におかれ[11]、「場所の自然の状態、法律によって課される義務、および人の合意」によって成立することになった（第一条）[12]。ここではじめて地役権の三分割制が提案されている。

自然地役（第一節）は、高地所有者の自然流水権ほか水に関する地役（二条～五条）、囲障設置権（六条）、界標設置権（七条）に分かれる。

法定地役（第二節）は公用地役と私用地役に区別され、個人の利益のための地役を中心に規定されている。これはいくつかのグループに細分化され、互有の壁・溝渠（一二条以下）、工作物（井戸・溝渠など）築造に際しての法定距離保持義務（二七条）、観望地役（二八条以下）、雨水落下（三四条）、そして囲繞地通行権から構成されており、現行制度の構成と全体像がここで形成されたといえよう。

囲繞地通行権の具体的な条文をみてみよう。

「他人の土地に囲繞せられたる土地の所有者が公道へ達する通路を有しないときは、その土地の開発のため隣地に対して通行を請求することができる。但し、通行地に生じうることのある損害に応じて償金を支払う義務を負う」（三五条）。

「通行の場所は原則として袋地より最短の距離である側端を選ぶことを要する」（三六条）。

「通行の場所は通行地のために損害の最も少なき部分に定むることを要する」（三七条）[13]。

予備草案ではカンバセルス草案の用意していた公道通行不能による隣地通行権の規定が削られている。また、隣地立入権も採用されていない。しかし、右の政府草案は制定過程で修正を蒙むることなく民法典に定着した。その経緯を検討してみよう。

(2)　予備草案は、破毀裁判所および各控訴院に送付され、その意見がとりまとめられたが、囲繞地通行権についてとくに注目すべきはリヨン控訴院の立場であり、次のような条項の新設を提案している。

「土地が売買、交換、又は共有物分割によって袋地となった場合には、通行権を供与する義務を負担すべきは売主又は分割当事者である。[14]」

土地の一部譲渡・分割に起因する通行権は当事者間の合意によって処理されるべきものと考えられていたので、従来は囲繞地通行権とリンクさせられることがなかった。リヨン控訴院がこの種の通行権を法定地役権制度の中へ取り込もうとしたのは、特筆に値する。実務では分譲・分割による土地の細分化がすでに問題となっていたのかもしれない[15]。しかし、いまだ当時では法律によって直接通行権を供与しなければならないほど重要かつ普遍的な現象とはなっていなかったのであろう。一控訴院の先取りに過ぎた見解にとどまった。理論的にも、リヨン控訴院のいう通行権の供与義務が法律によるのか、売買等の合意に基づくのか、必ずしも明瞭ではない。また、その語法から判断すると、袋地所有者を保護するというよりは、分譲・分割に無関係な隣人が通行権供与義務を負わない旨を強調しているようにも思われる。

(3)　予備草案は各界の意見を聞いたのち、政府草案として国務院（Conseil d'etat）の討議に付された。一八〇三年一〇月二七日に提出された「地役権」に関する草案（第二編第四章）は予備草案と基本的には変わるところがなく、ここでも地役権の三分割制が維持されている。[16] ただし、地役権の定義、すなわち「地役権とは一方の所有に属する隣地の使用および便益のために他方の土地に課される負担である」（六三三条）との条文が冒頭に新設されている。[17]

政府草案は討議の結果、あらためて修正案が提出されているものの、囲繞地通行権については条文第数が六七九条乃至六八二条に変更した点以外には修正されることなく、護民院（Tribunat）の立法部に移送された。護民院では、六七九条および六八〇条が「公道へ至る（sur la voie publique）」との用語を使用していることから、公道ではないが公道に接続する唯一の私道には同条が適用されないとの誤解が生ずるおそれがあるため、その用語を削除すべきだとの意見が出されている。[18]

しかし、護民院での修正案にも拘らず、政府草案は国務院を通過し、政府確定案となって、一八〇四年一月二〇日に立法府（Corps Législatif）に提出された。その提案の趣旨（説明者にはBerliereが任命される）を次に検討しておこう。

(4)　民法典では、もはや人の負担・利益となる役権（services）は排斥され、「土地に課されるか又は土地の利益のための地役権」だけが採用され、そのタイトルがservitudes ou services fonciersとされたのもこの故である。政府は、新規の制度を創設しようとしたのではなく、できるだけ慣行を尊重し、実際の原則に近づけ、調和させた。統一的な原則を確立することを希求したが、地方の法の差異がそれを拒むときは、時として断念した。[19]

地役権の三分割制については次のようにいう。「場所の状態による地役権」と「法律による地役権」とは相互にいくつかの類似性をもつものの、「人の行為による地役権」はそれらと本質的に異なる。「場所の状態による地役権」の代表例が水に関するものであり、なかでも低地が高地より流下する水を受忍すべきは、「事物の自然」によるもので、この原則は「一部は必要(la necessité)に、一部は公平(l'équité)に基づいている」[20]。また、囲障(clôtures)や界標(bornage)も場所の状態に起因するので、自然地役（les servitudes naturelles）に含まれる。すなわち「bornageはそれを必要とする隣人間での農地所有者の相互義務であるので、この原則は当然ここにおかれる」[21]と。

法定地役権については、公用地役（公の建造物のために道路を築造するごとし）について簡単に言及し、これは重要であるが偶発的(accidentell)なものであるので、ここでは附随的な位置を占めるだけであるとし、「草案はとくに、その性質上、個々の所有権相互間の恒常的な状態(l'état habituel)に関連し、その効力が個々の所有者の意思とは無関係にかつ一方が他方に対してなすどのような異議にも拘らず法律によって規制されるところの地役権に専ら関心をもっている」[22]と説明する。この地役の代表例が「障壁の互有」に関する権利義務である[23]。

囲繞地通行権制度の趣旨説明は次のように記録されている。「この地役権は同時に必要と法律とに由来する。というのは、一般利益は、人の領域外におかれた土地であって、かつ、活用されないまま放置されるかもしくは荒れ果てるのを余儀なくされるような土地の存在を許さないからである。したがって、そこに至るために他人の土地を通行する必要があるわけである。ただし、かかる場合、通行を供与する者はその損失を償われねばならず、かつ通行権を取得する者は他人に対して最小の損害しか生じないようにそれを使用しなければならない」[24]と。

三　小　括

以上の推移のもとに囲繞地通行権は地役権の三分割制とともにフランス民法典のなかに制度として確立した。

ところで、民法典の相隣関係規制一般が、従来の学説の成果のほか地方の慣習法にも、その多くを負っていたという事実に注目しておく必要があるだろう。このことは立法者自身が明言するところである。とりわけパリ慣習法の影響が強く、このことは、当時いまだ農業経済を基盤とする社会であったにも拘らず、都市的土地所有の規制にも立法者が強い関心をもっていたことの証左である。

しかし、囲繞地通行権に関するルールはパリ慣習法には存在せず、いくつかの地方（農村部と思われる）の慣習法が民法典に影響を与えたといわれている。(25) つまり、この制度は当時の時代的背景から判断して農用地の開発を念頭においており、したがってまた、事情によっては農業の振興を妨げることにもなりかねない「土地の細分化」に起因する通行権に対しては特別な配慮をすることなく終っている。そのかぎりではイタリア中世の法状態と変わるところがない。この種の通行権は法律行為によるしかなく、これが法定地役にまで昇格するのはフランスではずっと後代になる。

他方、「法定地役権」の観念は、前述のごとくフランスの法学説の成果であるが、同時にフランスの地方の慣習法もすでにこれを知っていたという。(26) しかし、三分割制の完成がいかなる根拠に基づくのか、自然地役は、カンバセルス草案がそうであったように、何故に法定地役であってはならないのか、必ずしも明らかではない。自然地役が「必要性」のほか「公平」に基づくとしていること、(27) 法定地役が「必要性」と「法律」に基づくものの、人の意思によってそれを廃毀ないしは変更できるとしていることから判断すると、自然地役は当事者の意思によっても変更できないという趣旨に解しえなくもない。(28) ことに水の利用は死活にかかわることから、自然の法にその根拠を求めるのも、必ずしも不合理ではない。しかし、法定地役とて公の秩序に反する合意の自由まで許容されるわけではないので、右のような区別にはさしたる意味もないであろう。また、二つの土地の「場所の状態」を強調するならば、囲繞地通行権を自然地役に含ませても不合理ではない。今日、このような区別に反対する学説が少なくないのは、この故である。後述するように、一八六五年イタリア民法典も自然地役を法定地役のなかに取り込んでいる。しかしそれにも拘らず、当時、自然法的な思想を背景にして、法律による以前に自然（公平）の法それ自体に基づいてかかる権利の存在を正当化しようとした立法者の意図は、十二分に理解できよう。

ともあれ、自然・法定地役の制度の趣旨が私所有権の相互的調和・調整におかれているものの、同時に個々の土地所有の利益を超えた一般的利益の実現という政策的意図が明確に看取できるが、囲繞地通行権制度についても、前記の立法者の趣旨説明から窺知しうるように、袋地所有権の利益保護というかたちをとりながらも、農用地の社会経済的効用（一般利益）に重点をおいていたところに[29]、注目しなければならない。このような姿勢は、その後、フランスにおける囲繞地通行権制度の立法的な改革と判例・学説の展開において一貫して維持されることになる。

（1）　フランス民法典の編纂史については、野田良之『フランス法概論（上）』（昭和四六年、有斐閣）六一二頁以下、山口俊夫『概説フランス法（上）』（昭和五三年、東京大学出版会）四六頁以下など参照。

（2）　Fenet, Recueil complet des travaux preparatoires du code civil, tom 1, 1827 (Réimp. 1968), p. 43s. 以下、史料は本文献による。

（3）　35. La charge imposée au possesseur d'un domaine, de n'y pas faire ou d'y souffrir certaines choses pour l'avantage d'un autre domaine, forme un service foncier.

（4）　36. Les serrices fonciers sont établis par la loi ou par le fait de l'homme.

（5）　39. Lorsqu'un chemin public est devenu impraticable, chacun a le droit, jusqu'à ce qu'il soit rétabli, de passer sur le fonds voisin.

40. Celui dontl'héritage se trouve tellement entouré qu'il ne peut absolument y aller n'y en sortir, sans passer par celui d'autrui, peut obliger ses voisins à lui livrer un passage à l'endroit le moins dommageable pour eux et moyennant une juste indemnité.

（6）　Fenet, op. cit., p. 117s.

（7）　80. Le propriétaire du fonds voisin d'un chemin public devenu impraticable, est tenu d'y livrer passage tant que ce chemin n'est pas rétabli.

Nul ne peut, moyennant une juste indemnité, refuser passage à un voisin dont l'héritage n'a point d'issue.

（8）　Fenet, op. cit., p. 248ss.

（9）　45. Nul ne eut, moyennant pune juste indemnité, refuser passage à celui qui n'a pas d'issue sur la voie publique pour se servir de son héritage.

（10） Fenet, op. cit., p. 162.

（11） Fenet, op. cit., tom. 2. p. 115ss.

（12） Art Ier. Les servitudes dérivent ou de la situation naturelle des lieux, ou des obligations imposées par la loi, ou des conventions des hommes.

（13） §. V. Du droit de passage.

35. Le propriétaire dont les fonds sont enclaves, et qui n'a aucune issue sur la voie publique, peut réclamer un passage sur ceux de ses voisins, pour l'exploitation de son héritage, à la charge d'une indemnité proportionnée au dommage qu'il peut occasionner.

36. Le passage doit régulièrement être pris du côté où le trajet est le plus court, du fonds enclavé à la voie publique.

37. Néanmoins il doit être fixé dans l'endroit le moins dommageable à celui sur le fonds duquel il est accordé.

（14） Art. 36. On demande qu'il soit ajouté: *Si le fonds n'est devenu enclavé que par vente, échange ou partage, ce sont les vendeurs ou copartageans qui sont tenus de fournir le passage.*

（15） リヨン控訴院は、細分化された土地が再び結合した場合における通行権の消滅に関する規定の新設をも提案しており、その提案の理由として、土地細分化による通路の増大、細分化による農用地の消失、細分化による収穫減を指摘している。提案された規定は次のような内容となっている。「袋地に与えられた通行は、通路のある土地を結合することによって必要性を失ったときは、廃止される。すでに支払った償金があるときは、その価額が償還される」。*Si le passage accordé au fonds enclavé cesse d'être nécessaire par sa réunion à un fonds aboutissant à un chamin, il sera supprimé; s'il a été payé une indemnité, le prix en sera rendu.* Fenet, op. cit., tom. 4, p. 107.

（16） Fenet, op. cit., tom. 2, p. 245ss.

（17） Art. 633. Une servitudes est une charge imposée sur un héritage pour l'usage et l'utilité d'un héritage voisin appartenant à un autre propriétaire.

(18) Fenet, op. cit., tom. 2, p. 289.

(19) Fenet, op. cit., p. 303s.

(20) Fenet, op. cit., p. 305.

(21) Fenet, op. cit., p. 306.

(22) Fenet, op. cit., p. 307.

(23) この「障壁の互有」に関する規定はフランスの慣習、とくにパリ慣習法に多くを負っている。ローマ法があまり参考にならなかったのは、ローマの建物が隣接して建築されることがなかったからである。Fenet op. cit., p. 307s (Berlier).

(24) Fenet., op. cit., p. 311.

(25) Landreau, L'enclave, J.C.P. 1963, 1784, n°. 2は、Bretagne (art. 659), Melum (art. 203), Auxere (art. 117) の慣習法を指摘するのみであり、Pulvirenti, Delle servitù prediali, 1916, p. 305. not (1)も、パリ慣習法を挙げていない。Busatti, Origine delle servitù legali, Rivista italiano per le scienze giuridiche, 11 (1891), p. 10も、Albissonが護民院での立法趣旨を説明した際、観望地役のほか、雨水落下、通行権をも、パリ慣習法に起源をもつと報告したのは、正確ではない、と述べている。

(26) パリ慣習法 (Coutume de Prevostê et Vicomtê de Paris, 1660) は《De servitudes et rapports de jurez》という特別の章をもっており、この中に前述した「互有壁」など一連の都市的地役が採録されているし、又、ノルマンディー、オルレアンの慣習法も「法定地役」を規律している、という。Busatti, op. cit., p. 10ss.

(27) Fenet, op. cit., tom. 3, p. 311.

(28) 実際、護民院の報告で、Albissonは、自然地役の負担が高地所有者によって重くされることはできない旨を述べている。Fenet, op. cit., p. 318s.

(29) Landreau, op. cit., n°. 3.

3　囲繞地通行権制度の改革

制定時の囲繞地通行権制度は現在に至るまで数度にわたってかなり大きな改革を経験している。判例がその改革を刺激した面も強い。そこで、現行法に至るまでの推移を、判例をも参考にしながら、検討してみよう。

一　制定後の状況

(1)　民法典第六八二条は袋地に全く通路が存在しない場合にのみ囲繞地通行権が成立するとしていたが、破毀院は、「所有者が公道に至るために自己の土地の開発にとって不十分な出入口しか有しないときは、民法六八二条の意味における袋地が存在する」(Req. 14 mai 1879, D. 1879. I. 495) と解釈していた。また、同条にいう「開発」は農業の需要に応ずるものが予定されており、学説にもそのように狭く解する説もあったが、多くの学説、判例は、開発の種類を問わず、工業上の目的であってもよいとしており、たとえば鉱業上の開発、れんが製造用の炉の築造、宿屋の建築のために、いずれもこの通行権を肯定した具体例がある。[1] 破毀院判例にも、袋地を石材の石切場とする目的で囲繞地通行権が主張された事案で、民法六八二条は、「土地の開発に区別をもうけることなく袋地所有者に隣地に対する通行権を要求しうる権利を付与している」と判示した例がある (Req. 7 mai 1879, D. 1879. I. 467)。すでにこの当時から袋地の利用方法による区別を一般的に排斥していたことになろう。

このように六八二条の要件は緩やかに解釈されていたが、他方で、袋地の形成が所有者の意思によらないことが要件とされ、所有者が建築行為によって出入口をみずから失ったときは、同条は適用されなかった (Req. 16 mars 1870, D. 1870. I. 421)。外部との交通が不可能か不可能に等しい通行障害が、場所の自然の状態によるもので、所有者の行為に起因しないことが必要であるとされた (Req. 8 mars 1852, D. 1852. I. 94)。

同じ理由から、土地の一部譲渡・分割により袋地が形成される場合も同条の適用から外された。しかし、民法典制定後の学説はこの種の通行権に言及するのが通常で、しばらくして破毀院判例も現われている。次に民法典が改正されるまでの推移を検討してみよう。

(2)　土地の一部譲渡・分割の割合　多くの学説が囲繞地通行権との関連で、売買等の土地分譲・分割による通行問題を意識するようになったようである。参照しえた若干の学説を紹介しておく。

(イ)　Toullierは、前述した立法過程でのリヨン控訴院の意見に影響をうけて次のようにいう。「土地が売買、交換、又は共有物分割によって袋地になった場合、通路の供与を義務づけられるのは売主又は共有物分割当事者であり、たとえ通路の距離が非常に長くとも償金なくしてそれを供与しなければならない」と。(2)

Durantonも、共有地の分割の場合だけではなく、土地の一部譲渡により袋地が生じた場合にも、袋地所有者は残余地に対して無償の通行権を取得できるとする。これに対して、公道に接しない土地部分を保留した売主は譲渡した土地部分に通行権を留保しないかぎり、六八二条によるしか買主に対して通行権を主張できない。というのは、地役権の明白な徴表つまり明確な通路が存在する場合は別にして、売主は買主が負う義務を明瞭に説明しなければならず、不明瞭な約定は売主に不利に解釈されねばならないからである。ただし、贈与者・遺贈者の相続人については、疑問あるときは、彼らに有利に解釈される、という。(3)

これらの学説が予定しているケースはいずれも分譲による袋地を買主等の譲受人が取得した場合であり、かかる場合には売主は完全な物を取得させる義務を負うので、この債務の履行として袋地に通行権を供与する義務を負担しなければならない、と考えられている点に注意する必要があろう。Durantonがさらに売主が袋地を留保する逆のケースの場合に言及し、この場合は「袋地」という客観的要件を充たしても、それは原則として約定地役権の問題である、と断じたのも、この故である。(4)したがって、この当時の学説が土地の一部譲渡・分割に起因する通行権を囲繞地通行権のところで説明するのを常とするようになったとしても、いまだ本来の意味での囲繞地通行権には成熟していなかったといわねばならない。そのかぎりでは中世以降から近代に至るまでの学説と基本的には変りがない、と評価できる。

(ロ)　次に土地の一部譲渡による袋地の通行権について当時の判例がどのような考えをもっていたのか、若干の具体例を検討しておこう。

Douai, 23 nov. 1850, D. 1851. II, 245.

〔事実〕　甲地と乙地とは、一方は公道に接し他方は袋地である丙地と接続している。一八四四年に甲地所有者Aは丙地を取得したが、後に破産したため、その財産が競売に付されたところ、公道に面する甲地をXが、袋地の丙地はYが、それぞれ取得した。Yは甲地を介して公道へ出入りできると信じていたが、Xがこれを妨害した。Yが占有訴訟で勝訴したため、Xが本権訴訟を提起し、甲地には何ら負担がなく、前主Aが丙地取得前に乙地を通行していたように、Yは甲地を通行しなくとも乙地を通行できる、と主張。第一審ではX敗訴。

〔判旨〕　控訴棄却。二つの土地の売買（競売）は同時にかつ同一の契約によってなされている。Yの取得した土地はこの売買の結果、袋地となり、売買当時は袋地ではなかった。土地の譲渡によって袋地が生じたときは、他の所有者に属する隣地は通行を耐える義務はない。新所有者は公道に接している相手方の土地に対して通行権を有する。相手方の土地が通行の負担から解放されるのは、譲渡地（袋地）自体が他人の土地に対して法律行為もしくは時効により通行権を取得する権利をもっている場合に、限定される。譲渡地にとって通行の必要がなくなれば、譲渡の通常の効力もなくなるからである。

したがって、本件では、Yは占有訴訟判決によりXの土地に対し通行のための占有を維持しており、かつYの通行権も正当であると考えられるので、Y所有の丙地が第三者所有の乙地に対し通行権をもつとXが主張するならば、その証明はXの負担である。

Req. 14 nov. 1859, D. 1860. I. 176.

〔事実〕　X先代は一七九六年一一月二日付の公正証書によりGrand Pasquierと呼ばれる一団の土地の一部分（甲地）をAに譲渡し、AからYが甲地を買いうけた。甲地は公道に接していなかったので、Yは甲地に出入するため、X先代に残された土地の空地部分（係争地）を通行していたところ、一七九九年に甲地は公道に接続する他の土地と結合し、その袋地状態が解消したが、依然としてYは係争地を使用継続した。ずっと後に、係争地を相続したXが、Yの通行権は甲地の袋地状態が解消したときに消滅し、また袋地解消後における三〇年の時効取得も通行権が「不継続」地役であるので成立しない、と主張して訴求。

Dijon控訴院（一八五九年三月九日判決）は、Yの通行地役権はYとX先代との売買契約の効果としてYに帰属し、黙示の合意（convention tecite）に基づくのであって、その効力は袋地状態の存続に依存しない、としてXの控訴を棄却。これに対して、Xは、YとX先代との売買契約でYの通行権が言及されていないのは、Yの通行権が袋地状態においてしかその根拠をもちえないことにほかならない、と上告。

〔判旨〕　上告棄却。売買により売主は物を引渡す義務と物〔の性状〕を担保する（garantir）義務を負担し、民法一六一五条によれば、かかる物を引渡す義務は、それに付従するものおよびその物の永続的な使用に用いられるすべてのものを含むので、「この原則に従えば、旧法のもとでも新法のもとでも、一団の土地に囲繞せられた土地部分をAに売却することによって、X先代はその袋地の取得者に対して売却地の開発のために留保した自己の土地に通行権を取得させる義務を負い、かつこの義務はその存続を止めることはない。」

右の事例からも明らかなように、売買契約による袋地の通行権は売買契約上の売主の義務（担保責任）に基づくものと構成され、当時の学説と同様に、物的な囲繞地通行権とは捉えられていない。しかも、かかる通行権は、いったん成立したかぎりは、袋地状態に依存せず、合意の効力として存続する、というに至っては、客観的袋地状態に基づく囲繞地通行権とは異質のものということになろう。

なお、共有物分割による袋地についても、Riom控訴院（Riom, 10 juill. 1850, D. 1851. 2. 244）が、かかる袋地取得者への「通行権の供与の推定は事物の必然から結果する」と説示するとともに、分割と無関係な隣人に対して通行権を請求できない理由として、「分割当事者は公道から遮断された分割地に地役権を〔合意で〕設定できるからであり、分割から生じた地役権を分割地に負担させるのが正しいからである」と述べている。交換による袋地の場合にも同趣旨の破毀院判決がある（Req. 1 mai 1811, Jurisprudence Générale, v°. Servitudes, n°. 851)。

(ハ)　ところで、右のように、この種の通行権の供与義務が売主の売買契約上の義務と構成されると、売主が逆に袋地を留保した場合、囲繞地を取得した買主に対しては、特約があるなど特段の事情がないかぎり、通行権の供与を義務づけることが困難となろう。しかし、判例は、同じく売買契約上の義務としてこれを買主に課している。

Cass. civ. 24 arv. 1867, D. 1867. 1. 227.

〔事実〕　一八〇八年に公道に接する一団の土地の所有者AがBに公道に接する土地部分（一二六一番）を売却し、その結果、Aが留保した一二七六番が袋地となった。Aはこの売買以降、あるときは隣人Cの中庭を、あるときは他の隣地を通行して公道に出入していた。ずっと後にこの袋地が競落され、さらにXがこれを買い、この袋地のために必要な通行権を訴求したが、被通行地が問題となった。現地を検分した鑑定人は、X所有地の袋地状態が一八〇八年の売買によることを確認したが、一二六一番地上には建物があり、この建物内の通行は許容できないし、その建物を取り壊すにも特別な経費を必要とする一方、CやDの庭を通行することも、C・Dの職業（樽屋）にとり必要な木材の置かれている庭であり、かつそこが建物にも等しい壁に囲まれているので、それを取り壊すのは犠牲が大きすぎることから、Y_1とY_2とが所有する庭に通行権を認めるのが、「最も合理的でかつ損失が少ない」と報告した。

この鑑定に基づき、第一審ではXが勝訴し、第二審でもX勝訴。Yらは、X所有地の袋地状態はAによる売買で形成されたものであるから、その残余地たるB所有の一二六一番地に対して通行権を求めるべきであるなどと争い、上告。

〔判旨〕　上告棄却。土地の一部譲渡の結果、袋地が生じた場合には、公道に接する土地部分を留保した売主は、たとえ契約にその旨の約定がなくとも、袋地部分の取得者に対して通行を供与すべき義務を負う。「引渡義務を負う売主が移転した所有権に必要な付従物としてかかる通行権を留保し、かつ保障したものとみなされるのは、売買に関する担保責任（la garantie）の原則の結果である」。しかしながら、「この原則は袋地が譲渡の直接の結果でないときには適用されない」。とくに、ある土地が売買により他の土地に囲繞され、その後、売主に残された袋地が売却された場合には、売主は自己の所有ではない囲繞地（残余地）に対していかなる権利をも取得者に供与できないので、取得者は必然的に民法六八二条に頼らざるを得なくなろう。本件では、原審の確定した事実によれば、Xの取得した土地部分は元来は袋地でなかった土地の一部分であること、Xがこの土地を取得して以来長期間にわたり袋地状態が継続したこと、一方、元来は公道に通じていた土地部分(残余地)には建物が建築されており、また地役権設定の可能性があった他の土地は壁に囲まれた庭であるので、いずれの土地を通行するにもそれらを破壊しなければならないこと、これらの事情によれば、原判決がYらの土地に対し民法六八二条に基づいて償金の支払いを条件にXのために通行権を容認したのは正当である。

本件の事案はやや特殊であり土地の一部売買により袋地が形成されたが、袋地を手もとに残した売主は残余地を通行せず、他の隣接地を介して公道に出入していたところ、Xがこの袋地を購入した当時、残余地上には建物が建築されていたため、袋地形成には関与しない他の隣人(Yら)の所有地に対して民法六八二条による通行権が認められたものである。したがって、本判決の先例的価値は右の事実との関連でも無視しえないものがあるものの、同時に、従来は土地の一部譲渡で売主側が囲繞地部分を留保したケースにおいて通行権供与の債権的義務が説かれてきたのに対して、買主側が囲繞地部分を取得した場合でも、売主が通行権を留保したもの (avoir réservé) とみなす、との原則を明言したところに、従来の判例の展開のなかでことのほか重要性をもつものと評価できるであろう。もっとも、判旨は、このような黙示による通行権の留保を売買に関する「保障」の原則(売主の担保責任)に求めており、買主が売主のためにまでこの種の保障責任を負うのかどうか、なお理論的に充分な根拠が提示されていないようにも思われる。しかし、その点の批判はここでの仕事ではないので、しばらく措くとして、注目すべきは、破毀院が売買により袋地が形成された場合、いずれの当事者も相互に袋地を取得した相手方に対し売買契約に基づいて通行権を供与すべき義務を負担する、と判示した点にある。

加えて、かかる義務が売買契約上の義務であるかぎり、譲渡の当事者間でしか成立しない(袋地が譲渡の直接の結果でなければならない)と説示するのも、理論的には一貫していたといえよう。

ちなみに、この問題について本判決のコメントが次のように述べているのが注目される。袋地に特定承継があった場合においては、通行権供与義務が売買契約上の引渡義務によるものであるならば、袋地の転得者は民法六八四条（無償）の通行権を取得できない。なぜなら、買主はみずからに対して引渡・担保義務が存続するかぎりでしか、通行権を要求できないからである。かかる通行権を要求する機能が特定承継人に無限定に移転することはできないであろうし、またより以上に、一部譲渡による囲繞地部分（残余地）の特定承継人に対しても無限定にこの負担を負わせることもできない。袋地形成当時に引渡義務を要求し、かつその義務を負担する当事者および包括承継人の相互間でしか、この種の通行権は成立しない。だから、特定承継人（successeurs à titre particulier）は民法六八二条の原則にもどり、かつその規定の要件のもとでしか、通行権を要求し又は義務づけられない。同様のことは売主が袋地部分を留保した場合にも妥当する(5)、と。

二　一八八一年八月二〇日の法律

同法律は民法六八二条に二つの修正をほどこすとともに、六八四条を新設した。以下、この問題を検討する。

(1)　前述した判例・学説の動向をうけて、民法六八二条は次のように改正された。

「他人の土地に囲繞せられたる土地の所有者が公道へ達する通路を有せず、またはこれを有するもその所有地の農業上もしくは工業上の開発に足らざるときは、隣地に対して通行を請求することができる。但し、通行地に生じうることのある損害に応じて償金を支払う義務を負う」（民法六八二条(6)）。

本条の改正の趣旨を立法者は次のように報告している。

六八二条の改正は二点あり、それはすでに判例が確認していた。不十分な通路は通路の不存在と同視される。というのは、不十分な通路も土地の完全な開発の妨げとなるからである。また、土地の開発のために荷馬車による通行を必要とするが、徒歩の通行以外に公道への通路を有しない所有地は、袋地とみなされ、旧通路が拡幅されるか、又はそれが不可能ならば新規の通路が開設される。土地が傾斜するため荷馬車を利用できない場合も同様である。開発については、所有者が土地に加えた変更がどのようなものであれ、一般的に土地を利用するすべての方法が含まれる。

若干の法学者はこの開発を自然の生産によるものに限定したが、学説・判例はかかる制限的解釈を支持しなかった。開発の用語は一般的である。したがって、工場やホテルの経営のために民法六八二条の恩恵が否定されるであろうか。この疑問は新法のもとではもはや生じない、と。[(7)]

(2)　土地の一部譲渡・分割により袋地が形成された場合、従来の判例・学説は民法六八二条の適用に消極的であった。これを承けて立法者は民法六八四条にこの種の通行問題に関する原則を新設した。次のように定める。

「売買、交換、共有物分割その他の契約による土地の分割の結果、袋地が生じたるときは、かかる行為の対象となった土地に対してのみ通行権を請求することができる。

分割地に設定せられたる通行権が不十分であるときは、第六八二条の規定を適用する」。[(8)]

立法者は次のようにその立法趣旨を説いている。同条は従来の判例を確認したものにすぎない。このような場合には、通行はかかる行為の対象となった土地に対してしか要求できないとするのが公平である。また、それが普通法の原則でもあった。たとえば、売買の場合、売主は売却物を引渡し保障しなくてもよいのであろうか。物を引渡す義務(民一六一五条)は永続的な用法に定められた付従物およびすべてのものを含んでいる。土地の分割の結果、袋地を形成した当事者は、自己の行為によって隣地所有者に対し決して負わせてはならない負担を課すことはできないのである。しかし、同条二項は、この公平の原則(règle d'équité)の例外をなす。旧所有者に義務づけられた通行が、袋地の耕作方法の変更ないし開発の結果、不十分なものとなり、改良できなくなった場合には、民法第六八二条の規定が適用され、隣地は、償金は別にしても、通行を負担させられる可能性があろう、と。[(9)]

たしかに右のような立法趣旨は当時の判例の立場と整合する。しかしながら、法文それ自体は単に売買等、分割行為の合意に基づく通行権を定めているというよりも、かかる合意とは無関係に、法定の独自の地役権を袋地のために認めていると解釈した方が、規定の体系的位置から判断しても、正しかったように思われる。つまり、袋地の形成が当事者間の主体的行為に起因するということから、通行権の負担を受けるべき囲繞地が限定されたにすぎないと考えるべきであった。逆に、この通行権の債権的性格を強調して、規定の眼目が通行権の主体を限定することにあったとみると、同条二項を説明するのが困難となろう。立法者のいうような「例外」との説明は全く理由になっていないのである。

ともあれ、立法者も右のような解釈をしていたぐらいであるので、本条の新設後も依然として従来の判例が維持されることになり、その立場に変化がみられるのはごく最近である（後述）。

(3)　なお、通行権に関して、もう一点、追加された原則がある。

「囲繞地通行地役権の場所および態様は、三〇年の継続使用によって定められる」（六八五条一項）(10)。

囲繞地通行権それ自体は法律によってそのtitreを与えられるので、時効による取得に頼よる必要はない。「しかし、法律は最短の通路を提供しうる隣接地、通行権が取得される土地部分、および通行権の行使の方法を指定していないし、また指定することもできない。(11) 細かな点は、和解、裁判手続、あるいは長期間の占有から導びかれる黙示の承認によるしか決定することができない」ので、右の規定が新設されたわけである。この規定についても、すでに同旨の破毀院判例（Req. 28 nov. 1871, D. 1871. 1. 333; Civ. c. 24 nov. 1880, D. 1881, 1. 71）があった。

(4)　改正後の状況　改正法の施行後、民法六八二条にいう「開発」について問題が生じている。立法者の意図が開発に制限をもうけないことであったにも拘らず、同条が「農業上又は工業上の開発」という表現の仕方をとったため、その反対解釈として居住用の使用や商業上の開発が除外されるのではないか、との疑問が生じた。(12) 実際、パリ控訴院一九三六年六月二七日判決は、「いうまでもなく、人は自己の家まで自動車で行くことの利用ができるし、また自己の家屋自体に自動車を駐車しうるという利用もできるが、このような利用は袋地所有権の農業上又は工業上の開発のためにのみ通行地役権を創設した民法典六八二条の規定には含まれない」(13) と説示していた。商業上の開発についても同趣旨の下級審判決があった（Douai控訴院一九五二年五月一九日判決）(14)。

しかし、次の破毀院判例がこの問題に決着をつけたといえよう。(15)

Cass. Civ. Ire, 11 mai 1960, D. 1960. 572.

〔事実・判旨〕 Xはその所有する土地利用のためにY所有地に対して一八九八年以来、一メートル幅の合意による通行地役権を有していたところ、一九二三年にX所有地上に住居が建築された。Xはこの自己の住居から遠隔地にある自己の商店に通うほか商業上の必要から、自己の住居・駐車場に自動車で出入するため、三メートル幅の通行権を請求（その他の事実関係は不詳）。第一審は、民法六八二条、六八四条によって右三メートル幅の通行権を認容。これに対して、Yが、囲繞地通行権は農業・工業上の開発の必要に限定され、所有者の個人的な利便にすぎず、土地の通常の用法の必要にはならないような車輛通行による負担を要役地が蒙むるべき理由はない、と控訴。

控訴審は、一八八一年八月二〇日の法律は「開発」を区別していないことから、この用語には「農業上、工業上、商業上の利用のほか、住居（habitation）による利用をも含むので、通行権は通常の利用を確保するために必要なすべてに及ぶ」と判示。具体的事案との関係では、要役地（もと荒無地）に住居が建築されて土地の利用方法が変更されたこと、通路の現況、Xの商店所在地との関係でXの住居が遠隔地にあること、等の事実を認定して、承役地に職業上の移動のために利用される自動車を駐車することは正当であるので、要役地（地上建物）の通常の用法は、当初の通路の拡幅を必要としている、と判示。

破毀院は、原審の確定したる事実関係のもとでは、原判決は正当である、としてYの上告を棄却した。

三　一九六七年一二月三〇日の法律第一二五三号

六八二条は再び改正され、これが現行法となっている。

「他人の土地に囲繞せられたる土地の所有者が公道へ達する通路を有せず、またはこれを有するもその所有地の農業上、工業上、又は商業上の開発、並びに建築又は土地区画の事業の実施に足らざるときは、当該土地の完全な通路を確保するために足りる通行を隣地に対して請求することができる。但し、通行地に生じうることのある損害に応じて償金を支払う義務を負う」（民法六八二条）[16]。

今回改正されたのは、右の条文の傍点部分であるが、立法過程ではとくに次の二点が議論されている。

(1)　袋地の開発方法を拡張し、建築・土地区画の事業を加えたところが重要であり、この改正は、la loi d'orientation foncièreの討議において、国会議員M. Boscary-Monsservinが提案した、という。(17) この提案が政府と議会に受け入れられたが、すでに判例が袋地の開発方法を問わないと解していたので、実質的には大きな修正ではないともいえよう。(18) しかし、判例が開発方法を問わないというのも、それ自体としては抽象的に述べている面が強いので、具体的な開発方法を明示した意義は大きいように思われる。

(2)　旧六八二条はもう一点修正をうけている。つまり、袋地の「完全な通路」(la desserte complète) を確保するために足りる通行を請求できる、と補訂されている。しかし、この文言は特別な意味をもたないといわれている。もともと、提案者のM. Boscary-Monsservinの原案では、「土地の完全な通行を確保するために足りる通行……、つまり地表、地下および上空においても……」とされていたところ、他の議員や整備開発住宅相が懸念を表明したため、提案者がその場を乗り切るため、提案の趣旨は、「建築と土地区画の事業の実施」という文言を補訂しようとしただけで、それ以外は六八二条のテクストを変更するつもりはない、と応答したという。したがって、「完全な通路」というのも、地表だけではなく地下・上空にも及ぶという意味しかもたず、このことはすでに判例が認めていた (Cass. civ. 3 dicembre 1962, Gaz. Pal., 1963. 1. 305ほか) ので、この点の改正は旧法を何ら修正するものではない、との評価がなされているわけである。(19) なお、「商業上の開発」という文言は、他の議員の要請により議決の直前につけ加えられたという。

四　一九七一年六月二五日の法律第四九四号

法定の通行権が付与されていた袋地に別の通路が用意されるなどの事情によって、袋地状態が解消した場合には、その囲繞地通行権は、法定の要件を充たさなくなるので、消滅すると解するのが穏当な解釈であろう。しかし、判例は、このような場合でも通行権者が定められた場所と方法に従って当該通路を三〇年以上にわたり通行使用していたときには、通行権は消滅せず、時効によって取得の権原が与えられるとしていた。(20) これに対して、学説は、実際上の不都合と、不継続地役権たる通行権が時効取得できないとの原則に反することから、批判していた。そこで、六八五条の一に次のような法文が追加されることになった(21)。

「袋地が解消した場合には、地役権の場所および態様が決定された方法を問わず、承役地の所有者は要役地のための通行が第六八二条の条件をみたすとき、何時にてもその地役権の消滅を請求することができる」(六八五条の一・㈠項)。

なお、袋地状態の解消が当然に通行権を消滅させるのではなく、そのためには承役地所有者がその確認を求める必要があり、相手方が同意しなければ判決により処理されることになる(六八五条の一・㈡項)。

(1) D. 1879, p. 460. not 1 et 2. (Req. 14 mai 1879のコメント参照)。
(2) Toullier, Droit civil français, tom. 3, 1843, n°. 550.
(3) Duranton, Cours de droit français, suivant le code civil, tom. 5, 1844, n°. 421.
(4) Laurent, Principes de droit civil français, tom. 8, 1893 (5 ed.) n°. 95も、売買による袋地の場合には「買主は契約により通行権を供与する義務を負わない」ので、特段の事情のないかぎり、償金請求権を有する、という。
(5) D. 1867. I. p. 227s. なお、かかる立場はその後、長く判例において維持されている。たとえば、Civ. 1°. 6 juill. 1961, D. 1961. Somm. 106は、袋地状態が共有地の分割を生じさせた合意の直接の結果でないと、民法六八四条の適用がないとの従来の一般論を述べ、袋地を取得した分割当事者が他の分割地に通行権を主張することなく、その分割袋地を売却した場合、新所有者は民六八三条によるしか、通行権を要求することができない旨を判示する。
(6) Art. 682. Le propriétaire dont les fonds sont enclavés et qui n'a sur la voie publique aucune issue, ou qu'une issue insuffisante pour l'exploitation, soit agricole, soit industrielle de sa propriété, peut réclamer un passage sur es fonds de ses voisins, à la charge d'une indemnité proportionnée au dommage qu'il peut occasionner.
(7) Rapport de M. Leory à le chambre, D. 1882. 4. p. 9.
(8) Art. 684. Si enclave résulte de la division d'un fonds par suite d'une vente, d'un échange, d'un partage ou de tout autre contrat, le passage ne peut être demandé que sur les terrains qui ont fait l'objet de ces actes.

Toutefois, dans le cas où un passage suffisant ne pourrait être établi sur les fonds divisés, l'art, 682 serait applicable. 訳文については、『外国法典叢書仏民法II』一四七頁（昭和三一年、有斐閣）を参照。

（9） Rapport de M. Leroy à la chambre, loc. cit.

（10） Art. 685. (1). L'assiette et le mode le servitude de passage pour cause d'enclave sont déterminés par trente ans d'usage continu.

（11） Rapport de M. Leroy, loc. cit.

（12） Ghestin, J.C.P. 1969, II. 16109. noteは次の一九六七年の改正に至るまでの推移を概観しており、本書もこれに多くを負っている。

（13） Gaz. Pal. 1937. I. 653.

（14） D. 1952. 644.

（15） ただし、早い段階では同趣旨の判例はすでにあったが（Cass. civ. 30 avril 1929, Gaz. Pal. 1929. 2. 92ほか）。

（16） Art. 682 (*L. n°* 67-1253 *du* 30 *déc*. 1967): Le propriétaire dont les fonds sont enclavés et qui n'a sur la voie publique aucune issue ou qu'une issue insuffisante, soit pour l'exploitation agricole, industrielle ou commerciale de sa propriété, soit pour la réalisation d'opérations de construction ou de lotissement, est fondé à réclamer sur les fonds de ses voisins un passage suffisant pour assurer la desserte complète de ses fonds, à charge d'une indemnité proportionnée au dommage qu'il peut occasionner.

（17） Ghestin, loc cit.提案の趣旨はこうである。「元来、民法典は農業上の利益しか考慮していなかった。その後、民法六八二条は改正され、他人の土地の通行可能性は単に農業上の利用だけではなく、工業上の利用のためにも与えられた。近ごろ展開されたこの種の議論は、非常に重要な第三の利用のカテゴリー、つまり建築と土地区画のための利用に関心がもたれていることを明らかにしている。それ故、私は民法典六八二条を修正し、そこに建築および土地区画の事業を付け加えるべきものであると思う」(J.O. Déb. Ass. nat., 3 sèance du 26 juin 1967. p. 2243)。 la loi d'orientation fonciere

については、吉田克己「土地利用の方向づけの法律」法時四五巻七号九五頁（昭和四八年）などがある。

(18) Ghestinはそのように評価する。

(19) Ghestin, .loc. cit.

(20) 古くはCiv. 26 août 1874, D. 1875, 2. 124. 最近ではCiv. 5 oct. 1971, D. 1972. Somm. 24.

(21) loi n°. 71-494 du 25 juin 1971, D. 1971. 254. その経緯については、P. Bihr, L'extinction de la servitude de passage en cas de cessation de l'enclave, D. 1972, 6e cahier-chronique VI.

4　現行制度の概観——まとめに代えて

これまでの沿革的考察と関連する範囲で現行の囲繞地通行権制度について概観しておく。同時に、破毀院が民法六八四条の通行権の性質論について「転向」（「発展」と評しうる）した点にも言及し、本節の「まとめ」に代えたいと思う。

(1)　制度の存在理由　　これまでの考察からも窺知しうるように、フランスの囲繞地通行権制度は、袋地の多様な「開発」にその根拠と限界を見い出し、時代の要請に応じて、農業から商・工業へ、さらには建築・土地区画という都市再開発事業（広い意味での）へと展開してきているので、その制度の趣旨は単に袋地所有者の個人的利益ないし隣人間における土地利用の調整の確保・実現だけにはとどまらず、計画的な国民経済という「一般利益」の実現にも同じぐらいの重要性がおかれていることを見落としてはならないだろう。

元来、囲繞地通行権は、袋地に与えられるべき利益と囲繞地に課せられる負担との均衡・調整をはかる制度であって、フランス民法典もかかるものとして位置づけていることは明らかであるが、同時に制定当時の立法者の意図が土地（農用地）の有効利用という一般利益にあったことは否定しがたい。(1) いうまでもなく、かかる所有権の制限は「絶対的所有権」観念と本来的に調和しないものではあるが、民法典自体が法律による制限を認めており（民法五四四条）、しかもこの種の制限の代表例として「法定地役」が考えられていたように思われる。[2] さらに、一九世紀後半、ヨーロッパを襲った「土地所有の社会化」思想を背景に所有権の社会的機能が強調されると、このような姿勢はいっそう明確なかたちをとるようになる。一八八一年法による法定地役一般に関するかなり大幅な改革や一八八九年法による自然地役の改革もこのことと無関係ではない。通行権については、その後の改正、今日の法状況をみても、右のような傾向はますます進展しており、袋地のより好ましい利用が通行地の粗放な利用に対してみずからを正当化するに足りるものであるならば、必要通行権の要求が肯定されるといわれる所以でもある。[3]

したがって、この国の制度・解釈論を援用する場合には、右の点にとくに留意する必要があり、わが国の実情との差異を認識しておかねばならないわけである。

(2)　要　件　「袋地」性が問題である。通路が存在しても、狭いとか急傾斜であるなどの事情により、それが当該土地の「通常の用法」に不充分であるならば、その土地は袋地である。また、公道に出入するために所有者が袋地の土地の価値に比例して、過度で特別な労務を余儀なくされるときも六八二条が適用される（Civ. 3. dec. 1962, D. 1963. Somm 54ほか）。重要なのは、当該土地の「開発」との関連で袋地性が判断されることであり、袋地所有者が袋地の利用方法を変更しても、それが「通常の用法」の範囲ならば、そのために必要な通路（その拡幅）が認められることになり、わが国の判例とは異なり破毀院の柔軟な姿勢[4]には注目されてよい。

これに対して、既存通路が単に不便であるという場合や、偶然の支障が生じそれを容易に克服できる場合には、袋地とは認められない。また、当該土地に約定の通行地役権が存在するときや、さらに単なる事実上の通行（「忍容行為」による通行）[5]でも、それが継続するかぎり、袋地ではないと考えられている（Civ. 30 jiun 1962, J.C.P. 1962. IV. 39; Civ. 29 mai 1968, D. 1969. Somm. 2）。[6]

なお、いうまでもなく、袋地所有者がみずからの行為（建築工事等）で土地を遮断したときも、同条の適用はない。

(3)　償金支払義務　被通行地の所有者は通行が惹起するであろう損害に比例した償金請求権をもつ。したがって、通路の存在により袋地に生じうる利益は考慮されないし、また損害がないならば請求できない。この償金請求権は、特段の事情（反対の特約など）がないかぎり、通行権が法律行為、時効取得、あるいは土地の一部譲渡・分割により成立した場合には認められない、とするのが定説である。償金の支払いは、「収用」におけるような、「先決問題」ではなく、また支払方法も一括払いだけではなく、定期払いも可能とされる。なお、償金請求権は三〇年の時効により消滅し（民六八五条）、その期間は通路の位置、償金額を決定した当事者間の協議又は判決の時から進行する。[7]

(4)　土地の一部譲渡・分割の場合　(イ)　この通行権は、明文の規定を欠くが、「無償」であることに確定している。[8]土地分割行為が売買ならば、その代価の評価において通行権の存在が考慮されているはずであるし、共有物分割の行為においても持分・分け前の分配のなかでそれが斟酌されるからである。しかし、かかる無償通行権が認められるためには、前述したように、その袋地が土地の分割の直接の結果でなければならない（Civ. 24. avr. 1867, D. 1867. 1. 227.）。したがって、袋地がより重要な交通手段を必要とする「開発」の結果生じるものであるならば、本条の適用はなく、民法六八二条、六八三条の原則にもどることになる（Civ. 3, 5. fevr. 1974, D. 1974. Inf. rap. 108）。

(ロ)　前述したように、破毀院は、土地の一部譲渡・分割による袋地通行権は、袋地の原因となった売買、分割等における当事者の合意（債権契約）から派生するとの考えを古くからもっており、民法六八四条が新設されたのちでも、長くこの立場を堅持してきた（Civ. 2 nov. 1959, Bull. civ., 1959. I. n° 450. p. 374; Civ. 30 mai 1969, Bull. civ. 1969. III. n° 444, p. 338）。[9]しかし、このような判例に対しては近時の学説は批判していた。[10]最近ついにその立場を変更したのが次の事例である。

Cass. Civ. 3e 23 nov. 1976, D.1977. 158.

〔事実〕　Xの前主、Y_1の前主およびY_2は六二七番の農地を相続財産管理人から公正証書で買いうけ、この土地の分割の結果、X前主の取得地が袋地となるので公道へ出入するためYらの取得地に対して通行地役権が設定され、その場所の概略が同証書で定められた。ところが、YらがXの通行に異議を唱えたため、Xが通行権を訴求。これに対し、Yらは、Xの土地は市町村議会の議決により公有地に通行権を認められ、これを介して公道に達しうるので、X所有地は袋地状態から解放され、したがって、民六八五条の一の適用によりXの通行権は消滅した、と争う。Xは、原審で民法六八五条の一は合意による地役権には適用されず、袋地が売買、共有物分割の結果であるならば、それに起因する通行地役権は合意を原因とするものであることから同条の適用はない、と主張。

原審は、Xの通行地役権が共有物の分割行為時に合意されたことを認めたが、当事者の合意は通行場所の確定を目的としており、通行権の成立原因は法律であることを根拠に民法六八五条の一の適用を肯定した。Xは、本件の通行権は合意によるもので、当事者の合意は袋地に他に通路ができたこととは無関係に明示で通行権を創設したものであることなどを理由に、上告。

〔判旨〕　上告棄却。一九三六年一〇月一九日付公正証書による六二七番の土地の分割はXに現に帰属している土地部分の袋地を形成し、「かかる袋地は、民法六八二条により規律され、土地の通行地役権のための法律上の権原（le titre legal）をなすものであって、第二審裁判官は権原に関する合意が通行の場所と開設の確認という目的しかもたず、地役権の法律上の根拠を修正しかつそれに合意による性格を付与する効力をもつものではないことを肯定した」。したがって、袋地状態の解消は地役権の消滅を結果する。かかる理由によって原判決は正当である。

判例は、民法六八五条の一にいう袋地の解消による通行権の消滅を民法六八二の袋地の場合にのみ限定し、合意による地役権および「家父の用法」（黙示構成）による地役権には同条の適用を否定していた（Civ. 3e 16. juill. 1974, Bull. civ. 1974. 234）。しかし、土地の一部譲渡・分割による囲繞地通行権（民六八四条）にも適用があるのかどうかの問題が残された。前述のごとく、この通行権は伝統的に債権的合意によるものと解されていたからである。本判決は共有物分割に関する例とされているが、その協議における合意により通行地役権が約定されたことが確認されている。ところが、分割により袋地となった土地の所有者が他に通路を得たことから、民法六八五条の一により民法六八四条の通行権が消滅するのか否かが問題となった。論争の焦点は、同条による囲繞地通行権が合意により創設されたのか、それとも法律に根拠をもつものなのか、に集中した。破毀院は、原審判決を維持して、この種の通行権の契約性を堅持してきたみずからの立場をここでついに断念したわけである。[11]

もっとも、本件は、通行権の消滅に関して争われたもので、土地の分譲・分割の当事者ないし特定承継人相互間で、その無償通行の権利ないし負担の承継が問題となったものではない。[12] 民法六八四条の通行権が法律に根拠をもつ地役権であると説示したことから、物的な性質の権利となったと推測することはできるとしても、特定承継人が前主の権利・負担を承継するとの原則を破毀院が採用したという結論を導き出すのは早計に失しよう。[13]

しかしいずれにせよ、「無償」通行権を主張できないということであって、本来の（有償）囲繞地通行権については、その要件があれば、分割当事者の承継人間でも、また、分割とは無関係な第三者に対してもこれを主張できるとする点では疑問はない。民法六八四条二項はこのことをも前提にしているといえよう。

このように、フランス法は本来の囲繞地通行権（民六八二条）における柔軟的姿勢をここでも可能なかぎり維持しようとしており、袋地の主体的形成という発端を考慮しながらも、それは「無償」と「最小の損失・最短距離」という条件からの解放に限定され、なお依然として袋地利用に対する一般利益（有効利用）を強く意識しているので、この問題についてもわが国の実情との差異に留意しておく必要があろう。

(5)　「法定地役権」論　本来の意味での「地役権」（法律行為によるもの）は、要役地の便益のため承役地に課される負担であり、したがって他物権、つまりフランスの法学者のいう所有権の部分権（démembrement）である。しかし、民法典が自然・法定地役と定めた権利義務には右のような「地役権」の特質を有しないものがあるとの疑問は早くから提起されていた。そもそも、雨水・泉水所有権の帰属に関する規定は所有権の拡張の問題であるし、界標・囲障設置権は「地役権」とは無関係であり、また、障壁・溝渠の互有は共有の問題であると解されている。[14] 一方、自然地役と法定地役権とを区別する民法典の姿勢にも批判が強く、その実益なしとする見解もある。

問題は、右に指摘した以外の自然・法定地役の取り扱いである。これらの負担（雨水落下、採光・観望、樹植等に関する権利義務）が相互性をもち、土地所有権に一般的に課され、土地所有権の通則といえる（地役権はかかる通則を修正するものである）ことから、土地自体の負担となる「真の地役権」ではない、とする見解[15]があった。しかし、このように全面的にその「地役権」性を否定する、やや極端な立場には批判が強く、たとえば、相互性のある地役でも、所有者が本来なしうる権利を有する一定の行為を抑止するものであるから、隣人の利益のために認められた消極的地役権と解することができる、とする反論[16]もあった。

このような論争から、今日では、法定の負担の中身に応じて、固有の「地役権」の原則に服する法定地役と、所有権（制限）の通則を形成する法定地役[17]とに区別する見解が主流となっている。ただし、具体的に個々の地役がいずれに属するのかについては学説によって完全には一致していないように思われる[18]。しかし、囲繞地通行権については、要役地と承役地とが明確であり、その負担が真の「地役権」の名に値すると解するのが、一般的であるといえよう[19]。

（1） Landreau, L'enclave, J.C.P. 1963, 1784, n° 3.

（2） 起草者ポリタリスが「法律による制限」の例として相隣関係規制を念頭においていたことは周知の事実であり（Fenet, op. cit., tom. 11. p. 124）、立法府における地役権に関する立法趣旨の報告でも、Berlierはその冒頭で所有権の制限について言及している（Fenet, op. cit., p. 303s.）

（3） Landreau, op. cit., n° 4.

（4） Weill, Droit civil, les biens, n° 129.

（5） この点はわが国の下級審判例とは異なる。第一部第一章四三頁。

（6） D. Ferru, Servitudes, Encyclopédie Dalloz, droit civil. VI, 1976, n° 624 et 628ss, n° 642, Civ. 29 mai 1968, D. 1969. Somm. 2.（忍容による通行）

（7） ただし、通行権行使の時から進行する、との見解（Weill, op. cit., p. 111 not. 4）もある。

（8） Req. 14 nov. 1859, S. 1860. 236.

（9） 学説もこれを支持していた。Planiol-Ripert-Picard, Traité pratique de droit citvil français, les bien, tom. 3, 1952, n° 934.

(10)　この点については、Marty-Raynand, Droit civil, les bien, 1980, p. 393が概観している。

(11)　従来の判例・学説については、本判決の評釈（E. Frank, D, 1977. p. 159ss）を参照。

(12)　ただし、本件のXとY_1とは前主から買い受けており、その意味では袋地、囲繞地の特定承継人であるが、この点は当事者間で争われていない。

(13)　破毀院は従来から、袋地が譲渡・分割の「直接の結果」でなければ民法六八四条の適用はない、との原則から、袋地の特定承継人に無償通行権の承継を否定していた（本書三四二頁以下、三四九頁注（5）参照）ことをも考慮する必要があろう。なお、J. Néret, Guide Néret des servitudes, 1985, p. 137は、民法六八四条は袋地の所有者が新取得者であるとき、および袋地所有者が売主に対するすべての訴権を三〇年の時効消滅によって喪失したときは、適用されない、とする。ごく最近の文献（Mazeaud-Juglart-Chabas, Leçons de droit civil, tom. II, Biens, 6 ed., 1989, p. 130 not (11) et p. 150~151）からも、破毀院の厳格な立場が変わっていないことを窺知しうる。

(14)　最近では、Marty-Raynaud, op. cit., p. 196. ただし、自然地役では、立法者によってとくに課される法定地役とは異なり、償金請求権は発生しないと考えることも可能である、とする意見もある。(Planiol-Ripert-Picard, op. cit., p. 883)

(15)　Aubry et Rau, Droit civil français, 1961 (7ed. par P. Esmein), tom. 12, n° 119.

(16)　Planiol-Ripert-Picard, op. cit., p. 883ss.

(17)　「所有権の制限」としての負担の場合には、それは「不使用」により時効消滅することがなく、また、かかる負担のある土地の売主は買主とその旨の取極めをしなくとも、責任を問われることがない。Marty-Raynaud, op. cit., p. 198.

(18)　Weill (op. cit., p. 86.) は、自然流水権も通行権と同様に真の地役権に含まれるとするが、Marty-Raynaudはそれとは区別して、自然流水権を採光・観望、樹木に関する地役とともに、隣地に対する影響を回避しようとする地役と解している（op. cit., p. 379ss)。

(19)　Weill, op. cit., p. 86, Marty-Raynaud, op. cit., p. 198 et 379.

二　イタリア法

イタリア近代民法典（一八六五年）は、近代化がフランスの統制下におかれたこともあって、フランス民法典の強い影響のもとに成立した。地役権に関する規定もその例にもれない。もっとも、イタリアの固有法が参酌されたところもある。永借権はその代表例であるが、地役権についても、イタリアの中世以来の慣習法が相当な程度まで考慮されている。

その後、イタリア法はフランス法の影響をうけながらも独自の途を開拓し、その成果が一九四二年民法典に結実している。囲繞地通行権についても、いくつかの改革がほどこされている。

本節は、このようなイタリア法の推移を検討するが、まずはじめに、統一前のサルデーニャ王国の民法典（一八三七年）を概観しておく。イタリアの統一はサルデーニャ王国の主導によって成し遂げられ、統一民法典の施行まで暫定的にサルデーニャ民法典がそれに代用されたことのほかに、この民法典も統一民法典に強い影響を与え、ことに土地の一部譲渡・分割に起因する囲繞地通行権はこのサルデーニャ民法典に遡るからである。

1　サルデーニャ民法典

サルデーニャ民法典もフランス法を強く意識しており、物権編にあたる第二編もフランス民法典と同様に、「財産と所有権の諸態様」とされ、第四章「地役権」(Delle servitù prediali) の全体的な構成もほぼフランス民法典に倣っている。具体的な内容を概観してみよう。

(1)　まず、地役権の定義を冒頭におき、「地役権はある所有者に属する土地の使用および便益のため他の土地に課される負担である」（五四八条）と定め、その取得の原因は、場所の自然の状態、法律によって課される義務、および所有者間の合意に区別される（五五〇条）。

自然地役では、高地所有者による低地への自然流水権と河川・泉源の水流利用権（五五一条以下）、界標設置権（五六一条）、土地の囲い込み権（ただし慣行上の地役・狩猟権・放牧権等や約定・法定通行権を害しえない）（五六二条）が定められている。

法定地役は公用と私用とに区別され（五六四条）、私用地役を中心に規定されている。具体的には、境界線上の囲障である共有の障壁・溝渠、樹木（五六八〜五九〇条）、建築・掘削・植樹における距離保持義務（五九一〜六〇六条）、観望・採光（六〇七〜六一四条）、雨水落下（六一五条）、通行権と通水権（六一六〜六三三条）に区別される。

(2)　囲繞地通行権については次のように定めている。

「他の土地によってすべての部分を囲繞されかつ公道に達する出入口を有しない土地の所有者は、自己の土地の耕作のために隣人の所有地に対して、通行により生じうることのある損害に応じた償金を支払うことにより、その通行を要求することができる」（六一六条）。

「通行は、原則として公道に至るまでの距離が最短である土地部分に定められることを要する」（六一七条）。

「通行は、負担を受ける土地の所有者に最小の損害が生じる土地部分に定められることを要する（六一八条）。

「袋地に与えられた通行権は、公道に接続する土地との結合によってその必要性が止んだときは、承役地の所有者の申立により、受領した償金を返還するか又は約定された定期の地代を廃毀することによって、廃止することができる。袋地のために新規の道路が開設されたときも同様である。いずれの場合においても通行権の時効取得を主張することはできない」（六二〇条）。

「第六一六条に定められた償金請求権は消滅時効に服する。ただし、償金請求が認められないときでも通行を継続する権利は害されない」（六二一条）[1]。

六一六条によれば、必要通行は「土地の耕作」を目的とする場合に限定されている。立法者の意図はこれを例示的なものとせず制限する趣旨であったようだが、学説は、フランスでの解釈と同様に、たとえば、レンガ窯の築造、石材の掘削のためにも必要通行を要求できる、と拡張解釈していた。さらに、土地だけではなく、建物の利用のためにも、本条が適用されると考えられていた。(2)

六一七条、六一八条、および六二一条についてはとくに目新しい点はない。しかし、六二〇条は当時のフランス民法典には欠落していた。しかも、ごく最近までフランス破毀院は袋地状態が解消しても従来の通行使用の事実を根拠に通行権の時効取得を肯定していたことについては前述したが、この問題をすでに立法的に解決していた点に注目する必要があろう。

(3)　土地の一部譲渡・分割に起因する囲繞地通行権を制度として確立したのも、サルデーニャ民法典であった。

「ある土地が売買、交換、共有物分割によってすべての部分を囲繞されたときは、売主、交換当事者および分割当事者は、通行の供与を義務づけられる。この場合には償金を支払うことを要せず」（六一九条）。(3)

前述したように、当時のフランス民法典にはこの種の原則は存在しなかったが、学説は一般に囲繞地通行権と関連づけて右の通行権に言及する傾向が強かった。フランスの学説・判例は、この必要通行の供与が売主の売買契約に基づく義務であると解したが、(4)サルデーニャ民法典は、これを一歩進めて、かかる通行権が法律により強制的に供与される旨を規定したわけである。この点で、当時のイタリアの学説のすぐれた資質を窺知できよう。しかし、売買の場合に売主だけが通行権を供与すべき強制的な義務を追う、としているのは、いまだこの強制的な通行権も制度の完成途上にとどまっていたといわざるを得ないであろう。

本条の立法趣旨は、譲渡・分割による袋地によって、当事者以外の第三者に迷惑をかけるべきではない、という「公平」（equità）の原則に依拠している。(5)したがって、譲渡と無関係な隣地での通行が最短距離・最小の損失の要件を充たすときでも、本条による保護はない。逆に、売主等の譲渡人の義務は絶対的なもので、最短距離・最小の損失の要件とは無関係である。ただし、買主等の取得地があらゆる部分を囲繞される必要があり、契約当時、他の隣人の土地を通行使用していた場合には、本条は適用されない。(6)

2 一八六五年民法典

(1) 地役権は、民法典第二編（「財産、所有権およびその諸態様」）第二章（「所有権の諸態様」）第二節五三一条以下に位置づけられており、「地役権は他の所有者に属する土地の使用および便益のためにある土地に課される負担（peso）である」（五三一条）とされているが、その成立原因は、「地役権は法律および人の行為によって設定される」（五三二条）と定められているので、自然地役のカテゴリーは存在しないことになる。しかし、法定地役の構成は、自然地役に相当する自然流水権等の水利用の規制（五三七条〜五四五条）、境界線の囲障（共有の壁、建物、溝渠、生垣）に関する権利義務（五四六〜五六四条）、工作物の築造・掘さく・植樹に際しての距離保持義務（五七〇〜五八二条）、観望、採光（五八三〜五九〇条）、雨水落下（五九一条）、および通行権と通水権（五九二〜六一五条）から成っているので、アルベルト民法典（したがってまた、フランス民法典）と基本的には大差はない。次に、囲繞地通行権に焦点を合わせてみよう。

(2) (イ) 囲繞地通行権制度の中に「隣地立入権」を含ませているのは、フランス法ともアルベルト民法典とも異なる。

「所有者は、隣人が所有し又は隣人と共有する障壁その他の工作物を建築又は修繕するため必要が認められるときには、常に自己の土地への立入又は通行を許容しなければならない」(7)（五九二条）。

かかる立入権の慣行はフランスにもあったが（いわゆるtour de l'ehelle）、民法典編纂過程で結局、消失したことは前述した。日本民法の「隣地立入権」（日本民法典二〇九条）はこのイタリア旧法に遡る。(8)

(ロ) 本来の意味での囲繞地通行権についても、フランス法やアルベルト民法典よりもかなり規定の内容が複雑になっている。

「他人の土地によって囲繞され、かつ公道に達する通路を有しない土地の所有者は、過度の費用もしくは不便なくしてその通路を取得することができないとき、自己の土地の耕作又は便宜なる使用のために隣地に対して通行を取得する権利を有する。

この通行権は袋地から公道へ至る最短の距離となり、かつ負担を受ける土地に最小の損失を生じさせる土地部分に定められることを要する。

本条は、他人の土地に通行権を有するが、前記の目的により車輌の通行のためにその拡幅を必要とする者にも適用される」（五九三条）[9]。

制定当時のフランス民法典は、袋地に通路が全く存在しない場合にのみ囲繞地通行権を認めていたが、イタリア民法典は、右の規定からも明らかなように、通路がある場合でも必要通路を認めている。もともと沿革的には、袋地とは公道から完全に遮断されることを意味したようであり（これを「絶対的袋地」と称す）、フランス民法典はこの沿革に従っていた。しかし、時代の流れとともに、フランスでもそうであったように、農業だけではなく、商・工業の需要のため、さらにはより一般的に土地の便宜な使用のためにも囲繞地通行権が必要であると考えられるようになると、絶対的な袋地という要件も厳格なものではなくなってくる。イタリア民法典は、このような時代の要請を立法化したわけである。

民法典が定める「相対的袋地」は次の二つの場合である。①過度の費用又は不便を要する場合。たとえば、谷・河川によって公道から遮断されたり、通路が急傾斜で公道面との間に段差があるときなどが、これに該当する。②既存通路では当該土地の便宜な使用（conveniente uso）に足らざる場合。この場合には原則として通路の拡幅を、それができないときは新規の通路開設を要求できる[10]。

さらに、徒歩通行だけではなく車輌通行をも明文で規定しているが、この点でもきわめて斬新的な立法であったといえよう。

なお、必要通行権制度の趣旨は、イタリアでも、耕作や商業の利益という公共的な利益に重点があったようである。(11) 本来の必要通行権に関する規定は、右の条文のほかに、償金請求権（五九四条）、袋地状態の解消による必要通行の廃止請求（五九六条）、償金請求権の消滅時効（五九七条）が定められているが、いずれも、サルデーニャ民法典の規定とほぼ同じ内容となっている。(12)

(ハ)　土地の一部譲渡に起因する袋地通行権については、次のように規定されている。

「ある土地が売買、交換、共有物分割によってあらゆる部分を囲繞されたときには、売主、交換当事者および分割当事者は、償金なくして通行を供与する義務を負う」（五九五条）。(13)

この規定は、前述したサルデーニャ民法典第六一九条とほぼ同様であり、若干の表現方法が異なるにすぎない。したがって、規定の趣旨は、売主が買主に対して無償で通路を供与すべき義務を負い、無関係な隣人は、たとえ償金と引き換えでも、かかる通行権の負担を負わないこと、に求められる。また、通行権供与義務は売主の担保責任に究極的には依拠するが、それが法律によって直接に課されるのか、あるいは当事者間の黙示的合意によるものかについては争いがあったようであり、後説によれば、本条は五九三条の囲繞地通行権とは質的に異なり、「黙示の合意」の推定規定にとどまることになる。(14)

いずれにせよ、買主は袋地を留保した売主に対し本条によって通行権を供与すべき義務を負わない、とするのが民法典の立場であり、当時の通説・判例もそのように解していた。(15) しかし、学説には、買主もまた袋地部分のために通行権を供与すべき義務を認識していたと推認できることから、本条の適用を認める見解もあった。(16)

袋地又は囲繞地の特定承継人が通行の権利又は負担を承継するのかどうかについては、当面の資料だけでは、確言できない。学説には、この通行権供与義務が契約に基づく人的義務ではあるものの、「必要性と法律の意思によって物的な（reale）義務になる」と解し、また、土地とともにすべての占有者に移転する負担である、と説くものもある。(17)

3　予備草案[18]

旧法は、地役権の成立原因に応じて、法定地役と任意地役に区別していた。しかし、かかる民法典の立場はたえず批判にさらされていた。法定地役のカテゴリーに組み入れられていたものの中には、「共有」や単なる「所有権の制限」にすぎない権利関係が含まれていた。また、法定地役権とされていても、法律が直接に地役権を成立させるのではなく、必要地役を設定すべき権利義務を規定するにとどまるものもあった。草案はこれらの批判を考慮して立案されていることは後述の通りである。

(1)　地役権の体系的位置は旧法と変わらない。第二編「財産と物権」の第三章にあり、その定義も「地役権は一方の所有者に属する土地の使用および便益のため他方の土地の用益を制限することを本質とする」（一八二条）と定められており、旧法第五三一条と異なるところはない。

これに対して、地役権の成立原因としては、法律と法律行為のほかに、時効取得と「家父の用法」をも独立させ、四つの原因を同列におくとともに（一八七条）、全体の構成も総則を頭に置くほか、右の成立原因に応じて四節に区別されている。

法定地役の中身も旧法と異なり、かなり限定されている。強制引水・排水（Dell' acquedotto e dello scario coattivo）（一九一条以下）、引水用導管を対岸に支え、ないし挿し込む権利（Dell' appoggio e infissione dichiusa）（二〇六〜七条）、建物のため強制給水（Della concessione coattiva di aqua a un dificio）（二〇八〜九条）、土地のための強制給水（Della concessione coattiva di acquea a un fondo）（二一〇条）、強制立入と強制通行（Dell' accesso e del passagio coattiva）（二一一条以下）、そして強制送電と電信線の強制通過（二一八〜二二〇条）の五部に分れる。

これに対して、いわゆる自然地役に含まれる権利義務、建築・植樹等に際しての距離保持義務、雨水落下、囲障（共有壁、溝渠等）、採光・観望については、これを法定地役から外し、別に第五章「土地所有権の制限と相隣権」（Del limiti della proprietà fondiaria e del diritto di vicinato）（三八～九〇条）のところで詳細に規定している。

ところで、草案は、「法律によって定められている地役権」（Delle servitù stabilite dalla legge）というカテゴリーをつくり、「法定地役権（servitù legali）という概念については法の規定によって直接（自動的に）成立する地役に限定している。前者は、法定されているが、法定の要件を充たすときに、その地役を請求しうる権利を有するだけで、その具体的な実現は当事者の合意か、合意が調整できないときは判決による。したがって、地役権の成立時期は、その旨の協議が成立した時か又は判決が執行された時、ということになろう[19]。囲繞地通行権はこの種の法律上の地役権に含まれる。

(2) 次に囲繞地通行権に対する草案の姿勢を検討してみよう。基本的には旧法を承継しているが新たに導入された原則もある。

第二一二条（強制通行権）「他人の土地に囲繞され、公道へ至る通路を有しない土地の所有者が、過度の費用又は不便なくしては通路を得ることができないとき、自己の土地の耕作又は便宜な使用のために隣地に対する通行を取得する権利を有する。

② この通行権は、袋地から公道へ至る距離が最短であり、かつ負担を承ける土地に最小の損失を生じさせる土地部分に定めることを要する。

③ すでに他人の土地に対しして通行権を有する者は、前記の目的のためにその必要を証明して、機械の牽引によるものをも含み、車輛による通行のため通路の拡幅を得ることができる。

④ 家屋、中庭、庭園およびこれらに付属する空地は、この地役権から免かれる。

第二一三条（袋地でない土地のための強制通行権）「前条の規定は、土地の所有者が公道に至る直接、間接の通路を有するが、それが土地の需要に適せず又は不十分であり、かつ拡幅できない場合に、自己の土地の耕作のために適合的な利便を有する隣地を通行して公道に達することができるときにも適用される。

② この通行権は法律によるものではなく、その請求が農業上又は工業上の利益にかなうことが認められるときに、行政庁によって許可されることができるものである。」

第二一四条（償金）「前三条規定された立入又は通行については、正当な償金が支払われる。

② 通行を行うために固定した工作物を占拠するか又は承役地の一定の土地部分を未利用のままにする必要がある場合には、通行を請求する所有者は工事に着手する前か又は通行を開始する前に、一九六条に定める方法によって前記土地部分の価額を支払うことを要する。

③ 立入又は通行の地役権によって土地に対しその余の損害が生じたときは、かかる損害をも賠償することを要する。[20]」

草案は、旧法とは異なり、囲繞地通行権を強制通水権とは分離し、隣地立入権（二一一条）とセットにして規定しているが、制度の趣旨、内容については基本的には旧民法を承継しているといえよう。重要な改革としては、袋地ではない土地でも通行権が認められる場合が付け加えられたことであり、既存通路が土地の需要に応じたものでないときにも、通行権を請求できることになった（二一三条）。理由書によれば、例えば公道が曲りくねった迂路と接続していたり、あるいは誰も通行しないような道路と接続しているのに対して、隣地を通行すれば農耕のために高度な利便をもってより迅速・容易に公道へ出入することができる場合が、これに該当する。ただし、本条による通行権は権利ではなく行政庁の許可（concessio）に基づく。なお、この種の通行権の拡張はすでに判例が認めていたという。[21]

その他の改革としては、償金の範囲が旧法とは異なり「正当な補償」とされているので、（二一四条一項）、土地に生じた損害を基礎にするだけではないことが指摘できるし、さらに同条二項は、強制通水権の場合と同様の新しい原則を採用している。

(3) 土地の一分譲渡による袋地　この場合の囲繞地通行権も旧法と大きな変化はない。

二一五条（譲渡又は分割による遮断）「土地が売買、交換、永借権の設定、会社への譲渡又は共有物分割の結果としてすべての部分を囲繞されたときには、いかなる償金も支払われることなくして、譲渡人又は共同分割者は通行権を供与することを要する。[22]」

この種の通行権の成立する場合が拡張されたほかは、旧法と同様である。なお、理由書は、「法律が当事者による無意識の怠慢又は意識的な不行為を補充することは正しい」としている。[23]

4　一九四二年民法典（現行法）

現行法は、地役権一般および囲繞地通行権について基本的には予備草案の立場を承継している。[24] しかし、若干の重要な改革もあるので、ここではその点を中心に検討する。

(1)　強制地役　法定地役のカテゴリーについてはイタリアでも議論があり、しかもフランスにはない問題点も指摘されていたことは前述した。予備草案もこれらの批判を容れ、「法律上の地役」の一部分として「法定地役」という概念を使用する一方で、囲繞地通行権など地役権設定義務を土地所有者に課すにすぎない地役については、「強制的」(coattivo) という用語を使用していた。

新民法典はかかる立場を全面に押し出し、「法律上の地役」という観念を断念した。つまり、地役権を、「強制地役」(le servitù coattive) と「任意地役 (le servitù volantarie)」とに区別し、前者は土地の特別な必要性を根拠に義務的に認められ、地役の種類・要件が法定されるのに対して、後者にはこのような拘束性（義務性）がない、とされている。元来、法定、任意地役の区別は地役権の成立原因による区別であったことはすでにみた通りであるが、この強制地役については、判決や行政庁による処分のほか、契約によっても成立するとされているので、[25] フランス法にいう法定地役とはかなりその趣旨を異にするものになっているように思われる。

もっとも、「強制地役権」が契約によって成立するということになれば、「任意地役権」との区別、したがってまた両カテゴリーの価値が損なわれるとの批判が当然予想できよう。しかし、立法者は「承役地所有者が法律の規定を具現するものとして合意をなすかぎり」、その批判は当たらないと考えていたようであり、学説も、法定の要件と、この要件を満たす袋地の利益のために通行権を設定しようとする当事者の意思（法律の意思を実現しようとする意思）が必要であると解して、地役の具体的な内容が当事者の自由にゆだねられる「任意地役権」との区別を強調するのが一般的傾向である。(26)

(2)　「法定地役」論　右のように制度としての「法定地役」はイタリア法からその姿を消した。しかし、学説では今日でも依然としてこの概念が使用されている。かつて、高名な法学者であるScialojaが、現行法では使用されなくなった種々の法律用語の意義に再検討を加え、そのなかで一連の法定地役を防禦したことがあった。すなわち、法定地役は所有権の制限にほかならないといわれるが、「所有権の制限」を例外的に加重したり、それを修正したりして、内容的には真の地役に類似するものが少なくない。たとえば、私人の意思によって相隣地間の工作物又は耕作に関する法定距離の範囲が修正されるならば、所有権の制限のほかに、真の意味での地役権が成立する。また、一般的な法律上の制限が真の地役権であることもある。「必要通行」がそれにあたり、「承役地の所有者の権限が制限されるので、それを忍容する義務は法律上の制限であるが、しかし現実に取得された通行は真の地役権である」。したがって、この場合にはservitù legaleという用語は大いに理解できるし、正しい表現である、と。(27)

これを承けて、今日でも「法定地役」という用語を使用し、「所有権の諸制限」のすべてないし大部分をかかる用語に含ませる学説もある。しかし、この用語を使用する場合でも、いわゆる法定地役と呼称し、本来の地役権との区別は明確に認識されている。つまり、いわゆる法定地役とは、場所の状態から生ずる「所有権の制限」であり、所有権の内在的な制限として、いわば自動的に生ずるものをいう。相互的な私人の利益又は公益的観点から所有権に課される内容上の制限であって、この種の「制限」は、対価がないこと、所有権に対する独自性がないこと、その成立が自動的で消滅時効に服さないことを、その特徴とする。(28)

ただし、異論もある。この方面での研究では著名なBiondiは、いわゆる法定地役という用語の使用に反対し、所有権の制限とされるものにも構造上、地役権と同じ内容の権利関係もあり、これについてはむしろ法定地役権という用語が妥当する、と主張している。[29]

(3)　強制通行権　囲繞地通行権については、「隣地立入権」[30]と切離されているが、本来の必要通行権に関する原則(一〇五一条以下)は、若干の表現方法は別にして、予備草案とほとんど変わるところがない。ただし、通行の場所ないし方法について、地下道によることも可能である旨を定めているのは(一〇五一条二項参照)、草案にはなかった点である。袋地ではない土地のための強制通行に関する規定(一〇五二条二項)では、草案の「行政庁の許可」を「裁判所による付与」におき代えている。この種の通行権の成否を司法的判断にゆだねる方が妥当であると考えられたためであろう。

なお、地役権の設定契約には書面が必要とされ(一三五〇条四号)、またこれを第三者に対抗するためには「登記」をしなければならない(二六四三条四号)。強制通行権は所有権とは別の「他物権」と考えられているからである。[31]

(4)　一部譲渡による袋地の場合　この無償通行権に関する規定については、現行法は旧法とも予備草案とも大きな違いを示している。

第一〇五四条(譲渡・分割による遮断)　「ある土地が有償名義による譲渡の結果、すべての部分を囲繞されたときは、その土地所有者は契約の相手方からいかなる償金をも支払うことなくして通行を取得する権利を有する。

②　前項の規定は共有物の分割の場合にも適用される[32]」。

旧法や予備草案は、売主が囲繞地部分を留保した場合にのみ買主に無償通行権を供与する義務があるとし、逆に、売主が袋地部分を留保した場合には沈黙していた。それ故、学説・判例において意見の違いがあったことは前述した。新法は、いずれの場合でも無償通行権を肯定し、この問題を立法的に解決したわけである。

解釈論上の問題として、本条は一〇五一条による通常の(有償の)強制通行権に対して「償金」の支払義務に関してだけの特則であるのか、それとも、通常の強制通行権の成立それ自体を排斥してしまうのかについて意見が分れている。後説によれば、袋地形成に関与しない第三者の土地に対しては、たとえ一〇五一条の要件(「最短距離」と「最小の損失」)を充足しても、これを主張できないことになる。判例は、従来は第三者所有地に対し有償の必要通行権を主張できるとしていたが、後に態度を改め、後説に従っている(Cass., 17 marzo 1971, n. 743, Giur. it., 1972, I., p. 959)。

次に、この無償通行の権利又は負担が袋地又は囲繞地の特定承継人に承継されるのかの問題があり、わが国と同様にイタリアでも種々の見解があるが、判例および多数説は譲渡・分割当事者間にのみ限定している。

なお、イタリアに特有の問題として、本条が有償行為にのみ限定されるのか、無償名義による譲渡にも適用されるのかについても意見が分れているが、一般には条文に忠実な解釈(前説)がなされている。

(1) 616. Il proprietario, i cui fondi sono crcondati per ogni parte da fondi atrui, e che non ha veruna uscita sulla via pubblica, può addomandare un passaggio sui fondi de' suoi vicini per la coltivazione del suo fondo, mediante un'indennizzazione proporzionata al danno che tale passaggio può cagionare.

617. Il passaggio debbe regolarmente prendersi in quella parte in cui il transito dal fondo circondato alla via pubblica è più breve.

618. Giò nondimeno il passaggio debbe essere stabilito in quella parte, ove riesca di minor danno a colui sul cui fondo viene conceduto.

620. Se il passaggio conceduto ad un fondo circondato cessa di essere necessario per la riunione del medesimo ad un fondo contiguo ad una via pubblica, il detto passaggio portà essere soppresso ad istanza del proprietario del fondo serviente, mediante restituzione del ricevuto compenso o cessazione dell' annualità che si fosse convenuta; coŝi parimente se venne aperta una nuova strada tendente al fondo altre volte circondato. In questi due casi può essere invocata la prescrizione.

621. L' azione per l' indennità nel caso preveduto nell' art. 616 è soggetta a prescrizione; e sussiste il diritto di continuare il passaggio quantunqne l' azione per l' indennità non sia più ammessibili.

(2) Pastore, Codice civile per gli stati di S. M. il Re di Sardegna coi commenti, vol. iv, 1839, p. 215～216.

(3) 619. Se il fondo non divenne d'ogni parte circondato che per causa di una vendita, permuta, o divisione, sono i venditori, copermutanti, o condividenti tenuti a dare il passaggio, e lo debbono dare anche senza alcuna indennizzazzione.

(4) Pastore, op. cit., p. 223.

(5) Pastore, loc. cit.

(6) Pastore, op. cit., p. 224.

(7) Art. 592. Ogni proprietario deve permettere l'accesso e il passaggio nel suo fondo, sempre che ne venga riconosciuta la necessità, affine di costruire o riparare un muro od altra opera propria del vicino od anche comune.

(8) 大島俊之「民法２０９条論―イタリア法を継受したわが民法規定―」経済研究第三四巻第三号（平成元年）二九頁以下参照。

(9) Art. 593. Il proprietario, il cui fondo è circondato da fondi altrui, e che non ha uscita sulla via pubblica nè può procurarsela senza eccessivo dispendio o disagio, ha diritto di ottenere il passaggio sui fondi vicini per la coltivazione ed il conveniente uso del proprio fondo.

Questo passaggio deve stablirsi in quella parte per cui il transito dal fondo circondato alla via pubblica sia più breve, e riesca di minor danno al fondo su cui viene concesso.

La stessa disposizione può applicarsi a chi avendo un passaggio nei fondi altrui, abbisogni al fine suddetto di ampliarlo pel transito di veicoli.

(10) Pulvirenti, Delle servitù praediali, 1916, . 313ss.

(11) Borsari, Commentario del codice civile italiano, vol. 2, 1872, p. 698.

(12) 五九四条「前二条に定められたる立入又は通行による損害に応じた償金が支払われることを要する」（Art.　594.

Sarà sempre dovuta una indennità proporzionata al danno cagionato dall' accesso o dal passaggio, di cui è cenno nei due precedenti articoli.)

五九六条「袋地に与えられた通行は、公道と接続する他の土地と結合することによって必要でなくなったときは、受領した償金の返還又は約定された年賦金の廃棄によって、何時でも承役地の所有者の申立に基づいて廃止することができる」(Art. 596. Il passaggio concesso ad un fondo circondato, se cessa di essere necessario per la riunione di esso ad un altro fondo contiguo alla via pubblica, puo essere soppresso in qualunque tempo ad istanza del proprietario del fondo servente, mediante la restituzione del ricevuto compenso o la cessazione dell'annualità che sì fosse convenuta Lo stesso ha luogo se viene aperta una nuova strada che riesca al fondo già circondato.)

五九七条「五九四条に定めたる償金請求権は消滅時効に服する。償金請求権が承認されないときでも、通行を継続する権利は存続する」(Art. 597. L'azione per l'indennità indicata nell'articolo 594 è soggetta a prescrizione, e sussiste il diritto di continuare il passaggio quantunque l'azione per l'indennità non sia più ammissibile.)

(13) Art. 595. Se il fondo divenne da ogni parte chiuso per effetto di una vendita, permuta o divisione, i venditori, permutanti o condividenti, sono tenuti a dare il passaggio senza alcuna indennità.

(14) 当時の学説の状況については、Pulvirenti, op. cit., p. 342. Pulvirentiは黙示的合意の推定規定であり、通行権が無償とされるのにはこの故である、と主張する。

(15) 当時の通説・判例については、Pulvirenti, op. cit., p. 351 e not (1). Borsari, op. cit., p. 705は、通説のいうように通路を提供する義務を負担するのは売主であり(売主の引渡義務)、逆に売主が袋地の通行権を主張するためにはその旨の明示の約定が必要なはずであるところ、無関係な第三者に通行権の負担を課すわけにはいかないので、売主側の通行権の主張を買主は耐えねばならない、とする。そして、かかる売主の通行権の性質については、買主が売買契約に基づいて直接かかる義務を負担するのではなく、法により契約に際して特別に物の一定の事実状態を予期して負担する義務である、と解し、それ故、この場合の通行権は償金支払義務をともなう、と主張している。当時の学説が買主による通行権供与の義務をどのように構成するかに随分と苦慮していたことが看取できるが、このことは、一部譲渡に起因する必要通行の発展史において忘れられてはならない視点（節目）なのである。

(16) Pulvirenti, op. cit., p. 352.

(17) Borsari, op. cit., p. 715.

(18) Commissione Reale per la riforma del codice, sotto commissione per il codice civile, secondo libro, Cose e diritti reali, Progetto e Relazione, Poligrafico del Statto, Roma, 1938.

(19) Relazione al progetto, op. cit., p. 85.

(20) Art. 212. (Art. 593 Cod. civ.). (*Passaggio coattivo*). Il proprietario, il cui fondo è circondato da fondi altrui, e che non ha uscita sulla via pubblica nè può procurarsela senza eccessivo dispendio o disagio, ha diritto di ottenere il passaggio sui fondi vicini per la coltivazione ed il conveniente uso del proprio fondo.

Questo passaggio deve stabilirsi in quella parte per cui il transito dal fondo circondato alla via pubblica sia più breve, e riesca di minor danno al fondo su cui viene concesso.

Colui che abbia già un passaggio sui fondi altrui può, dimostrandone la neccessità, ottenere al fine suddetto di ampliarlo pel transito dei veicoli anche a trazione meccanica.

Sono esenti da questa servitù le case, i cortili, i giardini e le aie ad esse ttinenti.

Art. 213. (*Passaggio coattivo per fondo non intercluso*). La disposizione dell'articolo precedente può avere applicazione anche nel caso in cui il proprietario del fondo abbia un accesso diritto od indiretto alla via pubblica, ma questo sia inadatto o insufficiente ai bisogni del fondo e non possa essere ampliato, mentre sia possibile giungera alla via pubblica attraverso il fondo del vicino con sensibile vantaggio per la coltura.

Il passaggio in questo caso spetta di diritto, ma può essere concesso dall'autorità giudiziaria quando riconosca che la domanda di esso risponda all'interesse dell'agricoltura o dell'industria.

Art. 214. (Art. 594 Cod. civ.). (*Indennità*). E sempre dovuta un'equa indennità per l'accesso o il passaggio, di cui è cenno nei tre articoli precedenti.

Qualora per attuare il passaggio sia necessario di occupare con opere stabili o lasciare incolta una zona del fondo servente, il proprietario che lo domanda deve prima d'imprendere le opere o d'iniziare il passaggio pagare il valore della zona predetta nella misura stabilita dall'articolo 196.

Se il fondo subisca altro danno servitù di accesso o di passaggio. anche questo deve essere risarcito.

(21) Relazione al progetto, op. cit., p. 87.

(22) Art. 215. (Art. 595 Cod. civ.). (*Interclusione per effetto di alienazioni o divisioni*). Se il fondo è divento da ogni parte chiuso per effetto di una vendita, permuta, concessione enfiteutica, conferimento in società o divisione, gli alienanti o condividenti sono tenuti a dare il passaggio senza alcuna indennità.

(23) Relazione al progetto, op. cit., p. 87.

(24) 現行イタリア民事法典・民法典の構成と条文については、風間鶴寿『イタリア民法典翻訳』(昭和五二年、法律文化社)を参照。

(25) 最近のイタリアでの研究として、Comporti, La servitù, in Trattato di diritto privato, vol. 8, Proprietà. tom. 2, 1982, p. 218.

(26) Tamburrino, La sevitù, 1977, p. 477.

(27) Scialoja, In difesa di termini giuridici fuori 'uso, Rivista di diritto civile, 1930, p. 576ss. なお、Scialojaは、ローマ法のservitù概念が、沿革的には「法律上の制限」の合意による修正から、その相互的な物的性格とともに、生じたという見解(争いがあるが)が正しいと考えているので、かかる見解を念頭において、両制度の類似性を示していることの種の用語の維持を提唱しているわけである。(op. cit., p. 577.)。

(28) Comporti, op. cit., p. 172.

（29） Biondi, servitù,p. 731ss.具体的には建物距離保護義務、建物の高さ制限、採光、雨水落下に関する所有者の義務は法定地役権の名に値する。これらは相互性をもつが、一方の土地が他方の土地に従属しているという状態があり、したがって構造的には任意地役権と同視できるとともに、ただ、その成立が法律に基づいていることで差異があるにすぎないからである、という。

（30） 立入権は「土地所有権」の総則（第八四三条）の中におかれている。

（31） Tamburino, op. cit., p. 264.

（32） Art. 1054. Interclusione per effetto di alienazione o di divisione. Se il fondo è divenuto da ogni parte chiuso per effetto di alienazione a titolo oneroso, il proprietario ha diritto di ottenere dall'altro contraente il passaggio senza alcuna indennità [trans. 154].

La stessa norma si applica in caso di divisione.

三　ドイツ法

ドイツ法の検討は、日本民法典への影響いかんという観点から、ＢＧＢの成立史に重点をおくが、あわせてそこに至るまでの推移をも簡単に素描したいと思う。

1　前　史

(1)　ドイツでの通行権の起源は、共同体的土地所有の解体と密接に関連しているようである。もともと耕地は、まず一定の面積の土地（Gewanne）に区画され、このGewanneがさらに細長い地片に区分された。そして、各世帯は各Gewanneにおいてこの地片の一つを割り当てられたので、各世体は各Gewanneにおいて混在した各地片を耕作したことになる(混在地制・Gemengelage)。したがってまた、このような各世帯ごとの各耕作地が混在した一団の土地利用関係は、必然的に共同体的規範によるコントロールのもとでの利用にならざるを得なかったであろう。これを「耕作強制」(Flurzwang)という。このような土地利用制度のもとでは、たとえば鋤を反転するために隣地に立入らざるを得ないし、また隣地の通行も必要となろう。共同体的土地所有(総有)のもとではこの種の負担はそもそも特別な負担とも意識されなかったはずだが、土地が各世帯に分配された以降においても、かかる総有権に付従する負担は個別所有権の負担として残存したものと考えられる。(1) つまり、前にある土地が後背地に通路を与えるべきことは、相隣関係にある当事者間の当然の義務であったろう。

したがってまた、共同体的拘束の強い時代では、通行負担に対する償金はなかった。ローマ法の継受により通行使用が有償になったのかどうかについては争いがあるが、Gierkeによれば、継受前でも必要通行が隣人の利益のための一方的負担として現われてくる段階ですでに有償的なものになった、とされる。(2)

(2)　普通法の時代では、ローマ法の起源(墓地通行権に関するD. 8. 6. 14 §1)が拡張され、一般化される。つまり、ある土地が役権なくしては利用できないとき、裁判官は、その土地の所有者の申請に基づいて、隣地に対し相当なる償金の支払いと引換えで役権を課す権限を有する、との原則が確立した。むろん、極度に必要な場合にのみこの種の裁決を正当化できるので、裁判官による実地検証が必要とされる。また、裁判によるかかる必要地役の設定に際しては、通行場所を被通行地の所有者に最小の損失を生じさせる土地部分に定めるということのほかに、役権の譲与によりその所有者に与えられる利便をも考慮する必要があり、通行利用者の得る利益と通行地の所有者の蒙むる不利益とが比較され、かつその調和がはかられる。(3)

ただし、ローマの法源が示唆するように、この裁判による救済は、好意による方法(プレカリウム)が効をそうしないときに許されるので、通行利用者はまず隣人にその通行を懇請しなければならない、という。(4)

なお、この必要地役(servitus necessaria)は裁判官の判決によって創設されるので、高地所有者の自然流水権のように、法律それ自体が役権を課し、裁判官による裁決を不要とする役権、つまり「法定地役」(servitus legalis) と混同してはならない旨が指摘されている。[5]

他方、土地の一部譲渡・共有物分割の場合はどうなるか。共有物分割についてはローマに法源があり、分割訴訟において裁判官が通行権をも付与しうるので、これも必要地役と解されている。[6] しかし、一分譲渡の結果、袋地が生ずる場合には、当事者が（約定）地役権を留保することができたことのほか、二つの土地が地役状態を形成しているならば黙示的合意による地役権（「家父の用法」のこと）の成立も可能であったが、[7] 果たして「必要地役」が認められたのかどうかは必ずしも明らかではない。この場合にも裁判官により通行権が創設されたと考えられていたようにも思われるが、[8] しかしたとえそうであるとしても、固有の意味での囲繞地通行権と分譲による必要通行とを区別する考え方はなかったといえるであろう。つまり、ドイツの普通法時代では囲繞地通行権は一本であったことになる。

(3)　プロイセン一般ラント法　次に、一八世紀における普通法を背景とする代表的な立法、プロイセン一般ラント法（一七九四年）を概観しておこう。

プロイセン法は、ローマ法のservitus（法律行為による地役）をGrundgerechtigkeitと称し（A. L. R. I. 22. § 11)、通行地役権についても特別な規定を用意している（ALR. 1. 22. § 63〜§ 79)。これに対して、囲繞地通行権に相当する権利関係については、「所有権の必要制限」(nothwendige Einschränkungen des Eigentum) というタイトルの下で、所有権の法律上の制限として若干の規定をおいている（ALR. I. 22. § 3〜§ 10)。もっとも、近代法にいう相隣関係・所有権の制限はこれとは別に、共同体のため所有権の制限（ALR. 1. 8. § 33ff.）隣人のための所有権の制限（ARL. 1. 8. 102ff）の箇所で規定されており、ここにいう「必要制限」は、第一編第二二章「土地相互の役権」の中で本来の地役権（Grundgerechtigkeit）の直前に位置しているので、その権利の独自性を尊重したかたちになっているように思われる。当面必要な条文だけを次に掲記しておく。

第三条「所有権の必要制限が欠如するならば、他の土地の全部又は一部が完全にその利用を奪われるとき、すべての土地占有者はかかる制限を忍容しなければならない。」

第四条「前条の土地利用の必要のために生じた便益に対しては、承役地所有者は適当なる償金を請求することができる。」

第五条「償金の決定については、承役地が必要制限によって蒙むる損害を斟酌しなければならない。」

第八条「何人も土地の形態、主たる用途又は利用の種類を任意に変更した場合には、他人に対しかかる必要制限を義務づけることはできない。」

第九条「他人の土地の著しい改良のために必要な権益は、右改良によって所有者が従来の自由なる物利用を妨害されることがなく、かつ所有者みずからが物に対してなしうる利用上の改良を阻止されることがない限り、妨げられない。[9]」

プロイセン法は、右の条文から明らかなように、広く一般に必要な地役的利用に言及しており、必要通行だけの規定を有しないが、これが念頭におかれたものであることは疑問のないところである。[10] 実際上も最もしばしば生ずるのは必要通行であるという。[11]

必要通行は要役地の所有者の申請に基づき裁判によって強制されるが、償金請求権と相互依存関係にあり、通行利用者は必要通行の申請手続のなかで償金の支払いをも申し出なければならず、償金額の決定は事後の特別の手続きにゆだねることは許されない（ALR. I. 22. § 7)。[12] 償金が元金（Kaital）で支払われると通常の売買とみなされ、毎期の地代（Abgabe）が約定されたときはKauf gegen Rente（定期金売買）となる。[13]

必要通行の要件は、プロイセン法でも、要役地が絶対的な袋地であることが原則だが、要役地の改良のためにも、承役地の利用との調整が必要とされるものの、肯定されており、したがって、事情によれば袋地でない土地のためにも必要通行権が認められることになろう。この当時としては注目すべき立法であった。

(4)　一九世紀普通法学　一九世紀の学説も前代の普通法の立場を承継したといっても大過ないであろう。たとえば、Seuffertは、「土地所有者は隣人が自己の土地を通行できないとき、相当なる償金と引き換えで自己の土地に対する必要通行を許容する義務を負う」[14]とし、これを裁判官によって設定される「役権」の一つとして位置づけている。[15]

また、Windscheidも、「所有者は役権の設定を強いられることはないが、ある土地が公道への出入を遮断されているときには、例外に服する」とし、「この場合には、所有者はその間に存する土地の所有者から通行権限（Wegegerechtigkeit）の設定を請求できる」という。(16)また、Puchtaも、裁判官による役権の設定は共有物分割の場合だけであるとするが、所有権の制限として「必要通行」が認められることを肯定している。(17)

しかし、「必要通行権」の拡張に反対する学説もある。Thibautは、「所有権の制限」のところでは、公道の通行不能による隣地通行権と墓地通行権に言及しているが、裁判官による役権の設定は共有物分割訴訟の場合だけであるとして、普通法学者がローマの唯一の規定（D. 11. 7 § 12）を拡張して必要通行を設定する権限を裁判官に与えた事情について述べている。(18)また、Göschenも、同じくローマ法の規定による通行権だけを所有権の法律上の制限として説明し、必要地役については「このたった一つの規定を実務が次の非常に疑問のある、地役権一般に関する原則に拡張した」と批判している。(19)

このような批判にも拘らず、学説の主流は「必要通行」一般を承認する方向へ傾斜したものと思われるが、裁判官による通行地役権の創設つまり一種の「収用」（Enteignung）と構成するのか、あるいは法律による「所有権の制限」と解するのかについては意見が分かれていた。

なお、土地の一部譲渡による必要通行については右の普通法学はとくに言及していない。Gierkeによれば、この場合には、譲渡人は地役権の黙示による設定という観点から無償の通行許容を義務づけられた、という。(20)

(5)　ザクセン民法典　一九世紀普通法学を土壌にして生成した一八六三年のザクセン民法典（Bürgerliches Gesetzbuch für das Königreich Sachsen）はBGBの先駆者ともいわれ、一般にそれに対して強い影響を与えている。囲繞地通行権についてはどうであろうか。BGBの成立史を検討する前に、この民法典における「必要通行権」の規定をみておくことは、後述のように、無償通行権についてはことのほか重要である。

(イ)　ザクセン民法典は「所有権」（第二編「物権」の第二章）の中に「相隣地関係」という節を設け、ここに必要通行権（Nothweg）を位置づけており、「役権」（第二編・第五章）とは完全に分離している。具体的には次のように規定する。

第三四五条「ある土地の所有者は、通路なくしては自己の土地の経済的利用が不可能となるとき、又は請求に係る通路とは別の通路を設置するための費用もしくは他の通路の使用による利用上の不便がそれと不均衡であるとき、隣人に対してその土地の通行の許容を請求することができる。通行の許容に対しては所有者はその賠償を支払うことを要する。」

第三四六条「土地の経済的利用を任意に変更したとき、又は土地の所有者の個人的な必要によるときは、必要通行を請求する権利は生じない。」

第三四七条「必要通行は土地の必要に制限される。通行場所は、被通行地にとり最小の負担となり、かつ、通行を要求する者に過度の費用を生じさせないように、定められることを要する。[21]」

ザクセン法の囲繞地通行権は、法定の要件があるときに通行の許容（Die Gestattung eines Weges）を請求できるとし、裁判官による通行権の創設という構成をとっていない点は別にして、具体的な要件は従来から一般に指摘されているものとほぼ同じである。[22]ただ、通行利用者の利益をも考慮して通行場所が定められるべきであるとしているのは、本書がこれまで検討してきた立法例にはなかった。当事者双方の利益を比較するという手法は、前述した一八世紀の普通法の実務に通ずるものがあるといえよう。

(ロ)　ザクセン法は土地の一部譲渡に起因する必要通行権についても特別な規定を用意している。

第三四八条「ある者が他人に一定の権利を譲渡し、その権利の行使のために譲渡人の土地の通行を必要とするときは、そのために必要な通行が無償で許容されるものとみなされる。」

第三四九条「ある者が他人に土地の一部を譲渡し、譲受人が取得した土地部分の経済的利用のために譲渡人が留保した土地部分を通行する必要があるときは、譲受人に通行を無償で譲与することを要する。譲渡人が留保した土地部分の経済的利用のために譲渡地の通行を必要とするときは、当該土地の取得者は譲渡人に対し通行を譲与することを要する。ただしこの場合には償金を支払うことを要する。[23]」

前の条文にいう「権利」とは「用益権」等の物権的利用権を指しているものと思われ、例えば、ある土地の一部の用益権を取得した者が残余地を通行する必要のある場合に適用されることになろう。後者は、土地の一部の所有権を取得したことに起因する必要通行を規定しており、これが本来の「無償通行権」であるが、ザクセン法は通常の必要通行と同様にこの種の無償通行をも「所有権の制限」と捉えた点が特徴的である。ただし、譲渡人が袋地部分を留保した場合には、必要通行が「有償」となる旨の規定をおいたのは、この通行権を成立させる原因である売買等の土地譲渡行為における売主の「担保責任」を意識したものであろう。当時のフランスにおける一部の学説、イタリア旧民法の立場と一致している。

2　民法典の成立

(1)　第一草案は囲繞地通行権を「所有権の内容と制限」の節の中に位置づけ、次のように規定する

第八六三条　「ある土地と公道との間に、その土地の従来の用法に従いたる利用に必要なる通路が欠けるとき、その必要状態が所有者又はその承継人の故意もしくは過失によって生じたものでないならば、かかる状態が存続するかぎり、隣人は必要な通路の開設のため自己の土地の利用を忍容すべきことを義務づけられる。通行場所および通行利用の範囲は裁判所の自由な裁量により定められる。通行を必要とする土地の所有者は通行の忍容を義務づけられる隣人に毎年予じめ支払われるべき地代を賠償しなければならない。本条には第八五八条、第八六〇条の規定を準用する。[24]」

理由書(Motive)は、この規定の趣旨を次のように述べている。普通法の実務は必要通行権が裁判によって創設される、との構成をとっていた。したがって、一種の部分的な収用 (Expropriation) と考えられていた。プロイセン法は、判決がこれを設定するのか、あるいは地役権設定に対する法律上の義務に基づいて訴求されるのか、曖昧であった。フランス法は、普通法ともプロイセン法とも異なり、法定の必要状態が通行を忍容する隣人の法律上の義務の発生要

件である、と定める。草案は、裁判官による収用という構成を排斥した。また、法律上の義務(gesetzliche Obligation)とすることも否定した。この種の義務は異例であり、そのためには必要通行権に物権としての性格を与える必要が生ずるからである。そこで、フランス法と同様に、すべての囲繞地が法律上の制限に服すること、つまり法定された必要状態の発生によって通行権が与えられるとした。つまり、囲繞地所有者に忍容義務(Duldungs pflicht)を課すとともに、償金請求権与えれば足りる、と。(25)

したがって、草案によれば、法定の要件が充足されれば必要通行権が成立し、判決は単に成立した権利の具体的内容を確定するにすぎないことになる。なお、このような構成は、越境建築による相隣地の利用関係(第一草案第八五七条・現行法第九一二条)と基本的には変わらない、ということが何度も強調されている。(26)

法定忍容義務の具体的な要件としては、「従来の用法に従った利用」(bisherige ordnungsmäßige Benutzung)となっているので、要役地が完全に囲繞地に遮断されている必要はないが、(27)反面、新たなる開発のためには必要通行が認められないことになろう。通行料の支払と通行利用権との関係については、その遅滞が通行使用を拒絶しうる権限を生み出すものではないとされる。(28)なお、地役権と同様に必要通行は占有保護を享受するが、しかし登記の必要性はない。(29)

(2)　土地の一部譲渡による袋地の場合については特別な規定が用意されていない。このような袋地のために通行権の設定をなす義務が留保されたものとみなす旨の規定をもつ立法(Sachsen. G. B. §348, §349)もあるが、この種の原則は相隣関係法のなかにその場所をもたないし、また、売買や地役権の章で規定する必要はなく、意思表示の解釈が、特別な詮索をしなくとも、正しい結論を導くであろう、(30)とされる。つまり、とくに通行権が設定されなくとも、多くの場合には、債権契約の解釈が通行を保障する義務を生じさせるからである。(31)

(3)　第一草案に対してはさまざまな批判がなされた。ここではゲルマニステンであるギールケの立場を紹介しておこう。

彼は、第一草案の「理由書」がローマ法に言及したのち、長々と通行権の法的構成(juristische Konstruction)を説き、その歴史的・経済的な根拠に触れず、プロイセン法やフランス法よりもこの制度を狭ばめることの正当化に腐心していることを強く批難する。草案によれば、「従来の土地の用法に従いたる利用」のためにのみ必要通行が認められるに過ぎないので、これでは未墾地や十分に利用されていない土地には適用されないし、また何らかの通行権があれば、それが非常に不便でも、あるいはは囲繞地にとって必要通行の負担が非常に軽微であっても、必要通行権が認められないことになる。さらに、草案によれば、必要状態が袋地所有者ないし前主の故意・過失によって惹起されたときも必要通行が排斥されるが、これでは、たとえば土地を分譲する際、袋地部分の分割地を取得した者が「軽卒」にも通行権を設定しなかったとき、将来にわたりこの分割袋地の所有者は必要通行を主張できないことになろう。

草案は必要通行の根拠を「越境建築」と同様の論法で説明するが、このドイツ法的制度の精神を誤解している。すなわち、わが必要通行権が個人の利益の保護だけではなく一般的な耕作目的のためにも存在する制度である、との考えすら意識にない。「過失に起因する通行の必要」という観念は先行の諸立法にはなく、草案独自の見解である、と。(32)後述のように、ギールケの右の指摘は、第二草案に強い影響を与えることになる。

(4)　第一草案はさまざまな批判（体系の教義主義など）を喚起した。これらの批判をうけて第二委員会は、一八九五年に第二草案を「討議録」とともに公表した。第二委員会では第一草案の各規定に対し各委員が修正案を提出するという手法で審議されている。囲繞地通行権については、次の二カ条が採用された。

第八三〇条「ある土地と公道との間にその土地の用法に従いたる利用に必要な通行が欠けるときは、土地の所有者は隣地所有者に対して、この袋地が解消するまで必要通行の設定のために隣地の利用を忍容すべきことを要求できる。必要通行の場所および利用権の範囲は必要ある場合には判決によってこれを定める。

必要通行を承ける隣地所有者は賠償として地代を請求することができる。地代については第八二六条二項後段、第八二七条、第八二九条が適用される。」

第八三一条「ある土地と公道との従来の通行が当該土地所有者の任意の行為によって廃止されたときは、必要通行を忍容する義務は生じない。

土地の一部譲渡の結果、譲渡した土地部分又は留保された土地部分が公道との通行を遮断されたときには、従来から通路のある土地部分の所有者は通行を忍容することを要する。同一所有者に属する数個の土地のうち一土地の譲渡ありたるときは一部譲渡に同じ。」(33)

(イ)　第二草案第八三〇条は第一草案第八六三条に若干の手直しを加えているが、基本的には両者に大差はない。第二委員会での討議から本条の趣旨を紹介しておこう。審議の過程では、隣人の私所有権を尊重する立場から非常に差し迫った場合にのみ通行権を肯定する意見や、逆に、袋地利用の公益性が強調され、袋地の経済的需要が通行権を必要とする限りは常に必要通行が強制されるべきであるとの意見が主張されたが、委員会としては対立する利害を比較衡量することの重要性を指摘している。つまり、所有権に内在する禁止権（妨害排除機能）は袋地の経済的利用を不可能にしてしまうほど無制限に行使できるものではなく、公益的観点から一定の制約が課されねばならないところ、「しかし先ず差し当っては、通行を遮断された個々の所有権の私的利益 (Das Privatinteresse) が問題となる」。被通行地所有権から何がしかの権能が奪われるにも拘らず、このための賠償は不十分な補償でしかない。したがって、「期待される袋地の利用」が間接的に一般利益につながるということから、囲繞地に通行権の負担を課すのは、「公益概念の過大視」である。現に公益が存するならば公用徴収によるべきであり、また、耕地整理のために通路の設置が必要な場合でも、往々にして、過度にわたる通行権の存在によって耕地の効用が阻害されているという理由で、この種の耕地整理が必要とされているものであることに注意しなければならない。「したがって、現に必要状態がある場合にのみ必要通行が認められるべきであろう。」(34)

第一草案の「理由書」は必要通行権の法的構成に専ら関心を寄せていたが、第二委員会では制度の基本構造をめぐって実質的な議論（価値判断）が展開されており、袋地の経済的効用を判断する際、「公益」なるものを強調することに対して警鐘を鳴らしている。この点はフランス民法典の立法者の立場と異なるところである。

なお、第一草案に対する重要な修正点としては、「従来の用法に従いたる利用」とあったのを単に「用法に従いたる利用」として、「従来の」(bisherig)という用語を削除したことであろう。その趣旨は、可能なかぎり土地の用法に従った利用方法を保護する必要があることに求められ、そうでないと、土地が従来一般に用法に従って利用されていないときには必要通行が否定されるという不当な帰結に至ることになる。(35) したがって、土地の利用方法が変更される場合でも本条の適用が可能となった。その場合、予定された利用が経済的な需要に即応しているかどうかを客観的・合理的に判断しなければならない。(36) ただし、出入口に通じている橋を破壊するなど通行利用者の任意行為によって袋地状態が形成されたときには、通行権は認められない。(37) 地代については、その額の基準時を越境建築に関する八五七条三項（現行法九一二条二項・越境の時を規準にする）の準用により処理した点が第一草案と異なる。反対意見もあったが、結局、忍容義務を負う隣人に損害の生じた時、つまり通行請求者が通行権を要求した時が基準となる。このような地代の固定化は、地代の増額請求による継続的な紛争を回避するのに資するからである。(38)

なお、必要通行の譲与請求権（Der Anspruch auf Einräumung eines Notweg）は消滅時効に服しない旨の規定を提案する委員もいた。しかし、この必要通行は利用の忍容（Duldung）を請求する権利であって、不作為（通行地部分を利用しないこと）を請求するに等しい。不作為請求権がそうであるように、この必要通行権もそれ自体としては時効にかかることがないので、第二委員会ではかかる規定は不必要とされた。(39)

(ロ)　土地の一部譲渡に起因する袋地通行権については、第二草案は八三一条二項に新たなる原則を定めている。この問題に関して別の提案は、「土地の所有者が公道への通路を有する土地部分を譲渡したるときは、必要通行を忍容する義務は譲渡された土地の所有者に課される」(40) とし、譲渡人が袋地部分を取得した場合のみを規定していた。おそらく、譲渡人が囲繞地部分を取得する逆のケースでは、第一草案の「理由書」が指摘するように、売主の担保責任の問題として処理すれば足りると考えた結果であろう。

しかし、第二草案は、右のいずれのケースでも、必要通行権が成立するとの原則を採用したが、根拠、制度の趣旨は必ずしも明瞭ではない。ただ、この原則の前に、第一項がおかれていることから、次のように考えることができるだろう。同条第一項は、所有者が袋地状態をみずから任意に形成したとき（公道へ通ずる橋を破壊するごとし）、隣地に対しては必要通行を要求できない旨を定めており、一部譲渡に起因する袋地状態も当該土地所有者の任意行為によって形成されているので、[41]同条第一項と同様に、袋地形成に無関係な第三者の所有地に対し必要通行を主張できないことになるが、これを裏からみて、かかる忍容義務を負う主体を譲渡当事者に限定した結果、本条のような規定の仕方になったものであろう。つまり、必要通行の忍容義務の人的範囲について、原則法たる第八三〇条の例外規定と解することになる。第八三一条一項は忍容義務を負う者が存在しない場合に関するものであり、この規定を承けて、同条二項が袋地形成当事者にのみ忍容義務を課したものと思われる。しかも、この忍容義務は、譲渡行為（売買など）に基づく義務ではなく、本来の必要通行（第八三〇条）の場合と同様に、法律による「所有権の制限」として構成されている点に注目する必要があり、フランス法やイタリア法の立場とはこのかぎりで異なる。

一方、この必要通行権の「無償性」については草案には規定がないし、また「討議録」でも言及されてはいない。忍容義務の人的範囲に関する例外規定である、と解するならば、その他の点では原則法にもどり「有償」ということになろう。ただし、この必要通行の起因となった譲渡行為（売買等）に地代の問題の処理を委ねた、と解釈できないこともない。

なお、譲渡行為の当事者がこの種の必要通行権を合意で放棄した場合にも、かかる合意の効力は当事者間でしか意味をもたず、このことによって第三者の土地が通行忍容義務を負うものではない、[42]とされている。

(5)　現行法は、若干の表現方法は別にして、第二草案の規定をほぼそのまま採用した（第九一七条、第九一八条）[43]。ただし、必要通行権の請求権が消滅時効にかからない旨の規定（第九二四条）が新設されている。

現行法施行後も、必要通行権の性格について、「収用」論と、所有権の制限と解する「相隣関係」論(Nachbarrechstheorie) の争いがしばらく続いたが、後者が主流となった。[44]

解釈論上の問題点に言及しておく。袋地性については、他に通路があれば回り道で不便でも、経費がかかることがあっても、必要通行は認められないが、要役地利用の経済性が著しく侵害されるほどの過度の不便・費用が生ずるときは別である(45)。

「土地の用途に従いたる利用」は、所有者個人の需要ではなく、客観的に判断される。従来の利用方法は問題にならず、所有者が土地の利用方法を変更し、そのことによって必要通行が必要となるときでも、適用の可能性がある。したがって、経済的な変化に対応しうるために、広く解釈されているようである(46)。

車輌通行のための必要通行については、ドイツでも議論があり、ＢＧＨは比較的大きな都市の住居地域における車輌通行に対しては消極的であるという。ただし、すでに車道があり、その共同利用が可能ならば、両土地の用法に従った利用となる。住居地以外の場所では、学説は原則的に肯定する立場にあるようである(47)。

土地の一部譲渡に起因する必要通行が無償か有償か、判例・学説がどのように考えているのかは、現在のところ明確にできない(48)。ただし、償金支払い義務を負うと明言する学説もある(49)。

(1)　Gierke, Deutches Privatrecht, Bd, I, 1917, S. 437; Planitz, Deutsches Privatrecht, 1948, S. 69.
(2)　Gierke, a.a.O., S. 437. なお、村・前掲「相隣権の機能に関する史的考察(上)(下)」をも参照のこと。
(3)　Glück, Ausführliche Erläuterung der Pandecten nach Hellselb ein Commentar, 1808, S. 101～103.
(4)　Glück, a.a.O., 103～104.
(5)　Glück, a.a.O., 104～105.
(6)　Glück, a.a.O., S. 92ff.
(7)　Glück, a.a.O., S. 70.
(8)　Glück, a.a.O., S. 97ff. によれば、ある土地の中に墓地があり、売主が墓地を明示で留保した場合には、買主は売主に対して墓地に至る通行を供与しなければならないが、これを留保しない場合はかかる権利が存在しないので、「必要通行」が与えられ、このような考えが普通法において一般化された、という。

(9) *nothwendige Einschränkungen des Eigenthums*,

§. 3. Auch solche Einschränkungen muß jeder Grundbesitzer sich gefallen lassen, ohne welche ein andres Grundstück ganz oder zum Theil völlig unbrauchbar seyn würde.

§. 4. Für dergleichen zum Gebrauche eines Grundstücks nothwendig gewordene Vergünstigungen, kann der Eigenthümer des belasteten Grundstücks billige Vergütung fordern.

§. 5. Bey Bestimmung dieser Vergütung muß auf den Schaden, welchen das belastete Grundstück durch die nothwendige Einschränkung leidet, Rücksicht genommen werden.

§. 8. Durch willkührliche Veränderungen in der Gestalt, Hauptbestimmung, oder Nutzungsart seines Grundstücks, kann niemand den Andern zu dergleichen Einschränkungen verpflichten.

§. 9. Doch dürfen Vergünstigungen, welche zu erheblichen Verbesserungen eines andern Grundstücks nothwendig sind, in so fern nicht versagt werden, als der Eigenthümer dadurch in dem bisherigen freyen Gebrauche seiner Sache nicht gestört, noch an nützlichen Verbesserungen, die er selbst in dieser Sache vornehmen könnte, gehindert wird.

(10) Motive zu dem entwurfe eines B.G.B, III, Sachenrecht, 1888, S. 290 を参照。

(11) Förster-Eccius, Preußisches Privatrecht, Bd. III, 1892, S. 385.

(12) Förster-Eccius, a.a.O., S. 385.

(13) Förster-Eccius, a.a.O., S. 385～386.

(14) Seuffert, Practisches Pandektenrecht, Bd. I, 4 Aufl., 1860, S. 158.

(15) Seuffert, a.a.O., S. 235f.

(16) Windscheid-Kipp, Lehrbuch des Pandektenrecht, Bd. I, 9 Aufl., 1906, S. 1083 und S. 863. Anm. 4.なお

Sintenis, Practische gemeine civilrecht, Bd. I, 1868, S. 598は普通法の実務を客観的に述べているが、反対していない。

(17) Puchta, Pandekten (Rudorff), 10 Aufl., 1866, S. 293 und S. 223.

(18) Thibaut, System des Pandekten-Rechts, 1814, S. 60 und S. 26.

(19) Göschen, Vorlesungen über das gemeine civilrecht, 1843, S. 29.

(20) Gierke, a.a.O., S. 439. Anm. 99.

(21) § 345. Der Eigenthümer eines Grundstücks kann von seinen Nachbarn die Gestattung eines Weges über ihre Grundstücke verlangen, wenn ohne solchen die wirthschaftliche Benutzung seines Grundstücks nicht möglich ist, oder wenn der Aufwand für Anlegung eines anderen, als des von ihm verlangten Weges, oder die aus dem Gebrauche eines vorhandenen anderen Weges entstehende Beschwerde zum dem Nutzen, welchen sein Grundstück gewährt, in keinem Verhältnisse stehen würde. Für die Gestattung des Weges hat der Eigenthümer Entschädigung zu leiten.

§ 346. Eine willkührliche Aenderung in der wirthschaftlichen Benutzung des Grundstücks oder das persönliche Bedürfniß des Eigenthümers berechtight nicht zu dem Verlangen eines Nothweges.

§ 347. Der Nothweg ist auf das Bedürfniß des Grundstücks zu beschränken und seine Richtung so festzustellen, daß auf der eine Seite die Grundstücke, über welche er führt, möglichst wenig belästigt, auf der anderen Seite aber Dem, welcher den Weg verlangt, nicht unverhältnißmäßige Kosten verursacht werden.

(22) 三四五条の要件はイタリア旧民法第五九三条に近似している。

(23) § 348. Hat jemand dem Anderen ein Recht einräumt, zu dessen Ausübung ein Weg über das Grundstück des Einräumenden nothwendig ist, so wird angenommen, daß der erforderliche Weg unentgeltlich zu gestatten sei.

§ 349. Hat Jemand einen Theil seines Grundstücks an einen Anderen veräußert, so muß er diesem, wenn er zur wirthschaftlichen Benutzung des erworbenen Teiles einen Weg über den zurückbehaltenen Theil nöthing hat, denselben unentgeltlich einräumen. Hat er zur wirthschaftlichen Benutzung des zurückbehaltenen Theiles einen Weg über den veräußerten Theil nöthig, so muß der Erwerber dieses letzteren ihm den Weg zwar einräumen, jedoch gegen Entschädigung.

(24) Entw. I. § 863. Felt einem Grundstücke die zu seiner bisherigen ordnungsmäßigen Benutzung nothwendige Verbindung mit einem öff. Wege, ohne daß der Nothstand von den Eigenthümer oder dessen Rechtvorgänger vorsätzlich oder fahrlässig verursacht worden ist, so sind die Nachbarn verbunden, während der Dauer dieses Zustandes di Benutzung ihrer Grundstücke zur Herstellung der erforderlichen Verbindung zu dulden. Die Richtung des Weges und der Umfang der Wegebenutzung werden von dem Gerichte nach freiem Ermessen bestimmt. Der Eigenthümer des zuganges bedürfenden Grundstückes hat die zur Duldung des Zuganges verpflichteten Nachbarn durch eine jährlich im Voraus zu entrichtende Geldrente zu entschädigen. Die vorschriften der § § 858, 860 finden entsprechende Anwendung.

(25) Motive zum dem Entwurfe eines Bürgerlichen Gesetzbuchs für das Deutsche Reich, Bd. III, Sachenrecht, 1888, S. 290～291.

(26) Motive, a.a.O., S. 291.

(27) Motive, a.a.O., S. 291.

(28) Motive, a.a.O., S. 292.

(29) Motive, a.a.O., S. 292.

(30) Motive, a.a.O., S. 293.

(31) Motive, a.a.O., S. 291.

(32) Gierke, Der Entwurfe eines bürgerlichen Gesetzbuchs und das deutsche Recht, 1889, S. 330f.

(33) Entw. II. § 830. Felt einem Grundstücke die zur ordnungsmäßigen Benutzung nothwendige Verbindung mit einem öff. Wege, so kann der Eigenthümer von den Nachbarn verlangen, daß sie bis zur Hebung des Mangels die Benutzung ihre Grundstücke zur Herstellung der erforderlichen Verbindung dulden. Die Richtung des Nothweges und der Umfang des Benutzungsrechtes werden erforderlichen Falles durch Urteil bestimmt.

Die Nachbarn, über deren Grundstücke der Nothweg führt, sind durch eine Geldrent zu entschädigen. Die Vorschriften des § 826 Abs. 2 Satz 2 und der § 827, 829 finden entsprechende Anwendung.

Entw. II. § 831. Die Verpflichtung zur Duldung des Nothweges tritt nicht ein, wenn die bisherige Verbindung des Grundstückes mit dem öff. Wege durch eine willkürliche Handlung des Eingenthümers aufgehoben worden ist.

Ist in Folger der Veräußerung eines Theiles des Grundstückes der veräußerte oder der zurückbehaltene Theil von der Verbindung mit dem öff. Wege abgeschnitten, so hat der Eigenthümer desjenigen Theiles, über welchen die Verbindung bisher stattgefunden hat, den Nothweg zu dulden. Der Veräußerung eines Theiles steht die Veräußerung eines von mehreren demselben Eigenthümer gehörenden Grundstücken gleich.

(34) Protokolle der Kommission für die zweite Lesung des Entwurfs des Bürgerlichen Gesetzbuchs, Bd. III, Sachenrecht, 1899, S. 151～152.

(35) Protokolle, a.a.O., S. 152.

(36) Protokolle, a.a.O., S. 153.

(37) Protokolle, a.a.O., S. 153.

(38) Protokolle, a.a.O., S. 155～156.

(39) Protokolle, a.a.O., S. 157.

(40) Protokolle, a.a.O., S. 150.

(41) Staudingers Kommentar zum BGB, Bd. III, Sachenrecht, 1956, S. 507. なお、Denkschrift, S. 126も土地の一

部譲渡による袋地は同条一項の任意による袋地形成の一形態にすぎない、と記している(Münchener Kommentar zum BGB, Bd. 4, Sachenrecht, 2 Aufl., 1986, S. 638. Anm. 14.)

(42) Protokolle, a.a.O., S. 153.

(43) その邦訳は『現代外国法典叢書・独逸民法III』八五頁（昭和三〇年、有斐閣）を参照のこと。本書の用語の訳は同書に従っている。

(44) Münchener Kommentar, a.a.O., §917. N. 1~4.

(45) Münchener Kommentar, a.a.O., §917. N. 5~8.

(46) Münchener Kommentar, a.a.O., §917. N. 9.

(47) Münchener Kommentar, a.a.O., §917. N. 13~14.

(48) Münchener Kommentar, a.a.O., §918は沈黙している。

(49) Staudingers Kommentar, a.a.O., §918. N. 4.

四　オーストリア法

1　必要通行権特別法

オーストリア一般民法典（一八一一年）には必要通行権に関する規定がない。一般に「相隣関係法」に関する規定もまとまったものはなく、民法典に散在する若干の規定のほか、農業・林業に関する特別法のなかで規律されているようである。[1] 民法典では、界標（八五七~八五八条）、境界線の確定（八五〇条~八五三条）、境界線上もしくはその近辺の樹木（四二一条）、境界踰越の樹技（四二二条）、果実採取権（三六四）、掘削の禁止（三六四条）、建築工事の禁止（三四〇条〜三四三条）、という境界に関する規定が中心であり、他にインミシオーネの規定（三六四条）があるぐらいである。だから、採光・観望は合意（地役権）によるしかない。したがって、民法典における相隣関係法はかなり素朴な状態にあり、ローマ法に近い内容にとどまっていたようである。(2)必要通行権も特別法が制定されるまでは同じ状態にあったものと思われるが、一八九六年七月七日の法律によってかなり詳細な規定が用意されることになった。主要な条文を次に掲記しておく。

第一条「(1)　ある土地と公道との間に土地の用法に従いたる耕作又は利用に必要な通行が欠けるとき、当該通路の不存在又は不十分のいずれであるかを問わず、通行の必要を満たすために土地所有者は本法の定めるところに従い他人の土地に対して裁判による必要通行の設定を請求することができる。ただし、民法典第三六五条およびその他このために定められた法律による収用又は無償供与の要件が存在しないことを要する。

(2)　本法の適用において通行とは通路の設備（開設された通路）および通路の設備がなくして行使される通行権限をいう。」

(3)　（削除）

第二条「(1)　必要通行の設定要求は、必要通行による利益が、承役地に全体として生ずる不利益を超えないときには認められない。また、通行の欠缺が本法施行後に生じたる土地所有者の著しい不注意によるものであるときも同様である。

(2)　必要通行は既存通路よりも短かい通路を取得するためには認められない。

第三条「必要通行は、徒歩地役、家畜誘導地役、車輛地役またはこれら既存通行権の拡張から成る。既存の私道の共同利用または他人の土地における通路の開設も必要通路として認められる。」

第四条「(1)　必要通行の種類、範囲、通行場所および利用の細部にわたる態様は、必要状態にある土地の需要によって定まる。他人の土地に最小の負担となり、かつ当該土地所有者にも最小の負担となること、同時に通行を必要とする所有者に最小の費用を生じさせることが斟酌される。通路の設備を承認することは可能なかぎり制限される。

(2)　必要通行は承役地の規則的な耕作または利用を不可能もしくは侵害しないときに限り認められる。

(3)　建物、閉鎖された作業場、住居に付属し他人の出入を禁止するために囲まれた庭園、または公共的観点から必要通行の利用が許容されない土地に対しては、必要通行権の設定は認められない。」

第五条「(1)　必要通行を要する土地の所有者は、必要通行の設定によって承役地に生じたるすべての損害に対して相当なる償金を一括払いで支払うことを要する。

(2)　償金請求権は承役地の所有者が直接、通行を必要とする所有者に対して行使する。当該土地に対する他の権利者(用益権限者、賃借人等)については、償金額がその満足のために用いられる物権でないかぎり、当該土地の所有者がその償金請求権を行使する。償金額の決定に際してはかかる権利者が必要通行の設定によって蒙むる損害を斟酌する。[3]」

第六条以下省略。

2　必要通行の要件・内容・手続

(1)　必要通行を忍容する義務はオーストリアでも所有権の制限ではあるが、「法定地役」(legal Servitut) と観念され、裁判官の判決によって法的に効力が発生する。[4]そこで、必要通行は「収用」か「所有権の制限」かという議論が今日でもあるようである。[5]

この必要通行は、公道への通行が不十分な土地にも認められるが、所有権の重大なる侵害となるので、通行利用者側の重要な利益を選択することが唯一の可能性であると判断されるときにのみ認められる。それ故、法文は制限的に解釈される(法四条一項後段)。通路の短縮のためには認められないのはこの故である(法二条二項)。また、事前の措置(家の門扉を移しかえるごとし)によって通行の必要をなくす努力をしなければならない。他に通路があっても、単なるプレカリウム的利用にとどまるときは、本法の保護をうける。[6]ただし、物権ないし債権的利用権があるときは必要通行の要件を充たさない。[7]

法文にいう「土地の用法に従いたる耕作又は利用」とは、農業だけではなく、商・工業等すべての種類の経営を含む。請求権の主体は所有者と建築権限者 (Bauberechtigte) であり、その他の物権者、債権者は必要通行を請求でき

ない。(8)

(2)　必要通行が認められない場合を法文から整理すれば次のようになる。

①他の法律（たとえば、民法典第三六五条は公共の福祉による所有権の譲与を義務づけている）による収用・無償供与の要件があるとき（法一条一項）。

②申立人の利益が承役地所有者の不利益よりも大きくないとき（法二条一）、または必要通行によって承役地の規則的な経営・利用が著しく侵害されるとき（法四条二項）。

③通路の欠缺が要役地所有者の著しい不注意（重過失）によるとき（法二条一項）（通行地役権の放棄。通路のない土地の購入はこれに該当せず）。前主の重過失は、訴訟継続中の権利取得でないかぎり、承継しない。

④既存通路の短縮のためにのみ請求したとき。（法二条二項）。ただし、短縮しないと事業の収益をあげることができないときは、この限りでない。

⑤公共的利益の考慮と対立するとき（法四条三項）。

⑥建物、囲まれた庭等に対して請求したとき（法四条三項）。私生活の利益を保護するためである。(9)

(3)　必要通行の内容は、徒歩通行・家畜誘導・車輌通行、又はこれら既存の通行権の拡張を、通路の新設または通路の共同利用によってなしうる。法文の列挙は限定的である。たとえば、丸太を回転させるための通行は認められない。時間的に限定することも、永続使用も可能とされる。

(4)　土地の一部譲渡に起因する必要通行については、特別法は何らの規定をも用意していない。原則として分割地に必要通行が設定されると解されている。(11)

償金は一括払い（元本）で支払われることになっているが、定期払いを排斥しない。額の算定に際しては、当該土地の取引価額の減少、および経営上の損失等の不利益のほか、将来の損害も含まれる。(10)

(5)　なお、通路の設備が必要な場合、承役地所有者は要役地所有者に対し通路にあたる土地部分の買取を請求できる旨の規定もおかれている（法八条）。

(6) 必要通行権の裁判手続は、通常の訴訟手続によるのではなく、特別訴訟手続（Außerstreitverfahren）で裁定される（法九条三項、一六条八項）。管轄権は地区裁判所（Bezirkgericht）に属する。この場合、強制執行法による仮処分によって「暫定的な必要通行」（provisorsicher Notweg）をも許容できる。当事者は両土地の登記簿上の所有者であるが、要役地の物権者も可能である（法五条二項参照）。手続きは善意の取得者に対しても維持される（法一八条）。鑑定人の（二名）指名が必要とされるが、裁判所は、以上の諸要件に従い、自由に心証をうることができる（法第一五条一項）[12]。

(7) オーストリア法は必要通行権について非常に細やかな配慮をしているが、その要件・内容については諸外国と基本的には共通している。ただし、承役地所有者に通路部分の買取請求を認めていることと、手続的な配慮をしている点に立法論として学ぶべきところがあるように思われる。

これに対して、土地の一部譲渡による袋地通行権については特に関心をもっていない。立法者は、約定通行地役権にゆだねる趣旨であったのであろうか。

（1） Gschnitzer, Lehbuch des österreischen bürgerlichen Rechts, Sachenrecht, 1985, S. 64.

（2） Gschnitzer, a.a.O., S. 64ff.

（3） § 1. (1) Für eine Liegenschaft, welche der für die Zwecke einer ordentlichen Bewirtschftung oder Benützung nötigen Wegeverbindung mit dem öffentlichen Wegenetze entbehrt, sei es, daß ein Wegeverbindung gänzlich mangelt oder daß sie unzulänglich erscheint, kann der Eigentümer in jenen Fällen, in denen für die Befriedigung des Wegebedürfnisses nicht die Voraussetzungen der Enteignung oder unentgeltlichen Gestattung nach § 365 ABGB oder nach sonstigen hiefür erlassenen Gesetzen eintreten, die gerichtliche Einräumung eines Notweges über fremde Liegenschaften nach Maßgabe dieses Gesetzes begehren.

(2) Für die Anwendung dieses Gesetzes wird unter dem Ausdrucke "Wegeverbindung" eine Weganlage (ein gebahnter Weg), wie auch eine ohne den Bestand einer Weganlage ausgeübte Weggerechtigkeit verstanden.

(3) aufgehoben durch RGB1 1913/7.

§2. (1) Das Begehren um Einräumung eines Notweges ist unzulässig, wenn der Vorteil des Notweges nicht die Nachteile überwiegt, welche durch denselben den zu belastenden Liegenschaften insgesamt erwachsen, ferner, wenn der Mangel der Wegeverbindung auf eine nach dem Inkrafttreten dieses Gesetzes eingetretene auffallende Sorglosigkeit des Grundeigentümers zurückzuführen ist.

(2) Zur Erzielung einer kürzeren als der bestehenden Wegeverbindung wird ein Notweg nicht gewährt.

§3. Der Notweg besteht in der Servitut des Fußstiges, Wiehtriebes oder in der Erweiterung solcher bereits bestehender Wegerechte; insbesondere kann als Notweg auch die Mitbenützung eines vorhandenen Privatweges oder Herstellung einer Wegeanlage über fremden Grund und Boden bewilligt werden.

§4. (1) Für die Art, den Umfang und die Richtung des Notweges und die näheren Modalitäten seiner Benützung ist das Bedürfnis der notleidenden Liegenschaft maßgebend. Zugleich ist jedoch darauf Rücksicht zu nehmen, daß einerseits die fremden Liegenschaften möglichst wenig belastet und deren Eigentümer möglichst wenig belästigt, anderseits dem wegebedürftigen Eigentümer möglichst geringe Auslagen verursacht werden; insbesondere sind die Fälle der Bewilligung einer Weganlage möglichst einzuschränken.

(2) Der Notweg kann nur insoweit eingeräumt werden, als durch denselben die regelmäßige Bewirtschaftung oder Benützung der zu belastenden Liegenschaft nicht unmöglich gemacht oder erheblich beeinträchtigt wird.

(3) Die Einräumung eines Notweges durch Gebäude, geschlossene Hofäume und bei Wohnhäusern befindliche, zur Verhinderung des Zutrittes fremder Personen eingefriedete Gärten, ferner über solche Grundstücke, welche aus öffentlichen Rücksichten die Benützung als Notweg nicht gestatten, ist ausgeschlossen.

§5. (1) Der des Notweges bedürftige Grundeigentümer hat für allen Schaden, welcher durch die Einräumung des Notweges den mit demselben belasteten Liegenschaften etwa zugefügt wird, eine angemessene Entschädigung in einem Kapitalbetrage zu leisten.

(2) Der bezügliche Entschädigungsanspruch kommt dem Eigentümer der belasteten Liegenschaft gegen den wegebedürftigen Eigentümer unmittelbar zu. Andere an dieser Liegenschaft Berechtigte (Nutzungsberechtigte, Bestandnehmer usw.) sind mit ihren Entschädigungsansprüchen, sofern es sich nicht um dingliche Rechte handelt, zu deren Befriedigung das Entschädigungskapital zu dienen hat (§22), an den Eigentümer derselben gewiesen; bei der Feststellung der Entschädigung ist auch auf diejenigen Nachteile Rücksicht zu nehmen, welche diese Berechtigten durch die Einräumung des Notweges erleiden.

Gesetz vom 7. Juli 1896 betreffend die Einräumung von Notwegen, RGB1 140, idF RGB1 1913/7

(4) Rummel, Kommentar zum Allgemeine Bürgerlichen Gesetzbuch, Bd. II, 1984, §480 (Petrasch). B.N. 5; Gschnizer, a.a.O.S. 64～65.

(5) Gschnizer, a.a.O., S. 133.

(6) Rummel-Petrasch, a.a.O., N. 5.

(7) Gschnizer, a.a.O., S. 130.

(8) Rummel-Petrasch, a.a.O., N. 6.

(9) Rummel-Petrasch, a.a.O., N. 8.

(10) Rummel-Petrasch, a.a.O., N. 9.

(11) Rummel-Petrasch, a.a.O., N. 9.

(12) Rummel-Petrasch, a.a.O., N. 11; Gschnizer, a.a.O., S. 133.

第三章　日　本　法

一　民法典の立場

1　旧民法

旧民法は財産編に「地役」の章（第五章）をもうけ、「地役ハ法律又ハ人為ヲ以テ之ヲ設定ス」（第二一四条二項）として、いわゆる「法定地役権」制度を採用した。この法定地役は、隣地立入権と通行権（二一五条～二二三条）、水の疎通・使用・引入（二二四条～二三八条）、経界（二三九条～二四四条）、囲障（二四五条～二四八条）、互有（二四九条～二五七条）、観望・明取窓（二五八条～二六〇条）、或る工作物に要する距離（二六一条～二六四条）に分かれる。

地役権を法定地役と法律行為による地役とに二分し、自然地役を採用しなかったのはイタリア旧民法の影響による。また、囲繞地通行権と隣地立入権[1]とをセットにして規定しているのも、イタリア民法の影響と考えて大過ない。

(1)「法定地役権」論　旧民法は法定地役の制度を採用したが、必ずしも全面的に支持されたわけではない。ボアソナードによれば、法定地役権と呼称される地役のなかには、古くから学説でも批判されているように、所有権の行使の制限ないし自由の制限にすぎないものもある。また、所有権の「負担」といえるものでも、界標・囲障設置の義務は、土地の一方の便益とはいえず、隣人間の相互的な利益において約定される。しかし、起草者が従来の区別を無視しえなかったのは、一般に承認されている伝統を軽視できなかったことのほかに、地役権として資格づけないことがかえって困難である法律上の義務があったからである（囲繞地通行権、かんがい用引水権、湿地の排水権等）。(2)

理論的には、法定地役とされているものを三ないし四に区分することができるが、(3) 立法上は純粋な理論を実際上の利益のために犠牲にせざるを得ない。古来より「簡潔性が法の目的」である。そこで、所有権の種々の態様を不適切ではあるが法定地役と称し、人の行為によって設定される地役を真の地役権とした、という。(4)

このように、ボアソナードも法定地役の観念に問題があることをはっきりと認識していたが、しかし、囲繞地通行権についてはこれを所有権の制限とは構成できず、真の地役であると考えていたことをとくにここで指摘しておきたい。

(2)　通行権については次の六カ条が用意されていた。

第二一八条　「①或ル土地カ他ノ土地ニ囲繞セラレテ袋地ト為リ公路ニ通スル能ハサルトキハ囲繞地ハ公路ニ至ル通路ヲ其袋地ニ供スルコトヲ要ス但下ニ記載シタル如ク二様ノ償金ヲ払ハシムルコトヲ得

②土地カ堀割若クハ河海ニ由ルニ非サレハ他ニ通スル能ハサルトキ又ハ崖岸アリテ公路ト著シキ高低ヲ為ストキハ之ヲ袋地ト看做スコトヲ得」

第二一九条　「①袋地ノ利用又ハ其住居人ノ需要ノ為メ定期又ハ不断ニ車両ヲ用ユルコトヲ要スルトキハ通路ノ幅ハ其用ニ相応スルコトヲ要ス

②通行ノ必要又ハ其方法及ヒ条件ニ付キ当事者ノ議協ハサルトキハ裁判所ハ成ル可ク袋地ノ需要及ヒ通行ノ便利ト承役地ノ損害トヲ斟酌スルコトヲ要ス」

第二二〇条　「①通路ノ開設及ヒ保持ノ工事ハ袋地ノ負担ニ属ス

②承役地ノ建物又ハ樹木ヲ取除キ又ハ変更セシムルノ必要アルトキハ一回限ノ償金ヲ其所有者ニ弁償ス

③此他承役地ノ使用又ハ耕作ヲ減シ及ヒ永ク其地ノ価格ヲ減スルニ付テノ償金ハ毎年之ヲ弁償ス」

第二二一条 「①袋地タルコトノ止ミタルトキハ通行ノ権利及ヒ毎年ノ償金ノ義務ハ従ヒテ消滅ス
②要役地ノ所有者ハ未タ払期限ノ至ラサル償金ノ六个分ヲ払ヒテ常ニ通行ノ権利ヲ抛棄シ及ヒ之ニ対スル義務ヲ免ラルルコトヲ得」
第二二二条 「①当事者ハ通行ヨリ生スル永久ノ損害ノ賠償又ハ毎年ノ償金ノ買戻ヲ随意ニ元本ニテ定ムルコトヲ得
②孰レノ場合ニ於テモ袋地ノ止ミシトキハ右元本ハ之ヲ全ク返還スルモノトス但反対ノ合意アルトキハ此限ニ在ラス」
第二二三条 「土地ノ一分ノ譲渡又ハ共有者間ノ分割ニ因リテ袋地ノ生シタルトキハ譲渡人又ハ分割者ハ賞金ヲ受クルコト無クシテ通路ヲ供スルノ義務ヲ負担ス此義務ハ公路ノ創設ニ因リテ袋地タルコトノ止ミシトキハ消滅ス」

(3) まず、本来の囲繞地通行権について、原案となったボアソナード草案（一八八二年版）とその註釈を参考にしながら検討してみよう。

(イ) 袋地であると、「それは人が居住できないし、耕作その他の開発もできない」。それ故「隣人の利益は、一般利益（l' intérêt général）に対しても、袋地所有者の個人的利益に対しても譲歩しなければならない(5)」というのが、この制度の趣旨である。この通行地役が自然地役でないのは、共有物分割、土地の一部譲渡によっても成立することから明らかになる。この場合、土地所有者の不注意（imprévoyance）に起因し、「法律は、実際、人の過失を治癒するために介在したものである」。このように通行権の成立原因が純粋に自然ではないので、通行権は償金を支払うことによってしか取得できない(6)、とされる。

囲繞地通行権の立法趣旨はフランス法と基本的には大差がないといえようが、一般利益をとくに強調しているとはいえないであろう。

(ロ) 通行権の要件に関しては、フランス法は通行が最短距離となる旨を定めていた。これに対して、ボアソナードがこれを採用しなかったのは、最短距離が、たとえば急傾斜の場所で最大の不便となりうること、また逆に、最短距離が、たとえば植物を除去する必要のある場所で囲繞地にとって最大の損害となりうることを懸念したためである。

したがって、両者の利害をよく調整するように努めねばならないことから、ボアソナード草案(「物権の部」第二三三条)は、「できうる限り、通行の便宜と通行地に対する最小の損失とを調和すること」(…, qui concilie, autant que possible, la commodité de la voie avec le moindre dommage aux fonds traversés.) が必要である旨を定めていた。旧民法第二一九条二項は右の趣旨を承継している。具体的には、場所の検証、専門家の鑑定によるべきことを指摘している。(7)

(ハ)　旧民法は「公河川」が「公道」になるかどうかの問題を立法的に解決した。フランス民法典でも未解決の難問であった、という。法律上の用語からいえば、これも公道に含まれるが、「動く道路」で、その利用は困難と危険をともなうことから、第二一八条二項の規定がおかれた。具体的には、裁判所が、地方の慣行を考慮して、河川により囲まれた土地が袋地であるかどうかを個別的に判断することになる。(8)

袋地と公道とに「著しい」高低があるときも、通行権が成立する。土地の開発を妨げることになるからである。高低が「著しい」かどうかは、当該土地の性質・開発方法を考慮して判断される。(9)

なお、公道との通行が何らかの事故で一時的に遮断されたときに、隣地を通行するしか他に通行方法がないならば、隣地所有者は通路を提供しなければならないが(償金なくして)、この措置は警察の責務である、という。(10) この種の通行権は、例のローマ法源（D. 8. 6. 14 § 1）を意識して言及されたものであろう。本来の囲繞地通行権とは異質のものである、という趣旨と解される。

(ニ)　旧民法は「車輌通行権」についても特別な配慮をしている。この種の規定はフランス民法典にはなかった。イタリア旧民法の影響であろう。その規定の趣旨は、通行が人のためにしか与えられないと、法律が必要通行を定めた目的が完全には達成しえないか、もしくは非常に不十分にしか達成しえないからである。袋地が住居として利用されている場合でも、人の通行だけではなく、食物の貯蔵のために車輌は常に必要となる。農業、工業、商業による開発の場合には、より以上に車輌が必要となろう。なお、土地の開発・利用が一年のうちの一定時期にのみ必要な場合(農業や林業で)、その期間だけしか通行できない。(11)

(4) (イ) 償金支払義務については、旧民法はボアソナード草案をかなり大きく修正している。ボアソナードの原案では次のように定められていた。

第二三四条「償金は元本で定められる。ただし、当事者又は裁判所が、多少とも近い時期に、袋地を解消する公道の新設又はその他の事件があると考えるときは、この限りではない。この場合には、償金は年賦金により定められる。

償金が年賦金により定められる場合には、通行および毎年の償金は、袋地が解消したとき、各々その義務は消滅する。

償金が元金で定められ、かつ袋地が解消したときは、承役地の所有者は受領した償金を返却して通行権を免かれることができる。(12)」

右の規定の趣旨をボアソナードは次のように説いている。法定通行地役権の原因である袋地は、通常、その存続に限定がない。それ故、償金も一度払いの金額で定められている。もっとも、袋地状態は公道の新設や要役地所有者による承役地の取得(混同)により解消することもあるが、これらはいずれも特別の場合(例外)である。新公道が築造される場合に、行政庁によって多少とも長期の計画がなされる可能性もあり、このときには年賦金で償金が定められ、やがて通行の必要が消失すれば、償金支払義務も解消する、と。(13)

旧民法は償金を二態様に区別している。一は、一度払いで、二は、年賦払いである。一度払いの償金は、承役地上の建物・樹木を除去・変更する場合に限定される(第二二〇条二項)。承役地の使用等による償金は年賦払いである(同条三項)。通常、必要通行による償金は後者を指すであろう。ボアソナード草案第二三四条はこれを一度払いに限定したが、旧民法は一度払いをむしろ例外としている。

ところで、この一度払いの償金が支払われるとき、事情にもよると思われるが、法文上は承役地上の建物を取り壊すことも可能とされている。このような立法的措置は、本書がこれまで検討したヨーロッパ諸法にはみられなかった。日本の民事慣行にそのような例があったのであろうか。規定の趣旨はよくわからない。

(ロ) 旧民法第二二二条は、いわゆる「償金の買戻」について規定している。これは通行利用者が一時金(元本)を支払うことによって、償金義務から解放されることを意味する。ボアソナード草案（第二三五条）では、通行権成立から「五年後に」、「年賦金の二〇倍に等しい元本を支払う」ことによって、義務者は償金支払義務を免れることができた。この「買戻」（rachat）の趣旨は次のように説明されている。毎期の年賦金支払義務の履行は煩しいだけではなく、しばしば紛争の原因ともなる。支払期間が確定していないときやいつまでも続くときは、元本の支払で年賦金支払義務を消滅させる権利を義務者に与える必要があり、フランスでもこの種の買戻権が古くから認められていた[14]。そこで、ボアソナードがこれを採用したわけである。

他方、承役地所有者側も、年賦金が二年間にわたり不履行のときは、右と同じ額の元本を請求できるようになっていた（同条二項）。

いずれにせよ、旧民法二二二条一項は、ボアソナード草案をかなり大幅に修正しているように思われる。なお、要役地所有者が年賦金の六ケ月分を前払いして通行権を放棄できる旨の規定（二二一条二項）は、ボアソナード草案には存在しなかったことを付言しておく。

(5)　旧民法は土地の一部譲渡・共有物分割に起因する袋地通行権についても規定している。第二二三条はボアソナード草案第二三六条[15]と変わるところがない。この規定の趣旨について、ボアソナードは次のように説いている。

「本条によって定められた特別の場合には、袋地を生じさせた怠慢は袋地部分を譲渡した所有者とその取得者とが等しく非難されるべきである。

それ故、譲渡人は彼が負担しなければならない通行に関し償金を請求しうる権利を有しないということは正当である。なお、他人に権利を譲渡したときには、譲渡した権利の利用手段をも譲受人に保障する義務を負担する。

かかる規定は、法律が沈黙したとしても、売買・分割の担保責任に関する一般原則によって補充されるであろう。フランス民法典にこの種の規定が存在しないのは、おそらくそのような理由による。しかし、イタリア民法典（第五九五条）にはこの種の規定があり、日本民法典においてこれを定めることに何のちゅう躇もいらない。

袋地の解消によって、地役権は当然かつ何らの原状回復義務もなくして消滅する。しかし、法文は、無償かつ共通の利便となる新規の公道の開設がある場合にのみ、地役権の消滅を肯定した。したがって、袋地状態が、袋地所有者による隣地の取得や、他の通行権限の合意による取得に基づき、解消したとしても、ここでの袋地通行権は、別の合意に起因するという理由で、なお存続するであろう(16)」と。

ボアソナードの趣旨説明は、当時のフランス法やイタリア法の立場を踏襲したもので、特段の独自性は認められない。ことに、この「無償通行権」が袋地の起因となった売買等の譲渡行為における約定によるものであり、したがってまた、譲渡人が囲繞地を留保したケースについてのみ、規定している。売主の担保責任の問題として処理できる、というのも、ボアソナードの立場をより鮮明にしているといえよう。なお、袋地解消による無償通行権の消滅を公路の開設にのみ限定したのは、彼の立場の特徴的な点であろう。

2　現　行　法

(1)　「法定地役権」論　　現行法の起草者は旧民法のいう「法律上ノ地役」を廃止した。これらの権利義務関係を「所有権の限界」の中へ取り込んだことは周知の事実である。次のようにいう。

「元来此法律上ノ地役ト云フモノハ詰ル所土地ノ所有権ノ作用ヲ定メマシテ甲ノ土地ノ所有権ト云フモノハ幾分カ隣リノ地面ニマテ及フト云フコト夫レカ同時ニ其隣リノ乙ノ地面カラ見マスルト云フト自分ノ所有ノ土地ノ上ニハ如何ナル権利ヲモ持ッテ居ルト云フ其権利カ幾ラカ狭マイ法律ノ規定ニ依テナッテ来ルト云フコトニナッテ来マス、シテ看ルト詰リ法律ヲ以テ所有者ノ権利ノ範囲ヲ極メルノテアッテ……詰ル所所有権ノ及フ所即チ此処ノ言葉デ云フト限界ヲ示シタ規定ト看ナケレバナラヌ……(17)」。

起草者によれば、地役権は「所有権ノ内デ或種類ノ権利丈ケヲ殺イテ然ウシテ夫レヲ外ノ人ニ与ヘル夫レ丈ケノモノガ一ツノ特別ナル権利(18)」でなければならない。ところが、法定地役はこのような特別の権利とはいえない。ドイツ、スイス、オランダ等の外国の立法でも同じ立場にあり、フランスでも学者において議論があるので、法律上の地役という特別な制度は採用されないことになった。

囲繞地通行権についても、「隣地面ヲ通ラナケレバ公路ニ往クコトガ出来ヌト云フ場合ニハ隣地面ヲ通ッテモ宜イ又人ヲ通サナケレバナラヌモノデアルト云フコトニ即チ土地ノ所有権ハ極ツテ居リマス」ので、所有権の限界の方に入れるのが正しい、とされた。[19]

(2)　囲繞地通行権　現行法は旧法の細部にわたる規定を大幅に簡略化した。旧法を念頭におきながら、現行制度の立法趣旨を具体的に検討してみよう。

(イ)　まず通行権の主体について議論が始まっている。旧法で、「囲繞地ハ公路ニ至ル通路ヲ其袋地ニ供スルコトヲ要ス」とあり、通行権の主体を所有者に限定していないのに対して、修正案（現行法第二一〇条）では所有者についてのみ言及されているのは何故か。これに対して、起草者は次のように回答している。

「何ウモ占有者ト云フヤウナ字ヲ使ウ訳ニハ往マセヌ占有者ダカラ通行スルコトノ出来ヌ訳デハナイ所有者又ハ所有者カラ権利ヲ得テ居ル者デアレバ通行スルコトガ出来ルノデアリマス而シテ所有者ハ他人カラ権利ノ行使ヲ妨ゲラレナイモノデアッテ権利ヲ行使シ通行スルコトガ出来ルノデアリマスカラ占有者トハ書ケナイ詰リ所有者ハ然ウ云フ権利ガアルカラシテ其所有者ヨリ権利ヲ得タル者並ニ其所有者ノ代理人ハ通過スルコトヲ得ルト云フ考ヘデ『土地ノ所有者ハ云云通過スルコトヲ得』ト書イタノデアリマス。」[20]

右の説明から判断すると、全くの無権限占有者には通行権は与えられないことになりそうである。しかし、客とか取引する者などは通行権をもつのかとの質問に対して、その家に「平成来ル者」は「所有者ノ許可」をうけて来たものとみて差し支えない、と応答している。[21] 所有者に限定する必要はないので、適切な用語があればそれに替えたいとも述べており、これに応じて、他の委員（末松謙澄）が「往復する者」との提案をなし、これが採用されて、起草者は次のような修正案を提出した。

「或土地カ他ノ土地ニ囲繞セラレテ公路ニ通セサルトキハ其土地ト公路トノ間ニ往来スル者ハ囲繞地ヲ通行スルトヲ得」ところが、袋地所有者が通行権を要求しなくとも往来する者が勝手次第に通行権を要求しうる権利をもつのか、との質疑に対し、梅が袋地へ「往ク必要カアッテ往ク者ハ其処ノ所有者カラ求メヌデ往クコトガ出来ル」と答弁したため、会議が紛糾し、結局、曲折を経て原案に戻り、ただ原案の「通過」を「通行」と改めて、一件落着した。

右のような議論から判断すると、通行しうる者は、それが袋地所有者の意思に基づくかぎり、何人でもよい、というのが委員会での共通認識であったといえよう。もっとも、委員会では、囲繞地通行権の主体たりうる者と、かかる通行権の存在を前提にして通行利用を許容される者との区別ができていなかったといえよう。このことは何を意味するか。おそらく、当時のいう囲繞地通行権とは、袋地を「通過」できる権利と称されていたように、その都度かぎりの通行利用であったものと思われる。梅自身、囲繞地に損害がないならばどこを通ってもよいとし(畑地で植物の植えていない空地部分のごとし)、だから「通行」というよりも「通過」という用語の方が穏当だと考え、当初の原案ではこの用語を使用していたぐらいである。(22) かかる立場では、たしかに袋地所有者の通行権も袋地を往来する客の通行権も全く同質のものであると考えられても不思議ではない。しかし、これでは袋地の経済的効用(フランス法にいう「土地の開発」)という視点が後退し、制度として囲繞地通行権を確立した意義が半減し、また近代ヨーロッパ諸国のそれともやや趣旨の異なるものになってしまうであろう。もっとも、「通路」が開設された場合は結果的には同じことになろうが。

ちなみに、梅が、通路を開設すれば、日頃来る者ではなく、「他カラ推参スル者」でも通行できる、と述べているのが興味深い。通路が開設されなくとも、囲繞地の特定の場所を通行のために拘束する(被通行地は通行のためにしか利用できない)というのが、近代法にいう囲繞地通行権である。梅のいう通行権は沿革的にはきわめて初期の段階にある(素朴な)必要通行であるように思われる。(23)

(ロ)　袋地の要件についても繰り返し質疑・応答がなされている。要役地に地役権の成立している私道が接続しているならば、その要役地は袋地ではないが、「只慣習上通ッテ居ルト云フコトデアレバ」、「何時其通行を止メラレルカモ知レヌ」から、袋地になる。もっとも、「他人ガ故障ヲ言ハナケレバ通路ヲ求ムル必要ガナイト云フノデ許サヌ」こともある、という。[24]このような起草者の説明に対して、そもそも「公路」とは何かについてさまざまな質疑・質問が提出され、公路を「公道」に修正せよとの意見が何度も主張されたが、結局、委員会では、私道であっても「公衆ノ通レル道」であれば「公路」であるという考え方で決着がついたように思われる。[25]

(ハ)　通行の場所・方法に関する旧民法二一九条は結局、現行法二一四条に修正されている。その理由は、「モット簡明ニ書」く必要があり、細かく書くとかえって書いていないことについて疑問が生ずることから、「原則ヲ示シテ置テ其適用ハ裁判官ノ斟酌ニ任セル方ガ宜カロウ」という点にあった。[26]したがって、現行法は「車輛通行」について明文の規定を欠くが、所有者のために「必要」な通行使用のなかに、たとえば馬車で通行することも含まれると考えられていた。[27]

なお、通行できない場所として、「庭前」や「住居ノ真中」が指摘されており、「遠クッテモ向フノ害ニナラヌ所ヲ通ラナケレバナラヌ」[28]というのが起草者の立場である。

(3)　償金請求権

「償金」に関する規定も大幅に簡略化されている。

(イ)　現行法二一二条が旧民法二二〇条に対応する。旧法二二〇条二項は「承役地ノ建物又ハ樹木ヲ取除キ又ハ変更セシムル必要アルトキハ一回限ノ償金ヲ其所有者ニ弁償ス」とあり、現行法はこれを「通路開設ノ為メニ生ズル損害」とおきかえている。起草者は「意味合ヒハ別ニ変ハリマセヌ」と説明しているので、[29]一時金で損害を賠償すれば、通路を開設するために承役地上の建物を取り壊すことも可能だと考えられていたことになろう。しかし、右の表現方法だけでそのような意味をも含ませることは、いかに簡略化を基本理念としていたといっても、立法技術的にみて問題であった。

なお、通行の使用等による損害は、旧法二二〇条三項では年賦で支払うことになっているが、現行法では一時に支

払うことも可能である旨の表現方法に修正されている。(30)

(ロ)　いわゆる「償金の買戻」の規定（旧法二三二条）は全部削除された。同条一項は規定がなくとも当事者は「当然出来ル」し、また、袋地解消による償金の返却についても、受領した元本をすぐ消費することも少なくないし、一〇数年後に元本を返えせといわれては所有者が大変迷惑することになるので、この問題も当事者の自由にゆだねるのが妥当と判断された。(31)

(ハ)　袋地が解消した場合に償金支払義務も消滅する旨の規定（旧民法二三二条一項）も当然のことなので削除された。通行権の放棄と償金に関する同条二項については、囲繞地通行権は「公益上ノ理由ニ基ヒテ規定セラレテアリマスカラ」、所有者の意思だけで「自分ノ子孫、特定承継人ニ対シテマデモ効力ノアルヤウニ」通行権を放棄することはできない、ということから、この原則も削除されることになった。(32)

(4)　(イ)　土地の一部譲渡・分割の場合　土地の一部譲渡等に起因する無償通行権については、現行法二一三条が旧民法二二三条に対応しており、基本的にはボアソナードの考え方が現行法に承継されている。

「此場合ニ於テハ所有者ノ過失デアリマス……其人ニ罪ガアッテモ其土地ニ罪ハアリマセヌカラ利用シテヤランケレバナラヌ夫レデ少シ位ハ不便デモ其場合ニ於テハ元ト一所ニナッテ居ッタ土地ヲ通レバ宜イノヲ自分共ノ過失ニ由テ然ウ云フ風ナ分ケ方ヤラ何ンカシタラ為メニ近所ノ人ニ迷惑ヲ掛ケテハ相成ラヌト云ウコト」である。(33)

起草者によれば、この無償の通行権の性質は本来の囲繞地通行権のそれとは変らず、ただ、被通行地が限定され、かつ無償である、という点で異なるにすぎない。(34)したがって、フランスやイタリアで解釈されていたように、売買契約に基づく権利（担保責任の問題）ではなく、あくまでも所有権の拡張・制限の問題として位置づけられていたことになろう。実際、現行法は、土地の譲渡人、譲受人のいずれが囲繞地部分を取得したかは問わず、無償通行権が成立すると定めている。したがって、起草者が旧民法と「全ク意味ガ同一デアリマス」(35)というのは正しくなかったであろう。(36)ところで、委員会ではこの通行権の「無償性」については全く議論されていない。後に梅は自著のなかで次のようにその理由を説明している。

「右孰レノ場合ニ於テモ分割若クハ譲渡ヲ為ス場合ニ於テ甲ノ部分ノ所有者カ乙ノ部分ヲ通行スヘキコトハ法律ノ規定ニ依リテ定マレル所ナルカ故ニ其分割若クハ譲渡ヲ為スニ當リ當事者ハ必ス之ヲ豫期シテ分割ノ部分ヲ定メ又ハ代價ヲ定ムル等總テ其分割、譲渡ノ行為中ニ於テ此通行権ニ着眼シタルモノト看做サザルコトヲ得ス故ニ其通行地ノ所有者ハ此権利ノ為メニ特ニ損害ヲ被ムルモノト云フコトヲ得ス從テ之ニ對シ償金ヲ拂フコトヲ要セサルナリ。[37]」

(ロ)　袋地が解消した場合、旧民法は、公路の新設によるものであるときにのみ無償通行権も消滅するとしていた。これに対して、梅は「特約カ何ニカナケレバ地面ヲ買ッタ為メニ隣リノ地面ヲ通行セヌデ済ムヤウニナッテモ尚ホ通行スルコトヲ許ス必要ハナイト云フ考ヘデアリマス」と述べており、このような立場から、現行法では袋地が解消すれば当然通行権も消滅するので、この種の規定を用意する必要がない、[38]と判断された。

(ハ)　わが国の無償通行権は、フランス民法やイタリア民法のように、売買等の譲渡行為に基づく必要通行権ではなく、所有権の拡張であると構成され、したがってまた、売主等の譲渡人が袋地部分を取得したときにも、売主等が通行権を取得することになり、このかぎりで、同じく「所有権の制限」の中に必要通行を位置づけたドイツ民法（第二草案）と同じ立場にあるが、後者は「無償」であると明言していない。フランス民法六八四条も「無償」については沈黙しているが、判例・学説はすでにこれを無償と解していたので、このような状況を踏まえて、明文を置いたのかも知れない。立法例としてはイタリア旧民法がすでに「無償」通行権を定めていたことも与って力があったであろう。

その意味では、わが国の無償法定通行権はフランス・イタリア法とドイツ法との融合の所産ともいえるであろう。当時のヨーロッパ諸国にも存在しない斬新的な形式をもっていたわけである。しかし、これが要役地又は承役地の特定承継人に承継されるのかという問題については、全く議論されていない。

（1）　隣地立入権については、大島・前掲論文参照。

（2）　Boissonade, Projet de code civil pour l'empire de Japon, tom. I, 1882, p. 418~419.

(3)　ボアソナードは次のような区分けをしている。(1)所有権の態様 (modifications)，境界における共同所有。(2)所有権の制限、ニューサンスに対する防禦。(3)隣人間の義務、溝渠・垣根に関するもの。(4)真の法定地役、公共的な地役である囲繞地通行権のほか排水地役も。Boissonade, op. cit., p. 420.

(4)　Boissonade, op. cit., p. 421.

(5)　Boissonade, op. cit., p. 427.

(6)　Boissonade, loc. cit.

(7)　Boissonade, op. cit., p. 431.

(8)　Boissonade, op. cit., p. 428.

(9)　Boissonade, op. cit., p. 428～429.

(10)　Boissonade, op. cit., p. 429.

(11)　Boissonade, op. cit., p. 429～430.

(12)　234. L'indemnité sera fixée en capital, à moins que les parties ou le tribunal n'estiment que, dans un temps plus ou moins prochain, il sera établi une voie publique ou qu'il surviendra tel autre événement qui fera cesser l'enclave; auquel cas, l'indemnité est réglée en annuités.

Dans ce dernier cas, le passage et l'indemnité annuelle cessent d'être dus, respectivement, dès que l'enclave a cessé.

Si l'indemnité a été fixée en capital et que l'enclave vienne à cesser, le propriétaire du fonds servant peut s'affranchir du passage en restituant l'indemnité qu'il a reçue.

(13)　Boissonade, op cit., p. 432.

(14)　Boissonade, op cit., p. 433～434.

(15)　236. Si l'enclave résulte de la cession partielle d'un fonds ou d'un partage entre copropriétaires, le passage est dû, sans indemnité, par le cédant ou le copartageant, et il cesse de même avec la création d'une voie publique faisant cesser l'enclave, [Voy. 684, *nouveau.*]　「土地の一部譲渡または共有者間での共有物の分割の結果、袋地が生じたるときは、償金なくして、譲渡人又は分割当事者は通行を供与することを要する。公道の築造によって袋地が止みたるときは、通行権は消滅する」。〔フ民六八四条新設規定参照〕

(16) Boissonade, op. cit., p. 434.

(17) 法典調査会「民法議事速記録」法務図書資料（四）四三頁（梅謙次郎）。

(18) 前掲「民法議事速記録」四四頁（梅）。

(19) 前掲「速記録」一〇二頁（梅）。

(20) 前掲「速記録」九五頁（梅）。

(21) 前掲「速記録」九六～九七頁、一〇三頁（梅）。

(22) 前掲「速記録」九五頁（梅）。

(23) ちなみに、梅はわが国の民事慣行では通路の開設まで認めることは少ないと報告している。前掲「速記録」一二四頁。

(24) 前掲「速記録」九七頁、九九頁（梅）。

(25) 前掲「速記録」一二二頁。

(26) 前掲「速記録」一〇四頁（梅）。

(27) 前掲「速記録」一〇四頁（梅）。

(28) 前掲「速記録」九六頁（梅）。

(29) 前掲「速記録」一二五頁（梅）。

(30) 前掲「速記録」一三〇頁（梅）。

(31) 前掲「速記録」一二六頁（梅）。

(32) 前掲「速記録」一二五頁（梅）。
(33) 前掲「速記録」一三四頁（梅）。
(34) 前掲「速記録」一三五頁（梅）。
(35) 前掲「速記録」一三四頁（梅）。
(36) なお、この土地の一部譲渡による通行権については、梅は、「民事慣例類集抔ヲ見テモ中ニハ其ウ云フコトヲ態々書テアル位デアリマス分割ニ因ッテ袋地ノ生ジタ場合ニ於テハ其隣地ヲ通行スルコトヲ得ルト云フヤウナコトデ書テアル位デアリマス」（前掲「速記録」一三六頁）と説明している。
(37) 梅謙次郎『民法要義・物権法巻之二』（明治四一年・訂正増補一六版）一〇四頁〜一〇五頁。
(38) 前掲「速記録」一二五頁（梅）。

二　囲繞地通行権の規範構造

以上で囲繞地通行権の制度史的考察に終止符を打ちたい。いささか廻り道をした観がなくはないが、可能なかぎりわが民法典の起草者の立場を客観的に位置づけたいが故の迂路であったものとご了解を願いたい。起草者が見落していた視点、又はやや強引に切り捨てたりもしくは突出させた部分があるとすれば、それを補完又は復元・修正することは、現行解釈論にとって重要な課題の一つといえよう。ことにわが民法典の起草者は、比較法的素材は十分すぎるぐらいに収集していたが、個々の制度の沿革的考察になると、果たしてどれだけの力を注いでいたかについては、当面の資料を検討したかぎりではあるが、釈然としないところもある。

ともあれ、これまでの沿革的検討を振り返りながら、わが国における囲繞地通行権の制度的構造に言及して、本研究の結語に代えたいと思う。

1　囲繞地通行権

(1)　まず、本来の囲繞地通行権（民法二一〇条以下）について。

わが国の囲繞地通行権制度はヨーロッパ諸法（フランス・イタリア・ドイツ）にその多くを負っていることが明らかとなり、この制度が私的利益（所有権）の相互的調整とともに、公共的利益をも実現するものであることについては、起草者・梅謙次郎もこれを認識していた。しかし、この種の通行権が具体的に成立する場合として、公道に接続している土地が当該公道の廃止によって袋地になるときが、その主要なものであると[1]説明していることから窺知できるように、諸外国とは異なり、必要通行が「土地の開発」ないし土地の「通常の用法」のために積極的に活用されるべきものであるとは考えられていなかったといえるであろう。さらに、前述したように、通行権それ自体の構造も、その都度かぎりの通行使用として捉えられ、承役地の特定場所を観念的に支配する権利であるとの理解にまではいまだ十分には至っていなかったようにも思われる。文字通りの意味での、要役地所有権の拡張（反映）であった。同じく必要通行権を「所有権の制限」と構成したドイツ民法典は、裁判官による通行権の創設という構成が「絶対的所有権」観念と矛盾するため、これを「法律による制限」におきかえたように思われ、所有権の制限とはいうものの、必要通行権が「物権的性格の権利[2]」であることは明確に認識されていた。

わが国の起草者は「通路の開設」によって囲繞地通行権が非常に強い権利（つまり物権的権利）になると考えていたのではないかとの疑問すら生じる。しかし、起草者によれば、徒歩通行ぐらいでは余程のことがないかぎり、通路が開設されないのが当時の慣行であったという。おそらく、右の程度の通行（梅によれば「通過」）使用が当時のわが国の土地所有秩序とよく整合していたのであろう。

(2)　このようなわが民法典の姿勢と関連するのであろうか、ヨーロッパ諸法の「必要通行権」規定に共通してみられる文言（要役地の「開発」、「便宜な利用」、「用法に従った利用」）が、わが民法典第二一〇条には欠落している。この文言こそが時代の要請に応じて「必要通行権」制度に活力を与えてきたことはすでに検討した通りである。立法者の「必要通行権」制度に対する消極的な姿勢の端的な徴表ともうけとれるだろう(3)。

もっとも、今日、わが国の判例が囲繞地通行権の弾力的運用に対してやや冷淡な態度をとっているのは、右の立法者の姿勢に直接起因するものでないことはいうまでもない。しかしそれにもかかわらず、その遠因となっていることは否定しがたいように思われる。

新規道路の開設、既存通路の拡幅は、もはや、今日の固定した相隣地土地所有秩序を前提とするかぎり、著しく困難である。いかに「償金」支払義務を強調しようとも、必要通行権の弾力的運用にはおのずと限界が画される。

しかし、その沈滞した制度に活力を与えうるチャンスは、差し当たっては、これが公法的規制と交錯するところに求めることができるであろう。私法理論（「囲繞地通行権」論）が公法的相隣地規制の現実をそのなかに取り込むことによって、かかる制度的限界からみずからをある程度まで解き放つことができるように思われる。この民法学に課された課題は別稿に譲らざるを得ない(4)。

2　無償囲繞地通行権

(1)　次に、無償通行権について検討してみよう。

元来、ローマ法の影響の強い時代（中世）では、ローマに法文のあった遺贈による土地分割（袋地化）の場合は別にして、土地の一部譲渡（売買を中心とする）により袋地が形成され、分譲囲繞地（残余地）を介してしか公道に出入りしえないときでも、売主は明示の特約がない限り買主に対して通行を供与する義務がないとされていた。売買契約からはこの種の義務が派生しないという趣旨である。しかしやがて、「黙示的合意による地役権の取得」（それは「家父の用法」に限定されていた）(5)が袋地にも拡張され、売買により袋地が形成されたとき、売買とは別の黙示的合意により通行地役権が成立するものとされた。以上が近代に至るまでの学説の到達点である。

なお、右の場合、買主が分譲袋地を取得するケースのみが念頭におかれていたことに注意する必要があるだろう。逆に売主が分譲袋地を手もとに残すときには、売主は当然に袋地のために通行を確保する（明示の「地役権の留保」又は通路部分の所有権の留保）措置を講じえたからである。つまり、黙示構成によりわざわざ売主を保護するまでもないと考えられていたように思われる。

(2)　近代以降では、とくにフランスにおいて、本来の客観的袋地状態に基づく囲繞地通行権が規範・制度化されたところ、これによって通行を受忍すべき被通行地の特定が最も困難な問題を惹起したであろうことは推測に難くない。いかに償金による補償があろうとも、強制的に通行権を課される土地の所有者にとっては、きわめて迷惑な話しであって、また、その損失を償金で完全に満足させられるものでもない。したがって、必要通行には厳格な要件が課されることになり、その反面、みずから袋地を形成した所有者はこの保護を享受できないとされた。これは各国での共通認識である。その典型的な例は物理的に袋地状態を形成する場合（建築工事によって通路への通行を遮断するごとし）である。

他方、土地の一部譲渡に起因する「必要通行」は当初いまだ明文化されなかったが、袋地部分を売却し、残余地を留保した売主は、売主の担保責任として買主に対し通行権を供与すべき義務を負担するものと考えられ、ここで前代の「黙示的合意による地役権」論がこの限りで克服される。したがってまた、通行権のためにあらためて償金を支払う義務も生じない。同時に、本来の必要通行権との関係では、袋地部分を取得した買主は、たとえ必要通行の法定要件を充足しても、第三者所有地に対しては必要通行を要求できないとされた。物理的に袋地状態を形成した過失ある所有者と同列におかれたことになろう。

このような理論状況を制度化したのが、サルデーニャ民法とイタリア旧法であった。イタリア法は、買主を売主との関係で法律によって保護し、これに「無償」の通行権を与えると同時に、第三者所有地を「本来の必要通行」の負担から解放した。

ところが、逆に、売主が袋地部分を留保した場合にも同じ扱いでよいのかという問題が提起される。そもそも、土地の権利関係、地理的状況を熟知した売主に買主との関係で必要通行を与えるような契約保護は不必要であるし、まして
やこれを法定することなどは論外であったはずである。しかし、売主が必要通行を有しないとすれば、他に適法な通行権限がないかぎり、袋地の経済的効用は失われる。たしかにこれを売主の責任として放置することも可能ではあるが、すでにみたごとく諸外国では第三者所有地に迷惑をかけないで土地の効用を維持するために売主もまた買主に対して必要通行権を有するとされた。しかし、いうまでもなく、元来、これは売主を保護するためのものではない。

したがって、右のような理論状況を制度として確立したドイツ民法典やわが民法典におけるこの種の規定の眼目は、専ら第三者所有地に通行受忍義務を負わせるべきでない、というところにあったといわねばならない。事実、ドイツ民法典はこの種の規定を、前述したように、「本来の必要通行権」が認められない場合（所有者の任意行為・事実行為による袋地形成）と同視している。わが民法典の起草者も、実質的には同じ判断に基づいて、民法二一三条を立案したことは疑問のないところである。

ただし、具体的な解釈論の場で、買主保護という視点までも捨ててしまってよいということでは決してないであろう。

(3)　この通行権の償金の有無は、通行権供与義務に関する右の議論と密接に関連する。売主は担保義務として買主に対して通行権を供与しなければならない。売買契約時に通行権を明示の合意で留保しなかった買主が、のちに売主に対して通行権を要求するときに、売主があらためて償金を請求するのはいかにも正義の観念に反しよう。いうまでもなく、売主は自己の留保した残余地に、いずれは買主が通行を要求してくることを当然に予期・覚悟している。したがって、そのことを考慮して売買代金を決めうる自由をもっているし、また、通路部分となる土地部分の所有権的利用を断念していることも少なくないであろう。だから、売買代金のほかに通行の償金を請求することは売主として

の責任に本来的に矛盾する、との考えから、この場合には償金支払義務がないと解釈され、かかる解釈を明文化したのがイタリア法であったことは、すでに検討した通りである。

ところが、逆に売主が袋地部分を留保した場合には、右のような事情がない。買主に通路部分となる土地部分の所有権的利用を断念させるような事情は当該売買契約からは導びき出しえない。だから、売主がのちに通行権を要求した場合には、これに償金支払義務を負担させても決して不公平ではないであろう。当時のイタリアでの判例・通説はそのように考えていたし、また、フランスでも同じ立場にある学説があった。ドイツでは、ザクセン民法典がこの場合には売主は償金支払義務を負うとわざわざ明文の規定（三四九条）をおいていたぐらいである。

右のような諸外国の理論・制度を踏まえて、ボアソナードも、買主が袋地部分を取得した場合についてのみ、その通行権を無償としていた。ところが、現行法の起草者は、旧民法と全く同一だとしながら、売主が袋地部分を留保した場合にも、この通行権を無償としたのである。共有物分割の場合は、いずれも所有者であって、いずれの当事者が袋地を取得するかどうかは問題とならないが、売買の場合に、所有者たる売主と買主との立場の相違を問わないとするならば、具体的にその論拠を説明する必要があったはずである。

たしかに、ボアソナードが参照できなかったフランス民法六八四条一項（一八八一年新設）も売主、買主を区別していないので、起草者がこの条文に力を得たことは否定しがたいし、その法文の語法も日本法に近似している。しかし、フランス法にいう無償囲繞地通行権は伝統的に債権的性格をもつものと解釈されており（梅が当時のフランスの判例・学説を知らなかったとは考えられない）、加えて、同条には二項が存在したこともあって、かかる条文、したがってまたフランス法における無償通行権の構造は、梅起草委員（現行法）の基本的立場と整合しなかったといわざるを得ないであろう。

おそらく、起草者・梅謙次郎の眼前にあったのはドイツ民法（第二草案）ではなかったであろうか。起草者は一般に条文の簡潔化を基本理念としていたが、必要通行権についても旧法の具体的で生き生きとした語法を惜しみなく整序した。民法第二一三条も非常に抽象化され、「譲渡人」という用語を削り取り、この無償通行権を譲渡当事者の主体的立場から遊離させ、物的な権利として構築しようとしているので、この限りでは、売主と買主とを区別せず「譲渡による袋地」という客観的事実に依拠するほか本来の囲繞地通行権と同質的なものと位置づけたドイツ民法典に従ったと考えて大過ない。しかし、ドイツ民法がその区別をしなかったのは、前述したように、「通行権忍容義務」にのみ関連する。現に、ドイツ民法典は「無償性」については沈黙しており、むしろ「有償」と解されていたように思われる(前記ザクセン民法三四九条と対比されたい)。加えて、ドイツ民法は、「譲渡した土地部分」および「留保した土地部分」という表現を使用してこの制度の沿革に配慮している点も見落すべきではない。

興味深いのは、梅謙次郎の趣旨説明であり、彼は、法律によりこの種の通行権が認められているので、譲渡当事者双方は当然これを予期して売買代金を定めているはずであるから無償である、という。この説明は、本書がこれまで検討してきたフランス、イタリアの判例・学説の立場と全く異なることに注意する必要があろう。たしかに、右の説明は一見して巧妙であり、買主が残余地部分を取得する場合でも、民法二一三条前段の規定を国民として当然知っているはずであるから、自己の土地に売主が通行権を主張することを予期して代金を定めることが可能となり、したがって、売主もまた無償通行権を取得できることに何ら不都合はない、ということになろう。しかし、民法二一三条の前段部分の原則を当事者が知るべきであることを前提にして、同じ条文の後段の原則の存在根拠を説くのは、一種のタウトロギィーであろう。せいぜい「契約の解釈」として買主にも右のような措置を事実として期待できる、というにとどまる。

右のように、通行権を法律によって根拠づけるほか、「無償性」を法律によって擬制するならば、売主、買主のいずれが袋地部分を取得したかは、もはや重要なことではなくなる。その限りでは起草者みずからの立場は一貫しているともいえよう。しかし、無償通行権を当事者間の「契約」によって説明しようとしたフランス法やわが旧法の立場から大きく離反したことになろう。(6)

(4)　ともあれ、以上の沿革的考察から、「無償通行権」の構造に関する結論的なものを導びき出すとすれば、次のようにいえるであろう。まず第一に、通行権受忍・供与義務と償金支払義務とは元来は別個の問題であることが明らかになったように思われる。もっとも、わが民法典の起草者は、両者を一体化させてしまっている。したがって、この無償性に関する原則を「任意規定」と解するのは困難であろう。ただし、理論的には両者を区別する必要があり、かかる視点を念頭において解釈論を展開させる必要がある。

それ故、「無償通行権の承継」問題においても、無償性と必要通行権とを一体化して、その承継の当否を問うのは、そもそも議論の設定の仕方に問題があるように思われる（この点については最近の学説も気が付いているようである）。

民法二一三条の規定の眼目は第三者所有地に通行受忍義務を負わせないことにあるので、その反面、分譲袋地と分譲囲繞地との間で通行問題を処理せざるを得ないであろう。その意味で、囲繞地通行権関係は承継される、との原則を肯定しうる。これを通行権の構造から把握すれば物権的権利ということになろう。しかし、この原則も例外を許さないものではない。すでに第三者所有地に対して通行権限を有するならば、本条の規定の趣旨からいっても、また沿革的にも袋地所有者にはかかる通行権が与えられないといえよう。

他方で、「無償」通行権の承継については、民法二一三条の規定の趣旨、その体系的位置からは、いかなる原則的取り扱いをも導びき出すことはできないし、また、理論的にも何らかの原則をつくり出すことは困難である。その意味では無償性は分割・分譲当事者間での原則でしかないといえよう。また、当事者間でも、売主が袋地部分を留保した場合に、法上当然に無償でなければならないのか、なお検討の余地が残される。

ひるがえって、この種の通行紛争においては、まず、当事者間の合意（約定地役権）の存否を論ずべきであることをも学びとることができたように思われる。

（1）　前掲「速記録」九六頁、一〇一頁（梅）。

（2）　Motive zum Entwurf II., 292.

（3）このような消極的な姿勢は帝国議会における梅政府委員の説明からも推知でき、「必要」の中に「便宜」も含むかとの質疑に対し、「全ク必要ナル場合ニ限ル」と応答している。広中俊雄編『第九回帝国議会の民法審議』一六六頁（昭和六一年、有斐閣）。

（4）拙稿「建築基準法上の私道と通行の自由権（私権）―自由使用利益の存否と『自由通行権』について―」島大法学三五巻四号一頁（平成四年）。なお、田中康博「通行の自由（私道）に関する最近の判決について」京都学園大学法学一九九一年二号二一頁も参考となる。

（5）「家父の用法」により地役権が成立するために、二つの土地がもと同一の所有者のもとで「客観的地役状態」を形成していることが前提となる。

（6）なお、本書の視点とは異なるが、東孝行「民法二一三条と袋地・囲繞地の特定承継」司法研修所創立二〇周年記念論文集第一巻民事編八八頁以下（昭和四二年）にフランス法・ドイツ法・スイス法の簡潔な紹介があり、参考となる。

II 解釈論

第四章　無償囲繞地通行権の構造

一　無償通行権の性質論

1　無償囲繞地通行権の理論的根拠

(1)　無償囲繞地通行権関係が袋地・囲繞地の特定承継人に承継されるかどうかの議論と関わって、この通行権の性質ひいては民法二一三条の規範構造をめぐる論争があり、これを債権的通行権と解する見解もあるが、最近、この問題について、最高裁は、「民法二〇九条以下の相隣関係に関する規定は、土地の利用の調整を目的とするものであって、対人的な関係を定めたものではなく、同法二一三条の規定する囲繞地通行権も、袋地に付着した物権的権利で、残余地自体に課せられた物権的負担と解すべきものである」[(1)]と判示し、その承継性を肯定した。しかし、何故に物的なのか、とくに民法二一三条の規範構造との関係に留意していま少し説明を必要としよう。本章では前述した制度の沿革と理論を踏まえてこの難問に取り組みたいと思う。

(2)　学説にはこの点に言及したものはあまりないが、すでに玉田教授は、民法二一三条一項前段の理論的根拠が「実際上は、分割・譲渡によって袋地が生じたにも拘らず、その通行権に関して、法律上、特段の措置がとられない（通行権の設定契約がなされない）場合もないことはないであろうから、かような場合をも考慮すると、当事者の合理的意思を推測ないし擬制して、法律上、当然に、通行権が生ずると定めておく」ということにあり、この通行権は相隣権であるので、同条は当然、特定承継人にも適用される、と主張していた。しかし、無償性については、通行地に損害が生じているにもかかわらず、償金請求がないとするには「特別の事情」が必要なところ、分割・分譲当事者は、「通行地に損害が生ずることを予知していた（とみてよい）のであるから、……有償の原則に対する例外をみとむべき特別事情がある」が、「袋地の発生になんら関与しなかった特定承継人との間においては」このような特別事情がない。したがって、無償性に関する規定は分割・分譲の直接の当事者間にのみ適用が予定されているにすぎない。つまり「民法第二一三条一項後段は、相隣法における通行権の有償性の原則を、分割・譲渡の直接の当事者間にあてはめることを否定した規定」であり、実質的には相隣法には属しない、と。(2)

かつて、広中教授は、「二一三条は、見方によっては、一般的に生ずる相隣関係上の権利義務を発生させないための規定として、特別相隣関係法というよりも（二一三条一項に後段がなかったら同条は特別相隣関係法の規定といえよう……）非相隣関係法たるの性格をもっているとすらいえるのである」と指摘していた。(3) 玉田教授が、民法二一三条前段が相隣関係法に属するのに対して、後段の無償性に関する規定が分譲の当事者間の対人関係にのみ適用されるとして、前段と後段を切り離したのは、おそらく右の広中論文に示唆されたものであろう。広中教授がかかる視点を提示しえたのは、仏法・独法・スイス法との法比較によるが、わが国では無償性の規定も設けられているので、広中説によれば、民法二一三条は一本として分割・分譲の当事者間にのみ関する原則と解されている。この立場は今日においても変わりがないが、無償性の規定の根拠については、さらに、「償金支払義務の発生根拠たる『通行地の損害』（二一二条）を存在しないものとみなす」ことにほかならず、かかる「擬制」による償金支払義務の否定は当事者がこの種の「負担による不利益を自己の責任で処理（償金請求権の放棄という処理をも含めて）したはずであるという考慮によって正当化されうる」とし、これが梅説と骨子において同旨である旨を述べ、その理論的根拠を補強している。(4)

2　本書の立場

私見は、この制度の沿革からいって通行権の負担とその無償性とは元来別個の問題であり、後者は分割・分譲の当事者間の原則でしかない旨を指摘した。この限りで、玉田説と軌を一にするが、その実質的根拠については、少しく説明を要しよう。

(1)　たしかに同条前段は囲繞地通行権制度の一部を組成する。しかし、このような通行権が法の「擬制」によって与えられると解する点には全面的に支持しえない。というのは、売主が残余地部分を留保し、買主が袋地部分を取得するという通常の場合には、売主が自己に留保した残余地に買主のための通行権を設定しないでは、そもそも分譲が不可能であり、したがって、特段の事情でもないかぎり、通行権を供与する義務が当該売買契約から派生することにならざるを得ないので、この場合の「通行権供与義務」は、決して法の擬制ではないといえよう。むしろこの種の義務を負担しないことこそ正義・公平の観念に反する。売主としては買主に現実に通路を提供するか、通路となる部分を予期して分譲しなければならず、この土地部分は敷地としての属性を有しない土地である。つまりかかる通行権は買主の袋地所有権の付従物であるといえよう。

それでは何故にこの通行権を法定する必要があったのかという疑問が当然のこととして生じよう。それはこうである。分譲による袋地も客観的にみれば民法二一〇条の「袋地」に該当するので、同条により周辺のすべての囲繞地が一応、観念的には通行の受忍義務を負担することになるところ、袋地形成に関与しない隣地所有者にかかる受忍義務を負担させるのは同条による通行権の重さからいっても、公平に反するという趣旨(累を第三者に及ぼさないという相隣的信義)に基づいて、民法二一三条一項前段が設けられたと考えねばならない。つまり同条は袋地を取得した買主のために当該取引行為から本来的に認められるべき通行権を法律上のそれに高めたに過ぎず、法により擬制したものでもなければ、単なる意思推測でもない。むしろその眼目は第三者所有の相隣地をこの通行権から解放したことにあろう。この意味で同条は囲繞地通行権制度(土地所有・利用の調整規範)の一部を組成する。あわせて通行紛争を事前に解決することも期待されたであろう。というのは、通行場所をどの所有地（ないしどの土地部分）にするかは、この種の紛争解決にとって最も難問に属するからである。

わが国の立法者がこの通行権を擬制する必要があったのは右とは逆のケース、つまり売主が袋地部分を留保する場合である。このような場合に売主が分譲後に買主に対して通行権を要求するのは、およそ尋常な取引通念では考えられないことである。通常、売主は事前に通路部分の所有権を留保するか、地役権を留保するはずであり、このような措置を講じないとするならば、売主側には他に通路を確保しうる可能性・方途がある、と買主が推知しても決して不当ではなかろう。しかし、往々にして「明示の契約」で右の措置がなされないことは通行権の歴史が明らかにしており、一方、買主が売買契約に基づいて通行権を供与すべき義務を当然に負うという解釈も容易ではない。とはいえ、袋地をそのままにしておけないという立法政策をとるならば（「土地に罪はない」（梅謙次郎）というのであれば）、第三者所有地に累を及ぼさないためには、ここでも通行権を法定せざるをえないであろう。換言すれば、このケースでの通行権に関してこそ法が当事者の意思を擬制する必要があったといえよう。実際上も、買主の予見の有無にかかわらず、囲繞地に通行権の負担を認めても、「土地自体の利用の調整」という視点を前面に押しだす限り、このような擬制にもそれなりの合理性があろう。また通行権を法定することが、ひいては相隣地所有者間の紛争を予防できるので、この意味では、客観的な善隣関係が維持されることにもなる。

このように第三者所有地に対して民法二一〇条の通行権を主張し得ないという点に同二一三条一項前段の規定の意義を見いだすとともに、同時に同条が分譲の当事者間における通行権を「法定」したとも解するならば、かかる法定通行権はフランス法的な債権的性格から脱皮し、分割・分譲当事者の主体的地位から遊離した独自の物権的権利に変貌したと評価しなければならないだろう。

したがって、袋地・囲繞地の特定承継人もかかる権利関係を当然承継することになる。実際、袋地の任意的形成に第三者が関知しえないのと同様に、このような特定承継も第三者にとっては全く関知しえないことであるので、この場合にも、第三者所有地に累を及ぼすべきではないという原則は維持されねばならないからである。否むしろ、同条はかかる趣旨をも含意した規範である。

要するに、民法二一三条一項前段も分譲袋地・囲繞地の物的な利用を調整する規範であり、このことによって近隣周辺の土地全体の相隣地土地所有秩序を維持しているともいえよう。したがって、ここでは特定承継人の個別的な利益とか当事者の主観的容態を考慮する余地はない。いたずらに紛争を増幅することにもなりかねない。同条の意義はこれらを超えたより高次の価値、つまり相隣地土地所有・利用秩序の実現に在り、私的な個々の土地利用の調整を図る一方で、近隣地に共通の社会的利益をも考慮しているところにあるといえよう。

(2)　次に問題となるのは無償性の理論的根拠である。ここでも二つのケースに分けて検討する必要がある。

広中教授によれば、「通行地の損害」を存在しないものとみなす法の擬制は通行権の存在を代金額に反映させなかったという例外的な場合にのみ意味を有することになる。私見によれば、通行権の存在を代金額に反映させたかどうかはむしろ不明瞭なことが多いが、しかし売主が残余地を留保した場合にはわざわざ法の擬制をまつまでもなく、そもそもその償金を請求することが売主としての責任に本来的に矛盾すること（信義則違反）になるので、同条後段はこのことを明確にしたに過ぎない。したがって、ここでも擬制を必要とするのは売主が袋地を留保した場合である。残余地の買主は通行権だけでも大きな負担であるが、そのうえに法によって償金請求権をも否定されるのは、擬制とみるしかない。果たして、買主がかかる負担の不利益を「自己の責任で処理したはずである」という考慮によって正当化できるであろうか。少なくとも立法当時においては買主にこのような責任をしいるのは酷であったろう。起草者・梅謙次郎は買主が民法二一三条前段の通行権を、それが法定されていることから、知っているはずであるので、これを基礎にして代金額をきめているはずであるとして、「二重の擬制」をしているが、しかし、取引の実際で買主がこの種の通行権の負担を予期して代金額をきめることが通常である、とはのべていないことに注意する必要があろう。逆にいえば、取引の実情がそうではなかったが故に、右の二重の意味での擬制をせざるをえなかったとも言えるのである。

フランスや、とくにイタリアにおいてこの種の場合には償金支払義務があるとの議論がなされていたのは、裏からみれば彼の地でもそのような取引実情にはなかったことを物語っているといえよう。

しかし、今日の解釈論としてはこのような擬制を原則的には肯認せざるをえないであろう。フランスでも両ケースを区別することなく無償と解釈されているようであり、又イタリアではその後、立法的にこの問題を解決している。わが国の今日の取引実情（様々な取引マニュアル・情報の存在、不動産仲介業者による取引が常態化していること）からみても、通行権の負担を代金額に反映させるべきことを残余地の買主に期待しても必ずしも不当ではない。かえって、償金問題を不問に付すことが無用な紛争を避け、かつまた迅速な解決につながる。しかし、例えば、買主がかかる交渉を申し出ているにもかかわらず、売主が終始沈黙して売買契約終了後に無償通行権を要求するような場合には、本条の擬制（少なくとも無償性については）の前提を欠くと解すべきであろう。

（1）　最高裁平成二・一一・二〇民集四四巻八号一〇三七頁。その判例評釈として、安藤一郎・NBL四六七号一四頁、沢井裕・平成二年度重要判例解説ジュリ九八〇号六五頁、本田純一・法セミ四三七号一二〇頁、岡本詔治・私法判例リマークス一九九二年上（四号）一五頁、深谷格・法政論集一三八号四八一頁、滝澤孝臣・ジュリ九九三号一九一頁、同・法曹時報四四巻二号五〇一頁、大島俊之・法時六四巻一〇号八八頁、齊木敏文・平成三年度主要民事判例解説二六頁がある。なお、本件少数意見（不適用説）の論拠の一つに誤解があることを、正当にも深谷論文が指摘している（四八七頁）。

（2）　玉田弘毅「判例批評」明治大学法制研究所紀要八号一五七―一五九頁（昭和三九年）。

（3）　広中俊雄「判例批評」判評五六号一九頁（昭和三九年）。

（4）　広中俊雄『物権法（第二版・増補）』三八四頁（昭和六二年、青林書院）。

二　「無償通行権の承継」論争

無償性の承継については、通行権をもふくめて、従来わが国の学説はやかましく議論してきており、その推移のなかで解決さるべき問題点が浮かび上がっているので、まず学説を整理しておく。

1　学説の推移

(1)　かつて広中教授は、民法二一三条が特定承継人には適用されないとする立場（不適用説と略称する）を擁護する論拠として、かかる無償通行権を分割・分譲の当事者以外の一般的関係にあるにすぎない者に課すことが「近代的な社会関係のありかた（有償性の原則）に反する」し、加えて、この種の特殊な無償負担が永久にある土地についてまわることは「近代的な土地所有権のありかたとして是認されえない」と主張した。(1) これに対して沢井教授は、適用説よりも不適用説の不都合の方がはるかに大きいことを指摘したのち、「民法二一三条は他の相隣法と同様、土地利用の調整を目的とするものであって、人的なものではなく、土地そのものに関する法であり、特定承継人（したがって当然に全部同時譲渡の場合を含む）にも適用される」（適用説と略称する）と反論した。(2) この論争に端を発し、両説のいずれにも次のような難点のあることが明らかにされた。

適用説にたてば、袋地所有者ないしその特定承継人が通行権を長期間にわたって行使せず、その間に袋地・囲繞地の分合・譲渡が繰り返され、現状ではどれが通行権の負担を負うべき分譲囲繞地であるのか容易に判明しがたい場合に、突如、無償通行権を主張しうることも可能となるが、これは不合理である。他方、不適用説によれば、民法二一〇条以下の原則規定に戻り、分譲袋地の譲受人は新たに償金を支払わねばならないし、その反面、残余地の所有者は予期せぬ利得をうることも可能となり、場合によっては第三者所有地に通路を求める必要が生じる。逆に、被通行地が譲渡されると、袋地所有者は自己の関知しない譲渡によって無償通行権を失い、場合によっては他に通路を求めねばならないという不測の損害を蒙ることにもなりかねない。[3]

これ以降、学説は右の理論的難点の克服に傾斜する。まず、前述の玉田論文があらわれ、次に、特定承継人が前に分割・一部譲渡のあったことを予期しえたときにのみ無償通行権を承継すると考えるのが信義則に合致する、[4]との見解が主張された。

その後、篠塚教授は、囲繞地の特定承継の場合についてのみ取り上げ、ケースごとに利益衡量で決めるしかないとして、たとえば通行権の負担を前提に土地の売買価格がすぐ気づく程度に割引かれているときには、法定通行権を主張できかつ無償、そうでないときにも囲繞地にほとんど損害がないならば、同様に通行権をもつが、囲繞地の所有者は善意・無過失であるので有償となる、などと、とりわけ当事者の行為態様を重視した類型論を主張した。[5]さらに、鈴木禄弥教授は、袋地の特定承継と囲繞地のそれとを明確に区別し、前者の場合には譲受人は無償通行権を承継するが、残余地に特定承継が生じた場合には、譲受人は通行権の負担を知り得ないことが少なくないことから、これを承継しないと解し、かかる通行権は売買契約に基づく債権的通行権である、[6]と構成した。他方で、無償通行権が現に継続している事実を重視して、適用説を支持する立場もあった。[7]

篠塚説および鈴木説以降、学説は袋地の特定承継と囲繞地のそれとを区別し、後者の場合における無償通行権(負担)の承継の当否、その具体的な要件を論ずる見解が主流となる。

(2)[8]　以上の経緯を踏まえて、沢井教授は、無償通行権に公示(通路の開設)があれば囲繞地の譲受人にこれを対抗できる、とし、川井教授は、通路の開設までは要求せず、事実上の通行権の公示(従来から行使されていたこと)があれば足りる、という。[9]一方、通行権それ自体は、玉田説と同様に、袋地、囲繞地のいづれの特定承継が生じても承継されるが、無償性については、囲繞地譲受人がこれを事前に予見することは困難であるので、囲繞地に特定承継がある場合にのみ有償になる、という見解がある。[10]

これに対して、単純なる不適用説を原則論として堅持する有力説もある。もっとも、広中教授は、従前の経緯を重視して以前から行使されている無償通行権は民法二一一条一項の適用により当然そのまま存続するという。また、償金支払義務についても、袋地に特定承継が生じたときには民法二一二条にいう「通行地に損害がない」との擬制は継続し、被通行地に特定承継があったときにも、売買代金が低く決定されるなど「通行地の損害」を否定すべき特段の事情があれば、無償となる、などと主張する。(11)

(3) 学説は百花繚乱の観すらあるが、しかし、その見解の多様性にもかかわらず、実質的にみて無償通行が現実に行使されているときには囲繞地に特定承継があってもそのままこれを存続させるべきである、との判断が多くの学説の底流にあるといってもよいであろう。

しかし、従来の学説はややもすれば結果の不都合を避けることにのみ腐心してきたように思われる。問題は、それ自体としては正当なかかる実質判断を無償囲繞地通行権の制度的構造のなかに取り込んで、どのように理論構成するかであろう。

2 本書の立場・視点

(1) 民法二一三条の通行権も物権的利用権であり、したがってまたその移転可能性も認められることは前述した。しかし、この種の抽象的な性質論だけでは、いまだ具体的な解釈論にならないことはいうまでもない(しかし、具体的な解釈論を導き出すためには必要不可欠のものであり、決してこれを過小評価すべきではない)。そのためには囲繞地通行権の構造それ自体にメスをいれ、いま少し立ち入った分析が必要とされよう。

私見によれば、囲繞地通行権も通行地役権と同じ構造を有しているが、後者は合意(とくに明示の合意)によって、つまり成立時に同時にその具体的な内容(通行の場所、対価の有無等)も決まるのに対して、前者は法定の要件を充足して通行権を取得しても、通行の場所の特定という問題が残される。このことは民法二一三条の通行権についても、複数の囲繞地のうちの特定の土地(残余地)が対象地であることが判明しているもののそのうちのどの部分を通行地にするかという問題が生じ（したがって、その範囲では二一一条の趣旨は二一三条の通行権にも適用されると解すべきである。）、いずれにしても具体的な通行地が決まらないかぎり、通行権を行使することはできないことになろう。したがって、囲繞地通行権は、袋地という要件（民法二一〇条、二一三条一項前段）を充足すれば観念的に成立するが、これに基づいて現実に行使されない限り本来の機能を担うことがないので、観念的通行権でありながら現実的通行権でもあるという、いわば二重の構造を持っているといえよう。実際、民法二一二条に定める償金請求権も被通行地と通行の態様（車両通行も含むか等）が具体的に決まること（民法二一一条の具体化）が前提になっている。[12]観念的な通行権は、法の規定によっていわば自動的に成立するが、この成立段階では文字通りの「所有権の内在的制限」にとどまり、償金請求の問題は通常生じない。丁度、法定距離保持や雨水落下に関する規制がそれ自体として償金問題を含まないのと同様である。

換言すれば、囲繞地通行権は現実的な利用をともなってはじめてその生命を持ちうるので、これが現実的使用権であるという視点を常に念頭において、ここでの問題を分析しなければならないとともに、民法二一三条が本来予定している生活事実から出発する必要があろう。

(2)　民法二一三条が予定していると思われる相隣地関係は、分譲袋地の取得者がそこを宅地ないし農地として利用し、その土地の用法に従い残余地を無償で通行使用しているという場合であり、分譲袋地が具体的な利用計画もなく未利用のまま放置され、したがってまた残余地に対する通行使用もなされていないというケース[13]は元来同条の適用の場合ではなかろう。しかし、同条一項前段は袋地の形成に重点をおいており、現実の利用は要件とはなっていない。つまり本書の立場によれば、袋地の形成によって囲繞地通行権は観念的には発生しているので、このケースをも含めた原則をつくらねばならないであろう。

思うに、すでに残余地に無償通行権が現実に確立している場合には（現に使用されているの場合のほか、過去に使用されており現に使用可能の状態にある場合も含む。）、無償性は囲繞地通行権の内容となっていると考えるべきであろう。つまり無償をもふくめた物権的権利となるので、残余地の承継人もこの負担を承継することになろう。[14] 法により具体的に具現された現にある状態の「無償通路使用関係」はそのようなものとして受けとめざるをえないからである。前述のように、囲繞地通行権は現実に通行されることによってその生命をもちうるが、このようにして一旦確立した無償通行権は袋地と囲繞地との土地相互間の利用調整をすでに実現しているので、その成立原因の特殊性から遊離し、「囲繞地通行権制度」（相隣地の物的な利用調整規範）の一般原則に服すると同時に、反面、償金請求権を法定している民法二一二条の適用から免れることになる。同条のいう「通行地の損害」とは、土地相互の利用調整が実現され、その結果生じた損害にほかならず、前述のように、新規に通路を開設するかあるいは袋地所有者が新たに通行権（ないし通行権の内容の変更）を要求するときに発生するものであると解するならば、すでに現実化された「法定」の無償通行権を従来から負担する通行地には、そもそもここにいう損害は生じないからである。かえって、残余地の承継人のもとで突然有償になるという根拠が問われねばならないが、学説のあげるものはいずれも個々人の主体的事情にとどまり、現に存する物的権利の内容に修正をもたらしうるような決め手になるものではない。償金請求権の存否がこのような事情に左右されるのは、いたずらに相隣地関係を不安定にするだけで、ひいては土地取引の安全を阻害する。ここでは個々の所有者の利益よりも、近隣地全体の土地所有秩序の維持という、より高次の利益が尊重されねばならず、「囲繞地通行権制度」はまさしくこのことを企図しているともいえよう。囲繞地の承継人の不利益は、すでに指摘されているように、その売主との関係で救済すれば足り、かつそれが限界である。

(3)　なお、ここにいう「無償」とは通行使用料に相当するものを意味しており、道路の維持・管理費（公租公課・役務を含む）は通行利用者も受益に即して応分の負担をなすべき義務を負うので、かかる負担を残余地の特定承継人が免れるのは不当であることを理由にして「適用説」を非難するのは当たらない。

もっとも、そのように解しても、このような無償利用の存続が近代的な社会関係のありかたに反するほか、近代的な土地所有権とも調和しないという広中教授の批判を避け得ない。しかし、かかる基本的な理念が相隣地土地利用秩序にもはたして親しむのか、釈然としないところもある。ことに、ここでの無償の通行地役関係は単なる好意によるものではなく、無償であることに明瞭な「原因」[15]がある。いわれるような単なる過去の偶然の事情ではない。過去のある時点で無償と評価された地役関係がその本来の構造・機能にしたがって現に袋地と囲繞地の利用を調整しているにもかかわらず、所有者が変わったというだけで有償に転化するということこそ、相隣地の土地所有秩序に整合しないであろう。むしろ、特段の事情のない限り、その時点で無償と評価され尽くした永続的な地役関係が創設されたというべきではなかろうか。元来、土地（宅地）の取引に起因して形成される被通行地なるものは、それを含む宅地（残余地）の敷地としての属性を有しない土地部分（経済的には分譲袋地の一部分）であり、その負担が袋地の売買代金に織り込まれている（このことは通行使用の事実によって動かし難いものとなる）わけであるから、袋地所有権とともに被通行地の通行権をも買い取ったとみなすべきであり、このような事情は、すでに黙示による約定地役権の成立論において検討したところである。それとの均衡からいっても、無償性は特定承継の有無を問わず、永続すると考えられよう。

従来の判例でも、理論構成は多様であるが、袋地所有者が残余地を通行していた場合には、無償通行権関係の承継が肯定される傾向が強いといえよう[16]。本書の支持した実質判断の正当性を物語るものである。

(4)　問題の核心は、袋地所有者が残余地に対して通行権を行使しない間に残余地が譲渡された場合、かかる承継人にこの無償通行権の負担を課すのが妥当かにあるといってもよく[17]、難問だが次にこの問題についても本書の視点から検討してみよう。

前述のように、本条の無償通行権が現実に行使されていなかった場合でもすでに観念的には法定通行権が成立しており、それが時効で消滅することはない（当事者間では観念的通行権に基づいて現実的な無償通行権を要求できる）。したがって、このような状態のまま囲繞地が譲渡されたときにも、承継人は観念的な法定通行権の負担を当然に承継しなければならない。しかし、これが承継人のもとで現実に行使されることによってはじめて具体的な通行の場所・態様がきまるので、このときに当該囲繞地の具体的な損害の発生とその額の問題が生ずることになる。つまり通行地に損害が発生することになるが、この「通行地の損害」は、本条の擬制（袋地形成の当事者を予定している）によって存在しないものとみなすわけにはいかないであろう。また前主の「無償」通行権の負担を「承継」するという構成も調和しない。観念的な通行権は有償でもなければ無償でもないからである。むしろ、分譲囲繞地の特定承継人が二一三条一項の袋地・囲繞地の土地利用の調整規範によって通行権を新たに負担したときには、その結果生じた通行地の損害は民法二一二条により袋地所有者の負担と解するのが、公平にかなうであろう。[18] なお、この場合に残余地の特定承継人が通行権の負担を購入価格に織り込んでいたときには、無償と解する見解が少なくないが、[19] そもそも具体的な通行場所・方法等が決まっていない段階で、いかにして囲繞地サイドの取引における売買代金にそれを反映させうるのか、きわめて疑わしい。[20] この種の売買の取引態様は漠然としているのが通常であり、残余地の所有者側の主体的事情（それは証明が困難である）に袋地通行権の有償・無償を依拠させるのはいたずらに紛争を増幅することにもなりかねない。そこまでして、適切な処置を怠った袋地所有者を保護する必要はないであろう。

なお、分譲袋地に特定承継が生じた場合には、すでに学説が明らかにしているように、格別の問題はない。私見の立場からこれを理論的に説明すれば、現実に通行されていないときでも、袋地の特定承継人は前主の観念的通行権をそのまま承継するので、これに基づいて残余地の所有者に対してその本来負担すべき無償通行権を要求できることになろう。

ところで何故に袋地所有者が従来、残余地に対し無償通行権を主張・行使しなかったのであろうか。判例の事案から推知すれば次のような事情に起因する。

一つは、袋地となる土地部分に既存の通路があることから、残余地に通路を求める必要がなかった場合である。後になんらかの事情によってこの既存通路が廃止されたため、あらためて残余地に無償通行権を主張できるかという問題がここでの課題であるが、この場合は後述するように本条の適用がないので、[21] 特定承継人がこのような保護を受けるかの議論は生じない。原則規定（民法二一〇条以下）に戻って処理すれば足りる。なお、右のケースで袋地所有者が第三者所有の既存通路に対して民法二一〇条の通行権を訴求する事例が少なくない。この場合には、二一三条の解釈とかかわって複雑な議論がなされている。本書はこの問題を特別の視点から後に独立して検討している。

次に、袋地の所有者が当面この土地を利用する計画がなかったため、残余地に対する通行利用に関心がなかったというケースも考えられる。この場合には前述したことがそのまま妥当する。残余地の特定承継人が通行を受忍しなければならない点において、新規の通路開設（民法二一〇条、二一一条）と同視しうる事情が認められよう。

さらに、今次の最高裁判例の事案のように、袋地に第三者所有の通路があったので、残余地の通行に関心がなかったが、その通路が無断で築造されていたという場合もある。この場合も袋地性は解消されていないので、残余地に通行権は主張できるが、その承継人に償金を支払わねばならない。ただし、残余地の現状に変更があると別個の考慮が必要となるので、この点についても別に検討する。

(5)　私見は要するに、一面では沢井説・川井説等と実質的には同じ考慮に基づいているが、現実的な通行使用を通行権または無償性の「公示」とは捉えないで、法により創造された無償通行権が現実に行使されることによって形成された既存の相隣地土地所有秩序を何人も変更しえない（このかぎりで近隣地相互間の社会的利益が重視される）と構成する。[22]「無償通行権の承継」論は対抗問題と同次元にあるのではなく、むしろそれを克服・経由した「負担の承継」問題として位置づけられるべきものである。一方、広中説からも多くの示唆をあたえられたが、ただ、何が原則論なのか、重要な補論・例外が多すぎるように思われ、困惑を覚えるのは私だけであろうか。また、二一三条の適用を譲渡当事者間に限定しておきながら、通行地に損害がないとの擬制（袋地の譲渡の場合）が承継人にも継続するというのはいささか強引な解釈論であろう。

ともあれ、本書はこれらの学説から無償通行権が現実に行使されている場合と行使されていない場合とに区別する必要を教えられ、[23] また制度の沿革からは無償囲繞地通行権制度の規範構造を学んだが、これらの視点を本テーマの解釈論の場で交錯させたわけである。

(1) 広中俊雄・前掲「判批」判評五六号一七頁。
(2) 沢井裕「判例批評」民商四九巻一号一三〇頁（昭和三八年）。同旨、谷口知平「相隣関係と賃借権」判例演習一三二頁（昭和三八年、有斐閣）。
(3) 沢井裕「民法二一三条の無償通行権と特定承継」関西大学法学論集一四巻二号三〇頁（昭和三九年）、広中俊雄『民法の基礎知識（1）』八六頁（昭和三九年、有斐閣）。なお、この論争などについては、星野英一「書評、幾与＝鈴木＝広中『民法の基礎知識(1)』法学二九巻二号九七頁（昭和四〇年）が興味深い。
(4) 東孝行「民法二一三条と袋地・囲繞地の特定承継」司法研修所創立二〇周年記念論文集第一巻（民事編）一〇〇頁（昭和四二年）。東論文は比較法（独・仏・スイス）と立法趣旨から「予期可能性」という点を重視するが、疑問である。
(5) 篠塚昭次「判例批評」判評一三二号三〇頁（昭和四五年）。
(6) 鈴木禄弥「判例批評」判評一三七号二八頁（昭和四五年）。
(7) 千種秀夫「借地が袋地の場合と隣地使用の法律関係」『不動産法大系3（借地・借家）』（中川・兼子監修）一三七頁（昭和四五年、青林書院）。これに対して野村好弘『注釈民法（7）』二四五頁（昭和四三年、有斐閣）は、単純な不適用説をとる。
(8) 沢井裕『隣地通行権裁判例の研究』（昭和四六年、一粒社）九一頁、同『隣地通行権』（叢書民法判例研究⑩）九七頁（昭和五三年、一粒社）。永田眞三郎「判例批評」不動産判例百選増補版二四〇頁（昭和五二年）。
(9) 川井健『設例民法教室・物権法』一五二頁（一粒社、昭和五六年）。江淵武彦「判例批評」西南学院大学法学論集一六巻四号五七頁（昭和五九年）もほぼ同旨。
(10) 古宮明「民法二一三条の通行権の承継」『道路をめぐる法律問題』一一八頁（昭和五七年）。長谷川貞之『注解不動産法（2）』（遠藤・小川編）七八七頁（平成元年、青林書院）。
(11) 広中俊雄『物権法』三八三頁。安藤一郎『新版相隣関係・地役権』八三頁、一〇三頁、森本翅充「宅地の売買と通行権」『現代民事裁判の課題（1）』（小川・長野編）三八三頁（平成元年、新日本法規）もほぼ同旨。

(12)　例えば、当事者間で囲繞地通行権の存在については了解があるが、通行の場所等について争いのあるときには、償金請求権はまだ発生していないはずであり、また逆に、袋地所有者による通行使用の事実があるが、囲繞地通行権を前提にすることなく善隣関係に基づいて従来より無償で通行しているようなときも、この善隣関係が崩れない限りは償金請求権は成立しないであろう。さらに、通路がなく空き地部分を適宜に通行する（通過する）ようなときも通行地に損害が生じないことが多いであろう（起草者・梅もそのように考えていたことは前述した）。

(13)　前述のように、かつて広中教授は適用説を批難するに際して、譲渡・分合が繰り返されて現状ではどれが残余地か容易に判明しがたい場合もある旨を指摘していたが、このような場合はそもそも民法二一三条の適用の前提を欠くものと思われる。本書が本文で指摘したのは、あくまでも残余地が客観的には明かである場合である。

(14)　このような発想に近い見解として、千種・前掲論文一三八頁。石田喜久夫『口述物権法』一七六頁（昭和五七年、成文堂）も「一たん発生すると、それはまさに囲繞地それ自体の物的負担であって」というのも同旨か。

(15)　無償行為の原因論については、拙稿「無償契約という観念を今日論ずることに、どういう意義があるか」『現代契約と現代債権の展望（五巻）』（椿寿夫編）三一頁（平成元年、日本評論社）を参照されたい。

(16)　下級審の判例については、沢井『隣地通行権』九九頁、二一七頁以下が詳しい。適用説にたつ判例（大阪地判明治三九年（ワ）三四八号事件新聞四一二号八頁、東京地判昭和三〇・九・一二下民集六巻九号一九六七頁、東京地判昭和三二・一二・二〇下民集八巻一二号二三八六頁、名古屋地判昭和四〇・一〇・一六判時四五〇号四一頁等）や、折衷説にたつ判例（名古屋地判昭和四七・八・一七判時六九二号七三頁、東京地判昭和五六・八・二七判時一〇二四号七八頁等）では、いずれも残余地での通行がなされている。これに対して通行の事実がない事例で興味深いのは無償通行権を「主張」すればこの種の通行権が発生し、残余地の承継人は当然これを承継するとした東京高判昭和五〇・二・二七（判時七七九号六三頁）である。無償の通行事実がなかったことをかかる「主張」で補完しようとした点は評価できるが、このような苦肉の策にも拘らず、無償性と通行権とを分離するという視点が欠けているように思われる。

(17)　今次の最高裁判決の少数意見も、袋地所有者が従来、残余地を通行することもなく、通行の折衝もせず、また囲繞地通行権を主張することもないような事情がある場合にも、残余地の特定承継人がかかる負担を当然に受忍しなければならないというのも不合理である、とし、この点を強調している。おなじく不適用説をとる安藤弁護士も不行使の場合の問題点を指摘する。『相隣関係・地役権』一〇四頁。すでに、篠塚・前掲判評三〇頁もこの点を強調していた。ごく最近では、大島俊之「判例批評」法時六四巻一〇号八八頁（平成四年）がこの問題点を踏まえて類型的な処理をしている。

(18)　ただし、分譲当事者間で通行の場所・方法、通路の幅について合意があり、残余地の売買当事者間で同趣旨の合意が契約書の内容・条項となり売買代金にそれが具体的に反映している場合は別であるが、このような場合にはむしろ約定通行権の問題として処理すべきである。

(19)　篠塚・前掲「判批」三〇頁、浦川道太郎「囲繞地通行権」法セ四一二号一一五頁。なお広中・前掲書をも参照のこと。

(20)　袋地形成の当事者間ですらこの種の取極めを明確にしないのがわが国の現状であり、民法二一三条はまさしくその欠を補充するための規定であることを忘れてはならない。

(21)　同旨、沢井『隣地通行権』一一三頁。同じ立場にある判例がある。山口地判昭和三七・七・三〇判タ一四〇号一三〇頁、高松高判昭和三二・六・八下民集八・六・一〇八〇（ただし、これは第三者所有地・通行地の譲受人Xが、Yらの土地が譲渡による袋地であることを理由にYらは民法二一三条の通行権のみを有する、と訴求した事例）。

(22)　「負担の承継」論については本書第一部第三章一七一頁を参照されたい。

(23)　このような評価についてはすでに江渕・前掲「判批」六七頁も指摘している。また最近では大島、前掲「判批」はかかる区別を前面に押しだしており、学説を一歩前進させたと評価できよう。しかし、何故に両者を区別するのか、その理論的根拠を提示しないでは、解釈論としては不充分であろう。単なる類型論はかえって自縄自縛に陥りやすい。

三　民法二一三条と第三者所有地の通行受忍義務

1　理論上の問題点

これまでは分譲袋地と残余地との利用調整を眼目にして論究してきた。これに対して、土地の売買・分譲により袋地が形成されたにも拘らず、分譲袋地の所有者が残余地ではなく、袋地形成とは無関係な第三者所有地に民法二一〇条の通行権を主張する事例が散見される(1)。この場合に第三者所有地は通行受忍義務を負うかという問題が残され、実はこれは残余地に対する通行権の消長問題と裏腹の関係にある。そこで、従来は適用説・不適用説と絡んで議論されてきた（不適用説にたつと第三者所有地の通行受忍義務の問題が必然的に派生する）。しかし、この問題は単に袋地・囲繞地の特定承継と関わるだけにとどまらず、むしろ民法二一三条の規範構造そのものに内在する原則（前述したように、第三者所有地に累を及ぼさない、との原則）と関連するので、同条をトータルに解釈する場合にはこの問題をも避けては通れない。したがって、本書は「分譲袋地と第三者所有地との利用調整」をとくに独立させて検討することにした。差し当たりこの種の判例を分析しながら、残されたもう一つの難問に取り組んでみよう。

従来の具体例には二つのタイプがあり、一つは分譲以前から袋地部分に接続した通路（第三者所有）があり袋地所有者もここを通行していたところ、第三者（その承継人）がこの通路を閉鎖したため、その妨害排除を訴求するケースである。この場合には、第三者側は、袋地が分譲に起因することを根拠に残余地に通路を求めるべきであって（民法二一三条）自己の土地が通行受忍義務を負ういわれはない、と争うことになるが、前述のように、この主張それ自体は正当であるので、袋地所有者は袋地または囲繞地に特定承継があれば、民法二一三条の適用がない、と反論するのが通常である。結論を先取りすれば、このケースは民法二一三条の予定している場合ではなく、二一〇条以下の規定によって処理される。

他は、第三者所有地に新たな通行を主張するケースであり、この種の場合、残余地にはすでに建物等の工作物があって通行を求めるのが著しく困難であるという事情などがある。ここでも両当事者は前のケースと同様の主張をするのが通常である。私見によれば、この場合こそまさしく民法二一三条が予定しているケースであり、同条をストレートに適用すれば足りよう。

2　裁判例の分析

判例は事案に応じて第三者所有地に通行受忍義務を課すこともあれば（肯定例）、逆の結論をとることもある（否定例）。以下これをやや詳細に検討する。

(1)　肯定例

①　高松高判昭和三二・六・八下民集八巻六号一〇八〇

【事実】　Y_1、Y_2の前主らの土地はもと一筆地の一部分で、これを五筆に分筆譲渡（昭和二三年）した結果、袋地となったが、この一筆地には公道に通ずる係争通路があり、もともと公道であったが大正八年に私有地となった以降も三〇年有余の間、引続き私道として供用され、昭和一五年にXが係争通路を取得したときも一般の通行にゆだねていたが、昭和二七年にその廃止を表明し、Yらの土地は譲渡による袋地であるので分割地にのみ通行権がある、と通行禁止を訴求。

【判旨】　もし係争通路が分筆当時公路でなかったとすれば、残余地の買受け人は「通行忍耐の土地負担を前主より承継する」し、袋地の承継人は土地とともに通行権をも取得するので、Yら両名は係争地を通行する権利はないが、Yらの土地が袋地となったのは右「私道廃止に起因する」ので、Yらは公道に通ずるため民法二一〇条を援用しうるところ、前記経緯よりすれば、X所有の係争地を通行するのが最も妥当である。

②　山口地判昭和三七・七・三〇　判タ一四〇号一三〇頁

【事実】　事案が複雑で不明な点もあるので、関係する部分に限定する。A所有地の一部・甲地を昭和二〇年にXが、甲地に隣接する乙地を昭和三〇年にYが、それぞれAから買い受けた。Xの買受当時甲地にはAがその所有地（乙地ほか）内に開設した通路a、また、近隣の者も利用していた第三者B所有の通路b、及び同じくB所有でB所有地の借地人Cが有償の通行権を有していた通路c（b通路に接続）が存在していた。昭和二六年の区画整理により奥小路線が開通したが、その際通路bcが閉鎖されたため、XはDとの約定でc通路にいたる通路を確保した。ところがDは本訴継続中にこの通路を閉鎖した。一方、昭和二六年に通路bが閉鎖されたため、役所の斡旋により、AがXに甲地から奥小路に通ずる通行を乙地の一部（係争地）に認めた（通行地役権の設定・未登記）。その後Yが乙地をAから買い受け、係争地の通行を否定。現在はDが閉鎖した通路しか甲地には公路に至る通路がない。Xが民法二一三条の通行権を主張したようである。

【判旨】　通路aにはAが甲地の譲渡時にXのために無償の通行地役権を設定したものとみるべきだし、通路bも利用者の承諾なくして廃止できないものであったし、通路cにも合意による通行権を取得していたので、「X買受当時甲地が袋地であったとは到底認めることはができない」。民法二一〇条の通行権については、係争地に認めるよりもDの閉鎖した通路を復元するほうが、二一一条の趣旨にそう、としてXが敗訴。

③　渋谷簡判昭和三八・六・二四　判時三五〇号三四頁

【事実】　A所有の一筆地は昭和二四年と昭和二六年に丙地（銀行所有）、甲地（X_1ら共有）、乙地（X_2ら賃借地）に分筆譲渡され、丙地は公道に接するが、甲地、乙地にはY所有の係争地しか公道への通路がない。係争地はA先代所有時代（明治四〇年）から通行に供されていたが、昭和三三年にYが係争地を含む宅地を買い受けてその通行を妨害したため、Xらが法定通行権を主張。Yは甲、乙両地は譲渡による袋地であるので、丙地に対して民法二一三条の通行権を主張すべきである、と争う。

【判旨】　X勝訴。係争通路は分譲当時に存在していたので、「甲、乙地は事実上袋地にはならなかった」。のみならず、「丙地に対する囲繞地通行権を主張しうる者は直接の譲渡人であるAのみが有する」ので、Xらはこれを承継しない。

①・②・③判決はいずれも分譲以前から通路があったことをきわめて重要な事実と評価している。つまりこのような場合は分譲により袋地が形成されたわけではないので、そもそも民法二一三条の適用の前提を欠くことになろう。ここでの袋地はいわゆる「絶対的袋地」を意味し、この要件が欠けると同条の立法的基礎が崩れることになるからである。したがって、二一〇条の問題として処理すれば足りる。その限りで判旨は正当である。

しかしそれ以上、二一三条が袋地・囲繞地の特定承継人に適用されるか否かを問うのは無用である。とくに、③判決は当事者の主張に惑わされて無用な説示をしている。民法二一三条の適用を正しく理解していない証左である。これに対して①判決は、その前半部分で民法二一三条の解釈について言及しているが、それは傍論にすぎず、かえって同条の適用さるべき事案か否かについての正しい判断を前提にした立論であると評価することができよう。②判決もここでの「袋地」の意義を正しく認識している。なお、②判決は、分譲時に袋地に認められていた通行が権利による通行でなければならないという趣旨を明らかにした事例と評価することができよう。

以上のような判例があるにもかかわらず、次の例は再びこの問題を振り出しに戻してしまった。

④　東京高判昭和五六・八・二七　高民集三四巻三号二七一頁

【事実】　Yが物納した甲、乙両地は分筆され、甲地上の従前の借地人Bに袋地となる甲地が払い下げられたが、Bは甲地に隣接するY所有の係争地を物納・分筆以前から通行のために賃借りして公道へ出入りしていた。その後、BがXに甲地を譲渡したが、その時にBは係争地の賃借権をYに返還した。YがXの通行を妨害するので、Xが民法二一〇条の通行権を主張。原審では、分筆当時には賃借通路があったので甲地はいまだ袋地ではなかったが、Bが賃借権をYに返還した時に甲地は同条のいう袋地となった、としてX勝訴。

【判旨】　X勝訴。Bへの甲地の払い下げにより、甲地は民法二一三条にいう袋地になったが、同条は袋地または被通行地の特定承継人には適用されないので、本件では、二一〇条以下の原則に則り、通行の場所・方法を決すべきである。

判旨は甲地が袋地となる当時に賃借通路がたまたまあったというだけでは袋地ではないとはいえない、として、この点に関する一審判決の判断を排斥している。しかし、前述のように、分譲袋地に既存通路があれば民法二一三条の適用の前提を欠くと考えた一審判決の方が正しい[2]。この制度の沿革からもまた比較法的にみても、そのように考えられてきたし、理論的にも約定通行権のほかに法定通行権を別個に重ねて肯定する根拠はない。しかし、控訴審も実質的には係争地に法定通行権を認めるしかないと判断したため、袋地に特定承継があれば、原則に戻り、二一〇条の問題になる、との解釈論をとったものと思われる。つまり袋地形成当時すでに存在した既存通路に重点を置いた結論にならざるを得ないということであろう。むしろ、袋地・囲繞地の特定承継こそたまたま生ずることであるから、このような解釈論に依拠すると、かえって不当な結論を余儀なくされることにもなりかねない。この方面での判例の方向が早く固まることを期待したい。

(2)　否定例

⑤　東京高判昭和三〇・三・三一　判タ五〇号二七頁

【事実】　Aはその所有する一筆地の一部（甲地）をYに譲渡し（昭和二三年）、その後、残余の土地を乙、丙地に分筆して、袋地となる乙地をAが留保したのち（昭和二五年）、昭和二八年にXが乙地を取得。XはY所有の甲地に民法二一〇条の通行権を訴求。

【判旨】　囲繞地通行権は袋地の「所有権に付随する物権的権利である」ので、譲渡当事者の所有地以外に通行権を有しない袋地所有者に承継があっても、その承継人において新たに民法二一〇条の通行権を取得するものではない。したがって、Xも丙地に対する通行権を承継取得したことは格別、甲地に対して新たに通行権を取得するいわれはない。

本件では、Aが乙、丙地に分割し、袋地の乙地を留保したときに、残余地丙地に通路を設置しておくべきであった。それをせずに袋地状態のままでXがAから乙地を承継したものと思われる。Xが乙地ではなくY所有の甲地に通行権を主張した事情はよくわからないが、「肯定例」とは異なり従来から甲地が乙地のための通路になっていたという事実はない。したがって、第三者所有地に累を及ぼすべきではない、という観点からみると、Xが袋地の承継人であり、袋地形成に直接関与した当事者ではないという事情は重要性を持たない。袋地を承知のうえで買い受けたXこそ非難されるべきであろう。

⑥　東京地判昭和三一・一二・一七　下民集七巻一二号三六六一頁

【事実】　甲、乙、丙地はもとA所有で、公道に接続している隣地の所有者Bが乙、丙地を取得したのち、これらをX_1が譲受け、さらにX_2が丙地を取得。その後、Yが甲地を取得した。甲地の形状は通路の形態をなしているが、X_1が通行していたという事実は認定されていない。

【判旨】　乙、丙地はBからX_1への譲渡によって袋地になったので、Xらは「分譲者たるB所有地（現在はC所有地）を通行する権利があるとしても」、甲地を通行する権利はない。

本件では、甲地が乙、丙地の通路として利用されていたのかどうかについて判旨は特別の関心をもっていない。むしろ乙、丙地が分譲による袋地であるので残余地たるB所有地に民法二一三条の通行権を求めるべきであるという。しかし、X^1所有地上にはX^1所有の建物が建てられ、その賃借人が甲地を通行していた事実をYが認めているので、この点にかんしてもう少し慎重な判断が必要であったように思うが、ただ、地役権の時効取得を否定しているので、X^1の通行利用が永年あったとしても好意通行にすぎないと考えていたようであり、そうとすればその結論は正当であろう。また、Yは甲地上に三尺幅の空き地を残しており、全面的に通行を遮断したわけでもないので、その意味でも妥当な結論であろう。ともあれ、第三者所有地を単に通行（好意通行）していたというだけでは、民法二一三条の適用を否定しうる根拠にはならないという事情を示唆する事例と解しておく。

⑦　東京高判昭和四一・一〇・一四　判時四六八号四七頁

【事実】　Xは分譲による袋地の承継人であるが、Y所有の隣接地の一部でもと映画館の通路となっていた土地部分を通行していたところ、Y先代・YはXに対してYらが必要とするときはいつでも明けてくれと申し入れ、その通行を事実上容認していた。

【判旨】　譲渡分割地に対する囲繞地通行権は袋地所有権の移転にともない、順次承継されたものと解すべきであるので、Xは第三者であるYの土地を通行することはできない。

本件では、第三者Yが分譲袋地の所有者Xの通行を容認していたが、この種の無償通行は単なる「好意通行」に過ぎないことはすでに論究した。しかも、Xの前主Aが一筆地を分譲して袋地が形成されるときにすでに許容されていた通行でもない。ここでも袋地を留保したAが残余地に通路を確保しておくべきであった。Xはこのような現状を承知のうえでAから袋地を買い受けたとみなされても止むをえない。そしてたまたま隣接地に空き地があったことからYにその通行方を懇請したのであるから、このような場合にまで、第三者Yの所有地に民法二一〇条の通行権を認めるわけには行かないであろう。したがって、袋地に特定承継があったということは理由にならない。判旨は正当である。

(3)　最高裁の立場

今次の最高裁判決（平成二・一一・二〇民集四四巻八号一〇三七頁）も右の「否定例」に入る。Aがその所有地を甲、乙地に分割・分譲し、袋地となる甲地のためにこれに隣接する係争の賃借地（Yら所有）に車庫を設置するとともに通路の体裁を整えたのちに、Xが甲地を買い受けるとともに車庫の賃借りと通路の無償使用をAと合意した。ところが、AがYらに無断で通路等を建造したため、YらがAとの賃貸借契約を解除した。一方、残余の乙地をAから買い受けたCは境界に石垣を築造し、地上に建物を建築したので、甲地から公道に通ずる通路は事実上、係争地しかない。そこで、Xは乙地に特定承継があれば民法二一三条が適用されないことを根拠にして第三者たるYの所有地・係争通路に民法二一〇条の通行権を主張した。前述のように、最高裁は、分譲に起因する囲繞地通行権は残余地に特定承継があってもなお残余地に存続する、と判示してXの請求を排斥した。

本件の場合も第三者所有地がもともと甲地のための通路となっていたわけではない。したがって、特段の事情でもない限り、残余地にしか通行権を主張できないというのが民法二一三条の趣旨であるので、判旨は正当である。このように、今次の最高裁判決を以上の判例のなかで捉えれば、むしろ従来の下級審判例の延長線上に位置づけることができる。他方で、全部同時譲渡の事例ではあるが、最判昭和三七年判決[(3)]の立場とも整合することになろう。

本件のような事案で問題となるのはXが残余地に通行権を訴求した場合である。権利濫用ないし信義則違反に基づいてXの請求を排斥できないときには、どの範囲・程度まで通行利用を認めうるか、また、それが無償かどうか、後述のように困難な問題が生じ、高度の利益衡量を避けて通ることはできない。

(4)　分譲袋地と第三者所有地との紛争は民法二一三条によるべき場合と、二一〇条以下により処理されるべき場合とに区別されることが明らかになった。かかる識別を同条の規範構造から原則論として提示する必要があり、この種の紛争をいきなり利益衡量にゆだねるのはいたずらに混乱を増幅することになろう。下級審判例の動揺がこのことを物語っている。今次の最高裁判決もここでの問題にすべて答えているわけではない。

加えて、袋地・残余地間の紛争でも、私見によれば、最高裁は、観念的な囲繞地通行権が残余地の特定承継とは無関係に存続する旨を判示したにとどまる。この意味では本件は実は民法二一三条の予定した典型的なケースであった。残余地以外には通行権を主張できないという抽象的規範は本件のようなケースでは同時に具体的な紛争解決の基準ともなっている。このような主張を排斥することが民法二一三条の眼目であるのだから、紛争当事者の利益衡量にあまり気を使わないで、抽象論で結論を出せたともいえよう。これに対して、同条は残余地に対して通行権を主張できることをも規定しているが、この意味での抽象的規範は、具体的な基準を明示していない。いうまでもなく判例と理論に委ねられているが、本判決はこの点については積極的な説示をするものではない、といえよう。いかなる状況のもとで、どの範囲・程度までの通行権がみとめられるかは、前述のように、それが現実に行使されていたかどうかを区別するとともに、その他の諸事情をも勘案して決すべきことである。(4)

(1)　このようなケースの区別それ自体（事実類型）については、すでに江渕・前掲論文が指摘していた。従来の学説には欠落していた視点である。最近では、大島・前掲論文も同様の視点から類型的処理を提案している。本書はかかる区別が民法二一三条の規範構造に直接由来するものであると考えている。このような視点を持つことによって民法二一〇条との有機的関連が図られるからである。したがって、大島論文（九二頁）が並列的に挙げる三つの類型については、本書の立場からいえば、第一・第二類型と第三類型とは次元を異にするものである。

(2)　同旨、沢井「判例批評」判評二七九号一五八頁（昭和五七年）、松本宏興「判例批評」昭和五六年度民事主要判例解

説判タ四七二号二五頁（昭和五七年）。すでに中島玉吉「袋地所有者ノ通行権ニ就テ」法律評論二巻一二号一二〇頁（大正二年）、末川博「他人の土地を通行する権利」民商五巻一号一一五頁（昭和一二年）。なお、五年間の通行目的の賃借権が設定された土地を、「単ニ一時ノ便宜ノ為メニ右道路ヲ設ケタルモノ」ではないことを理由に、袋地ではないとした先例もある。大阪地判明治四五年（ワ）一六号事件法律新聞八二八号二五頁。

(3)　最判昭和三七・一〇・三〇民集一六巻一〇号二一八二頁の事案は分譲袋地の所有者が第三者所有地に民法二一〇条の通行権を訴求したものであるが、最高裁は民法二一三条の趣旨からこれを排斥している。

(4)　本節のテーマについては、幾代通「不動産物権変動の法理」ジュリ増刊（一九八三年一月）8通行権（沢井裕執筆）一四四頁、一五二頁、一五四頁における討論で、種々の問題点が抽出されているので、併せて参照されたい。

四　課題と展望

(1)　本書は全部同時譲渡の場合については検討していない。その詳細は別の機会に譲るが、ここでも第三者に累を及ぼすべきではないという民法二一三条一項前段の趣旨は貫徹されねばならない。(1)本書のような立場にたつと、分譲行為の態様がどうであれ、分譲によって袋地と囲繞地とが形成されたという事実が重要となり、通行問題はかかる分譲地内部で解決されることになる。土地を細分化することによって周辺の相隣地秩序に変更を生じさせることは許されない反面、袋地が形成されたときに、観念的には分譲囲繞地にたいして法定通行権が発生する。問題は、その無償性の当否と、分譲囲繞地が複数ある場合の被通行地の特定とにある。(2)すでに無償の通行使用関係が存在すれば、かかる既存の秩序が尊重されねばならないが、新たに通路・通行を請求する場合には、ここでも慎重な判断が必要となる。償金の有無についていえば、民法二一三条一項後段が譲渡契約当事者を前提にしていることに鑑みれば、原則として有償と解され（ここでの当事者は前述の囲繞地に特定承継が生じたときと同様の状況にある）、被通行地の特定については、分譲の経緯・分譲当事者の意思を尊重しつつ民法二一一条の趣旨をも考慮して個別的に判断するしかなかろう。

(2)　残余地の通行受忍義務の程度・限界

分譲囲繞地に建物が建築されて事実上通行が困難となっているときでも、袋地の所有者はなおかかる囲繞地に通行権を主張・取得できるであろうか。今次の最高裁判例からいえば、可能であるといってもよい。ただし、判旨は、袋地所有者が分譲囲繞地に特定承継があったことを根拠に第三者所有地に民法二一〇条の通行権を訴求したのに対して、民法二一三条の通行権（物権的権利）は特定承継があっても依然として分譲囲繞地に存続するという一般的・抽象的な原則を説示するにとどまっているので、どのような形で通行が認められるのか、それを推知することは容易ではない。果たして建物を取り壊しても通行を優先させるのか。たしかに、通路の開設を認めている民法二一一条はそのために建物の取り壊しもありうることを前提にしているが（旧民法財産編二二〇条参照）、袋地所有者の通行権が物権的権利であるということだけで、そのような結論を導き出すことは困難である。

思うに、ここでも売主が袋地を留保した場合とそうでない場合に区別すべきであって、少なくとも前者の場合には、残余地を取得した買い主が建物を建築すれば、事情によっては通行が困難になることを予期しうるのであるから、そのような事態にならないように事前に通路を確保しておくべきであるにも拘らず、これを怠ったのであるならば、買主の建物を取り壊してまで売主を保護する必要はないであろう。ただし、多くの場合、徒歩通行は可能であろうと思われるし、事情にもよるが、ブロック塀程度ならば取り壊すことが可能なこともあろう。いうまでもなくこの種の損害・償金は売主の負担である（民法二一二条）。

逆に、残余地を留保した売主は、買主が袋地を利用せず通路の確保もしないままの状態にあるとしても、いずれは通路を提供しなければならないことを覚悟しているのだから、そこに通行が困難となるような建物を建築した場合には、買主の軽卒を悪用しこれを奇貨として行動したと評価されてもやむをえないであろう。したがって、この場合には、建物の取り壊しの可能性をも含めて通行の場所・方法を決めるべきであろう。ただし、その損失・費用は買主の負担である（民法二一二条）。

ところで、以上の原則は売買契約の当事者間にのみ妥当し、特定承継の生じたときや全部同時譲渡の場合には、建築当時の当事者間の諸事情等に基づいて個別的に判断するしかなかろう（ただし残余地を留保した当初の売主はより重たい不利益を甘受せねばならないであろう。）。今次の最高裁判決の事案では、袋地の譲受人は残余地の特定承継人の建築を「拱手傍観」していたという（原審の事実認定）のだから、建物の取り壊しは無理であろうが、残余地の擁壁に階段を設置するなどの工事をすれば少なくとも徒歩通行の可能となる空間ぐらいは確保できるのではなかろうか。

(3)　通行地役権との関係

袋地形成時に分譲当事者が明示で通行の合意をすればその合意に従った法的処理がなされれば足りる。しかし、これまでの実情では合意らしいものがあっても不明瞭のことが多く、結局は客観的な事情に基づいて通行権の成否・効力を認定せざるをえないので、袋地であるという事情を重視すれば囲繞地通行権の問題となり、現にそのように処理する具体例もあるが、すでに検討したように、今日の下級審判例は囲繞地通行権と通行地役権とが重畳するときには後者を認定する傾向が強い。黙示的合意による地役権を肯定する判例の立場からいえば、かかる客観的な事実があれば要役地が袋地であっても約定地役権の成立を優先させることに何等支障はないであろう。(3)

ことに残余地に通路が開設されている場合には原則として約定通行地役権であると解すべきである。したがって、このような場合には前述した「無償通行権の承継」問題は生じない。未登記地役権の対抗問題になるので、ここでは権利の公示性（私見によれば表現性）によって処理されるが、いずれにしても地役関係・相隣関係では現実的利用を可能なかぎり保護すべきであるという実質的価値判断がその理論構成の基底にある。

(4)　ともあれ、土地の売買契約書に通行権に関する条項を挿入すれば、この種の紛争を相当な程度まで予防できるし、そのような措置がなされないときでも、前述のように、これを黙示的合意による地役権として構成できれば、囲繞地通行権の機能する範囲がそれだけ縮小する。私道に関わる都市計画法や建築基準法の規制をも併せ考慮すれば、当事者の意思・合意に基づく通行権に重点を置いた法的処理が望ましいように思われ、本書は将来そのような方向に実務がいっそう進展しかつ定着することを期待し、とりあえずここで筆を擱く。

（1）　この点は前掲最判昭和三七・一〇・三〇民集一六巻一〇号二一八二頁も同旨であり、学説もほぼ一致している。広中「判例批評」判評五六号一七頁、沢井「判例批評」民商四九巻一号一二三頁、玉田「判例批評」明治大学法制研究所紀要八号一四七頁ほか。

（2）　これらの問題については議論が多い。学説については安藤『相隣関係・地役権』七七頁を参照。

（3）　ちなみに、イタリアでも「家父の用法」による地役権と法定通行権が重なるときは地役権が優先すると考えられている。B. Carpino, Interclusione derivante da alienazione a titolo gratuito e diritto di servitù, Giuris. ita., 1972, parte I, se. 1, p. 959ss.

増補

以下の叙述では、主として旧版刊行後に公表された最高裁判決の解説を中心とし、必要な範囲内で下級審裁判例を検討している。また、学説の紹介も叙述の流れに即して引用しているので最小限にとどめざるを得なかった。詳論は、別の機会に譲りたい。なお、旧版での学説・判例の状況と私見とを前提としているので、それを踏まえた上で、参考にしていただければ、幸いである（丸カッコ内の数字は本書の頁数である）。

一　通行地役権について

(1)　通行地役権と自動車通行

地役権の内容として、徒歩通行のほかに自動車通行まで含まれるかは、一つの問題となしうる。とくに従来の裁判例では、黙示合意によるものが多いことはすでに検討したとおりであるので（七九頁）、その可否にあたっては慎重な判断がなされている。たしかに自動車の必要性は今日何人も否定できないので、当初は自動車通行がなされていなかったとしても、時代の変化や事情の変更から、これを認めるべき必要性のあることは否定できないが、他方で、承役地所有者側の負担は単なる徒歩通行とは比較にならないほど加重なものとなるので、従来の利用状況、承役地の物理的形状、通行による危険性等をも考慮して、その可否を判断しなければならないであろう。東京地判平成七・八・二三判時一五六六号五三頁は、そのような趣旨の一般論を述べた上で、いわゆる二項道路（建基法四二条二項参照）ではあったが、従来普通自動車による通行がなかったこと、実効幅員が狭いので事故の危険もあることなどの事情から、沿道地で車庫付き分譲地の販売を予定している業者側の請求を排斥している。これが今日の下級審裁判例の一般的傾向といえよう。なお、従来の裁判例の傾向については、拙著『私道通行権入門』八〇頁（信山社、一九九五年）を参照のこと。

つぎに、自動車通行が含まれるとしても、いかなる範囲まで通行使用が認められるかという問題もある。地役権は要役地所有者と承役地所有者との共同利用の調節を図る制度であるから、通行目的に支障がない範囲では承役地の管理権限は承役地所有者に残される。地役権者側としても、承役地を通行目的の範囲内で使用することのできる権利を有するにすぎないからである。この点については、最近の最判平成一七・三・二九裁判集民二一六号四二一頁、判時一八九五号五六頁が重要な判断を示している。つぎのような事例である。

大規模な住宅団地内に築造された道路（建築基準法上の私道）は、XYらを含む多数の沿道地所有者が会員である団体（自治会）が所有・管理していたところ、Yが自動車を自己の宅地の前の道路に恒常的に駐車するようになった。当該道路部分は幅員が広く、駐車してもまだ三メートルほど道幅に余裕があったが、奥に位置するXが通行妨害になるとして、その妨害排除を請求した。一審・原審はともに具体的に通行に支障が生じていないことを理由にして、Xの請求を排斥した。しかし、最高裁は、つぎのように説示してXの請求を認容した。

「本件通路土地が、宅地の分譲が行われた際に分譲業者が公道から各分譲地に至る通路として開設したものであること、本件地役権が、本件通路土地の幅員全部につき、上記分譲業者と宅地の分譲を受けた者との間の合意に基づいて設定された通行地役権であることに加え、分譲完了後、本件通路土地の所有権が、同土地を利用する地域住民の自治会に移転されたという経緯や、同土地の現況が舗装された位置指定道路であり、通路以外の利用が考えられないこと等にもかんがみると、本件地役権の内容は、通行の目的の限度において、本件通路土地全体を自由に使用できるというものであると解するのが相当である。そうすると、本件車両を本件通路土地に恒常的に駐車させることによって同土地の一部を独占的に使用することは、この部分をXが通行することを妨げ、本件地役権を侵害するものというべきであって、Xは、地役権に基づく妨害排除ないし妨害予防請求権に基づき、Yに対し、このような行為の禁止を求めることができると解すべきである。」

ところで、本件のYは、通行地役権の主体であるとともに、道路所有権の管理団体の会員でもあるので、承役地の所有者としての管理権限との調整問題がある。この問題については、本判決は「通行地役権は、承役地を通行の目的の範囲内において使用することのできる権利にすぎないから、通行地役権に基づき、通行妨害行為の禁止を超えて、承役地の目的外使用一般の禁止を求めることはできない」と判示している。最高裁として、この原則論を初めて明言したことの意義は特筆に値する。しかし、たとい所有者であったとしても、道路を自動車の保管場所代わりに使用することは、道交法（五条一項）にも違反するものであって、それ自体としても許されるべき行為ではない（安藤一郎

『私道の法律問題（五版）』五九〇頁〈三省堂、二〇〇七年〉を参照）。現実の通行妨害の有無を問わず、Xの請求を認めた結論は正当であろう。今後は、道路目的外使用の許容範囲につき、具体例を通して、より明確にすることが期待されている。本件については、拙稿・判評五六六号一八五頁（二〇〇六年）のほか、原田純孝・判タ一一九六号三七頁（二〇〇六年）、田中康博・民商一三五巻三号一一〇頁（二〇〇六年）などがあり、いずれも基本的には本判旨を支持している。

(2)　未登記通行地役権の対抗力

旧版当時には、未登記通行地役権に関連する最高裁判決はまだ登場していなかったが、その後、重要なる一連の新判例が公表された。

最判平成一〇・二・一三民集五二巻一号六五頁は新たな準則を創設した。本件では、住宅地の中央を走る係争道路の両側に各々三区画の分譲地があり、Xは昭和四九年九月に元所有者Aからその一区画を買い受けて、以来、係争道路を通行使用していたところ、Yが、係争道路と三区画の土地を購入したBから、これらの土地を購入した際に（平成三年七月）、係争道路部分を宅地として利用できるという条件で買い受けていたという事情があった。原審は、AとXとは、その宅地の売買の際に、黙示的に係争地に無償・無期限の通行地役権を設定することに合意し、Bは、右売買の際に、黙示的に右通行権の設定者の地位を承継したが、YとBとの間ではその地位を承継する旨の合意はなかったとしたうえで、YはXとの関係では「背信的悪意者」であるので、本件通行地役権について登記の欠缺を主張する正当の利益を有しない、と判示した。これに対して、Yは、原審はYが通行地役権の設定につき悪意であるとの認定をしていないのに、背信的悪意者であるとしたのは不当である、などと主張して上告した。

最高裁は、つぎのように判示している。まず、民法一七七条の「第三者」に関する一般論については、「登記の欠缺を主張するにつき正当の利益を有しない者は、民法一七七条にいう「第三者」（登記をしなければ物権の得喪又は変更を対抗することのできない第三者）に当たるものではなく、当該第三者に、不動産登記法四条又は五条〈新法五条〉

に規定する事由のある場合のほか、登記の欠缺を主張することが信義に反すると認められる事由がある場合には、当該第三者は、登記の欠缺を主張するについて正当な利益を有する第三者に含まれない」として、「信義に反する事情にある者」と「背信的悪意者」とは同義ではない旨を説示した。

つぎに未登記通行地役権の対抗力については、「通行地役権（通行を目的とする地役権）の承役地が譲渡された場合において、譲渡の時に、右承役地が要役地の所有者によって継続的に通路として使用されていることが、その形状、構造等の物理的状況から客観的に明らかであり、かつ、譲受人がそのことを認識していたか又は認識することが可能であったときは、譲受人は、通行地役権が設定されていることを知らなかったとしても、特段の事情がない限り、地役権設定登記の欠缺を主張するについて正当な利益を有する第三者に当たらないと解するのが相当である」とした。けだし、かかる事由・要件があれば、「要役地の所有者が承役地について通行地役権その他の何らかの通行権を有していることを容易に推認することができ、また、要役地の所有者に照会するなどして通行権の有無、内容を容易に調査することができる。したがって、右の譲受人は、通行地役権が設定されていることを知らないで承役地を譲り受けた場合であっても、何らかの通行権の負担のあるものとしてこれを譲り受けたものというべきであ（る）」。それ故、第三者の善意・悪意という心理的事情を問題とするまでもないので、かかる客観的な要件を充足すれば、第三者はその登記の欠缺を主張する正当の利益を有しない者と解されることから、「いわゆる背信的悪意者であることを理由とするものではない」と付言する。

今次の最高裁判決は、物理的な道路による継続的な通行使用とそのことについての第三者の認識可能性とによって、原則として未登記でも対抗することができるとしたが、かかる準則が従来の下級審裁判例の傾向を集約したものではあるとしても、この問題に対する原則論を提示して基本姿勢を明確にしたということのほかに、民法一七七条の第三者の範囲に関して新たな類型を付け加えたという意味においても、画期的な判決といえよう。基本的には、本書・旧版の立場と同様の論理を示したといえよう（一六四頁、一六九頁参照）。

つまり、判例によれば、背信的悪意者論に係る要件事実は「悪意」と「信義に反する事情」とに明確に区別されているが（最判昭和四三・八・二民集二二巻八号一五七一頁の説示を参照のこと）、ここでは、未登記地役権の存在につき悪意ではなくとも、信義に反する事情があれば、なお既登記の第三者に対抗することが可能であることが明らかにされたからである。客観的な通路の物理的形状に依拠した論理によって善意悪意問題は見事に克服されている。しかし、残念ながら、学説では、本判旨の趣旨につき、善意無過失の第三者を保護することと同義であるとしたり、悪意者排除説に接近したと解したりする見解などが、跡を絶たない。判例の論理を自説の立場から必要以上に読み込もうとするのは問題である。判例の「要件事実論」からいっても、無理な解釈といわざるを得ない。ここでは、判例の論理の内在的な展開に即した形の素直でシンプルな解釈論が求められているように思われる。この問題については、差しあたり、拙稿「未登記通行地役権の対抗力について」日本法学六五巻四号一六九頁（二〇〇〇年）を参照のこと。

(3)　未登記通行地役権に基づく登記請求権

最判平成一〇・一二・一八民集五二巻九号一九七五頁は、右のようなケースで、対抗力のある未登記通行地役権につき、黙示合意による設定者からの特定承継人である現在の承役地所有者に対しても設定当事者間で成立した通行地役権に係る登記手続を請求することができる旨を明らかにした。つぎのように説示する。「通行地役権の承役地の譲受人が地役権設定登記の欠缺を主張するについて正当な利益を有する第三者に当たらず、通行地役権者が譲受人に対し登記なくして通行地役権を対抗できる場合には、通行地役権者は、譲受人に対し、同権利に基づいて地役権設定登記手続を請求することができ、譲受人はこれに応ずる義務を負うものと解すべきである。譲受人は通行地役権者との関係において通行地役権の負担の存在を否定し得ないのであるから、このように解しても譲受人に不当な不利益を課するものであるとまではいえず、また、このように解さない限り、通行地役権者の権利を十分に保護することができず、承役地の転得者等との関係における取引の安全を確保することもできない。」

従来の裁判例では、設定当事者間での紛争よりも承役地の譲受人との紛争が主流であったので、かかる第三者に対抗することが認められたとしても、設定当事者間では問題のない登記原因（登記義務をも生み出す設定契約）につき、譲受人が当然にその地位を承継して登記義務を負うのか、という問題が伏在していたが、この論点については、下級審裁判例でも争われた事例はそれほど多くはない。高裁レベルでは肯定した例（東京高判平成六・九・二九判タ八七六号一八〇頁）もあれば、本件の原判決のように否定した事例（東京高判平成八・七・二三判時一五七六号四四頁）もあったが、当事者にとっては重要な利害に係わる問題であるので、今次の最高裁判決がこの点の論争に決着をつけたことは注目すべきことである。ただし、最高裁判決の理論的根拠は必ずしも明確ではないところもある。

本来ならば、登記義務は設定契約の当事者に固有なものであるので、第三者たる譲受人と地役権者との間に「登記原因」が存在することを論理的に説明する課題が残されている。学説では、地役権の成立とその登記義務の承継の論拠を地役権の付従性に係る規定（民二八一条）を類推適用する見解（滝沢聿代「本件判批」民商一二一号三号四二三頁）が有力であり、登記義務の承継という視点は慧眼ではあるが、「付従性」の本来の中身は、地役権は「要役地」所有権と分離して独自の法的・経済的意義をもたないという趣旨であり、その結果、特別の合意がなくとも要役地所有権に付随するしかないということに尽きるので（いわゆる「付従性」なる論理それ自体に正当化根拠が内含されているわけではない）、この条文よりも、むしろ人的給付の特定承継を規定する民法二八六条を援用する方が、理論的にも制度の沿革からみても妥当であろう。

なお、上記二つの最高裁判決と学説の状況については、田中康博「通行地役権の対抗と登記」京都学園法学一九九九年二・三号一五五頁が詳しい。私見と基本的には同じ立場にある。

(4)　通行地役権の黙示的合意による成立

今次の一連の最高裁判決では、黙示合意による地役権の成立については論点になっていないが、いずれも原審では黙示合意によって通行地役権が成立していることが認定されている。しかし、いずれはこの種の最高裁判例が登場するであろう。その際に、従来の下級審裁判例が蓄積してきた判断枠組み（七八頁以下）が尊重されることになると思われるが、前記の最高裁判決のいう客観的要件においてすでにこのことが示唆されていると考えて、ほぼ間違いないであろう。

ところで、最高裁判決後の下級審裁判例のうちで、やや特殊な例としては、分譲マンションの玄関から公道へ通じる幅一二メートルの通路のうち幅六メートル部分の所有権を分譲業者が留保し、この部分を白線で区画して専用駐車場として使用しているが、マンション売却用のパンフレット・説明書には通路となっていたという事案で、買受人・住民のためにその留保した残余地部分に通行地役権を肯定した具体例がある（大阪高判平成二・六・二六判タ七三六号一八三頁）。本件は「特定人留保型の地役権」のケースである（一一二頁）。ただし、登記請求権については、マンションの一部の住民（共有者）が原告であったので、要役地の共有持分につき設定登記手続を求める適格性を欠くとした。しかし、最高裁は、これは共有物の保存行為にあたるので、本訴訟は固有必要的共同訴訟にはならないとしている（最判平成七・七・一八民集四九巻七号二六八四頁）。類似の例としては、那覇地裁平成一二・一一・二二判タ一〇六九号一五八頁があり、マンションの住民のために公道に至る唯一の通路に通行地役権を肯定したうえで、承役地の転得者に対する登記請求権も認容している。

また、係争私道につき、黙示による通行地役権のほかに下水道管設置のための地役権をも肯定した上で、現在の承役地所有者に対する登記請求権を認容した例がある（東京地判平成一六・四・二六判タ一一八六号一三四頁）。係争私道は甲地と乙地に分筆分譲される前から両土地を跨ぐかたちで使用されており、この状態のまま分譲されたことから、その時に両土地間に「相互的・交錯的地役権」（この類型については一二二頁）が黙示的に成立したものとされているが、従来の裁判例の傾向に従ったものであり穏当な結論を導いている。本判決の評論としては、江渕武彦・島大法学四九巻四号三七三頁（二〇〇六年）が的確・詳細な検討を加えているのが、参考となる。

これらの下級審裁判例では、本書が旧版で指摘したように（一六一頁）、黙示合意による通行地役権の成立時期につき、いずれも売買等によって要役地と承役地とが法的に分離した時期に求められているので、この問題についても、すでに方向性が定められたといってもよいであろう。

なお、ごく最近の東京地判平成二〇・四・二四判タ一二七九号二一九頁では、被告所有の係争の私道自体は、被告が原告らに売却した店舗兼住宅の連棟式建物の分譲地内に築造された通路ではないところが争点となったが、係争私道が分譲地から近隣の公衆用道路に至るための通り抜け通路として用意されたものである、と判断されたことから、原告所有の分譲土地を要役地とし、被告所有の係争私道を承役地とする黙示の通行地役権が設定されたものと判示されている。本判決も、分譲地を取得した時に通行地役権を取得したものと判断しているように思われ、また、従来の裁判例の傾向に即した説示をしているので、特に異論はないであろう。

(5)　所有権の時効取得事例との関連

ごく最近、「所有権の時効取得と登記」に係る最高裁判決（最判平成一八・一・一七民集六〇巻一号二七頁）が公表されたが、本判決では、時効完成後に登場した第三者との対抗問題において、未登記の時効取得者が既登記の第三者の「背信的悪意」を証明するためには、どのような事情を立証すればよいのかが、重要な論点となった。しかも、対象土地は「通路敷地」であり、時効取得者が自宅から専用通路として通行使用していたものであるので、未登記通行地役権の対抗問題とも無関係ではない。時効取得者も所有権の時効取得のほかに、通行地役権の時効取得も主張していたので、前述した最判平成一〇・二・一三の論理構造との差異を確認するという意味も含めて、ここで簡単に紹介しておく必要があろう。本件通路敷地の一部である係争地（境界近辺）の所有帰属が争われ、Xが前主から購入した所有地と確認されたが、Yは、前々主から本件通路をそのまま引き継ぎ、自己の宅地と地上建物のために専用進入路として使用していることから、係争地につき時効取得等を主張した。

原審は、Yの前々主からの占有継続によって二〇年の取得時効を認めた。その上で、Xは、土地の購入時においてYが専用進入路としてコンクリート舗装した状態で利用していること、Yが本件通路部分を利用できないとすると、公道からの進入路を確保するのが著しく困難となることを知っていたことに加えて、Yの時効取得を容易に知り得たことから、Xは登記の欠缺を主張する正当な利益を有しない、と判示した。

これに対して最高裁は、「登記と時効取得」および「背信的悪意者論」に係る従来の判例の準則を再確認した上で、つぎのように判示して、原判決を破毀した。「甲が時効取得した不動産について、その取得時効完成後に乙が当該不動産の譲渡を受けて所有権移転登記を了した場合において、乙が、当該不動産の譲渡を受けた時点において、甲が多年にわたり当該不動産を占有している事実を認識しており、甲の登記の欠缺を主張することが信義に反するものと認められる事情が存在するときは、乙は背信的悪意者に当たるというべきである。取得時効の成否については、その要件の充足の有無が容易に認識・判断することができないものであることにかんがみると、乙において、甲が取得時効の成立要件を充足していることをすべて具体的に認識していなくても、背信的悪意者と認められる場合があるというべきであるが、その場合であっても、少なくとも、乙が甲による多年にわたる占有継続の事実を認識している必要があると解すべきであるからである。」

本判決の論理は、理解にやや苦慮するところもなくはないが、調査官解説（松並重雄「本件判批」ジュリ一三五六号一八八頁、二〇〇八年、曹時六一巻一号二七三頁、二〇〇九年）を参考にしてこれを解釈すれば、つぎのようになるであろう。背信的悪意の立証責任では、その「要件事実」として「悪意」に加えて「信義に反する事情」が要証事実となるが、ここにいう「悪意」は、判例によれば、物権変動ないし所有権取得に対する認識である。したがって、時効取得ケースでは、厳格にいえば、「時効による所有権取得」ないし「時効の完成の事実」の認識であろう。おそらく、原審は、先述した未登記通行地役権に関する最高裁判決を念頭において、「悪意」ひいては「背信的悪意」の認定をしないまま、未登記の時効取得者を保護したものと思われる。

いずれにせよ、時効による取得の事実を認識するのは外部から困難であるので、本判旨は、時効の要件事実の一つとしての多年にわたる占有継続の認識で足りるとしたものといえよう。一応これで「悪意」の証明ができるとしても、これに加えて、さらに「信義に反する事情」の証明が必要となる。原審は、このような事情を再審理しなければならないところ、専用通路として必須のものとなっていることなど原審が指摘する事情のほかに、悪意の考慮事情である多年にわたる占有継続の認識もここでの規範的評価において積極的かつ重要な意味をもつこととなろう。もっとも、第三者側の取引動機の不法性は認定されていない。

本判決の準則は、未登記通行地役権の対抗問題（他物権の負担を受ける限度での対抗問題にすぎない）に係る先例とは、いうまでもなくその論理構造を異にするので（差しあたり石田剛「本件判批」ジュリ平成一八年度重要判例六九頁を参照）、確定した判例理論を前提とすれば、あくまでも第三者の背信的悪意が必要とされる事件類型である。原判決は、その形式的な「要件事実論」を踏まえなかったのだから、破毀されてもやむを得なかったであろう。たまたま係争地が通路敷地であったにすぎないので、未登記通行地役権の判例理論をそのまま転用するとすれば、これまで積み上げてきた判例のいう背信的悪意者論の根底が問われることとなるからである。この準則自体つまり悪意者包含説の立場は、学説がこれをいかに批難しようとも、それなりの合理性があり、今後も堅持されるであろう。ただし、今後は、不動産の（第二）譲受人が登記をしないこと自体が例外的な社会事象となっていくものと思われるので、民法一七七条の裁判規範としての機能は典型的な所有権の二重譲渡ケース以外の対抗問題に徐々に移行していくとともに、背信的悪意者論においては、先に物権を取得した者が登記を経由しなかったことを正当化しうる具体的な理由がより積極的かつ厳格に求められることになるであろう。単に長期間の占有利用を保護するという側面が過度に強調されてはならない。現に未登記借地権に対する新所有者側の物権的請求権の行使が権利濫用とされるための考慮事情として、判例（最判平成九・七・一民集五一巻六号二二五一頁ほか）においては、そのことが明確に指摘されている。

翻って、本件事案との関連で具体的に検討すれば、通行地役権の事件類型と同様に物権取得者に登記を要求すること自体が酷となるケースであるので、その未登記の物権取得を可能なかぎり保護すべきであるという観点からみれば、両者は共通の基盤をもっている。この限りで原判決の直感力・実質的判断は正当であった（ちなみに池田恒男・判タ一二一九号四三頁〈二〇〇六年〉は、持論の「地域的公序」論に言及しながら、通行地役権の最高裁判決を念頭においた原判決の論理自体に賛じている）。なお、差戻審で、第三者の悪意ないし背信性が認定・評価されるかは、事案からいえば微妙ではあるが、少なくとも通行利益は保護されるべきであるという点では、大方の意見は一致するであろう（池田・前掲四四頁は、地役権の時効取得の抗弁との「矛盾」はないとする）。さらに、原判決では格別の背信性は認定されていないということから、本判決は、通行地役権の限度で時効取得を認め、原被告間での共同利用の実現へと誘導しようとしているものである、と評価する向きもある（鎌田薫「本件判批」私法判例リマークス二〇〇七年〈上〉三四号一七頁）。

二　通行地役権の時効取得について

(1)　取得時効の要件論

通行地役権の時効取得事例でも、新しい展開があった。既述のように（二五四頁以下）、最高裁は地役権の時効取得については、（旧）民法二八三条の「継続」要件を厳格に解して、通路の開設と継続的な通行使用だけでは足らず、要役地所有者みずからが通路を開設することが必要であると解している。もちろん、この要件論については今次の新民法典のもとでも変更はないものと考えてよい。

旧版で明らかにしたように、かかる厳格な要件を充足することは、当事者間に特別な関係があるなど余程の事情でもなければ、通常は考えられないので、従来、消極例が主流であり、積極例は下級審判決でも稀であったが（二六一頁以下）、ついに最高裁判決にも認容例が登場するようになった（最判平成六・一二・一六裁判集民一七三号五一七頁、判時一五二一号三七頁）。その厳格なる要件は依然として堅持されているが、つぎのように事案が微妙な事例でもある。

本件西側道路（公道）の沿道地所有者Xら（一二名）は、幅員の狭い公道を拡幅するため、それぞれ土地を出し合うこととなり、YもXらの強い要請があったことから、これにそうかたちで拡幅道路の境界まで後退して自己の宅地にフェンスを設置した。これによってYの提供した土地部分も含めて、公道にそって一本の帯状地が形成され、以降、Xらは、自己の田畑、居宅への出入りのため、本件道路を通行使用し、あわせて本件道路に土砂を入れたり除草したりして、その維持・管理に努めてきた。ところが、二〇年以上経過してからYが建物を建て替える計画のもとに、旧フェンスに替えて新フェンスを公道とY所有地との本来の境界線に沿って設置したためXらの通行が妨害されるに至った。

Xらは、係争地をも道路の一部として平穏・公然に二二年間通行を続け、その間、道路の修繕や補修等、維持・管理に努めてきたので、通行地役権を時効で取得した、と主張した。最高裁はつぎのように判示して、時効取得を認めた。

「地役権は継続かつ表現のものに限って時効取得が認められるが（民法二八三条）、通行地役権について右『継続』の要件を満たすには、要役地の所有者によって承役地となる土地の上に通路が開設されたものであることを要すると解されるところ（最高裁昭和二八年(オ)第一一七八号同三〇年一二月二六日第三小法廷判決・民集九巻一四号二〇九七頁、最高裁昭和三一年(オ)第三一一号同三三年二月一四日第二小法廷判決・民集一二巻二号二六八頁）、前記事実関係によれば、Xらは、西側道路を拡幅するため、Y所有地の一部を右拡幅用地として提供するようYに働きかける一方、自らも、各自その所有地の一部を同用地として提供するなどの負担をしたものであり、Xらのこれら行為の結果として、西側道路の全体が拡幅され、本件土地はその一部として通行の用に供されるようになったというのであるから、本件土地については、要役地の所有者であるXらによって通路が開設されたものというべきである。そうすると、Xらは、右開設後二〇年以上本件土地を通行のために使用したことにより、本件土地につき通行地役権を時効取得したということができるのであって、これと同旨の原審の判断は、正当として是認することができる。」

結論は正当であるが、Xらがみずから道路を開設したといえるかは、微妙な判断である。というのは、Yの宅地は別の公道に面しているので、Yにとって係争地を提供する意味はなかったといえよう。むしろ、近隣地所有者同士の好意によるといってもよい（Yも上告理由でこの好意性を強調している）。したがってまた、黙示合意による相互的な地役権を認定することも難しい事例であった。このような事情は、Xらも自覚していたであろう。Yには土地を提供する具体的な動機がないので、XらはYに土地を提供させるためさまざまな積極的な行動をとらざるを得なかったからである。実際、本件第一審は判例理論の適用を断念したように思われるし、原審は、判例理論を適用したものの、その論拠としてXらが「本件道路の維持、整備に関わるなどしていること」をもあわせて指摘せざるをえなかった。最高裁は、かかる維持管理への言及を意識的に避け、単に認定された事実として確認するだけであるが、原判決の問題提起として受けとめるべきであった。

ともあれ、Xらが係争地に通路を開設したという無理な構成をとって、本判決は、通路開設の事実よりも、その「趣旨」や「意味内容」に重点をおいたことになるが、このことによって判例のいう「継続」概念が軟化したといわざるを得ない。むしろ「地役権的事実行使」（地役の意思）によって好意性が消滅したとすれば足り、かつそれが自然であろう。

なお、沢井説（ひいては私見）とは基本的に同様の立場にたち、本件は所有者側が好意通行の反証を挙げることができなかった例であると評する立場（田山輝明・私法判例リマークス一九九六年〈上〉一三号二二頁）もある。

(2)　取得時効と対抗問題

地役権の時効完成後に登場した第三者との対抗問題については、たとい時効完成につき悪意の立証がなくとも、第三者側からみれば、通路が開設されていることが前提となっているので、先述した最判平成一〇・二・一三の趣旨から判断して、「信義に反する事情がある」ものと評価できるであろう。通行地役権の時効取得の登記を要役地所有者に期待することは著しく困難であるのが普通であるし、第三者側からいえば、通路の存在と多年にわたる通行使用の事実を外部から容易に認識できるからである。また、取得時効の要件が厳格なので、実際上も第三者が不測の損害を被ることもないであろう。

ちなみに、先述した所有権の時効取得事例である最高裁平成一八年判決との関連も一つの問題とはなし得るが、ここではその趣旨を考慮すれば足り、わざわざ「背信的悪意者論」を持ち出すまでもなかろう。

三　囲繞地通行権について

(1)　囲繞地通行権に基づく妨害排除請求

囲繞地に対して法定通行権が認められると、通行権が認められる範囲では、袋地所有者は妨害物件の除去も請求することができる。この妨害排除請求権は、形式的にみれば、袋地の所有権に基づくものであるので、従来の判例の立場では、相手方つまり囲繞地所有者側の費用で妨害物件の除去が認められることになりそうである。しかし、法定通行権は、法定の要件があれば、当然に囲繞地に対し通行の受忍義務を課すこととなるので、相手方に積極的な行為を求めることは、必ずしも合理性があるとはいえないであろう。袋地所有者は通行のために通路を開設することもできるが、これは自分の費用でしなければならないとするのが民法の姿勢である（民二一一条二項）ことからいっても、通行のために妨害物を除去することに必要な経費も、袋地の所有者の負担とするのが公平にかなうであろう。実際上も、通路開設と妨害物の撤去は裏腹の関係に立つことが多い。

この問題に関する興味深い高裁判決（東京高判平成一四・九・五判時一八〇二号九一頁）が登場しているので、簡単に紹介しておこう。本件の原告は、被告（市）に下水道用地としてその所有地の一部をいわゆる買収されて袋地となったことから、残余地に対し民法二一三条の通行権を取得し、このことが前訴で確定した。しかし、同判決には、囲繞地の妨害物件を除去すべき作為の給付命令がなかったので、被告がその撤去を拒否したことから、原告は、通路開設の承諾を求めるとともに、被告の費用によって妨害物件を撤去すべきことを請求した。本判旨は「囲繞地通行権は、他人所有の土地を通行し得る権限であるが、これが認められたからといって、囲繞地通行権者である袋地所有者から囲繞地所有者に対して、その通行を妨げている現存物件について、当然に妨害排除請求ができるものではない。そして、囲繞地通行権を有する袋地所有者は、必要がある場合には、囲繞地通行権を認められた範囲内で通路を開設することができる（民法二一一条二項）のであり、通行を妨げている物件の除去をすることができるが、これは袋地所有者の費用負担において行うべきものであり、囲繞地所有者に対して、その費用で当該物件の除去を請求する権利はないといわざるを得ない。したがって、控訴人らの本件工作物の撤去請求は理由がない」と判示している。ただし、本判決は、前訴で囲繞地通行権が認められた従前の土地部分につき、囲繞地所有者に対し通路開設の「承諾義務」を命じている。

(2)　無償囲繞地通行権の特定承継

最判平成二・一一・二〇民集四四巻八号一〇三七頁は、無償通行権も物権的権利であるので囲繞地の特定承継人に当然承継されるとしたが（四二七頁）、具体的な当該事案との関連では袋地所有者が特定承継人に対して通行権を主張したものではなかったことから、学説では無償性の判断はまだ留保されていると考えられていたが、その後、最判平成五・一二・一七裁判集民一七〇号八七七頁、判時一四八〇号六九頁が登場し、本件では、囲繞地の特定承継人に対して無償通行権が主張されたところ、平成二年判決を引用した上で、その準則が再確認された。これによって、当然承継説に立つ判例理論が確定したといえよう。

本件では、甲地、乙地および丙地の一団の土地（三筆）はもとA所有で、丙地のみが北側の公道に面していたが、Xは、甲地を担保競売によって競落し、他方、Yも、乙地・丙地を担保競売によって競落したことから、右競売によって甲地が袋地になったという事情があった。任意売却ではないので、通行権の負担を売却代金に反映させることがそもそも事実上不可能である場合でも（物件明細書にも通行権の記載はない）、なお二一三条通行権が成立するのかという論点をめぐって争われたが、これを認めないと土地の効用が害されるので（「土地に罪はない」）、やはり肯定せざるを得ないであろう。本判決も、担保競売であっても、事情を異にしないとした。

ところで、袋地所有者が分譲分割による残余の囲繞地を長期間通行使用していない場合に、突然これを主張したようなときでも、当然認められるのかという問題が残されているので、事情によれば、権利濫用と判断されることまで、否定されたわけではなかろう。平成二年判決の調査官解説も、原告が残余地の特定承継人に対して通路の開設を求めた場合に、当然に原告の請求が認容される趣旨まで判示したものではない、とする（滝澤孝臣・曹時四四巻二号一九〇頁）。

ともあれ、判例が確定したことから、その後の学説の動向としては（従来の学説については四三三頁）、川井健教授が従来の見解を改めて判例の単純適用説を支持するに至っている（『民法概論2物権』一五四頁）。一方、東孝行判事は、判例の法源的機能を強調して、判例の立場を支持した上で、従来の自説との調整をはかるため、当事者の予測可能性を承継論の判断基準としていた折衷的見解の限度において、信義則ないし権利濫用の判断要素に含める（つまり抗弁事実となる）と解釈している（東孝行『相隣法の諸問題』八八頁、信山社、一九九七年）。

また、宮田桂子判事も、最高裁判決の立場が要件事実論からみても妥当であるとして、単純承継説にくみしたうえで、従来、学説（とくに折衷説）が指摘していた個別事情を請求原因事実に織り込むことをしないで、信義則ないし権利濫用（抗弁事由）の判断の中で考慮すれば足りるとし（この視点自体は、東説と同旨）、さらに、その障害事由を再抗弁として構成しながら、かかる個別事情を詳細に検討している。この宮田説は、実体法的には、通行権と無償性とを分離したうえで、分譲売主が袋地を取得したときに残余地に無償通行権を主張することの不合理性などを指摘した私見の立場（四三五頁以下）を基本的には前提としているように思われ、ことに無償性の承継の可否については、通路の開設の有無という事情を軸としながら、抗弁・再抗弁が構築されている（宮田桂子「土地の特定承継と囲繞地通行権」『現代裁判法大系5私道・境界』安藤一郎編（新日本法規出版、一九九八年）七一頁・七六頁・八〇頁など参照のこと）。

しかしながら依然として、不適用説の合理性を指摘し、判例の立場では、当該地域における合理的な通行の場所・方法を選択するという観点からも、妥当でないことが生ずるなどと批判する立場もある（安藤一郎『私道の法律問題

（五版）』一三三九頁、三省堂、二〇〇七年）。もっとも、結論的には私見とそれほどの径庭はないように思われる。

なお、下級審裁判例のうちで、本書の視点から特に注目すべきものは、大阪高判平成一〇・六・三〇判タ九九九号二五五頁である。本件では、一団の土地の分筆分譲により被告が取得した複数の囲繞地のうちどの土地が無償通行権を負担すべきかが問題となっているが、元の袋地の所有者が通行権に関心をもたなかったところ、現所有者が自己に有利な特定の囲繞地に通行権を主張したという事案であるが、判旨は、もと所有者の「囲繞地通行権は、現実の必要性を伴わない極めて観念的な権利であって、その通行権の範囲及び方法も特定していなかったものというほかはない」としたうえで、被告にとって最も負担の少ない別の土地を囲繞地として指定している。

このような「観念的な通行権」という構成自体は、本書・旧版（四三六頁）がかつて提案したものであり、囲繞地が一つしかない場合でも、具体的にどの場所・方法で通行するかという問題のほかに、特段の事情があるときに限定されるが、そもそも具体的には通行権限が否定されることもありうるという場合にも、同様に使える論法である。

(3)　囲繞地通行権と建築規制

囲繞地通行権に関する裁判例については、旧版は無償通行権しか検討していない。実務上の難題としては、建築公法による敷地規制（接道要件）を考慮して法定通路の成否ないし幅員を判断すべきかという問題と、徒歩通行のほかに自動車による通行もみとめるべきかという問題が残されている。この争点については、すでに私見の基本的な立場を明らかにしているが（拙著『私道通行権入門』八三頁）、改めて別の機会に再検討することを予定しているので、ここでは最高裁判決のみの紹介にとどめておきたい。

建築規制との関連では、すでに最判昭和三七・三・一五民集一六巻三号五五六頁は、袋地所有者Xは既存建物（店舗）を増築してダンス教習所兼アパートとして使用するため、都建築安全条例所定の三メートル幅の通路が必要であることから、既存の路地を拡張開設するため、本件路地に隣接するY会社（自動車運輸業）の所有地に七二㎝幅の通路を囲繞地通行権に基づいて請求したという事案で、「X所有の土地は、原判示路地状部分（幅二メートル二八センチ、長さ二〇メートル四五センチ）で公路に通じており、既存建物所有により右土地の利用をするのになんらの支障はない。ただXは、その主張の如き建物を増築する計画をもつており、その増築を実現しようとするのには、右路地状部分は、建築基準法に基き制定された東京都建築安全条例三条所定の所要幅員に欠けるところがあるため、建築基準適合の確認をして貰えない、というのである。このような事実関係の下で、Xは民法二一〇条の囲繞地通行権を主張するのであるが、その通行権があるというのは、土地利用についての往来通行に必要、欠くことができないからというのではなくて、その主張の増築をするについて、建築安全条例上、その主張の如き通路を必要とするというに過ぎない。いわば通行権そのものの問題ではないのである」としてXの主張を一蹴した。

これに対して、学説の主流は、とくに袋地が空き地であるときには、利用の計画がたたないので、その損失が大きいことなどを理由として、判例を批判していたが（学説・判例の詳細な検討は、澤井裕「隣地通行権と建築基準法――いわゆる消極説に触発されて」判評四七六号二頁、一九九八年を参照のこと）、その後、最判平成一一・七・一三裁判集民一九三号四二七頁、判時一六八七号七五頁は、同様の事件類型（新規通路の開設を求める事案）で、従来の立場を堅持している。

たしかに、学説が指摘するように、囲繞地通行権制度の趣旨は、通路の確保のみにあるのではなく、「袋地の効用」を図ることにもある（ひいては人間の生活の保障も含意されている）が、ただ二一〇条通行権に関する限りは、判例の立場にも、それなりの「実質的な合理性」があるように思われる。ことに、今日の取引実務では、この種の建築規制も考慮したうえで、袋地状の宅地の売買がなされているので、袋地の所有者はこれを承知の上で購入しているといわれてもやむをえないであろう。したがって、低廉な価格で取得しておきながら、隣地に対し法定通行権を取得すれば、それに相応した地価がつくので、かかる価格で売却ないし転売することも可能となる。これでは、衡平に反し、一種の私的な収用にも等しい法定通行権制度の趣旨に悖ることとなろう。

これに対して、二一三条通行権では、分譲の趣旨や経緯が可能なかぎり尊重されるべきであるので、できるだけ宅地として適法かつ合理的に利用しうる状況が形成されるべきであろう。先述した担保競売による袋地化の事例では、原判決が袋地のために二メートル幅の法定通路をみとめ、最高裁もこれを維持しているのは、建築規制を念頭に置いているものと考えてほぼ間違いないので、私見と同様の考慮に基づくものと思われる。

なお、最高裁平成一一年判決の分析と学説の状況については、吉田克己・判タ一〇二四号七一頁（二〇〇〇年）、拙稿「法定通路の成否・幅員と建築規制（接道要件）」法時七三巻一号一一〇頁（二〇〇一年）などを参照。秋山靖浩「囲繞地通行権と建築法規（1）——ドイツ法における議論を素材として」一頁以下（二〇〇二年）は、新たな視点から本判決を分析しているのが、参考となる。

(4)　囲繞地通行権と自動車通行

一方、自動車通行の可否については、従来、最高裁判決はなかったが（拙著『私道通行権』八〇頁参照）、ごく最近、一般的な指針を表明するとともに、やや積極論に傾斜しているのではないかと評価できなくはない裁判例が登場した。最判平成一八・三・一六 民集六〇巻三号七三五頁の事案は複雑であるが、簡略化すればつぎのようになる。袋地所有者は寺院であり、その所有地に相当な規模の墓地を建設する計画を具体的にもっているが、既存の自己所有の通路では直角に曲がっている部分があるので自動車の通行が困難であるため、その直角部分に接続する緑地施設の末端の土地部分（二〇平米）に法定通行権を主張したという事案である。この緑地（所有権は宅地開発公団から県に移転）は大規模な宅地開発にあわせて建設されたものであるが、もともとはこの緑地内にあった道路部分を自動車で通行できたところ、緑地管理の必要から後に徒歩通行に限定されたという事情もあって、寺は係争の通路を通行するしかない状況におかれた。原審は、袋地化が付近土地の分譲による（二一三条通行権の問題）として、分譲に無関係な緑地所有者に対して法定通行権を認めなかったが、最高裁は、もともと係争地は袋地であったとして、原判決を破毀した。

「現代社会においては、自動車による通行を必要とすべき状況が多く見受けられる反面、自動車による通行を認めると、一般に、他の土地から通路としてより多くの土地を割く必要がある上、自動車事故が発生する危険性が生ずることなども否定することができない。したがって、自動車による通行を前提とする二一〇条通行権の成否及びその具体的内容は、他の土地について自動車による通行を認める必要性、周辺の土地の状況、自動車による通行を前提とする二一〇条通行権が認められることにより他の土地の所有者が被る不利益等の諸事情を総合考慮して判断すべきである。そうすると、Xらが、本件土地につき、自動車の通行を前提とする二一〇条通行権を有するかどうかという点等についても、上記のような判断基準をもって決せられるべきものである。」と判示し、そのうえで、袋地形成の経緯、墓地建設のためには自動車の通行の必要性があること、負担を受ける土地がわずか二〇平米にすぎないことなどの考慮すべき諸事情を指摘した。差戻審（東京高判平成一九・九・一三判タ一二五八号二二八頁）は、徒歩通行では、原告の土地は袋地ではないが、墓地建設のためには自動車通行の必要性があるので、自動車通行では袋地であると判断したうえで、袋地取得の経緯や環境被害が少ないことなどの事情を斟酌して、寺側の請求を認容した。

最高裁は新規の法定通行権を認める方向性を示唆し、差戻審もそれに従って結論を導いたが、従来の裁判例の傾向からいえば、かかる新規の法定通路（二一〇条通行権）を認めたことは、たとい僅少な土地部分であっても、きわめて珍しい事例に属する。もっとも、本件の事案は、従来の裁判例とはやや事情を異にすることに注目しなければならない。従来の裁判例では、袋地所有者がもっぱら自己の袋地の開発のために囲繞地に対し法定通路を求めているが、本件では、そもそも囲繞地所有者側の開発行為に起因して袋地所有者側に自動車通行の支障が生じている。これが起因となって、別の通路と係争地に自動車の通行が必要となっている事情については、最高裁も袋地形成の経緯のなかで明確に説示しているからである。したがって、負担を受ける土地部分が僅少であるという事情は、それだけ一人取り出して強調すべきものではない。いずれにせよ、新たな事件類型であり、右のような事情があるならば、新規の法定通路を認めたとしても、決して当事者間の衡平にもとることはなかろう。詳しくは、拙稿「隣地通行権に基づく車両通行について」龍谷法学四〇巻四号六〇頁（二〇〇八年）を参照されたい。なお、滝澤孝臣「本件判批」金商一二五〇号二頁（二〇〇七年）は重要な解釈論上の問題点を指摘している。

〈著者紹介〉

岡本詔治（おかもと・しょうじ）

1944年　大阪市に生まれる
1970年　大阪市立大学大学院修了
1971年　松山商科大学（現松山大学）
1976年　島根大学
1994年　博士（法学）大阪市立大学
2002年　龍谷大学
現　在　龍谷大学法科大学院教授

〈著書〉

『無償利用契約の研究』（法律文化社，1989年）
『私道通行権入門』（信山社，1995年）
『損害賠償の範囲Ｉ（総論・売買）』（一粒社，1999年）
『不動産無償利用権の理論と裁判』（信山社，2001年）
『イタリア物権法』（信山社，2004年）
『イタリア不動産法の研究』（晃洋書房，2006年）

〈主要論文〉

「二世帯住宅と所有問題」『土地バブル経済の法学的課題』（日本土地法学会30周年記念）土地問題双書34（有斐閣，2003年）
「居住権の再構築」『借地借家法の新展開』（信山社，2004年）
「不動産無償使用関係の相続をめぐる若干の問題」みんけん581号（2005年）
「隣地通行権に基づく車両通行について」龍谷法学40巻4号（2008年）

学術選書
11
民　　法

隣地通行権の理論と裁判（増補版）

1992（平成４）年12月30日　第１版第１刷発行
2009（平成21）年２月25日　増補版第１刷発行
5411-2:P504　¥9800E-012:050-015

著　者　岡　本　詔　治
発行者　今井　貴・渡辺左近
発行所　株式会社　信 山 社
〒113-0033　東京都文京区本郷 6-2-9-102
Tel 03-3818-1019　Fax 03-3818-0344
henshu@shinzansha.co.jp
エクレール後楽園編集部　〒113-0033　文京区本郷 1-30-18
笠間才木支店　〒309-1611　茨城県笠間市笠間 515-3
笠間来栖支店　〒309-1625　茨城県笠間市来栖 2345-1
Tel 0296-71-0215　Fax 0296-72-5410
出版契約　2009-5411-2-01020 Printed in Japan

印刷・製本／松澤印刷・渋谷文泉閣
ISBN978-4-7972-5411-2 C3332　分類324.018-a008 民法
5411-0102:012-050-015